本书获"国家民委少数民族教育发展研究基地建设"基金资助

民族学校教育中的隐性力研究

——对黔南石龙乡布依族苗族学校教育的田野考察

李卫英 著

中国社会科学出版社

图书在版编目（CIP）数据

民族学校教育中的隐性力研究：对黔南石龙乡布依族
苗族学校教育的田野考察 / 李卫英著 . —北京：中国
社会科学出版社，2012.9
ISBN 978 - 7 - 5161 - 1476 - 6

Ⅰ.①民…　Ⅱ.①李…　Ⅲ.①民族学校—少数民族
教育—研究—黔南布依族苗族自治州　Ⅳ.①G759.2

中国版本图书馆 CIP 数据核字（2012）第 224175 号

出 版 人　赵剑英
责任编辑　关　桐
责任校对　石春梅
责任印制　王炳图

出　　版　中国社会科学出版社
社　　址　北京鼓楼西大街甲 158 号（邮编 100720）
网　　址　http：// www.csspw.cn
　　　　　中文域名：中国社科网　010 - 64070619
发 行 部　010 - 84083685
门 市 部　010 - 84029450
经　　销　新华书店及其他书店

印　　刷　北京君升印刷有限公司
装　　订　廊坊市广阳区广增装订厂
版　　次　2012 年 9 月第 1 版
印　　次　2012 年 9 月第 1 次印刷

开　　本　710×1000　1/16
印　　张　23
插　　页　2
字　　数　388 千字
定　　价　69.00 元

序

作为整个国家学校教育体系的一个组成部分，少数民族学校教育一直是众多学者关注的问题。从以往研究来看，我国研究者对少数民族学校教育的研究主要集中在对某个少数民族的教育民族志的研究、对民族地区开展双语教育的研究，以及对少数民族课程改革、文化传承等方面的研究，研究的视阈也主要是将某一少数民族作为一个单元进行考量。但是，我国很多少数民族地区都是多个不同的少数民族杂居，少数民族学校教育具有极大的特殊性和复杂性。不仅不同族群的少数民族儿童学业成绩存在着差异，即使是同一个族群的少数民族儿童，学业上也存在着巨大的差异。

李卫英博士通过对贵州省黔南石龙乡布依族苗族学校教育的考察，运用社会空间理论，深刻地描述了少数民族儿童在学校空间中的生活状态，从他们的视角出发，通过感悟他们的家庭、社区和学校生活，尝试着从更为广泛的社会空间视角探究少数民族儿童学业成就差异的深层原因，力求对少数民族学校教育做出真实客观的描述，从而揭示隐藏在学校背后的深层次的教育问题。

随着后现代地理学的发展，社会空间理论越来越受到各领域学者的关注。将社会空间理论引入学校教育，在学校空间——隐性力——行动策略的分析框架下更深入、更完整地解释了少数民族学校中隐性因素的作用机制以及它造成的影响，无疑是一个大胆而崭新的尝试。从本质上看，学校是观察经济、政治和文化领域之间的辩证关系和张力的空间，是探求这些关系与张力的场所。因此，本书从社会空间的独特视角观察和解释学校教育，有助于我们把握学校空间与社会空间错综复杂的权力关系，透视学校对学生"中心"和"边缘"的等级划分和文化区隔，揭示了学校教育中的社会再生产过程以及学校空间中纷繁复杂的各种关系及其运作方式，从而以一种全新的方式重新思考少数民族学校教育，是对社会空间理论逐渐领会的本土性转化的一个重要成果。此外，作者采用了"教育人种志"的研究方法，深入到少数民族地区，走进少数民族学生和教师的生活世界，寻求以更微观的单位"深描"来诠释学校空间中各种关系之间的互动，为少数民族学校教育中的相关问题提供了一个典型的教育人种志个案。

本书是作者深入到少数民族学校和村寨进行四个月调研的最终研究成果。研究分别对隐性力的三个作用机制进行了深入的剖析，深刻地阐释了少数民族学校教育中隐性因素对少数民族儿童造成的巨大而深远的影响。首先，在学校空间的规训下，少数民族学校教育实现了对少数民族学生主流文化的价值观念和意识形态的渗透；其次，通过学校中的文化传承，民族文化和地方性知识消隐到了民族社区的私领域，大部分少数民族成为缺乏文化归属的群体，成为乡土社会最熟悉的陌生人；最后，通过对不同学生的等级标定，学校实现了社会再生产的过程。对此，我国少数民族学校教育应该在多元文化背景下重新构建关于少数民族学校教育的理念，实现国家教育和地方性知识的整合，构建语言与文化相适宜的少数民族基础教育，同时在教育制度上坚持正义原则，以关怀每个少数民族儿童的生命成长，重构少数民族学校的价值取向。李卫英博士对少数民族学校教育的关注和研究，使她能真正扎根于少数民族地区，切实地进行艰苦的田野调查，最终形成自己的学术观点。更难能可贵的是，她对社会空间理论的本土化研究所作的努力，为我国的民族教育研究提供了一个新的视角，展现了一个广阔的研究空间和框架体系。本书是作者对民族教育理论的领悟和创新之作，具有一定的分量和价值。作为她的老师，我希望她今后能在民族教育研究的征途上越走越扎实，越走越宽广，逐步形成自己的研究体系和研究风格，为我国的民族教育理论和实践研究作出更大的贡献。

是为序。

孟立军

2011 年 9 月 2 日

目 录

第一章 导论 …………………………………………………… （ 1 ）

第一节 研究缘起及论题说明 ………………………………… （ 1 ）

　　一 研究缘起 ……………………………………………… （ 1 ）

　　二 论题说明 ……………………………………………… （ 3 ）

第二节 研究目标及研究意义 ………………………………… （ 7 ）

　　一 研究目标 ……………………………………………… （ 7 ）

　　二 研究意义 ……………………………………………… （ 8 ）

第三节 以往研究状况 ………………………………………… （ 9 ）

　　一 对隐性力的研究 ……………………………………… （ 9 ）

　　二 对少数民族学校教育中隐性力的研究 …………… （ 17 ）

第四节 有待深入探讨的问题 ……………………………… （ 23 ）

第五节 本研究可能的突破和创新 ………………………… （ 25 ）

第六节 研究方法 …………………………………………… （ 26 ）

第七节 研究立场与基本观点 ……………………………… （ 31 ）

　　一 弱势群体的研究立场 ……………………………… （ 31 ）

　　二 研究过程及基本观点 ……………………………… （ 31 ）

第二章 研究框架：空间中的主体——实践 …………… （ 35 ）

第一节 社会空间理论：空间中的主体——实践 ………… （ 36 ）

　　一 从马克思到齐美尔：空间的入场 ………………… （ 36 ）

　　二 从列斐伏尔到戴维·哈维：空间的发展 ………… （ 38 ）

　　三 理论反思 …………………………………………… （ 54 ）

第二节 隐性力、学校空间与行动策略：概念和分析框架 … （ 58 ）

　　一 本研究的主要概念 ………………………………… （ 58 ）

　　二 分析框架 …………………………………………… （ 61 ）

第三章 石龙乡的社会文化状况及学校所处的社会场域 ………… （ 62 ）

第一节　石龙乡的社会生活全景图 …………………………（63）

　　一　聚落类型与设施 ………………………………………（64）

　　二　生产和生活习俗 ………………………………………（68）

　　三　民族文化 ………………………………………………（70）

第二节　石龙乡的学校教育状况 ……………………………（79）

　　一　学校教育的发端 ………………………………………（79）

　　二　学校教育的现状 ………………………………………（83）

第三节　社会场域中的民族学校教育 ………………………（87）

　　一　渗透国家权力的政治场域 ……………………………（87）

　　二　以市场经济为主导的经济场域 ………………………（89）

　　三　以主流文化的"普适知识"与"身份文化"

　　　　为价值取向的文化场域 ………………………………（91）

　　四　考试主导下以精英教育为主的教育场域 ……………（93）

第四节　学校的运作 …………………………………………（94）

　　一　"应试才是硬道理" ……………………………………（95）

　　二　追求效益最大化 ………………………………………（97）

　　三　加强英语教学 …………………………………………（99）

第四章　权力的规训：学校生活的常态 …………………（103）

第一节　时间和空间的分配 ………………………………（104）

　　一　时间的分配 …………………………………………（105）

　　二　空间的控制 …………………………………………（111）

第二节　制度文化的管理 …………………………………（123）

第三节　仪式的渗透 ………………………………………（130）

　　一　升旗仪式 ……………………………………………（131）

　　二　捐赠仪式 ……………………………………………（134）

　　三　会餐仪式 ……………………………………………（136）

第五章　知识的僭越：学校中的文化传承 ………………（139）

第一节　语言的宰制 ………………………………………（139）

　　一　语言与权力的共生 …………………………………（139）

　　二　少数民族语言的异质性 ……………………………（141）

第二节　知识的僭越：学校中的文化传承 ………………（148）

　　一　仪式化的课程知识 …………………………………（150）

　　二　课程知识中的文化倾向 ……………………………… (152)
　第三节　民族文化和地方性知识的消隐 …………………… (168)
　　一　学校教育与乡土社会的暌违 ………………………… (168)
　　二　民族文化的淡化 ……………………………………… (172)
　　三　地方性知识的消隐 …………………………………… (177)
　　四　教育出来的"陌生人" ……………………………… (185)
第六章　文化资本的差异：身份等级的标定 ………………… (190)
　第一节　不同学生文化资本的差异 ………………………… (192)
　　一　山地苗族学生 ………………………………………… (193)
　　二　山地布依族学生 ……………………………………… (212)
　　三　平坝布依族学生 ……………………………………… (224)
　第二节　身份等级的标定 …………………………………… (228)
　　一　"聪明"、"散漫"但"考得出去"的九（3）班 ……… (230)
　　二　"笨"、"呆"、"纯"的九（2）班 ………………… (234)
　　三　"无可救药"的九（1）班 ………………………… (238)
　　四　班级内部的等级标定 ………………………………… (241)
　　五　身份标定的性别差异 ………………………………… (246)
　第三节　学校教育中的再生产 ……………………………… (260)
　　一　学校教育的合法性 …………………………………… (260)
　　二　学生的自我淘汰 ……………………………………… (263)
　　三　打工成为一种"惯习" ……………………………… (271)
第七章　学生的抵制：主体的实践策略 ……………………… (276)
　第一节　学生主体的能动性 ………………………………… (276)
　第二节　学生的抵制策略 …………………………………… (280)
　　一　"集体失语"策略 …………………………………… (281)
　　二　权宜策略 ……………………………………………… (288)
　　三　假发策略 ……………………………………………… (294)
　　四　戏谑策略 ……………………………………………… (299)
　　五　对抗策略 ……………………………………………… (305)
　　六　自我淘汰策略 ………………………………………… (310)
第八章　结论与思考 …………………………………………… (318)
　第一节　论文的基本结论 …………………………………… (318)

　　一　通过权力的规训，少数民族学校教育有效地实现了
　　　　对少数民族学生价值观念和意识形态的渗透 …………（318）
　　二　我国的民族学校教育以"关注社会"为其价值取向……（319）
　　三　少数民族学校教育对不同背景的学生实行不同的
　　　　等级标定 ………………………………………………（328）
　　四　拓植：少数民族学生在学校空间中的一种生存策略……（329）
第二节　关于发展少数民族学校教育的思考 ………………………（331）
　　一　在多元文化背景中重新构建关于少数民族
　　　　学校教育的理念 ………………………………………（331）
　　二　实现国家教育与地方性知识的有效整合 ……………（334）
　　三　构建语言与文化适宜的少数民族学校基础教育 ………（337）
　　四　在教育制度上坚持正义原则 …………………………（340）
　　五　以关怀生命为目的重构民族学校教育价值取向 ………（342）

参考文献 ……………………………………………………………（345）
后记 …………………………………………………………………（359）

第一章 导 论

第一节 研究缘起及论题说明

一 研究缘起

我国民族众多,少数民族人口虽不到全国人口的十分之一,绝对数却达到了一亿零六百万,分布在全国近 64% 的土地上。无论从社会发展程度,还是文化传统、生活习俗来看,少数民族与汉族都有很多不同。与主体族群汉族学校教育相比而言,绝大多数少数民族学校教育发展相对缓慢,尤其是偏远山区的少数民族学校教育,与主流族群学校教育的差距更大。少数民族学校教育体系作为整个国家学校教育体系的一个组成部分,其发展直接关系到国家教育改革的成败。但是,从很多研究统计的结果来看,少数民族学生辍学率较高且学业成绩普遍偏低。根据许多专家的研究,归纳出了多种原因:或是师资问题;或是教育投入力度问题;或是经济贫困等等。政府和当地部门也采取了一系列相应的措施来解决这些问题:如发展当地经济,提高农民家庭的教育负担能力;对贫困家庭的学生实行减免学杂费;加强义务教育的执法力度等,并认为上述措施一旦到位,严重的学生辍学状况和学生的学业成绩就将从根本上得到改善。然而,随着对少数民族学生辍学现象研究的不断深入,研究人员逐渐发现,在那些辍学的孩子们中间,有相当一部分并不是因为家庭经济的原因或家里需要帮手,而是由于他们在学校感到"不适应","厌倦"了所要学习的课程内容和学校生活,从而造成了辍学现象的不断发生或学业失败。那么,究竟是什么原因使他们不适应学校教育?少数民族学校教育中存在着哪些使他们感到不适应的因素?通过学校教育,少数民族学生实现向上流动的可能性有多大?

教育一直被赋予社会选拔的功能,并且是社会下层向上流动的重要途径,从而也是实现社会公正的重要途径。但是,少数民族学校教育不管从语言环境还是文化环境来看，都与主流社会的环境相去甚远。学校所传递的文化知识是人类普遍的经验提炼和科学成果。从一定意义上说，这意味着学校剥夺了少数民族学生的传统语言与文化，中断了他们的传统语言与文化过程。①大多数少数民族学生作为弱势群体，实现向上流动的唯一途径是教育。但是，至少有70%以上的学生在竞争激烈的"中考"中就被淘汰了，每年也仅有百分之几或十几的少数民族学生考入大学，"庞大的教育资金投入到学校教育中，而学校教育却只能保证少数人的教育，大部分学生即使是读完小学或初中，也根本不具备升入高中的能力，他们今后的流向其实在学校中就被规定好了"②。以至于有学者发出感慨："这样的教育是为谁的教育？难道仅仅是为了每年这百分之几或十几的学生而存在吗？这些考上大学的学生又有几人能够回到本地区？可以说，这样的民族教育是不合理的。"③

且不说考上大学的学生能有多少人回到本地区为当地经济建设服务，那些在学校里遭受到学业失败的少数民族学生，大多数都是毅然决然地踏上了外出打工的道路，对故乡毫无留恋之意。"他自己祖祖辈辈所创造的文明在他的眼里被看成是愚蠢的、原始的和毫无用处的。他自己所受的教育就是要使他与他的传统文化决裂。"④他们已成为当地乡土社会中最熟悉的"陌生人"。

那么，少数民族学校究竟是怎样一种场所？在时间的流逝中，学校里究竟发生了什么？是什么原因使大多数少数民族学生遭受学业失败？学校通过什么样的方式区分出"中心"与"边缘"？为什么会产生乡土社会的"陌生人"？他们又该何去何从？

法国社会学家皮埃尔·布迪厄（Pierre Bourdieu）指出，想真正理解学校所做的一切并不容易，文化并非是中性的，学校也未必就一定有助于社会进步。相反，学校保存与期望的文化有助于加强和凝固教育机构之外的不平等。也就是说，学校不仅生产着知识，也生产着知识背后的意识形态和价值观念。因此，我们已视为当然且熟视无睹的学校风景中到底有着

---

① 哈经雄、滕星：《民族教育学通论》，教育科学出版社 2001 年版，第 59 页。
② 钱民辉：《建设和谐社会离不开和谐的民族教育》，《西北民族研究》2005 年第 4 期。
③ 同上。
④ 石中英：《知识转型与教育改革》，教育科学出版社 2001 年版，第 353 页。

怎样更深的一种内涵？除了漂浮在表面的各种显性因素之外，一些正如冰山一角更为深刻地影响少数民族学校教育的隐性因素，又是怎样使少数民族学校教育在教学实践的各个环节忠实地反映社会最深层的社会文化的？为此，深刻地挖掘少数民族学校教育中的隐性因素，揭示蕴涵在其中的隐性因素对学生发展的影响，是教育理论和实践工作者一项义不容辞的责任。

二 论题说明

随着非西方社会引进和采用了现代性学校教育的正规方式后，在一些少数民族地区出现了一系列问题：如严重冲击了传统的宗教文化秩序；减弱或中断了传统的社会化功能；少数民族学生遭受学业失败，并使少数民族本文化传承与接受现代性教育之间出现断裂等等。[①]在这种情况下，很多教育人类学家深入到民族地区中，尽力发现他们存在的方式和接受现代学校教育的可能性，从而使他们更容易被理解和被控制。[②]

随着对现代学校教育公开和隐蔽功能的研究，教育人类学家发现，现代学校教育传播着主流文化的价值，少数民族学生要想融入到现代学校教育中并不容易。因此，社会排斥与学业失败总是发生在少数民族学生身上。于是，教育人类学家开始将焦点放到教育机会均等问题上。科尔曼报告（Coleman Report）的提出无疑强化了这一问题。[③]教育机会均等问题引起了教育人类学家对政治学的兴趣，并从政治层面上提出现代学校教育是否能通过合法化手段同化或整合不同民族的问题。他们真正关注的是，在现代学校教育中，地区流行的或传统的教育形式被逐出或消失，取而代之的是主流的教育制度、课程内容、教学形式、师生关系、身份认同等，民族语言成为辅助工具或完全丢弃。在现代学校教育主流文化和城市文化的共同合力之下，少数民族文化和乡土文化被遮蔽了，少数民族教育成了主流文化和城市文化的侍从，民族文化与地方性知识降为次要的选修课程并

---

① Willam A. Callahan "Nationalising International Theory: Race, Class and the English School", Global Society, Vol. 18, 2004.

② 钱民辉：《当代欧美教育人类学研究的核心主题与趋势》，《北京大学学报》（哲学社会科学版）2005 年第 9 期。

③ Jeanne H. Ballnatine "The Sociology of Education: A Systematic Analysis, Prentice Hall Upper Saddle River, New Jersey", 1997, p. 101.

逐渐被边缘化。针对这一切现代学校教育所形成的负面影响，作为温和的多元文化主义的教育人类家提出了一些改进的措施：现代学校教育应当尊重对其他边缘文化各要素的整合，同时也能有效地习得主流文化的自我表现方式。具体来说，现代学校教育不应当发生"去文化"现象，而应当成为调节地方文化与习得的主流文化之差异的中介。①

我们可以将教育人类学家的理想视为一种最终可以实现的终极目标。但在现实中，少数民族地区的学校已经成为现代学校教育体系中的一部分，成为一个制度化的生活空间。在这个空间中，为了有效管理学生，达到言明或未言明的教育目标，学校以主流文化和城市文化的方式来制度化②学生在学校中的生活世界，规约学生的行为方式，从而获得以后在主流社会生存所需要遵循的共同经验。少数民族学校和教师为了实现这一目标，不遗余力地制定一系列的规章制度，打造具有城市意蕴的校园环境，从而使在制度上占有学生绝大多数时间和空间的学校对学生具有深远而持续的影响。在使他们拥有了主流社会所必需的生活技能之外，也使他们越来越远离他们出生的土地和民族文化，从而在地方文化与主流文化之间形成了一种不可逾越也不可融合的屏障，造成少数民族学生在文化选择上非此即彼的局面。

由此可见，现代学校作为一种制度化的教育机构，是一种"国家意识形态的工具"，它除了将个体分配在社会劳动分工所预定的不同位置上进行这种"技术性"的灌输与管制之外，还向学生灌输各种意识形态。因此，学校凭借着教育秩序，有条不紊地进行着各项教育活动。我们很少从社会生活复杂性的角度来观察学校，学校要么被设想为社会中的一个"乌托邦"，要么被设想为社会中一个简单的"执行机构"。但是，存在于现实社会之中的学校必然要受到社会中运作的各种现实力量的造就与制约，它并非孤立的存在，以国家权力为主导的政治力量和以符号与价值为代表的文

---

① ［美］威廉 F. 派纳、威廉 M. 雷诺兹等：《理解课程》，教育科学出版社 2003 年版，第363 页。

② 制度化（institution）可以说是"人造的生活"，伯格与卢可曼在其论著《社会实体的建构》中认为，制度化是一种客观存在，它是一种"物化"（reification）的形式，具有外在约束个人行为的必然性，简单地说，物化是一种将人类现象作为事物的了解，也就是在非人或超越人类角度之上来看待人类。因此，制度化乃是一个涉及社会过程、职责或实际展现以规则地位呈现于社会思想与行动的过程，这是一个非人性的世界（dehumanized world）。

化力量，都会介入到学校的运作中来，共同对生活在其中的个体产生影响。虽然学校的自身内部形成了一个相对封闭的"社会空间"，但它"并不是孤立的组织，它的运行结构不断受到外界环境力量的影响，它既不能独立地确立其目标，也不能排除其他社会机构而完全独立地通过自己的努力来实现目标"①。正如伯恩斯坦认为，"学校作为国家所控制的一种意识形态，将学生社会化于主流社会，社会因此透过教育而再生产"②。因此，学校教育在向年青一代传授知识的同时，把系统化、标准化的文化内容，有效地烙印在学生的深层意识里，这当然也是现代学校教育能够发挥有效控制机制的关键所在。而教师作为学校教育的具体执行者和制度权威，在学生处于无意识的状态下忠实地传递着学校的深层文化。"教师的精神态度、行为方式、价值取向、教育方法等很容易借由本身的语言、对学生的规训、对教师空间的安排等种种行为'写'入学生的身体当中。"③

这些文化的传递是通过公开和隐蔽的方式共同进行的。哈瑞斯（Harris）在《教师与阶级》中指出，如果学校只是传递公开课程的话，那么学校教育就会无事可做。而事实上，学校往往在管理、组织上控制着有关规则、仪式和程序，如铃声决定何时上课、何时下课、何时午餐，必须服从的是铃声、必须遵循的是作息时间表，这些都不是公开课程的具体内容，却在学校的管理中潜移默化地进入到了学生的大脑中，目的就是要让学生"遵守规则"（Rule Conformity）。④任何社会的教育都有自己的教育目的，就是向人们传达国家的主导思想理论和价值观，以统一人们的思想、形成共同理想。显性教育的目的一般是外显的、明确的，它利用公开的场合与公开的方式，公开表明自己的教育性质和目的，公开表达和彰显教育的主张和要求，直接与教育对象进行意见交流沟通，尽可能让人们能直接感受和接受思想政治教育的影响。⑤与显性教育不同的是，隐性教育经常将教育目的潜隐于人们日常生活之中，是一种"无形"的存在形式。学

---

① 郑金州：《教育文化学》，人民教育出版社 2002 年版，第 36 页。

② Bernstein, B. *Social class, Language and Socialization.* In Karbel & Halsey（eds.）Power and Ideology in Education. NY: Oxford University Press, 1977, pp. 473 - 486.

③ 胡春光：《学校生活中的规训与抗拒》，博士学位论文，华中师范大学，2007 年，第 6 页。

④ ［美］哈瑞斯：《教师与阶级》，唐宗清译，桂冠图书股份有限公司 1994 年版，第 124—125 页。

⑤ 胡春光：《学校生活中的规训与抗拒》，博士学位论文，华中师范大学，2007 年，第 5 页。

生在学校管理和无数规则的洗礼下，在接受学校教育的过程中，早已经将这些隐性教育内化为自己思想的一部分，并在以后的生活中自觉不自觉地用它来指导自己的行动。而那些在学校中未被认可和未被传授的规则，则会被学生遗忘乃至唾弃。

在少数民族学校教育中，由于外部环境力量以及学校课程和教师的共同作用，学生早已成为乡土社会的"陌生人"，早已从心里把他们的民族文化和生活方式予以抛弃，求学也因此而成为一条不归路。我在对少数民族学校教育的实地考察中，内心经常被那些以"外出打工"这种决绝的方式离开自己家乡的少数民族学生（甚至有一部分尚未小学毕业）震撼着。长期在少数民族地区进行田野考察的所见所闻，使我不得不重新审视自己以往对少数民族学校教育的思考。很多少数民族孩子对故土的厌弃和对城市的向往，让我对他们辍学深层次的原因以及少数民族学校教育有了一种全新的理解和认知，这也是我写作本书的动力所在。

行文至此，不得不将本书写作的个人缘由进行反思。由于长期在少数民族地区工作，我对少数民族地区的教育一直非常关注。研究生阶段主攻教育学之后，更是希望自己的所学能够真正解决一些实际的问题，为少数民族地区的教育起到些许作用。但无论我怎么努力，总会在脱离实践的纯学术研究中感到迷惑，尤其当很多结论解释力不强，无法真正解决实践中的问题时，我更是深深地体会到了理论生气的匮乏。有幸成为中国少数民族教育专业的博士研究生后，我广泛研读了大量有关民族学、人类学、社会学、文化人类学、教育人类学、民族教育学等方面的书籍，从中汲取到了很多跨学科的精髓。当然，最吸引我的还是民族学经典的"田野调查"。至此，才感到自己以前的研究只能称作"摇椅上的学问"，与现实发生了很大的隔离。原来，真正造成我困惑的症结正是教育学理论与教育实践的脱节！的确，"神秘的方法论与难懂的术语将教育学研究装扮得高不可攀"[①]，教育学逐渐远离了教育实践者生活的日常性与复杂性。但是，随着源自于教育人类学的"教育人种志"的日益发展，教育研究正在做出一种新的努力，试图跨越教育理论与教育实践、教育研究者与教育实践者之间日益加剧的鸿沟。

① Peter Woods , " *Inside Schools Ethnography in Education Research*", Routledge, 1991, p. 1.

少数民族学校教育一直都是我关注的焦点，带着对特定理论问题的关心（尽管这在当时并不很清晰），我于2007年和2008年在贵州黔南布依族苗族自治州石龙乡的八个教学点和三所中心完小进行了为期四个月的田野调查。在实地研究和对资料的记录、整理、分析的过程中，在原有思路的基础上，一些新的理论兴奋点不断鼓励着我对实地资料进一步地进行挖掘。最终，在理论与资料之间的不断对话中，在与导师孟立军教授一次比一次更为深入的交谈中，我的观点逐渐明晰起来。我问自己："学校教育系统深层次的社会功能是什么？学校如何从根本上影响了学生的思想意识、社会需要和个性特征的？""学校空间又是如何被现实地建构起来的？"从我对听课记录的分析、对民族社区的田野调查以及和教师学生的交流中，我发现，学校教育中除了一些显性的因素在影响着学生，更有一种来自于各方面的隐性因素的影响力，这种影响甚至比显性因素的影响力更大。田野调查回来之后，在参看了大量文献的基础上，我对揭开少数民族学校教育里的秘密有了一定的信心。

第二节 研究目标及研究意义

一 研究目标

本研究主要借助于社会空间理论为分析工具，在结构——能动者的方法论视角下对少数民族学校空间中的隐性力进行理论探讨和实证研究。研究试图在大量已有文献的基础上，以翔实的田野调查资料为佐证，围绕国家和学校的结构性制约与学生能动性之间的张力进行研究，对少数民族学校教育做出教育人种志的调查分析。在此基础上，探讨少数民族学校教育中由国家、学校共同构成的隐性力如何对少数民族学生形成了宰制性的力量，以及学生对这种力量进行抵制的过程，进而对发展少数民族学校教育进行思考，并提出相应的建议。

本研究所探讨的隐性力重点在于"隐性"上，目的是想说明在少数民族学校教育中的隐性力是如何存在的，它隐性地发挥着什么样的作用。研究要回答的问题是：少数民族学校教育中的隐性力具体表现在哪些方面？其实施机制是什么？少数民族学生在社区的文化习得是否被学校认为是教育成功的"文化资本"？在全球化和国家化的双重冲击下，少数民族文化和地方性知识面临怎样的挑战？少数民族学生又是如何应对的？他们的行动策略是什么？为什么采取这样的行动策略？研究将采用异质性的反思路径对少数民族学校教育进行研究。在我们的教育理论和教育实践中，经常存在着许多想当然的预设或常识，学校教育对学生产生的积极影响从未遭到过质疑。但事实上，在学校教育的具体操作背后都存在着某种已经被制度化和常识化的预设，这种预设使得学校教育中的一切事件在人们眼中都是"顺其自然"的、"本该如此"的，这就使人们缺少了一种"使熟悉的事物陌生化"的洞察力，缺少了一种视角转换的想象力和反思力。然而，一旦我们的研究将学校教育真正置于关系思维之中，或者更准确地说空间或场域关系思维之中，陌生化我们在学校教育中那些常见的场景和"习以为常"，很多问题背后深层次的原因就会慢慢变得清晰起来。因此，本研究将学校教育置于整个社会场域之中，把民族地区学校教育看成国家主流文化、民族社区文化和家庭文化交汇的特定场域加以理解，从不同的视角审视学校教育与国家政治、经济、文化之间的关系和力量抗衡。同时，本研究根据大量的田野调查和文献查阅，尽量从当地人的视角去理解他们的生活世界以及他们对学校教育的看法和体会，并作出微观的、接近于事实的教育人种志描述，以期从教育理论和实践上丰富少数民族学校教育研究。

二　研究意义

（一）理论意义

国内关于隐性力的研究较少，散见于一些期刊文献中，多是进行一般性的介绍或借助于隐性力进行德育教育，关于少数民族学校教育中隐性力的问题研究很少。本研究借鉴社会空间理论，从结构——能动者的方法论视角对黔南布依族苗族自治州石龙乡学校教育中的隐性力进行研究，期望通过布依族苗族学校教育的例证来提炼和总结有关隐性力的理论，为促进隐性力研究的本土化和有关少数民族学校教育理论发展提供新的视角、理论和方法，同时也为少数民族学校教育改革提供理论依据。

（二）实践意义

首先，隐性力的研究使研究者深入到实践中去，开辟了一条理论与实践相结合的新途径；其次，隐性力的研究有助于使研究者树立整体教育的观念；最后，隐性力的研究还有助于我们透视当前民族教育改革中存在的一些问题，从而有利于教育本质的实现，促进学生的全面发展。更重要的是，教育除了要追求效率，实现社会选拔的功能，还要有助于机会均等和社会公正。但是，从目前的学校教育来看，的确存在着一些制约少数民族学生发展的隐性因素。少数民族作为弱势群体，实现向上流动的唯一途径是教育。现实之中，我们更容易看到作为"能动者"学生的自身作用，认为教育状况与成效在很大程度上取决于学生的禀赋与努力程度，从而忽略了学校教育中隐性因素对学生成功的制约。少数民族学生从早期的文化习得、到进入学校空间中与这些结构性力量抗衡的斗争中，无疑处于极端的劣势。因此，希望这项研究使人们更加关注学校教育中的隐性因素，关注弱势群体的利益，以社会公正为价值取向，为每个学生提供成功的机会和向上流动的空间，从而为少数民族学生创造一个更加平等的竞争环境。

第三节 以往研究状况

一 对隐性力的研究

（一）国外研究现状

国外对于学校教育中隐性力研究的思想渊源可以追溯到 20 世纪二三十年代杜威（J. Dewey）及其弟子克伯屈（W. Kipatrick）提出的"同时学习"（Callateral Learning）和"伴随学习"（Concomitant Learning）的概念。他们认为，学生不仅仅从正规课程中学到东西，还从这一过程中学到不同于正规课程的东西，例如与学习有关的态度、兴趣、情感、理想、价值及信念等情意方面的经验等等，这种从课程之外学到的知识甚至比正式学习更为重要，对学生的未来生活具有重大的影响。虽然杜威和克伯屈对"隐性力"并无系统的分析，但他们提出的"同时学习"和"伴随学习"的思想可以说已经涉足隐性力的问题。由于在当时美国的教育中，强调教育的标准化和量化测量，对于隐性力的研究因不合时宜而被人们所忽略。20 世纪 50 年代以后，美国的教育受到批评，代之而起的是布鲁纳的"学科结构运动"，由于它重知识传播和能力发展而忽视情意，隐性力的研究仍被搁置一旁。"学科结构运动"以失败告终后，美国教育界在反思和批评的基础上，致力于开辟新的研究领域。[①] 1968 年，杰克逊（P. W. Jackson）在《课堂中的生活》（*Life in Classroom*）一书中正式提出

---

① 张家军：《学校教育的隐性力量》，博士学位论文，华东师范大学，2005 年，第 5 页。

了"隐性课程"（Hidden Curriculum）的概念，他透过在公立小学教室里的观察，指出有些教室生活里的特质其实是沿袭了学校教育的社会关系，其中包含了特有的价值、习惯、对于学生的社会性及行为上的期许等等，[1]这些学校生活的特性及对学生服从于社会制度的期许，与教育的目标完全没有关联。但是如果学生要让学校满意他们的进步，这些现象却是不可或缺的。德里本（R. Dreeben）也认为，学校不只提供正规课程的教学，还为学生提供成为一名社会成员所必需的规范和行为准则，后者即隐性课程。[2]至此，对学校教育中隐性力的研究正式拉开了帷幕，很多学者相继从教育学、心理学、哲学、文化学、教育社会学的角度对其进行了深入的探讨。

国外民族教育学研究主要起源于美国、加拿大、英国、法国以及德国等一些西方发达国家。从 20 世纪 50 年代以后，经过几十年的发展，形成了两大不同学术派别。一派是以美国的人类学家斯宾德勒（Spindler, G.）和奥格布（Ogbu, J. U.）为首的文化教育人类学派，另一派是以美国的班克斯（Banks, J. A.）和英国的林茨（Lynch, J.）等教育学家为代表的多元文化教育学学派。尽管这两个学派在研究立场、方法与观点上有诸多差异，但是这两个学派更多关注的核心研究领域却是共同的，即少数民族教育问题，特别集中于对少数民族或弱势族群儿童在主流社会的教育体制中学业失败的探讨。[3]

教育人类学作为人类学学科的一个重要分支，早在 20 世纪初期，其研究就涉及了教育领域，但当时只有少数人类学家真正从事学校教育研究。最早的研究是 1905 年休依特（Hewett, E.）在《美国人类学家》（American Anthropologist）上发表了《教育中的种族因素》一文，认为美国土著印第安人和各种移民儿童学业失败主要是学校强迫他们学习美国主流文化所致。因此，他提出学校应尽力了解这些弱势族群儿童文化背景，提供多元文化教育的观点。[4]此后，很多教育人类学家致力于学校教育的研究，为把学校教育纳入更为广大的社会化情景中进行考察打下了深厚的

---

① 转引自 Eric Margolis 主编《高等教育中的潜在课程》，薛晓华译，华东师范大学出版社 2005 年版，第 5 页。

② 吴永军：《课程社会学》，南京师范大学出版社 2001 年版，第 252 页。

③ 哈经雄、滕星：《民族教育学通论》，教育科学出版社 2001 年版，第 26 页。

④ 袁同凯：《走进竹篱教室》，天津人民出版社 2004 年版，第 20 页。

理论基础。教育人类学不同的理论学派，如结构功能论、冲突论、批评论、阐释论和后现代论等学派都对学校教育中的隐性力进行了深入的研究，在空间上也由美国向英国、加拿大、法国等地扩展。

在功能论看来，学校是社会体系的一个不可分割的部分，其作用在于向社会培养和输送有用之才，以维持社会的存续。基本理论取向是：社会规范和价值观是如何在学校背景中传播的。涂尔干（Durkheim，E.）、帕森斯（Parsons，T.）和默顿（Merton，R.）等是功能学派的代表人物。他们认为，在社会结构的层面，学校依附于更大的社会，学校教育归根到底是社会持久地再生产其存续条件的一种手段，对年轻一代具有系统的社会化作用。通过学校和其他教育方式，社会得以维持其正常秩序，得以世代延续。学校既是学生"社会化"的场所，也是社会控制的机构。学校通过正式课程的设计，把符合社会需要的知识、价值、信仰等分别镶嵌在各个不同的学科中，然后由专职人员——教师负责把这些内容传授给学生，以使学生朝着社会期望的方向发展。在学生学习正式课程的过程中，也会学到一些"正式课程"中所未包括的、或是不同的、甚至相反的经验。这些经验的获得，有的是经学校或班级结构的特性有意使学生学到的；有的是学校建筑、空间安置（如教室、操场的配备等）对学生产生潜移默化的影响；也有因师生关系、能力分组、奖惩实施、同伴关系等"社会——心理"层面的因素所产生的经验；此外像学校（或班级）文化、仪式活动（如升旗、周会）等文化因素所形成的经验，也都可能与正式课程一样重要。[①]功能论清楚地表明了学校教育中的隐性因素的作用，认识到了学校中社会控制的意义，为后来的研究者奠定了基础。但这一学派的不足之处在于过分强调学校对学生的控制和决定作用，把学生看作是被动的"社会化产物"，从而忽略了作为能动的学生的主体意识和主体决策的作用。

冲突论的观点则要激进得多。该理论认为变迁与冲突是社会关系和制度的永恒主题。各族群之间在社会政治、经济和文化上充满了矛盾和制度化的冲突，学校的功能是维护社会经济的不平等，是为统治阶层、权力阶层以及富有阶层的切身利益服务的，教育是统治阶级为维护其统治地位和特权的意识形态与政治结构的一部分。美国著名的激进主义学者鲍尔斯和

---

① 陈伯璋：《隐性课程研究》，台湾五南图书出版公司 1985 年版，第 7 页。

金蒂斯（Samuel Bowels & Herbert Gintis）1976 年发表了《资本主义美国的学校教育》（*Schooling in Capitalist America*），明确地对学校中隐性力的社会控制功能进行了分析，指出学校教育通过正式的和隐性的课程再生产维系资本主义国家所需的社会关系，其中包括了竞争和评价、劳力的阶级化分配、官僚权威体系、顺从及工作的分化与疏离的本质。[①]其结果必然使低社会阶层和少数民族学生遭受学校教育与社会的双重剥夺而失败，或者成为城市的边缘群体，或者回到原来的阶层和农牧区。[②]通过对学校教育中隐性力的研究，鲍尔斯和金蒂斯打破了弥漫于班级和学校所有层面的关系之中的，维护资本主义逻辑和合理性的"结构性沉默"（Structured Silence），并为理解学校中学生和教师行为的实质提供了一种新的思维角度。[③]阿普尔（M. W. Apple）认为，学校通过诸如教科书等的生产和控制，暗默、高效地灌输给学生的"被合法化了的"（Legitimised）文化、价值观和规范，发挥着"霸权"的功能。[④]布迪厄的文化再生产理论则力图揭示：统治阶级的文化在学校教育中被予以合法化，而在被统治阶级不能有效习得学校知识的同时，现有的不平等的社会权力结构就能在合法化的外衣下得到再生产。[⑤]还有学者直接对隐蔽课程中的文化再生产现象进行了探讨。[⑥]

总之，冲突论者对学校教育中的公平、合理性和潜在作用提出了质疑和批判，认为学校中隐涵的社会控制功能具有明显的不平等。虽然学校宣称是为所有文化群体的学生适应未来社会要求的角色进行培训，但主流文化群体总是有更多的自由和选择机遇，而非主流文化群体首先要接受自己

---

①　［美］Eric Margolis 主编：《高等教育中的潜在课程》，薛晓华译，华东师范大学出版社 2005 年版，第 7—8 页。

②　钱民辉：《断裂与重构：少数民族地区学校教育中的潜在课程研究》，《西北民族研究》 2007 年第 1 期。

③　M. W. Apple *Teachers and Texts: a Political Economy of Class and Gender relations in Education*, New York: Routledge & Kegan Paul, 1986, pp. 22, 131.

④　Ibid.

⑤　［美］布迪厄、华康德：《再生产——一种教育系统理论的观点》，邢克超译，商务印书馆 2002 年版，第 14 页。

⑥　See Hanley, Lynne Maria "Cultural Reproduction via the Hidden Curriculum", ProQuestDigital Dissertation, 1984（http：//wwwlib. umi. com）Carvallo, Oscar Raul "Values in theHidden Curriculum: An Axiological Reproduction" ProQuest Digital Dissertation, 1995（http：//wwwlib. umi. com）.

由于文化差异而导致的学业失败，继而认同自己低下的和边缘群体的地位。①该学派认为隐性力是造成学校成为教育桎梏的主要原因，并试图寻找学校改革的新途径，以使隐性力的消极影响减至最低。由此可见，冲突论者关于隐性力的研究大大深化了对学校教育中隐性力的认识。

在教育人类学领域，对学校教育中隐性力的研究除了功能论和冲突论这两大派别外，较具影响力的还有批评论、阐释论和后现代论等学派。批评学派的代表人物有哈贝马斯（Habermas）、伊利奇（Ivan Illich）、弗莱雷（Paulo Freire）等人。其中，伊利奇的《非学校化社会》（*Dischooling Society*）和弗莱雷的《被压迫者教育学》（*Pedagogy of Oppressed*）对学校教育中的隐性力的社会控制进行了深入的研究，认为学校教育不只是学生简单地接受教师传授知识的过程，更是一场克服各种支配的斗争过程，这种过程使得每个人都能够掌握其生存和未来的命运及其意义。他们同时也指出，学校教育只能保证少数人的教育质量，而在学校中遭到学业失败的学生却甘心接受这一安排，并接受越来越多的控制。②

持阐释论观点的学者认为，由于社会知识的控制，阶级体系不仅影响着物质资源的分配，也影响着不同社会阶层的交流模式。著名阐释论学者伯恩斯坦对"立基于社会阶级的语言符号"（Social Class – based Linguistic Codes）有相当深入的检视，其结果在教育人类学领域有既深且远的影响。在迈克·扬主编的《知识与控制》中，通过《论教育知识的分类与构架》一文，他提供了一个分析课程知识构架所具有的结构，揭示了权力的分配和社会控制的原则。③他还区分了两种典型的教育知识编码形式：精密型语言编码（Elaborated Code）与局限型语言编码（Restricted Code）。学校运作的法则是伯恩斯坦所说的"精密型语言编码"。其与中产阶级家庭的话语形式是相近相符的，而劳工阶级家庭则采用"地位的"社会化模式，并习惯使用"局限型语言编码"。儿童通过由其家庭社会地位所决定的表述模式来阐释各种行为规范、准则、生活方式和其他社会认可的规范和游戏规则，其未来在社会中的阶级地位明显地受到从家庭习得的语言表述模

---

① Ballantine. J. H., 1997 *The Sociology of Education：A systematic Analysis*，Prentice – Hall，Inc.

② ［美］Ivan Illich：《非学校化社会》，吴康宁译，桂冠图书公司 1997 年版，第 12—13 页。

③ 迈克·F. D. 扬主编：《知识与控制》，华东师范大学出版社 2002 年版，第 62 页。

式的影响。由于学校再生产主流文化，低层社会的儿童所习得的习惯与学校规范之间必然会存在不协调性。因此，来自社会经济底层的儿童学业成绩低下并不奇怪，因为他们缺乏学术或社会经济成功所需的那些主流社会的语言和文化能力。无论是对布迪厄或是对伯恩斯坦而言，不同的阶级语言与知识都会导向不同的教育路径。学校运用了现有优势团体的语言和文化，并将其合法化，结果是再制了现有的阶级结构。①总之，阐释论者认为，学生在学校中内化强调尊重权威、准时、卫生、听话和顺从的价值观念。学生从正式规定的课程内容中学到的东西，远远没有他们从体现在学校的三个信息系统中的意识形态假定中学到的东西重要，这三个系统是课程系统、课堂教学方式以及评估系统。②在这三个系统对儿童施以的强加中，无论从文化资本、符号暴力还是惯习来看，都体现出了一种"双重专断性"；一方面，再生产是强制性的，不平等的社会权力结构被强加到学校场域中来；另一方面，隐性力的再生产作用被披上了合法的外衣。于是，在社会特权的取得越来越依靠对学校文凭占有的社会中，学校教育以一种隐蔽的方式实现了统治阶级的权力专断。

后现代论源于福柯（Foucault）和德里达（Derrida）的思想，认为权力决定着知识的传递，所谓的学校知识实际上是由那些掌握权力的阶层所界定的。在他们看来，那些权力小或根本没有权力的族群的声音被忽视或边缘化，被压迫者的知识和思想无法与主流文化相提并论，自然也就没有可能被纳入到主流学校的教育中去。后现代主义主张多元叙述（Multiple Narratives），认为应予以从属群体和边缘群体表述他们自己生活和历史的机会，但是多元叙述对社会会造成什么样的结果，后现代论并没有给予圆满的解释。③

以上研究趋向于认为学生是被动地接受学校教育的，威利斯（Paul Willis）、阿普尔（Michael Apple）、吉鲁（Henry Giroux）等人的研究则将焦点集中于学生的反叛文化上。威利斯在其民族志作品《学习成为劳工》（Learning to Labor）中，介绍了工人阶级学生对学校主流文化的抗拒。他

①　［美］Eric Margolis 主编：《高等教育中的潜在课程》，薛晓华译，华东师范大学出版社2005 年版，第 12 页。

②　［美］亨利·A. 吉鲁：《教师作为知识分子——迈向批判教育学》，教育科学出版社2008 年版，第 41 页。

③　袁同凯：《走进竹篱教室》，天津人民出版社 2004 年版，第 18 页。

认为学生的抗拒以反对权威为特征，学生通过抗拒行为显示出反学校成员的优越性。威利斯抗拒理论的解释架构企图突破"教育只是一种协助宰制阶级传递霸权意识形态工具"的观点，他将个人主动的抗拒现象加以呈现，认为抗拒行为不仅是一种对学校主流文化的反对，也具有文化创生（Cultural Production）的意义。①抵制理论的另一代表人物吉鲁认为威利斯的抗拒意义并不完整，他认为这种抗拒是在支配与被支配者间的一种"自主形式"，这种抗拒行动大多呈现出非正式、无组织、去政治、去理论的本质，即抗拒缺乏公开的、有策略性的政治方案。他重新界定了抗拒的意义：抗拒是颂扬人类行动力的辩证特质，其正好显示支配作为一种过程是永远不安全的；权力是被各个不同脉络中的人使用，因而产生种种支配与自主的交互关系。所以权力绝非单向的。它可作为支配形式，亦可产生抗拒的行动；抗拒的内在含义应是一种渴望转化和充满希望的表达。②总的来说，抵制理论的代表人物认为，学校不仅仅复制已有的社会秩序，即使在一个不平等的社会里，文化与经济因素也并不具有足以控制人们行为和意识的强大力量，在社会与文化再生产过程中仍然存在着潜在的巨大张力或反叛力量。学生不仅只是被动的器具，而是会主动表现出与校园期待和规范相冲突的行为。因此，唯有将学校诠释为彼此冲突、妥协和挣扎的教育竞技场，才能了解其中的本质。③

　　本研究认为，以上对学校教育中隐性力的研究理论对问题的审视角度虽然有些差异，但所关注的问题大致相同：强调隐性力对学校教育和学生影响的整体性和重要性；强调在正式的学习之后隐藏的主流文化的知识观和价值观以及相应的意识形态；强调学生在学校教育中习得的态度、价值观及信念等对学习者的意义。这些研究都是把学校教育置于更为宽广的社会文化背景之中，以教育人类学的相关理论和方法探求社会的政治、经济、文化等方面与学校教育之间的互动关系与作用，为本研究打下了坚实的理论基础。

---

①　Wills, P. *Learning to Labor: How working class kids get working class job*, NY: Cohumbian University Press , 1977.

②　Giroux, H. A. (1983). Theories of reproduction and resistance in the new sociology of education: A critical analysis, *Harvard Educational Review*, 53 (3), pp. 257 - 293.

③　［英］戴维·布莱克莱吉、巴里·亨特:《当代教育社会学流派》，王波等译，春秋出版社 1989 年版，第 197—199 页。

（二）　国内研究现状

目前我国教育理论界对隐性力的研究多在对隐性课程的研究上，而且，对隐性课程的研究也不是很多。隐性课程是一个舶来品（英文中除了 Hidden Curriculum 之外，还有 Covert Curriculum、Invisible Curriculum、Unformal Curriculum 等用词）。我国对隐性课程（亦有人译为隐蔽课程、潜在课程、潜课程、隐形课程、无形课程、潜隐课程、非正式课程等）的研究是从 20 世纪 80 年代中期开始的，其进程的大体脉络是由以介绍西方理论为主转向较独立的理论探索，从理论认识层面拓展到实践操作层面。尽管其历史不长，但研究的势头颇强，很快引起了众多研究者的极大兴趣。①道德教育理论家认为，隐性课程是德育的一个重要手段；课程理论家则认为，隐性课程是一个必须正视的重要问题；不少哲学家则从哲学的角度对隐性课程的概念进行澄清等等。时至今日，隐性课程研究已成为课程理论研究的一个热点问题，而且使隐性课程产生了一个质的飞跃。"隐性课程"一词已成为"教育论文中的一个公认的术语"②。

目前国内对隐性课程进行探讨的论著主要有四本：陈伯璋的《潜在课程研究》（1985）、林清江的《潜在课程与生活教育》（1986）、刘根平的《潜课程论》（1992）和靳玉乐的《潜在课程论》（1996）。对隐性课程进行研究的相关文献有：吴康宁、吴永军等人从教育社会学的视角论述了隐性课程问题，涉及隐性课程的功能和作用形式，提出了相应的分析方法；③鲁洁、张楚廷分别从德育和哲学视角论述了隐性课程；④郑金州等人从文化学视角探讨了隐性课程的特点；⑤张家军从教育学的角度，直接提出隐性力量的概念，并将隐性力量从知识力、情感力和行为力三个方面进行了系统梳理；⑥其他学者也分别从不同的视角对隐性课程的概念界定及

---

① 参见 Kohlberg, L., Mcneil, J. D., Gordon, D., Hare, W., Vallance, E., 吴也显、班华、郑金州、靳玉乐、田慧生、吴康宁等人的有关论文。

② Assor, A. & Gordon, D.（1987）The implicit Learning Theory of Hidden Curriculum Research, Journal Of Curriculum Studies, Vol 19, No. 4.

③ 参见吴康宁《简论课程社会学研究的功用》，《课程·教材·教法》2000 年第 11 期；吴永军：《课程社会学》，南京师范大学出版社 1999 年版。

④ 鲁洁：《教育社会学》，人民教育出版社 1990 年版；张楚廷：《论教学环境与课程》，《湖南师范大学社会科学学报》1999 年第 1 期。

⑤ 郑金州：《教育文化学》，人民教育出版社 2000 年版。

⑥ 张家军：《学校教育的隐性力量》，博士学位论文，华东师范大学，2005 年，第 5 页。

本质特征、功能和作用机制、价值取向和课程的开发实施等方面进行了研究。[①]

客观地说，国内在教育人类学领域的隐性力研究成果还非常匮乏，虽然有几部相关专著，如李书磊的《村落中的国家——文化变迁中的乡村学校》（1999），余秀兰的《中国教育的城乡差异——一种文化再生产现象的分析》（2002），马维娜的《局外生存——相遇在学校场域》（2003），从不同视角论述了学校教育中的政治、经济、学生的文化资本等隐性力对学生的影响，但这些著述大多数是从教育学和教育社会学的角度进行研究的，而且多是对汉族地区进行的研究。

二　对少数民族学校教育中隐性力的研究

（一）国外研究现状

国外对少数民族学校教育隐性力的研究主要集中于教育人类学的核心主题——教育与文化的过程，尤其集中于现代学校教育与传统文化之间的冲突与融合而导致的少数民族学生的学业失败问题。他们分别从现代学校教育灌输主流社会价值观、学校所使用的语言以及少数民族学生所拥有的文化资本和其社会阶层与学校所需要的文化资本不一致等方面论述了学校教育中隐性力的存在，并阐述了隐性力作用的过程。

美国著名人类学家斯宾德勒（Spindler, G.）在其 1974 年编辑的《教育与文化过程：教育人类学探索》（*Education and Culture Process：Toward an Anthropology*）一书中，收编了数十篇有关弱势族群学校教育民族志的个案研究，从文化的视角集中探讨了弱势族群学校儿童学业失败的原因，并在书的第三部分"传统社会和迈向现代化的社会中的教育和文化

---

① 参见李复新《20 世纪隐蔽课程研究的历史回顾与评析（下）》，《课程·教材·教法》1998 年第 12 期；马志颖《课程是一种特殊的文化》，《中南民族大学学报》（人文社会科学版）2003 年第 8 期；刘云杉《课堂教学的麦当劳化——一个社会学视角的检讨》，《教育研究与实验》2001 年第 2 期；傅建明《教科书价值取向研究》，中国社会出版社 2004 年版，第 152 页；季正泉《试论学校隐性课程管理》，《教学与管理》1997 年第 2 期；沈云林、彭劲松《关于在隐性课程建设中发挥学生主体性的思考》，《长沙大学学报》1999 年第 3 期；仇晓春、甄丽娜《关注学校隐性课程，创设对话教育生态》，《基础教育参考》2004 年第 12 期；贾克水、张如山《隐性教育概念界定及本质特征》，《教育研究》2000 年第 8 期；贾克水、张如山、朱建平《论隐性教育功能和作用机制》，《山西财经大学学报》（高等教育版）2002 年第 3 期；曲成《浅谈隐性教育》，《教育探索》2000 年第 9 期；沈嘉祺《论隐性教育》，《教育探索》2002 年第 1 期。

过程（Education and Cultural Process in Traditional and Modernizing Socie-
ties）"，用 5 篇文章探讨传统社会中现代学校教育的尴尬处境。斯宾德勒
在书中指出：在许多少数民族中，学校是一种非连续性机构，灌输主流社
会价值观，使弱势群体儿童在他们感到生疏的环境中被动地接受他们陌生
的文化知识。其结果是，他们原有文化往往面临着被主流文化取代的可
能，从而引起弱势族群的恐慌和不安。①

一些学者则从语言表述角度分析了弱势族群儿童在学校中遇到的问
题。家庭、社区语言与学校语言表述方式与习惯的差别使教师对弱势族群
儿童的会话、阅读和写作产生误解，严重挫伤学生学习积极性，最终导致
他们的厌学情绪。②这些学者认为，少数民族学生的家长由于没有教给他
们的孩子以白人的文化为主的学校教育所要求具备的适当的语言能力、认
知能力和其他学习技能，没有为他们提供主流学校所期望的那种生活经历
而在文化上缺少素养，因此导致了少数民族学生在学校里的低学业成绩，
并提出了"社会化失败（failure – of – socialization）"的假说，用以解释少
数民族学生的低学业成绩。③

从 20 世纪六七十年代起，美国一些学者通过对美国都市贫民区学校
教育的研究，从弱势族群儿童家庭的社会经济地位、族群价值取向、师生
认知差异、个人成就动机、社会阶层以及主流族群对弱势族群的偏见等方
面分析了弱势儿童失学率偏高的原因，认为"文化差异"（culture differ-
ent）是解释少数民族儿童学业失败的原因。如 Bond（1981）的研究表
明，黑人儿童在学习上不如白人是因为多数黑人处于社会的底层，而中层
阶层的黑人儿童则与白人儿童在学业上没有什么差异。④这种理论认为，
从文化理念来看，弱势族群儿童之所以在主流学校容易遭到失败，是因为
他们和主流文化的认知方式和沟通模式都存在差异，这种差异使他们难以
成功地适应主流文化的教学，而主流学校也没有主动地去包容他们与主流
文化之间的差异。盖伊（J. Gay）和科尔（M. Cole）于 1967 年发表的

① Spindler, George *Education and Cultural Process: Anthropological Approaches*, Prospect Heights,
Waveland Press. 1977.

② 袁同凯：《走进竹篱教室》，天津人民出版社 2004 年版，第 24 页。

③ 哈经雄、滕星：《民族教育学通论》，教育科学出版社 2001 年版，第 58 页。

④ Bond, G. C, "Social Economic Status and Educational Achievement: A Review Article". *An-
thropology and Education Quarterly* 1981, 12 (4).

《新数学和旧文化：一项利比里亚克佩勒的学习研究》（*The New Mathe-matics and an Old Culture：A Study of Learning among the Kpelie of Liberia*）和格林德尔（B. T. Grindal）于 1972 年发表的《在两个世界中成长：北加纳西撒拉的教育和转变》（*Growing Up in Two World：Education and Transi-tion among the Sisala of Northern Ghana*），分别从少数民族学生的学业失败、教育公平、社会分层以及师生关系等层面阐述了隐性力对少数民族学生产生的巨大而隐性的影响。还有很多学者从不同的视角对隐性力进行了深入的研究，其中最为杰出的研究非罗森菲尔德（G. Rosenfield）和麦克德莫特（R. P. Mcdermott）莫属。罗森菲尔德在《"闭上那些厚嘴唇"：对一个贫民学校的文化研究》（*"Shut Those Thick Lips"：A Cultural Study of a Slum School*）一文中，详尽地阐释了学校中的隐性因素对贫民学校中厚嘴唇的黑人孩子学业失败的影响；麦克德莫特在他的《学业失败：关于文盲和社会分层的一种人类学方法》（*Achieving School Failure：An Anthro-pological Approach to Illiteracy and Social Stratification*）一文中，通过深入而细致的教育人种志研究，认为少数民族子弟或下层社会出身的儿童之所以出现阅读障碍，其原因并非在于学生的资质问题，也不是教师主观上对学生的蔑视，而是由于师生之间客观存在的文化差异，从而造成了师生之间的误解以及关系的僵化。

20 世纪八九十年代，在关注语言行为引起差异的同时，一些学者发现：主流学校文化与弱势族群文化之间的冲突也是弱势族群学业失败的原因。他们认为，当少数民族学生带着不同的文化背景来到学校或在不同的文化当中接受教育时就在教育中产生了文化中断，他们在自己文化中掌握的价值观、学习态度和学习风格，不仅不同于在公立学校和社会中获得成功所需要的价值观和学习风格，而且他们的价值观、学习态度和学习方法还与公立学校和社会要求相冲突。[1]由此，赫斯于 1983 年提出了社会阶层与文化资本理论（Class and Cultural Capital Theory）。他将"文化资本"与"社会阶层"概念结合，来解释少数民族的学生家庭和社区文化与白人中产阶级文化的差异。他指出，文化资本主要集中在白人中产阶级家庭，都市白人主流学校文化反映并鼓励白人中产阶级的价值观念与语言沟通方

---

[1] Ogbu. J. U. *Racial stratification and education：The case of Siockton*，California ICRD Bulletin，1977，pp. 1 – 26.

式，而黑人的子女在不同程度上缺乏文化资本，并存在着语言交流形态不利，从而导致他们在白人中产阶级学校中学业成就偏低。①

梅汉（Mehan）也于 1986 年提出了社会地位团体与学校科层制理论。该理论引用韦伯的"地位团体"（Status Group）以及布迪厄的"文化资本"概念解析社会阶层对学校生活的影响。该理论认为，社会各阶层的文化都有其独特的知识与技能，层次不同的地位团体拥有着不同的社会文化与语言资本，学生学业成就的高低是"个人文化资本"与学校教学制度互动的结果。学校生活中的制度化措施塑造各种"中介机制"（Mediating Mechanisms），将不同的学生贴上不同的标签，训练成不同成就的学生。该理论认为，少数民族低学业成就，并非是他们与生俱来能力差，而是被学校制度"设计构成"的。②

美国人类学家奥格布（Ogbu, J. U.）提出的"文化生态适应"论则认为，学校作为一种社会机构，是与其他社会机构尤其是经济机构相联系的，从文化生态学的观点看学生、家长、教师和纳税人之间的关系，弱势儿童的低学业成绩，是他们面临有限就业机会而采取的对付家长、教师和同龄人的适应性对策，但这种理论不能很好地解释不同的少数民族在同样的环境中学业成就存在差异的现象。为了弥补这种理论的缺陷，奥格布进一步提出了"文化模式理论"。该理论认为，弱势群体的传统文化、族群历史经验、族群生存策略以及族群关系是影响他们儿童学业成绩的重要原因。③

总的来说，国外对少数民族学校教育中隐性力量的研究较全面和丰富，无论从宏观还是微观层面，这些研究都较深入、透彻。虽然结论未必适用于每个国家的少数民族，但是，这些研究取向和研究方式是非常值得借鉴的。

（二）国内研究现状

国内有关少数民族学校教育方面的研究成果很多，尤其是 20 世纪 80 年代后，中国学者开始广泛地研究少数民族学校教育。根据 Postiglione 的研究统计，中国学者对学校教育的研究主要集中于四个方面，即"少数

---

① 哈经雄、滕星：《民族教育学通论》，教育科学出版社 2001 年版，第 61 页。

② 同上书，第 61—62 页。

③ 同上书，第 62—64 页。

民族教育政策与发展，描述全国少数民族教育发展的论文集，描述特定区域少数民族教育的论文集和涉及少数民族教育与经济方面的论著"①。如孙若穷主编的《中国少数民族教育学概论》（1990）、哈经雄主编的《中国少数民族高等教育学》（1991）、吴仕民主编的《中国民族教育》（2000）、哈经雄、滕星主编的《民族教育学通论》（2001）、滕星、胡鞍钢、王军等主编的《西部开发与教育发展博士论坛》（2002）、滕星、王军主编的《20世纪中国少数民族与教育理论、政策与实践》（2002）、孟立军的《论中国民族教育》（2001）、滕星的《族群、文化与教育》（2002）、王军的《文化传承与教育选择：中国少数民族高等教育的人类学透视》（2002）、董艳的《文化环境与双语教育：景颇族个案研究》（2002）、王鉴的《民族教育学》（2002）、凌绍崇的《民族教育新论》（2004）、俸兰主编的《新世纪我国民族教育发展研究》（2004）以及袁同凯的《走进竹篱教室》（2004）等一套"民族教育学"丛书。这些论著对我国少数民族教育的研究具有一定的参考价值。

国内虽然对少数民族学校教育的研究成果很多，但是目前还没有著作专门研究少数民族学校教育中的隐性力，仅有为数不多的论著和文章对此课题进行了理论与实践的本土研究，这些研究主要集中在几个方面：

第一，关注少数民族学校对主流社会结构的再生产研究。20世纪80年代后，随着国内对外开放政策的出台，越来越多的国外人类学者开始从事中国少数民族研究。但是，直到20世纪90年代后，少数民族学校教育才更加受到关注。很多国外人类学家把少数民族学校教育作为自己的研究对象，从事有限的田野调查，以外域人类学的理论与方法来解释中国少数民族学业成败的原因。Postiglione所主编的《中国少数民族教育：文化、教育与发展》（*China's National Minority Education: Culture, Schooling, and Development*），从比较宽广的视角检视了中国政府通过学校教育对少数民族进行政治社会化的过程，认为学校课堂里民族文化的表述严重地受到市场需求的影响。尽管少数民族不断地呼吁在学校教育中提高他们文化的地位，但实际的学校教学内容却始终以主流文化（汉族文化）为主，学校教育自始至终再生产着主流社会的结构。他发现，国家教育对族群意识的

---

① Postiglione, Gerard A. *The Ethnographic Eye: Interpretive Studies of Education in China*, New York: Falmer Press, 2000, pp. 51 – 71.

形成具有重要影响，甚至可以再造族群。他的结论是，学校是国家实施其政治社会化的主要方式。[1] Hansen 从云南的纳西族和傣族的学校教育入手，讨论了中国政府如何通过学校教育向民众灌输"中华民族"这一观念的。[2]这些研究指出，少数民族学校教育具有文化再生产和社会再生产的功能，它对少数民族学生的族群认同和学业成就乃至以后的社会地位造成了隐性而深入的影响。

第二，关注统编教材对少数民族学生学业成就影响的研究。万明刚研究了中国西北地区汉、藏、东乡族儿童由于使用文字及文化发展的不连续性问题，发现对不同文化学生的学业成就有重要影响。特别是统编教材都使用汉语，使尽管生活在同一个地方的不同儿童由于文化适应上的困难而出现学习困难。[3]另外，滕星、董艳、王军、陆启光等学者的研究表明：少数民族学生在以主流文化为主的学校教育中都存在着学习困难的问题，学业失败问题在少数民族学生中是普遍存在的。但这些研究由于研究侧重点的关系，并未深入地把少数民族学校教育中的隐性力作为主题去研究。

第三：直接关注到少数民族学校教育中隐性力的研究。我国学者袁同凯在广西土瑶族群学校教育考察基础上撰写的教育民族志《走进竹篱教室》（2004），从社会政治地位角度分析了土瑶儿童学业失败的原因。他认为，土瑶族群在社会政治体系中缺乏地位，没有话语权力是教育失败的主要原因。[4]钱民辉在《西北民族研究》中发表的《断裂与重构：少数民族地区学校教育中的潜在课程研究》（2007）中认为，潜在课程与少数民族文化是一种冲突的关系，表现出了"断裂"与"重构"的文化现象。另外，李小敏在教育科学出版社出版的《中国教育：研究与评论》中发表了一篇相关的文章——《村落知识资源与文化权力空间》（2003），作者通过对一个村落的描述，观照在国家化和全球化的双重冲击下，乡土社会及地方性知识体系如何应对等角度来反思和分析少数民族地区的教育问题。

①　Postiglione, Gerard A. The Ethnographic Eye: *Interpretive Studies of Education in China*, New York: Falmer Press, 2000, pp. 51 –71.

②　Hansen, M. H. Lessons in Being Chinese: *Minority Education and Ethnic Identity in Southwest China.* Hong Kong University Press. 1999.

③　冯增俊：《教育人类学教程》，人民教育出版社 2005 年版，第 274 页。

④　袁同凯：《走进竹篱教室》，天津人民出版社 2004 年版，第 16 页。

从以上论述中我们可以看出，中外学者以不同的理论与方法从事中国少数民族学校教育的研究。国内的学者主要以传统的历史或教育的方法从经济的角度去考察少数民族学业失败的缘由，往往局限于学校这个小环境，很少把学校教育纳入社会、文化和政治境遇中进行分析和研究。相比之下，外域学者更关心从学校体系之外去探求少数民族儿童学业失败的根源，这对推动中国教育人类学研究的发展具有积极作用。尽管他们的研究目的并不在此，而是用中国的例证来验证在他们本土建构的理论与方法的可行性。①但值得肯定的是，这些学者从学业成绩差异、教育与族群认同、教育与语言、教育与政治权力的关系等方面探讨了少数民族学校教育问题，从而得出一些发人深思的结论，这是值得我们学习和借鉴的。

综合国内已有对隐性力的研究成果，本研究认为，各种关于少数民族学校教育中隐性力的研究都是一定国家、特定历史背景下的产物，对本研究都有一定的参考价值。但鉴于本研究的研究重点以及社会空间理论与本研究的适切性，研究者侧重于从社会空间理论的视角来探讨少数民族学校教育中的隐性力。本研究认为，研究少数民族学校教育，除了关照经济和社会文化背景等显性因素外，还应重点探讨少数民族学生的学前社区环境、国家力量对学校的渗透以及学生在学校空间中受到的隐性影响等一系列因素，这样才能对民族教育中的隐性力有一个完整的认识和深层的理解。

第四节 有待深入探讨的问题

尽管国内民族教育学领域对少数民族学校教育中隐性力的研究有了初步的成果，但还缺乏系统深入的过程性研究，个案研究缺乏的情况仍没有较大改变。少数民族学校教育中的隐性力如何以潜在的方式影响着学生的学习方式和价值观念？这些影响主要通过哪些途径表现出来？学生对这些影响如何应对？他们为什么会采取这样或那样的策略？背后又有什么深层次的原因？对这些问题尚缺乏整体、系统的研究。因此，本研究以为，对这个课题的研究还有以下几个有待深入探讨的问题：

其一，较为偏重理论的探讨，较少实践研究。中国的传统学术研究大

---

① 袁同凯：《走进竹篱教室》，天津人民出版社 2004 年版，第 43 页。

都带有比较浓厚的思辨色彩。王鉴教授曾经说过："中国传统的理论研究者的特点大都是远离研究对象的思辨性研究。从古代的那些穿着长袍马褂在书斋中翻阅线装书的'儒士'到近代'躺在摇椅上'养尊处优的著书立说者，大都看不起深入实际，贴近研究对象的实践研究者。"①这一传统在少数民族学校教育的研究中也表露无遗。隐性力对学生的作用是通过日复一日、年复一年的潜移默化而产生影响的。对隐性力的研究，如果不深入实践，仅仅从理论上加以探讨，从而寻求一个精确的得到普遍认同的概念，或者就对其功能做一番纸上谈兵式的论说，其研究是比较狭窄的。我国对隐性力的研究主要着重介绍西方隐性力的理论及其实践，停留在对理论进行思辨的层次上，鲜见研究者进入少数民族社区，深入学校和课堂对隐性力进行"质的"研究。由于缺乏可靠有效的实践做支撑，理论的探讨也显得有点乏力。因此，对于研究者而言，对隐性力的研究必须走向田野，走进研究对象，才能使研究更具真实性和现实性。

其二，较为注重宏观把握、较少微观研究。当然，从宏观上把握事物有助于从整体上来理解事物。但就目前有关隐性力的研究来看，学者们较为注重从宏观整体上研究隐性力，关注学生的个人社会化，隐性力的社会控制功能等，而较少深入班级，深入教学过程等微观领域的研究，对隐性力的微观实施层面的研究较为薄弱。虽然宏观方面的研究与探讨有利于理论的建构，但如果缺少微观领域的相关研究，也会使理论脱离实践，不能很好地指导实践。

其三，较为关注国外研究，较少本土化研究。综观国内诸多学者关于隐性力研究的文献，二十年来发表了上百篇，大致可归为这样几种类型：第一类是介绍西方相关研究状况的文章；第二类是翻译国外相关研究的文章；第三类是在西方相关理论指导下的理论探讨类文章；第四类是国内学者自己的理论见解。前三类文章所占比重较大。可以看出，在隐性力的研究中，国内学者较多地受国外学者的影响，对本土化研究较为缺乏，尤其缺少对少数民族地区进行的研究。

其四，研究主题较为分散。在为数不多的有关隐性力的研究中，就研究者的目力所及，尚没有形成对某一主题集中、深入、系统的研究。其研究主题较为分散，各主题之间尚比较缺乏实质性的相关和联系。实

---

① 王鉴：《实践教学论》，甘肃教育出版社 2002 年版，第 6 页。

际上，在学校教育中看似相同或相似的现象，其内在所起作用的文化因素是各不相同的。由此可见，我们需要对该课题进行多层次、多角度的研究，从而使少数民族学校教育中的隐性力研究有一个比较完整的理论体系。

第五节 本研究可能的突破和创新

本研究希望从以下几个方面有所突破和创新。（1）理论建构方面，在吸收国外先进的研究成果的基础上，加强对少数民族学校教育中隐性力的本土化研究；（2）在研究方法上，本研究拟采用"教育人种志"的研究方法，深入到少数民族聚居区的学校中，长时间地和他们生活在一起，通过了解他们的生活世界而对少数民族学校教育中的隐性力有更深入的阐释；（3）本研究采用社会空间理论为研究工具，力图从一个新的视角研究少数民族学校教育中的隐性力。随着后现代地理学的发展，社会空间理论更加受到人们的关注。早在马克思的著作中，对空间就有了一定的关注。20世纪中期以后的研究中，更是给予了空间一种前所未有的高度，从而形成了较为成熟的社会空间理论乃至空间社会学。在众多研究空间的大师中，除了以列斐伏尔、戴维·哈维和卡斯特尔为首的领军人物之外，福柯、布迪厄、吉登斯等学者都在自己的著作中为社会空间的论述留下了一席之地。

从本质上看，学校是观察经济、政治和文化领域之间的辩证关系和张力的空间，是探求这些关系与张力的场所。福柯等后现代论者从政治的角度，讨论空间与个体的关系，倡导探讨空间关系下深层次的权力观和知识观。布迪厄的空间论述则是基于"社会空间"这一概念，从实践和符号的角度阐述其空间理论，将其与支撑其理论体系的核心概念——资本和惯习紧密地结合在一起。吉登斯则试图以社会空间的许多概念，如区域化、时空抽离、场所、在场、不在场、共同在场等概念从权力与互动的角度切入空间议题，辨识出社会互动在空间结构下如何以不同的形式延展并改变社会的资源分配结构和运行机制，同时将时间——空间关系直接与权力的产生和统治结构的再生产紧密联系在一起。[①]阿普尔也在《社区学校教育

---

① 何雪松：《社会理论的空间转向》，《社会》2006年第2期。

和权力的实质》一书的序言中指出，学校教育从本质上讲是一个政治过程，蕴涵了权力的概念。在任何多元文化的社会里，学校教育不可避免地生产和再生产社会与文化的差异，生产不同层面的权力结构。主流群体的知识成为合法化的知识，而其他群体的知识则难以进入主流学校的知识体系。教育人类学对弱势学校教育的研究表明，主流学校教育反映与复制更为广大的社会里的权力关系，反映了社会历史过程中强势群体与弱势群体之间的互动关系。①因此，从社会空间视角进行的研究，更有助于我们把握学校空间与社会空间错综复杂的权力关系。

　　西方众多研究者已经运用这一理论比较成功地解释了社会生活中的很多现象和问题。而我国的研究者对这一理论却还较为陌生，运用这一理论来研究教育问题的还比较少见。因此，本研究从结构——能动者的方法论视角出发，利用社会空间理论为分析工具，对少数民族学校教育中的隐性力进行考察，将是一次比较大胆而崭新的尝试。当然，本研究并不打算对社会空间理论机械地套用或直接借鉴，而是希望通过对这种理论的理性反思和合理吸纳，逐渐领会其"本土再生"的过程，从而实现自我批判和自我解放。

第六节　研究方法

　　教育人种志（Educational Ethnography，也有人译为"教育民族志"）是本研究主要采用的研究方法。一般认为，"教育人种志"就是为特定情境中的教育系统、教育过程以及教育现象提供完整和科学的描述。美国"教育人类学之父"——斯宾德勒认为：真正的教育人种志不但要收集和描述大量的民族教育资料，重要的还在于对这些资料进行文化的解释，进行文化的解释才是教育人种志的本质。②方法论专家麦克米兰（J. H. Mcmillan）说："这种方法可以使研究者发现教育中要研究的什么才是最重要的课题"，"可以对所有教育研究中的基本问题做出重要贡献"，它"也许是解决教育中存在问题的最好方法"，因为它能贡献大量

　　① 袁同凯：《走进竹篱教室》，天津人民出版社 2004 年版，第 45—46 页。

　　② George And Spindler，"Intepret Ethnogral of Education At Home And Abroad"，New Jersey London，1987.

丰富的描述，这就意味着能够孕育、发展和检验良好的理论。①

　　教育人种志是教育人类学的主要研究方法，它集中体现了教育人类学的学科特点，尤其深刻地表现了跨文化比较研究和实地研究这些研究特征的精髓和原理，也是进行释义学研究的前提条件。教育人种志要求研究者走出书斋，走向日常生活，走入学校日常情境，进入研究现场。研究者可以通过实地观察、深度访谈等方法，在自然环境下对社会及学校正在发生的事情进行观看、倾听和感受，了解当地人的生活世界，了解他们生活中曾经发生和正在发生的事情以及他们的行为所隐含的意义。

　　鉴于教育人种志作为本文的研究方法，具有举足轻重的作用，因此，本研究认为有必要对教育人种志进行比较详尽的介绍，以使人们对这种方法的研究脉络有一个更为清晰的认识。教育人种志是教育研究对人种志的一种借用，它既具有人种志的根本特征和研究规范，又体现了教育研究的学科特色。因此，我们必须首先对人种志研究有一个大致的了解。人种志研究是一种研究者与被研究者互相作用的实地调查研究，一般是对一群人或一个种族的生活方式的描述，通过描述和阐释，旨在阐明他们的信仰、价值观、观点等，是研究者在现场进行长期的观察、访问、记录，针对所选择的场所、针对自然发生的对象而作的研究。它试图以局内人的身份和观点，用局内人的语言与意义体系来解释一切。人种志研究通过在研究现场发现有意义的东西，从初始的观察到推出尝试性的结论，再由这些结论启发进一步的观察和思考，最后修正结论，这是一项研究者在研究情境中所获经验指导下的不断摸索的探索过程。

　　20世纪初，英美等国的人类学家开始采用人种志这种研究方式，与一些原始民族长久生活在一起，亲自收集第一手的资料进行整理分析。作为人类学学科特有的一种研究方法，人种志此时才得以初步成型。人种志研究的鼻祖当推博厄斯（F. Boas）。他恭身践行，在很多地方进行了长期而深入的田野工作，如在1883—1884年期间，他作为加拿大巴芬克岛的考察团成员，在爱斯基摩人中生活了数月，获得了大量有价值的田野资料；1886年他对北美西北岸印第安人的研究，也取得了巨大的成就。英国人类学家马凌诺夫斯基（B. Malinowski）是对人种志进行系统论述和分

①　[美]威廉·维尔斯曼：《教育研究方法导论》，袁振国主译，北京教育科学出版社1997年版，第183页。

析的率先领导人物，他曾在 1914—1918 年间三次赴新几内亚考察。在《西太平洋的航海者》（1922）一书的绪论中，马凌诺夫斯基对田野工作的本质、原则等各方面进行了详尽的阐释。

20 世纪 30 年代至 50 年代末，文化与人格（Culture – and – Personality）的研究、反对种族中心主义的研究和教育功能的研究成为人类学家所关心的教育问题。文化与人格的研究以 20 世纪 30 年代美国人类学家马格丽特·米德（Mead M.）、本尼迪克特（Bendict R.）、卡迪特（Kardiner A.）和林顿（Linton R.）为代表，他们以文化与人格为主题，对文化适应、社会文化的心理过程，以及文化对人格的影响等问题，进行了实证性的、统计学的和心理分析式的研究。他们所倡导的"文化与人格"理论，其实质就是强调文化的教育功能和教育涵义。①在"文化与人格"的研究中，米德做出了卓越的贡献。她运用自己在工业落后社区的田野工作经历，生动地描述了快速变化中的美国教育，倡导教师运用观察和第一手资料进行科学研究。

反对种族中心主义的研究以博厄斯和赫斯科维茨（M. J. Herskovits）等人为代表，具体内容涉及移民教育、儿童的心理发展调查、民族特性的比较研究与教育等。其中，赫斯科维茨在 20 世纪二三十年代对非洲老一代黑人和美国新一代黑人的教育进行比较研究后指出，在美国的课程以及教师对少数民族学生的态度中都可见到种族中心主义。②本尼迪克特对有关教育功能的研究相当出色。他研究了美国文化中教育的三种作用：传播（transmissive）、转变（transissional）和改造（transformative）。③另外，芝加哥学派也在继承人类学田野工作传统的基础上，进行了大量侧重于城市生活的研究，也包括部分对学校生活的研究。其中最典型的是贝克（Becker, H. S.）于 20 世纪 50 年代对医科学生进行的教育研究，其研究具体体现在《白衣男孩》（Boys in White）一书中。④

随着质的研究方法在教育研究中的兴盛以及教育人类学的诞生，20

①　李复新：《西方教育人类学研究的历史透视》，《华东师范大学学报》（教育科学版）1990 年第 4 期。

②　G. Spindler *Educational and Cultural Process: Toward an Anthnopology of Education*, Holt, Reinhart and Winston, Inc, 1974, pp. 5 – 10.

③　同上。

④　［美］博格丹、比克林：《教育中定性研究的传统》，唐晓杰译，载瞿堡奎主编《教育学文集·教育研究方法》，人民教育出版社 1988 年版。

世纪五六十年代，人种志研究开始进入教育领域并逐渐形成教育人种志的研究方法。在教育人种志的成型过程中，贡献最大的应属奥格布（Ogbu, J. U.）和斯宾德勒（Spindler G.）等人。奥格布在《下一代人：对都市一邻里的教育人种志研究》（*The Next Generation: An Ethnography of Education in an Urban Neighborhood*）一书中，为了找到美国黑人儿童学业失败的原因，他先是去学校听课，接着研究学生的家庭和社区生活，最后将研究的范围不断扩大到许多白人社区，从而归纳出了黑人儿童学业失败的多重解释。[①]斯宾德勒在这方面也做出了巨大的贡献。他通过对美国西海岸一小学老师进行了为期六个月的教育人种志研究之后，得出的结论是：这名在同事以及自己眼中"公平"、"对学生的需要极其敏感"的优秀教师，事实上仍存在不少偏心的、不公平的行为，而身出学校的多数成员对这些行为很难察觉，因为整所学校的氛围就是如此，甚至还可以在整个美国的文化中找到更深层次的原因。[②]

教育人种志在其历史发展进程中受到不少理论和流派的影响，从而先后形成了传统教育人种志（Traditional Ethnography in Education 或 Classical Ethnography in Education），交流教育人种志（Educational Ethnography of Communication）和批判教育人种志（Critical Ethnography in Education）。

传统教育人种志有时也称为整体教育人种志（Holistic Ethnography in Education）。它是教育人种志发展的最初阶段，其研究范式基本遵循美国历史学派博厄斯和英国结构功能学派马凌诺夫斯基所开创的人种志传统，强调将文化作为一个整体来研究，个人的思想观念、行为等都与其所处的文化背景息息相关。在研究教育问题时，将教育视为整个社会的一个组成部分来研究，研究范围可大可小，如教育与社会、教育与其他社会组织以及教育内部各因素之间的关系等。

交流教育人种志产生于 20 世纪六七十年代，主要源于文化人类学与语言学的结合，又受到当时社会学的影响，主要理论基础是社会学中的人

---

① J. U. Ogbu *The Next Generation: An ethnography of Education in an Urban Neighborhood*, New York: Academic Press. 1974.

② G. Spindler *Doing the Ethnography of Schooling: Educational Anthropology in Action*, Holt, Reinhart and Winston, Inc. 1982.

种方法论（Ethno - methodology）。①人种方法论主张研究被忽略了的日常生活世界，探讨世界获得其世俗的、平凡的、众所周知的特点的途径，所以，交流人种志研究的侧重点在于了解研究对象的交往规则、互动规则以及文化规则，更多的是一种微观研究。②英美 20 世纪七八十年代少数民族儿童的学校教育研究，有不少运用了交流教育人种志，如奥格布和乔丹（Jordan）通过改变班级提问模式的研究等。③

批判教育人种志脱胎于 20 世纪 70 年代的英国批判人种志，并于 80 年代得到较为广泛的运用。其理论基础为批判理论，批判的研究视角和批判的目的是其最大的特点。20 世纪 80 年代，美国形成了两个批判教育人种志的研究中心：威斯康星大学（University of Wisconsin）和安大略教育研究协会（Ontario Institute for the Study of education），其中，威尔斯（Weis）、西蒙（R. Simon）等人都进行过批判教育人种志的多项研究。④

三种教育人种志具有共同的特点，其核心是：（1）参与观察和实地的调查研究；（2）对调查作出公正的客观描述。实地调查研究通常意味着要长时间"居住"在研究所在地，或同所研究的人群（无论是学校班级还是乡村社区），保持密切的交往联系。这样不仅有利于在自然场合收集真实的资料，而且有利于与研究对象建立起和睦信任的相互关系，从而获得独特的新信息和感情上的渗透与共鸣，同时还可以通过反复的参与观察、提问和攀谈来获得可靠的研究资料。此外，"学校和课堂是教育人种志研究最合适的场所"⑤。

20 世纪八九十年代之后，教育人种志研究已经从人类学这个研究母体中逐渐分化出来，并在教育研究这块肥沃的土地上迅速地生根发

---

① 又译为俗民方法论、民俗方法论、常人方法论、本土方法论等，由美国社会学家加芬克尔（H. Garfield）于 20 世纪 60 年代创立。

② See M. Saville - Troike The Ethnography of Communication：*An Introduction*, *Basil Blackwell Publisher Limited*. 1982.

③ J. U. Ogbu and N. E. Sato and E - Y Kim, "Ethnography of Education: Anthropological Approach." In T. Husen, T. N. Postlethwaite (eds.) *The International Encyclopedia of Education*, Oxford: Pergamon Press. 1994.

④ See M. D. Lecompte and W. L. Millroy and J. Preissle (eds.) The Handbook of Qualitative Research in Education, Academic Press, Inc, 1992, pp. 459 - 460.

⑤ 冯增俊：《教育人类学》，江苏教育出版社 2001 年版，第 93 页。

芽，苗壮成长。不少教育实践工作者也开始从各种研究视角进行了教育人种志的研究，与此同时，还出现了不少以微观研究为主的学校教育人种志。

我国当前对教育人种志这一研究方法的运用，主要较为偏重于理论上的探讨，而较少实践操作。虽然滕星、王军、董艳、袁同凯等学者在教育人种志的实践方面做出了很大的贡献，但总的来说，我国运用教育人种志方法对少数民族学校教育进行研究的，在学术界还较为缺乏。本研究通过走进少数民族学校和课堂，走进少数民族学生和教师的生活世界，寻求以更微观的单位"深描"并诠释学校空间中各种关系之间的互动，期望能在更深入、更完整的层次上解释少数民族学校中隐性力的作用机制以及它造成的影响，以求为民族教育中的相关问题提供一个典型的教育人种志个案。

第七节 研究立场与基本观点

一 弱势群体的研究立场

关注弱势群体的受教育状况，体现和实现对于弱势群体的同情和理解，是本研究的基本立场。弱势群体的立场即是对其秉持一种"同情"和"理解"的态度，从少数民族学生的角度出发，尝试从更广泛的社会空间分析他们在学校教育中学业失败的原因。因此，本研究认为必须站在弱势群体的立场，对他们生存的环境予以充分的理解，在互动中了解他们真实的生存状态。在坚持弱势立场的同时，力求对少数民族学校教育做出真实客观的描述，以期对研究的问题作出真实而恰当的解释，从而为少数民族教育和少数民族学生寻求制度上的支持，为少数民族学生提供更为公正的学校教育环境。

二 研究过程及基本观点

（一）研究过程

1. 文献收集阶段：本研究收集了大量既有文献中的相关中文和英文资料，特别是国外少数民族学校教育和隐性力研究的相关论著，思考相关理论对我国少数民族教育研究的借鉴作用，为进一步研究和田野工作作了充足的准备。

2. 调查实施阶段：在大量地阅读了相关文献的基础上，我基本上确立了以"教育人种志"的田野调查为主的调查方法，重点调查少数民族学校的教育状况。在对几个预定调查点的比较之后，我最终选择了黔南布依族苗族自治州的石龙乡进行调查。首先，该乡位于都匀市以西58公里，处于交通死角，经济发展相对落后，是布依族苗族聚居区，少数民族占人口比例的95%以上，主体民族为布依族和苗族，其社会状况、民族文化、教育状况等极具普遍性。另外，从区域及具体族群研究的角度看，满足了本书对学校空间中不同文化权力互动关注的需要。让我最终选择该乡还有一个很重要的因素，那就是我有一个大学时的同窗在该乡任党办秘书。通过她的渠道，我可以相对容易地搜集一些相关的政府文件，以便对该乡各方面的情况有更清晰的了解。在田野调查的过程中，她每天晚上都陪着我在漆黑的村寨中走家串户地进行调查，使我能够更安全、更从容地进行研究。

2007年和2008年，我三次来到石龙乡，进行了为期四个月的田野调查。四个月中，我走遍了石龙乡的八个教学点和三所中心完小，也走遍了石龙乡所有的行政村。刚开始，我曾经和学生在周五放学时，翻山越岭，步行三个小时到达学生家里，又在周日与学生一起，提着带有米菜的口袋跋涉回学校。后来我发现在这个面积不算太大的乡，仅仅依靠脚力，我是不可能在短时间内走遍所有村寨的。于是，在田野调查接下来的时间里，除了路烂得只有靠脚力才至的地方外，我租用了一辆摩托车代步。虽然在那些颠簸不平和狭窄的泥路上，经常都无法使用摩托车，但我最终还是克服了种种困难，通过"入村"和"入校"这两种途径，在四个月的时间内走进了一百多户少数民族家庭，走遍了所有布依族和苗族村寨的教学点。

在调查的过程中，我得到了石龙乡辅导站和中心校领导的大力支持。辅导站的罗忠元站长给我授予了一项特权：只要在任课教师允许的条件下，我可以到石龙乡任何一所学校听课，这为我的研究提供了极大的便利。在中心校和教学点听课的间隙中，我经常与教师和学生攀谈，了解他们对学校教育的看法。时间长了，不管是学生还是教师，对我都有了一种亲切感，有了自己人的感觉。特别是一些学生，由一开始的不信任和抵触，到后来与我促膝谈心，使我获得了大量有价值的资料。最后，通过深入的田野调查，我拥有了五万余字的田野材料和当地政府的相关资料，为研究打下了坚实的基础。

关于本研究可能存在的问题，我也尽量地予以了考量。首先，在本研究中，由于社会空间理论的博大精深，难免会出现对其理解上的片面与肤浅；其次，本研究使用社会空间理论作为少数民族学校教育中隐性力的分析工具，并无太多可供借鉴的相关文献，因此，本研究在对该理论的运用上，可能存在不当之处。另外，由于采用理论分析与个案相结合的方法，论述的又是带有少数民族学校教育中具有普遍意义的整体问题，因此在研究中，我希望能尽量弥合由于田野调查资料的不足难以支撑理论的问题。然而，由于整体和个案之间的结合所造成的资料相对匮乏，这却是难以完全避免的问题。

（二）本研究的基本观点

在查阅了大量文献的基础上，经过大量的田野调查和理论思考，本研究的基本观点为：少数民族学校教育中隐性力的作用机制主要体现在学校生活的常态、课程知识的传承以及学校利益的分配中。学生采用各种策略对这些隐性力进行抵制。这一论断可以具体细化为以下五个方面：

1. 通过对内部时空的区隔化，学校空间确立起自身训诫规则的空间构建，对学生进行主流文化的价值观念和意识形态的规训和渗透；与此同时，学校通过与当地的民族社区相脱离，促使社会化中的学生分离于当地民族社区的情境色彩，从而使学校空间与整体的社会空间相融合并相互促进。

2. 课程中的文化倾向隐含了少数民族学校教育中的同质性和外向型取向，它使学生接受课程知识内在价值观念的同时，也使民族文化和地方性知识消隐到了私领域，其结果是造就出了一批乡土社会"熟悉的陌生人"。

3. 来到学校空间中的每一个学生都拥有不同的文化资本和身份文化。学校通过对不同学生文化资本和身份文化的区隔与遴选，完成了学校内部"中心"和"边缘"的划分，实现了学校教育的再生产功能。

4. 学生并不是被动地接受学校教育中的隐性力的作用，他们采用各种抵制的策略做出能动的反应。在学校空间的结构性制约和学生主体的能动反应之间的张力和交互作用中，学校空间被现实地建构起来。

5. 少数民族学校教育的发展必须从以下几方面着手：在多元文化背

景中重新构建关于少数民族学校教育的理念；实现国家教育与地方性知识的有效整合；构建语言与文化适宜的少数民族学校基础教育、在教育制度上坚持正义原则以及以关怀生命为中心重构民族学校教育的价值取向。

第二章　研究框架：空间中的主体——实践

洞见或透识隐藏于深处的棘手问题是很艰难的，因为如果只是把握这一棘手问题的表层，它就会维持原状，仍然得不到解决。因此，必须把它"连根拔起"，使它彻底地暴露出来；这就要求我们开始以一种新的方式思考。这一变化具有决定意义。打个比方说，这就像从炼金术的思维方式过渡到化学的思维方式一样。难以确立的正是这种新的思维方式。一旦新的思维方式得以确立，旧的问题就会消失；实际上人们会很难再意识到这些旧的问题。因为这些问题是与我们的表达方式相伴随的，一旦我们用一种新的语言形式来表达自己的观点，旧的问题就会连同旧的语言外套一起被抛弃。

——路德维希·维特根斯坦

1995 年，高特弟纳（M. Gottdiener）和亨切特（R. Hutchison）在《新城市社会学》中首次提出了"社会空间视角"（Social Spatial Perspective），[1]对"社会空间视角"进行了详尽的表述：（1）空间与社会因素的关系（这里指阶级、教育、权力、性别、种族等）；（2）空间与行为因素的关系，强调空间与行为的互动；（3）空间与文化、心理因素的关系，特定的社会文化是空间意义的基础与渊源所在。[2]社会空间视角致力于强调社会与空间的二元关系：一方面，人类在社会结构的限制下，在一定的空间中运行；另一方面，人类可以创造和改变空间以表达自己的需求和欲望。[3]

长期以来，在学术界一直存在着"结构"与"个体"、"主体"与

---

① 司敏：《"社会空间视角"：当代城市社会学研究的新视角》，《社会》2004 年第 5 期。

② 转引自高峰《空间的社会意义：一种社会学的理论探索》，《江海学刊》2007 年第 2 期。

③ 侯斌英：《空间问题与文化批评》，博士学位论文，四川大学，2007 年，第 6 页。

"客体"、"微观"与"宏观"等二元对立的命题。而在社会空间视角中，行动被视作主体在空间中的实践，它不仅强调空间对个体的制约，更强调个体对空间的能动作用，强调个体在一定的空间中为了实现自身利益而采取的自主行动。不仅如此，这种行动还会改变空间，甚至创造出新的体系。社会空间视角倡导思维方式的多元性，以双重（而非二元）运动规律的辩证关系——即"内在性的外在化"和"外在性的内在化"为基本假定，发展出一系列有关社会空间的概念。每一位研究社会空间理论的大师对此都有精辟的论述。

　　少数民族学校教育中的隐性力呈现出一个双向互动的过程，仅从机械论的结构主义或目的论的个体主义中的任何一个视角研究，都存在极大的偏差。社会空间理论明确反对在个体与结构之间二选一的倾向，力图通过空间中的实践在个体与结构之间建构起互动的关系。因此，本研究选择社会空间理论作为研究的工具，并非对这个理论的情有独钟，主要是因为这一理论与本研究之间存在的契合性。

第一节　社会空间理论：空间中的主体——实践

　　空间是人类作为行动者的活动场域，为社会互动提供各种场景。人们最早对于空间的理解只是自己身体占据的某个场所和自己所处其中活动生活的某个区域，对于空间的认识仅仅止于物质层面的，认为空间是由自然、建筑、地景等组成的物质存在。在这里对于"空间"只是一种感知性的理解，只是作为自身周围物质性空间实践的被感知空间，"提到空间人们头脑中唤起的仅仅是一个空的区域"①。

一　从马克思到齐美尔：空间的入场

　　经典的社会理论缺乏关于空间的清晰而系统的理论阐述，但不乏若干具有洞察力的论述片断。在社会学的早期研究中，空间并不是专门的研究对象。马克思、恩格斯、涂尔干、齐美尔、腾尼斯等人的空间论述，在某种意义上对空间也没有提出过系统的理论，但我们还是可以在他们的作品

① 张子凯：《列斐伏尔〈空间的生产〉述评》，《江苏大学学报》（社会科学版）2007年第9期。

里发现一些空间与社会的内在联系。马克思有强烈的地理和空间直觉，敏锐地注意到资本主义的兴起导致时间对空间的消解，这在《共产党宣言》里体现得最为充分。然而，空间在其中被看作诸如生产住所、市场区域智力的自然语境。在《德意志意识形态》中，城镇与乡村的对立内在地表达了对空间的某种程度的强调，尽管比较隐晦。恩格斯在 1873 年发表的《论住宅问题》，研究了 19 世纪的曼彻斯特社会居住的空间模式。他在划分穷人与富人两大社会阶层的基础上，将其投影到城市空间，目的是揭示城市内在的社会贫富现象。另外，在《资本论》、《英国工人阶级状况》等著作中，马克思和恩格斯都对资本地租、资本造就的城镇化空间产品、工厂制度的空间聚集效应等问题进行了深刻的研究。①

涂尔干在《宗教生活的基本形式》里赋予了空间更清晰的位置。他发现空间是一个重要的社会要素，特定社会的人都以同样的方式去体验空间，社会组织是空间的模型和翻版，空间根据社会的标准进行划分。在图腾崇拜和宗教仪式中，空间安排会折射出主导性的社会组织模式。②但遗憾的是，涂尔干并未试图进一步澄清空间的社会性的具体纬度。③

德国学者滕尼斯指出，城市生活具有自身特点和研究价值。他在《社区与社会》（1887）中，表达了通过社区——社会这样一对概念来描述两种不同类型的人类共同生活的希望。在与传统乡村生活比照的过程中，他总结了城市生活的特点，即唯我独尊、分崩离析、肆无忌惮的个人主义和自私自利，甚至互相敌对。④

在早期的社会学家中，齐美尔是对空间最具有洞察力的经典社会理论家，开创了对城市居民社会心理特征研究的先河。⑤其论文《空间的社会学》可谓社会学视野下最早专门探讨空间议题的文献。他认为，空间正是在社会交往过程中被赋予了意义，从空洞的变为有意义的，并且有五种基本属性：空间的排他性、空间的分割性、社会互动的空间局部化、邻

---

① ［养］爱德华·W. 苏贾：《后现代地理学——重申批判社会理论中的空间》，商务印书馆 2004 年版，第 130 页。

② 高峰：《空间的社会意义：一种社会学的理论探索》，《江海学刊》2007 年第 2 期。

③ 涂尔干：《宗教生活的基本形式》，上海人民出版社 1999 年版。

④ 高峰：《空间的社会意义：一种社会学的理论探索》，《江海学刊》2007 年第 2 期。

⑤ 同上。

近/距离、空间的变动性。①

随着后现代地理学的发展，人类对于空间的认识开始发生了转变。人们逐渐认识到：空间不仅仅是一个实实在在的物质性场所，更是种种文化现象、政治现象和社会现象的化身。在某种程度上，空间总是社会的空间，空间的构造以及体验空间、形成空间概念的方式极大地塑造了个人生活和社会关系。正如列斐伏尔（Lefebvre）在 1974 年所说："就在不久前，'空间'一词还有着严格的几何学意义，它给人的印象仅仅是一个空洞的范围……因此，一谈起'社会空间'，听上去便显得不可思议。""它是连续的和一系列操作的结果，因而不能降格成为某种简单的物体……它本身是过去行为的结果，社会空间允许某些行为发生，暗示另一些行为，但同时禁止其他一些行为。"②直到此时，空间的社会性才被凸显出来。

二　从列斐伏尔到戴维·哈维：空间的发展

自 20 世纪 80 年代末至 90 年代初以来，社会人文学科经历了一场影响深远的"空间转向"，这一转向被认为是 20 世纪后半叶知识和政治发展过程中举足轻重的事件之一。人文生活中的"空间性"（Spatiality），成为不同学科纷纷注目的焦点。围绕"空间"这一议题，地理学家、社会学家、人类学家以及社会哲学家之间发生频繁的互动与争论。他们在反思以往理论的基础上，辨识出空间的失语限制了理论的解释力，从而从不同的路径进入到社会理论的空间转向这一理论演进趋势之中。列斐伏尔是最早系统阐述空间概念的学者，是空间理论的奠基人之一。福柯（Foucault）、布迪厄（P. Bourdieu）、吉登斯（Giddens）、哈维（Harvey）和德·塞尔杜（de Certeau）等分别在自己的现代性社会理论中为空间预留了一席之地。

（一）列斐伏尔：空间社会理论的奠基人

英国著名社会学家 J. 厄里（John Urry）宣称："从某些方面来看，20世纪社会理论的历史也就是时间和空间观念奇怪的缺失的历史。"而且，空间的缺席似乎比时间更为明显。虽然马克思、涂尔干、滕尼斯、齐美尔等社会大师曾经关注过空间这一重要纬度，在某种意义上为后来的空间转

---

① 转引自何雪松《社会理论的空间转向》，《社会》2006 年第 2 期。

② 侯斌英：《空间问题与文化批评》，博士学位论文，四川大学，2007 年，第 6 页。

向埋下了伏笔，但是，空间浮现为社会理论的一个核心主题则要到 20 世纪 70 年代以后。1974 年列斐伏尔以法语出版了《空间的生产》，这一重要著作在一定程度上引起了社会理论对空间概念的系统关注。

在《空间的生产》一书中，列斐伏尔强烈地批判以往的本体论完全从几何学角度把空间说成是"空洞的空间"，由此出发的空间研究"要么是一些既不具有分析意义，更不具有理论意义的描述，要么就是截面研究，把空间肢解得支离破碎。……这些描述和截面尽管可以很好地为空间中的存在物质提供一些清单，甚至还能够生成一种关于空间的话语，但它们永远不可能产生关于空间的知识"[1]。在列斐伏尔看来，空间"既不是由事物的堆积或数据的汇聚构成的，也不是由一个可以塞满各种内容的容器那样的空无构成的，……它不能简化为强加于现象、事物、物质性的'形式'"[2]。因此，空间既不是通常的几何学与传统地理学的概念，也不是一个抽象的名词，而是一个社会关系的重组与社会秩序实践性建构的过程，是一个关系化与生产过程化的动词。"他的隐喻性的'空间'最好理解为一种社会秩序的空间化（the Spatialisation of Social Order）。"[3]空间在根本上是依靠并通过人类的行为生产出来的，产生于有目的的社会实践。

列斐伏尔的这一认识在学术上是一种极大的进步，因为在此之前的研究中，空间要么被视为一种中立的容纳社会行动的容器，要么被看作是一种可以被人类行动自由控制和任意摆弄的僵化的对象。这样形成的两个极端就是要么只强调空间的物质性，即建筑师和规划师的空间；要么只关注空间的抽象性，即哲学家和数学家的空间。而列斐伏尔则把社会的维度引入空间研究，在理论上完成了这两种分裂的弥合。

列斐伏尔进一步提出了将物质空间、精神空间以及社会空间集为一体的三元化空间理论。其核心观念就是，任何由社会生产出来的空间都是由他所说的空间的实践（Spatial Practices）、空间的再现（Representation of Space）与再现的空间（Representational Space）三个要素辩证地组合而成的，即空间的实在（Lived）、构想（Conceived）和认知（Perceived）的

---

①　侯斌英：《空间问题与文化批评》，博士学位论文，四川大学，2007 年，第 25 页。

②　同上书，第 7 页。

③　同上书，第 26 页。

三个层面。① 它们各自与"感知"、"构想"、"实际"中的一种特定的认知方式相连。

列斐伏尔的理论基础是：由社会生产的空间（基本是在发达资本主义，甚至是在乡村里的城市化空间），就是各具有主导性的生产关系得到再生产之所在。这些具有主导性的生产关系以一种具体的和人造的空间性形式得到再生产，而这种空间性已经继续被一种处于不断推进中的资本主义所"占有"，被分裂为各个部分、同质化为离散的商品，组织为各种控制场所，并扩展到全球性的规模。资本主义的生存已仰仗于这种独特性的生产和一种零散的、同质化的并具有等级结构特性的空间的占有，达到目的的手段主要是通过官僚（也就是说国家）控制的集体消费、在多层面上对中心和边缘进行区分、将国家的权力强行注入到日常生活。列斐伏尔深刻地洞见到与资本主义的发展和生存联系在一起的物质和意识形态的空间化，这种空间化与社会的劳动分工、国家体制的物质性，以及经济的、政治的和意识形态的力量的各种表现紧密相连。

为此，列斐伏尔"重构了中心和边缘的关系"（苏贾语）。在这一过程中，他解构了社会秩序，并将之用于实际社会生活的分析中。苏贾将之表述为：日常生活的批判、生产关系的再生产、控制消费的官僚社会、城市权力和差异权力的斗争、意识的都市化和都市革命之必须，以及更要普遍的地理不平均发展的动力关注，从地方到全球范围。②

继列斐伏尔之后，关于空间的理论阐释沿着两条路径展开：一方面，吉登斯、布迪厄等社会理论大师在现代性架构下检视空间与社会的交互关系对于研究社会结构与社会过程的重要性；另一方面，哈维等后现代社会理论家采用一系列的地理学概念和隐喻来探索日益复杂和分化的社会世界。③

（二）福柯：规训、权力与知识

与列斐伏尔同时代的法国思想怪杰米歇尔·福柯关注空间问题和空间实践，其目的在于探究权力—空间—知识三者之间的辩证关系。在他看

---

①　Lefebvre, H. (1991) The Production of Space (*translatede by Donald Nicholoson Smith*). Blackwell. 转引自何雪松《社会理论的空间转向》，《社会》2006 年第 2 期。

②　［美］Edward W. Soja：《第三空间——去往洛杉矶和其他真实和想象地方的旅行》，包亚明主编，陆扬等译，上海教育出版社 2005 年版，第 9 页。

③　何雪松：《社会理论的空间转向》，《社会》2006 年第 2 期。

来，空间既非了无一物由我们的认知去填充的空白，也非物质形式的容
器，而是实实在在、活生生的、社会建构而成的空间之纬。因此，福柯意
义上的空间既是抽象的，也是实在的。空间的建构嵌入关系之中，也就是
说，我们生活在一组关系之中，这些关系确定了不同的基地，而彼此之间
不可化约、更不相重叠。

　　空间概念的广泛体现了福柯对空间的着迷，他的空间概念背后隐藏
着深层次的权力观和知识观。空间是经由关系而确定的，正因为空间与
关系交织在一起，它就不可避免地与知识和权力具有紧密联系。福柯宣
称，现代社会是一个纪律社会，而空间成为权力运作的重要场所或媒
介，空间是权力实践的重要机制。他把对空间迷恋式的研究看做是寻找
权力与知识之间可能关系的桥梁。他通过这一研究路径将权力、准则和
监督引入微观空间，关注监狱式的城市、救济院和人体。这一边缘性的
研究开创了以监狱、心理诊所、反精神治疗以及各种集中性的压制问题
为中心的权力批判的微观空间政治学。就此而言，现代社会就是一个空
间化的社会，是一个个规训性空间并置的社会，是通过空间来进行统治
和管制的社会。

　　福柯认为，如此空间比比皆是，例如学校、军营、医院。我们的生活
中具有无数的空间安排，并以不同的形式宰制我们的生活，最终在全社
会确立起一个宏大的"监狱连续统一体"。"追根究底，统辖着所有这些机
制的不是某种机构的统一运作，而是进行战斗的必要性与战略准则。因
此，把这些机构说成是压制、排斥、制造边缘状态的机构的种种观念，描
述出了处于"监狱之城"核心的居心叵测的怜悯、不可公开的残酷伎俩、
鸡零狗碎的小花招、精心计算的方法以及技术与'科学'等等的形成。
所有这一切都是为了制造出受规训的个人。这种处于中心位置的并被统一
起来的人性是复杂的权力关系的效果和工具，是受制于多种'监禁'机
制的肉体和力量，是本身就包含着这种战略的诸种因素的话语的对象。在
这种人性中，我们应该能听到隐约传来的战斗厮杀声。"①

　　福柯还致力于研究空间与知识的关系。在他看来，权力的运作和知识
的生产和积累之间存在紧密的关系，知识体系可为权力在空间上的运作提
供合法性。在福柯的思想体系之中，知识与空间的关系可以从两个方面进

---

① ［法］米歇尔·福柯：《规训与惩罚》，刘北成等译，三联书店1999年版，第193页。

行阐释：一方面，知识改变空间并实施权力；另一方面，知识的空间化是福柯观察到的一个重要趋势，因为，可见性是一个基本的知识形态，正是因为空间上的可见性，权力才得以实现。因此，知识一旦按照区域、领地、移植、置换、过度加以分析，人们就会捕捉到知识作为权力形式和传播权力效应的过程。①毫无疑问，福柯的理论企图以空间性思维重构历史与社会生活，尤其是重新阐释权力的运作、知识的系谱与空间之间隐而不显的关联。②

　　福柯关注空间，但并没有忽视时间。他从结构主义的视角把空间和时间联系在一起。"结构主义，或至少被分在此略嫌泛称下的学派，是在连到一时间轴之不同元素间建立一个关系体系的努力，以使呈现并列、彼此对立、相互纠结——简言之，使他们呈现一种形构。事实上，结构主义并未低贬时间；它的确包含了一个处理文明称之为时间及历史的特定方法。"③但是，福柯强调空间在他的批判眼光中具有中心地位："在任何情况下，我相信我们时代的忧虑就本质而言与空间有关，毫无疑问，这种关系甚于同时代的关系。也许在我们看来，时间仅仅是各种各样分布作用的其中一种，这些作用对展现于空间的诸种因素来说是可能的。"④

　　如果说，列斐伏尔从经济的角度将空间与社会的关系作为空间思考重心，分析空间的同时更多强调空间与社会历史的联系的话，那么，福柯则是从政治的角度，侧重于空间与身体、空间与知识的关系，侧重于空间的组织和分配，从统治技术的角度来讨论空间与个体的关系。在身体观方面，列斐伏尔指出，在产生物质领域的（工具与对象）之前，在通过物质领域获得自我丰富从而自我生产之前，每个具有生命的躯体就已经是空间的，并拥有其空间——它既在空间中生产自身，也生产出这个空间。"空间的生产，开端于身体的生产。"⑤而福柯关于身体的谱系学分析则淋

　　① Bourdieu, P. "The Berber House" in M. Douglas（ed.）. *Rules and Meanings: the Anthropology of Everyday Knowledge. Selected Readings.* Harmondsworth: Penguin. 1973.

　　② 何雪松：《空间、权力与知识：福柯的地理学转向》，《学海》2005 年第 6 期。

　　③ 转引自夏铸九《空间的文化形式与社会理论读本》，台北明文书局 1988 年版，第 225 页。

　　④ ［美］Edward W. Soja：《第三空间——去往洛杉矶和其他真实和想象地方的旅行》，包亚明主编，陆扬等译，上海教育出版社 2005 年版，第 9 页。

　　⑤ 侯斌英：《空间问题与文化批评》，博士学位论文，四川大学，2007 年，第 13 页。

漓尽致地展示了不同的话语实践如何塑造身体的过程。并且，他以此为基础构建了一种新型的历史——身体史。在其早期著作《疯癫与文明》和《临床医学的诞生》中，福柯就已经表现出对身体的浓厚兴趣。而在《规训与惩罚》中，他更是进一步指出，身体是权力分析最特殊、最集中的地方。"肉体直接卷入某种政治领域；权力关系直接控制它，干预它，给它打上标记，训练它，折磨它，强迫它完成某些任务、表现某些仪式和发出某些信号。"①身体由此成为一个新的历史载体，并与政治、意识形态紧密相连。就此而言，可以说"身体"正是从福柯这里才开始爆发成为普遍波及整个人文社会科学知识领域的热点问题的。

与列斐伏尔的另一个不同是，列斐伏尔认为，"哪里有压迫，哪里就有反抗"。"日常生活本身蕴涵着人类解放的根本动力和生命活力，相信人类的全面解放将会随着空间的革命而实现。"②而福柯并不力图表明这种关系之间的辩证法。他认为，"哪里有权力，哪里就有反抗，但任何反抗都会引起新的权力"。与其说个人与空间相互影响，不如说，空间对个人具备一种单向的生产作用。福柯认为，对个人而言，空间具有强大的管理和统治能力。空间是权力的实施手段，权力借助空间的物理性质来发挥作用。空间成为政治统治和管理手段中最重要的一环，是一种有效的治理技术，空间被应用到政治中来，而且产生巨大的实际性的政治效果。

福柯将微观权力纳入空间所进行的分析引人入胜。然而，他对空间的分析是随笔化的，从未有过系统的论述，也从未有过专著。他所有对空间和时间的相对意蕴最为明朗和发人思考的观察都集中在他的几部讲稿中，他无意构建一般性的社会空间理论。他所讨论的体制化的空间，如监狱、军队、学校、医院等，个体几乎毫无主动性可言，只有屈从，这多少又有些让人觉得沮丧。但不管怎样，福柯关于规训、权力与知识的论述为后来从事空间研究的学者开辟了一个崭新的视角和一条异质的道路。③

（三）布迪厄：场域、资本与惯习

布迪厄是在阿尔及利亚研究中发现了空间的重要性的。阿尔及利亚人

---

① ［法］米歇尔·福柯：《规训与惩罚》，刘北成等译，三联书店1999年版，第27页。

② 张子凯：《列斐伏尔〈空间的生产〉述评》，《江苏大学学报》（社会科学版）2007年第9期。

③ 陈薇：《空间权力社区研究的空间转向》，博士学位论文，华中师范大学2008年，第11—12页。

的家庭具有独特的空间性，空间的组织将人们限定在不同的地方，从而有助于建构社会秩序并形构阶层、性别和分工。在此基础上，布迪厄的空间论述不断发展且基于"社会空间"这一概念并将其与支撑其理论体系的核心概念——资本和惯习——紧密结合在一起。

他力图克服在社会科学中长期存在的结构与个人间的虚假二元对立，用"场域"概念取代了结构，用"惯习"和"策略"概念取代了对规范和规则的强调。他认为，社会学的任务就是揭示构成社会宇宙的各种不同的社会世界中那些掩藏最深的结构，同时揭示那些确保这些结构得以再生产或转化的机制。他提出的"社会实践理论"综合了"结构主义"和"建构主义"两种途径，首先需将世俗表象搁置一旁，先建构各种客观结构（各种位置的空间），亦即社会有效资源的分配情况，正是这种社会有效资源的状况规定了加诸互动和表象之上的外在约束；其次，再引入行动者的直接体验，以揭示从内部构建其行动的各种知觉和评价（即各种性情倾向）的范畴。

布迪厄认为，任何行动者所面对的场域，往往是采取三种不同的存在形式和表达方式；而三者之间，既相区别又相混合。这里所说的三种不同的场域，指的是：（1）实际存在的场域，这是由现实的社会生活所构成的。（2）是行动者所看到和观察到的那些实际场域。这两种场域有所不同，前者是未经行动者的感官所感知，因而未被这些感知所改造或修正，后者严格说来，并不是客观实际存在的场域，而是行动者感知和观察的结果，是在他们的感知器官或感知活动中所感受到的场域。（3）是行动者用语言或概念表述的场域，是以人所独有的语言和概念等象征性形式所表达的场域结构。他之所以强调社会和人类实践的象征性，是因为在场域的权力斗争逻辑及其运作过程中，这种象征性表现得更为典型。决定这种象征性的因素是多方面的，它们之间又是紧密交错而不可分割的。它们的结构和特征本身也是一种象征性。整个场域的一般性质和各个场域的特殊性质都必须在这种象征性基础上去认识、观察和说明。

依据布迪厄对场域的解释，场域本身就具有空间性的特征，是一种相对独立的社会空间。相对独立性既是不同场域相互区别的标志，也是不同场域得以存在的依据。在这一空间里，各自独立的不同场域相互关联，场域的效果得以在其间发挥。对任何与该场域有关的对象经历的一切事情，都必须参照场域中的关系来理解，而不能仅凭研究对象的内在性质来解释。①因此，它是由一些特定原则所界定的社会建构的空间，人们依据不同的特殊利益在空间中进行着特殊的交换活动。

布迪厄还认为，场域是一个充满争斗的空间。"作为包含各种隐而未发的力量和正在活动的力量的空间，场域同时也是一个争夺的空间，这些争夺旨在继续或变更场域中这些力量的构型。场域中位置的占据者用这些策略来保证或改善他们在场域中的位置，并强加一种对他们自身的产物最为有利的等级化原则。场域为各种资本提供了相互竞争、比较和转换的一个必要的场所；而行动者的策略又取决于他们在场域中的位置，即特定资本的分配。他们的策略还取决于他们所具有的对场域的认知，而后者又依赖于他们对场域所采取的观点，即从场域中某个位置出发所采纳的视角。"②场域中存在着的积极活动的各种力量之间的不断"博弈"不仅使场域充满活力，而且使每个场域成为"其统治性与被控性，有为篡权与排斥进行的斗争，以及复制的机器"③。换句话说，场域具有不公正的存在、（不平等的）竞争、权力关系、束缚与限制以及特权与从属关系。与此同时，场域还是一种历史生成。他认为，不存在超越历史因素影响的场域间关系的法则，场域间的关系并非一劳永逸，而是随历史的演进不断改变的。因此，如果不对场域的结构进行共时性的分析，就不能把握该场域的动力机制；不对结构的构成、不对结构中各种位置间的张力以及这个场域和其他场域、尤其是权力场域间的张力进行一种历史分析，也就是生成性分析，就不能把握这种结构。④

布迪厄是关系论的推崇者，他把黑格尔著名的公式"现实的就是合理的"改为"现实的就是关系的"，各种场域即是关系的系统。⑤根据场域概念进行思考就是从关系的角度进行思考。⑥

---

① ［法］皮埃尔·布迪厄、［美］华康德：《实践与反思——反思社会学导引》，李猛、李康译，中央编译出版社1998年版，第138页。

② 同上书，第139—140页。

③ 薛晓源、曹荣祥：《全球化与文化资本》，社会科学文献出版社2005年版，第280—281页。

④ ［法］皮埃尔·布迪厄、［美］华康德：《实践与反思——反思社会学导引》，李猛、李康译，中央编译出版社1998年版，第127—131页。

⑤ 杨善华：《当代西方社会学理论》，北京大学出版社1999年版，第145页。

⑥ 同上书，第132页。

　　他进一步认为，社会空间就是一个关系的体系，空间的建构由位居此空间的行为者、群体或制度所决定，越接近的人同质性越多，即空间的距离与社会的距离相符。[①]他把社会空间的各个市场中竞争的资本进一步划分为四大类：经济资本、文化资本、社会资本和符号资本。各种类型的资本转化为符号资本的过程就是各种资本在实践中被赋予象征性结构的过程，就是以更曲折和更精致的形式掩饰地进行资本的"正当化"和权力分配的过程，也是各类资本在社会场域中周转之后实现资本再分配的过程。他还从象征权力的角度，讨论了社会空间的建构方式：行为者被分配到整个社会空间中取决于他们拥有的资本总量和资本结构，即经济资本、文化资本、社会资本和符号资本的相对比重。他试图以二维空间——将资本总量作为纵轴，将资本结构作为横轴来表现资本的分配状况。而社会空间就此被定义为包含着由不同资本总量和资本结构所决定的各种位置的多元空间。

　　布迪厄还指出，人们居于一定的社会空间会形成一定的个人地方感，并由此形成留在共同地方的倾向，或者比较一致的"惯习"。"惯习"暗含了"对自己所在地方的感觉"和"对他人地方的感觉"，行为者对空间的看法取决于其在空间中的位置。在一定程度上，布迪厄的贡献在于厘清了地理空间与社会空间之间的关联以及空间与阶级之间的复杂关系。他的著作，尤其是《区隔》（*Distinction*），受到了地理学家的关注。在地理学家看来，他在某种程度上建构了一种"实践和社会行动的地理学"或"区隔和文化与符号资本的地理学"。[②]

　　在结构与行动者之间的关系上，布迪厄认为，行动者与结构之间的关系，并不是一个主体（或意识）与一个客体之间的关系，而是社会建构的知觉与评判原则（即惯习和决定惯习的世界）之间的"本体论契合"。他说："人们并不是非得在结构与行动者之间，或场与行动者之间作出选择，亦毋须在资源空间中的位置与这些位置的占据者的社会化了的冲动、动机和意向之间作出选择。"他坚决反对那种将个人的自愿选择的意识作为行动动力意识哲学的目的论。惯习与场域存在的根基在于行动者投身于其间，用布迪厄的话说："只有因为存在着行动者，才有了行动，有了历

---

① 何雪松：《社会理论的空间转向》，《社会》2006 年第 2 期。

② 同上。

史，有了各种结构的维系或转换。但行动者之所以是行动着的，有效力的，也只是因为他们并没有被化约为通常那种根据个体观念而理解的个人；同时，这些行动者作为社会化了的有机体，被赋予了一整套性情倾向。这些性情倾向既包含了介入游戏、进入游戏的习性，也包含了介入和进行游戏的能力。"由此可见，布迪厄把行动者看成是特定场域的结构之中实现的东西，而一个行动者的资本本身就是习性的产物，就像场域的特性就是一个客观化的历史，这一历史使命使那个场域中操作的行动者的惯习得以具体化。[1]

我们认为，布迪厄并没有为行动者个人的自由留有足够的空间，在关注行动者的主观能动性的同时，却将其彻底地客观化了，这尤其体现在其"惯习"概念中。他认为，所谓行动的策略，是指客观趋向的"行动方式"的积极展开，而不是对业已经过计算的目标的有意图的、预先计划好的追求；这些客观趋向的"行动方式"乃是对规律性的服从，对连贯一致且能在社会中被理解的模式的形塑，哪怕它们并未遵循有意识的规则，也未致力于完成由某位策略家安排的事先考虑的目标，归根结底也是由于"惯习"的力量使然。

在对教育的研究上，布迪厄同样从关系的角度来入手。他往往以学校教育与社会结构的关系作为切入点。他认为："在社会世界中存在的各种各样的关系——不是行动者之间或个人之间交互主体性的纽带，而是马克思所谓的'独立于个人意识和个人意志'而存在的客观关系。"[2]他认为纯粹的统计数字毫无意义，除非把它放到教育制度和阶级关系结构之间的关系系统中考虑。如浪费率（不能完成学业的学生的比重）可能是教育制度为实现社会秩序合法化的高效率而付出的代价。[3]

（四）安东尼·吉登斯：结构、结构二重性与结构化理论

吉登斯致力于围绕社会系统在时空延伸方面的构成方式来建构理论体系。他借鉴地理学的观点（尤其是赫格斯特兰德的时间地理学）和戈夫

---

① 包亚明编：《文化资本与社会炼金术——布迪厄访谈录》，上海人民出版社 1997 年版，第 219 页。

② ［法］皮埃尔·布迪厄、［美］华康德：《实践与反思——反思社会学导引》，李猛、李康译，中央编译出版社 1998 年版，第 133 页。

③ Bourdieu, Pierre, and Jean – Claude Passerson. *Reproduction in Education*, *Society and Culture*. London and Beverly Hills: Sage Publication, 1977, pp. 181、183 – 184.

曼的戏剧论将空间纬度纳入结构化理论：社会互动由一定时空下的社会实践构成，空间形塑社会互动亦为社会互动所再生产。吉登斯借鉴时间地理学发展出了不少与空间相关的概念，如区域化、时空抽离、场所、在场、不在场、共同在场和在场可得性。他试图以这些概念辨识出，社会互动在空间结构下如何以不同的形式延展并改变社会的资源分配结构和运行机制，同时将时间——空间关系直接与权力的产生和统治结构的再生产紧密联系在一起。由此，社会空间性的构成与历史性的构成紧密结合起来。正是在这个意义上，索加认为，吉登斯的成就在于将权力注入到社会的空间化本体论之中，并且将权力注入到对地理学的创造性的阐释之中。正是这一点凸显了吉登斯与布迪厄的不同：吉登斯从权力与互动的角度切入空间议题；布迪厄则从视角和符号的角度阐述其空间理论。①

吉登斯认为，"社会科学家一直未能围绕社会系统在时空延伸方面的构成方式来建构他们的社会思想……对这个问题的探讨是结构化理论构想的秩序问题迫使我们面对的一项主要任务"②。结构化理论论述的是社会理论史上争论不休的社会结构与个人行动之间的关系问题，对"结构"概念进行了系统的梳理与重新界定，系统阐述了其结构二重性的理论思路，形成了较为严整的结构化理论体系。吉登斯的独特之处在于他在解读"结构"以及结构与行动之间的辩证关系时对时空因素的融合远远超出同时代的社会学家。③

我们可以将吉登斯的结构化观点概括为：人的生活需要一定的本性安全感和信任感，而这种感受得以实现的基本机制是人们生活中习以为常的惯例。惯例形成于人们的实践中，受"实践意识"的指导，这种意识不同于"话语意识"或"无意识"，它不需要言说、不需要意识形态话语的宣扬，就能对行动起制约作用。行动的反思性监控是日常行动的惯有特性，它不仅涉及个体自身的行为，还涉及他人的行为。也就是说，行动者不仅始终监控着自己的活动流，还期望他人也如此监控着自身。由此，久而久之使自己和他们达成一种默认的共识，使人在社会中定位及社会在个

---

① 何雪松：《社会理论的空间转向》，《社会》2006 年第 2 期。

② ［英］安东尼·吉登斯：《社会的构成》，李康、李猛译，三联书店 1998 年版，第 195 页。

③ 叶涯剑：《空间社会学的缘起与发展》，《河南社会科学》2005 年第 5 期。

人心目中生根成为可能。人创造了社会，同时又受到一定客体性因素的制约。①其中最主要的客体性因素就是时间和空间。人与人的共同在场是互动的基本条件，时间和空间的"区域化"就是在这种共同在场的要求中获得力量的。它通过把人的社会活动场景"固定化"，创造性地形成日常生活的惯例。结构化理论的主要关切点在于社会结构在人的日常生活世界中形成的过程，它从社会及符号互动的角度揭示了个人与社会之间的同构关系。在社会的结构化过程中，人具有能动性的同时也受着客观存在场景的制约，人在受制约中创造了一个制约自身的世界。

不过，吉登斯反对将结构与强制等同。他认为，结构绝不能被简单地约化为施加在人类主体之上的强制性因素，相反，它们是能使人有所作为的。为此，他提出了"结构二重性"的观点。所谓"结构二重性"就是指结构同时作为自身反诉组织起来的行为的中介与结果，社会系统的结构性特征并不外在于行动，而是反复不断地卷入行动的生产与再生产。社会关系凭借结构二重性，跨越时空而不断形成结构的过程也就是结构化。吉登斯认为，所有的人都是具有认知能力的行动者，在其自身的生活情境中，每一个人都是天生的社会理论家。也就是说，所有的社会行动者对他们在日常生活中的所作所为的条件和后果都拥有大量的知识。行动者的认知能力根植在实践意识中，同时，人类行动者的认知能力也总是受到限制，这种限制一方面来自无意识，另一方面来自行动中未被行动者认识到的条件和行动的意外后果。个人在社会中受到社会的结构性特征的制约，由于结构与能动作用之间存在内在的关联，所以结构始终兼具使动性和制约性。②

在谈到结构与行动之间的辩证关系时，吉登斯对时空因素的融合是任何人都难望其项背的。在《社会的构成》一书的引言里，吉登斯表示，"各种形式的社会行为不断地经由时空两个向度再生产出来，我们只是在这个意义上，才说社会系统存在着结构化特征（Structural Properties），我们可以考察社会活动如何开始在时空的广袤范围内伸展开来，从这一角度

---

① 王有升：《被"规限"的教育——学校生活的社会建构》，博士学位论文，南京师范大学，2002年，第22页。

② ［英］安东尼·吉登斯：《社会的构成》，李康、李猛译，三联书店1998年版，"引言部分"。

出发，来理解制度的结构化。"①

吉登斯在其现代性研究以及结构化理论中，赋予了空间与时间同等重要的核心地位，使它们成为其理论研究的核心概念。吉登斯认为，空间与时间一样，都是研究现代性的关键词。现代性正是时间与空间的演变，或者至少可以说，这样一种演变处于摧毁传统秩序的体制性推动力的核心。他认为，时间与空间在传统文明中被有机地结合在一起，但这一过程没有深入到大众的生活之中。只是随着现代性的到来，时间和空间才都被普遍化并且被与每个人的日常生活融合在一起。吉登斯认为理解现代性的关键之一是认识时间与空间的延伸与分离。现代社会不仅使时间与空间相分离，而且也使空间与场所相脱离。这种时间与空间的混杂排列称为"时空分延"（Time – Space Distanciation），同时也是全球化的基本特征。在吉登斯看来，现代性的全球化趋势不仅明显，而且愈演愈烈。更重要的是，现代性全球化的程度取决于空间与地方脱离，再融入空间的时间层面。可以说，现代性的全球化正使得空间与时间呈现出前所未有的复杂的胶着状态。当然，吉登斯并没有忘记提醒我们：在思考现代性问题时不能局限于只对时间和空间进行阐释，要分析时间、空间和现代性的结合必须联系社会思想的研究。②

接下来，吉登斯将权力的概念引入到对时空的分析中。他对权力有自己独到的见解。众所周知，吉登斯的权力和资源是联系在一起的，亦即吉登斯的资源是"嵌入"到时空中的。他将权力视为实现欲求的能力，以及将能力视为社会共同体的某种特性，提出了自己的权力概念。他说："行动中包含的权力逻辑指的是转换能力，从这个角度上说，最广义的'权力'在逻辑上先于主体性及行为的反思性监控的构成……在人类行为改造能力的意义上，'权力'是行动者干预一系列事件以改变其进程的能力，它是中介于目的或需要同所追求的结果真实实现之间的'能力'。"③从时空的角度，他提出了权力所带来的控制的辩证法，认为，"社会系统里的权力具有一定的时空连续性，它的前提是行动者或集合体在社会互动

---

① ［英］安东尼·吉登斯：《社会的构成》，李康、李猛译，三联书店 1998 年版，"引言部分"。

② 高峰：《空间的社会意义：一种社会学的理论探索》，《江海学刊》2007 年第 2 期。

③ 转引自金小红《权力分析的特点与文化分析的缺失——对吉登斯结构化理论的一点思考》，《南京社会科学》2007 年第 7 期。

的情境中，彼此之间例行化了的自主与依附关系，不过所有的依附形式都提供了某些资源，臣属者可以借助它们来影响居于支配地位的人的活动"①。

很显然，在吉登斯看来，在时空分延的逻辑下，权力并非必然与冲突和屈从相伴随。对他而言，权力更是一种实现某种目标的能力，这种能力随着社会变迁被不断地生产与再生产出来，且在这一过程中，配置性资源与权威性资源，都会起到作用，为权力的生产与再生产提供媒介，而这两类资源都在很大程度上依赖于对时空的控制。就这样，吉登斯将权力与时空联系起来，形成了他自己独特的时空权力逻辑。②

（五）戴维·哈维：时空压缩

列斐伏尔将空间和社会的关系作为空间思考的重心给美国著名地理学家、马克思主义者戴维·哈维（David Harvey，又译为戴维·哈维）巨大的启示。戴维·哈维的空间思想主要体现在他的一系列著作中。按照其著作出版的年代序列，到目前他关于空间的主要著作有《社会正义和城市》（*Social Justice and the City*）、《资本的局限》（*The Limits to Capital*）、《资本的城市化》（*The Urbanization of Capital*）、《意识与城市经验》（*Consciousness and The Urban Experience*）、《后现代性的状况》（*The Condition of Postmodernity*）、《希望的空间》（*Spaces of Hope*）、《资本的空间：走向批判地理学》（*Spaces of Capital：Towards a Critical Geography*）等等。

哈维是一个地理学家，但他又不仅是一个地理学家，因为他是"马克思主义在地理学发展中的主要始作俑者之一"③。通过地理学这个入口，哈维不仅坚持了马克思主义的基本立场和方法，而且在理论上拓展了其主题和形式——不再简单地断言马克思主义应该如何，而是在特定的论域中，提出具体的问题，把马克思主义作为元理论充分展开到具体的研究中去，从而证明了马克思主义的当代价值。

在研究马克思主义的过程中，哈维发现：马克思对资本主义生产方式的分析本质上是一种空间分析，它揭示了资本是一种过程、一种构造，要

---

① ［英］安东尼·吉登斯：《社会的构成》，李康、李猛译，三联书店1998年版，第7页。

② 陈薇：《空间权力社区研究的空间转向》，博士学位论文，华中师范大学，2008年，第11—12页。

③ ［英］R. J. 约翰斯顿：《哲学与人文地理学》，商务印书馆2000年版，第171页。

求必须从资本积累的动力机制出发来理解资本主义空间生产的过程，马克思主义由此成为了当代资本主义条件下空间生产研究的元理论。同时，哈维还发现，马克思在理论上存在许多空场，尤其是在空间理论方面，"马克思经常在自己的作品里接受空间和位置的重要性……但是地理的变化被视为'不必要的复杂性'而被排除在外。我的结论是，他未能在自己的思想里建立一种具有系统性和明显地具有地理和空间的特点，这因此破坏了他的政治视野和理论"①。空间因而成为马克思理论的未完成因素。哈维认为这是马克思著作的"空盒子"，而他的使命就是填塞这些"空盒子"，并公开提出要将历史唯物主义升级为历史地理唯物主义，强调诸如空间、位置、时间、环境这些地理学概念是历史唯物主义者了解世界的核心。同时，他还坚持将空间和时间实践放到有关资本主义现代化的历史唯物主义概念的框架之中进行考查。正如哈维自己所说的："作为地理学家，我永远与马克思主义进行对话，作为马克思主义者，我永远与地理学进行对话。"②

哈维在描述时间与空间的巨大变迁时，独创了"时空压缩"这个概念。他在《后现代的状况》一书中强调，"我使用'压缩'这个词语是因为可以提出有力的事例证明：资本主义的历史具有在生活步伐方面加速的特征，而同时又克服了空间上的各种障碍，以至世界有时显得是内在地朝我们崩溃了。花费在跨越空间上的时间和我们平常向我们自己表达这一事实的方式，都有利于表明我所想到的这种现象。由于空间显得收缩成了远程通信的一个'地球村'，成了经济上和生态上相互依赖的一个'宇宙飞船地球'……由于时间范围缩短到了现存就是全部存在的地步（精神分裂者的世界），所以我们必须学会如何对付我们的空间和时间世界'压缩'的一种势不可当的感受。"③

哈维认为，空间组织不仅具有其内部转型和构建的自身法则之独立结构，而且体现在更为宽泛结构里的一整套关系的表述。在《后现代状况》中，哈维强调空间重组是后现代时期的核心议题。时空的压缩导致文化实

---

① 侯斌英：《空间问题与文化批评》，博士学位论文，四川大学，2007年，第105页。
② 同上书，第126页。
③ ［美］戴维·哈维：《后现代的状况——对文化变迁缘起的探究》，商务印书馆1985年版，第300页。

践与政治——政治与经济实践出现剧烈的变化，这构成了后现代时期的一个重要特征。这一重要特征迫使人们调整空间观念，重新思考社会行动的形式。他认为空间与空间的生产是社会权力的源泉，掌握了资本循环的各个要素和阶级的空间动态正是资本持续积累的关键所在，由此空间成为阶级斗争的重要议题。在任何社会形态里，空间的实践充满了微妙性和复杂性，要改变社会的任何规划就必须把握空间概念和实践之改变这一复杂问题。他立足于列斐伏尔的空间概念，提出了四个新的纬度：针对人类事务中"间隔摩擦"作用的可接近性和间隔化；空间的占有和利用；空间的支配和控制以及空间的创造。[①]

　　哈维提醒我们：在生活环境不同等级（例如从个体、家庭、社区、城市、民族国家和全球等层次）和具体生活过程不同侧面、环节（政治、经济、文化等不同方面，如生产、交换、分配、消费等不同环节）上，存在着巨大的多样性，而每一个人又只是生活在一个嵌在上述复杂性之中并向其开放的特殊情境中（即他所言的"剧场"之中），在追求美好理想的时候，需要我们立足于自己的"剧场"，同时照顾其他"剧场"。这事实上是全部解放政治以及现实权力政治所直接面对的基本历史条件。[②]

　　从以上的论述中我们看到，随着后现代思想的兴起，思想家们重新思考空间在社会理论和建构日常生活过程中所起的作用，空间的重要意义成为普遍共识。除了已经提到的五位社会空间理论的大师外，还有众多西方学者在社会空间研究方面做出了卓越的贡献。詹姆逊（F. Jameson）、索加（Soja）、卡斯特尔（Castell）以及德·塞尔杜（de Certeau）等人都先后加入到空间社会理论的建构中来，成为该理论研究的中流砥柱。其中，德·塞尔杜以"空间实践"作为其空间研究的一个核心主题。他认为，日常生活就是人们介入、挪用权力和空间的方式，彰显了人们在空间中的能动性。卡斯特尔则提出了"流动空间"概念，以阐述后现代时期信息技术的扩展对社会空间的影响，空间性成为洞察人类社会的重要纬度。而

---

　　① ［美］戴维·哈维：《后现代的状况——对文化变迁缘起的探究》，商务印书馆1985年版，第300页。

　　② 胡大平：《为什么以及如何通过空间来探寻希望？——哈维〈希望的空间〉感言》，《学术评论》2007年第6期。

且，他们在空间的议题上具有相同的特点：在本体论上，他们都试图颠覆异常顽固的将空间和社会分割的断裂思想；在认识论上，他们都认同空间并非自然的、静止的，而是变动不居的、活生生的，是构成性的；在方法论层面，关于空间的理论阐述在很大程度上都企图摆脱方法论的个人主义和整体主义，而期望以方法论的关系主义去检视空间的生产、运作和消解，从而更好地把握社会的结构与过程。①

社会理论家们对社会空间的研究，从理论和实证层面丰富了人们对空间与社会之间关系的理解，在某种程度上为人们重新洞察人类社会提供了新的切入点，具有重要的意义。

三　理论反思

从对社会空间理论研究的学术史回顾中，我们可以发现，关于空间的社会学探索经历了不同的发展阶段。在一百多年的时间里，空间研究从游离于主流社会学视野之外，中经列斐伏尔为代表的新马克思主义城市理论的承前启后的推动进入社会学的主导话语，再到抽象、上升为社会理论。在这种变化中，"人们将获得一种更加接近于日常生活的鲜活的社会学，因为这样的社会学不能把人类生活的一些终极因素置于脑后而不顾"②。

空间问题是人类认知的一个古老而永恒的主题。"空间"这只"看不见的手"对人类行为和社会发展的约束是与生俱来、无处不在的。空间和时间都不仅仅是一种自然事实或者是事物的客观属性，"空间和时间实践在社会事物中从来都不是中立的。他们都表现了某种阶级的或者其他的社会内容，并且往往成为剧烈的社会斗争的焦点"③。"时间和空间的客观性在各种情况下都是由社会再生产的物质实践活动所赋予的，……各种独特的生产方式或者社会构成方式，都将体现出一系列独特的时间与空间的实践活动和概念。"④

因此，哈维指出，从本质上讲，空间应被视为社会历史意义下的产物，不能单纯地化约为几何学，而必须进一步赋予经济、社会、文化上的

---

① 何雪松：《社会理论的空间转向》，《社会》2006 年第 2 期。

② 高峰：《空间的社会意义：一种社会学的理论探索》，《江海学刊》2007 年第 2 期。

③ 戴维·哈维：《后现代的状况——对文化变迁缘起的探究》，商务印书馆 1985 年版，第 399 页。

④ 同上书，第 255 页。

意义。空间的概念最初基于人类的各种感官经验，而后转变为直觉的空间观，在转变的过程中，各种直觉、意象、文化形式与科学观念均相互作用，因此，空间概念是与文化结构结合在一起的。①于是，空间分析变成了社会分析，变成了对一个充满权力和抵制的场域的分析。而且，对"空间"的意义理解要视不同的理论目的而有所调整，从特定空间与人的互动中，寻找空间的意义。这样才能体会空间对人类行为与社会生活所造成的影响。由此，从社会空间视角来分析少数民族学校教育，把少数民族学校看作是社会空间中的一个子空间，学校是社会和个人经验交汇的场域，从而探寻学校空间的文化意义，具有重要的理论意义和实践价值。

（一）空间与能动者之间的张力

人在现实生活之中总是处于各种社会力量的制约之中，尽管个人具有主观能动性，在一定范围内，可以根据自己的目的与意图行事，可以寻找到自己的自由空间，但个人的一切似乎又都是受外在社会空间的历史与现实决定的，甚至连自己的目的意图以及看似个性化的行为方式也难逃其外。我们时常会感到自己创造的成功与无拘无束的自由，也时常会感受到受制于空间现实的无奈。个人作为具有主观能动性的"行动者"，通过有目的有意识的行为，参与到现实空间的发展与创造过程中来。个人的自由又是受到诸多限制的，甚至是被决定的，个人的行为受到社会情境脉络的限制，空间中的一些结构性力量左右着个体的行为，个人可资利用的资源直接决定着其现实行为的可能性，个体的行为习惯行为方式本身也深深地打着其自身历史的社会痕迹，所有这些都可以视做空间社会结构的影响。②

但是，并非所有的个体都简单地接受空间中的规范、价值观、意识形态和倾向，他们会在日常生活中对社会情境的控制做出能动性且创造性的解释、回应甚至转变。他们在社会空间中的创造性和能动性是无法被遮蔽的，他们的抵制无处无时不在，面对制度结构的繁琐和强压，个体在日常生活中时刻都会行动，并可能成为空间改变的可能条件之一，"彰显了人

---

① Harvey, D.: The condition of Postmodernity. Oxford: Basil Blackwell. 1989.
② 王有升:《被"规限"的教育——学校生活的社会建构》，博士学位论文，南京师范大学，2002年，第11页。

在空间生产中的能动性"①。

由此，我们认为，在外在社会的结构性制约与行动者的主观能动性之间，存在着一种张力，"空间"与"行动者"之间的张力是人们在日常生活中经常能感受到的力量，人们会为自己所拥有的能动性充满希望，更多的时候则会因为所受的制约而感到悲观与茫然。

在少数民族学校教育中，我们同样可以感受到"空间结构制约"与"行动者的能动性"之间的张力。学校教育存在于社会现实之中，其任何一个方面，任何一项教育行为都必然受到外在社会的制约。对空间制约的忽视或否认，必然会造成人们对学校教育理解上的偏差。学校如何实施对时间和空间的分配、如何引导学生对主流文化知识的顶礼膜拜、如何将一系列规则潜移默化地教授给学生，都受到社会空间无形的制约。而在学校空间的内部，如何对学生实现中心和边缘的划分、如何对学生已有区隔的文化资本和身份文化再造区隔，也是空间这只看不见的手在无形地操纵。当然，在空间的结构制约作用下，我们也要看到作为"行动者"个人的能动作用，重视个人的观念与能力所起的关键性作用。这些主体采取的实践行动往往对主体产生巨大的影响，甚至能改变整个空间的运作。

由此，本书从学校空间对学生的宰制和学生对学校空间的抵制两方面着手，详尽地验证了隐性力在少数民族学校教育中实施的机制以及它对学生造成的巨大影响，从而以社会空间为视角，为少数民族学校教育研究提供经验上的参考。

(二) 学校空间：弱势群体研究的新视角

从人类学的视角来看，空间具有一定的文化意义，是具体的、富有生命气息的文化空间。正如教育人类学家博尔诺夫所说："如果我们现在要探究人类学意义上的空间，那么就不能从数学家的抽象、同质的空间出发，而是必须观察人所能感受的具体空间，人类使其生活在其中的空间，这种空间并不是如那种人为虚构的空间一样划一而无组织的，而是具有一定的内部结构的。"② 哈维也指出，对于"什么

---

① 何雪松：《社会理论的空间转向》，《社会》2006 年第 2 期。

② ［德］O. F. 博尔诺夫：《教育人类学》，李其龙等译，华东师范大学出版社 1999 年版，第 76 页。

是空间?"的问题应该代之以"不同的人类实践如何创造与使用不同的空间概念"?

学校作为一种特殊的社会空间,它向任何试图进入这一空间的行动者强行征收一种入场券,也就是相对于这一空间而言具有价值的各种资本。但是,当少数民族学生带着他们的民族习惯或一套当地的社会价值体系进入学校体系时,这套由民族文化浸染而成的"惯习"未必成为学校教育所认可的"文化资本"。因此,很多少数民族学生在学校空间中体验到了一种陌生感、异化感和孤独感,对这些弱势学生物理空间"在场"而意义空间"缺席"的现象,有学者用"局外生存"作出了形象而生动的阐释。[①]那么,是什么造成了他们的边缘化现象?学校通过什么样的方式区分出"中心"与"边缘"?在民族学校教育中,大多数的少数民族学生的生存境遇究竟如何?对此,学校空间乃至社会空间将给出一个硕大的对话平台。

当然,对少数民族学生的生存关注并非只能置于学校空间的境脉之中,但学校空间却为少数民族学生的生存关注提供了一个得天独厚的研究天地和研究平台。学校空间所呈现的关系网络,现代性的教育制度、课程内容、教学形式、师生关系、身份认同等,将更淋漓尽致地呈现学校空间中很多处境不利的少数民族学生渴望进"场",却被排斥在外,物理空间上的在"场",意义空间上的"不在场"以及出现各种"去文化"现象的生存境遇。

学校空间作为"不同意识形态汇集、交流、沟通、共享、对立、冲突的公共领域,又是社群特别是弱势群体和边缘话语的表达场域"[②],存在着复杂多元的关系,存在着各种各样的不同网络位置与差异,从而促使置身于其中的人不断进行反思:处于不同关系网络的人如何进行进一步的利益分配?拥有不同资本的人受到何种不同的待遇?作为"教育者"的教师和学校管理者,如何反思自己的教育行为?这些诸多反思都是根植于民族教育实践的,从而使研究者在学校空间对弱势群体的关注表现出更为自觉的趋势。

---

① 马维娜:《学校场域———一个关注弱势群体的新视角》,《南京师范大学学报》2003年第3期。

② 金元浦:《文化研究学科大联合的事业》,《社会科学战线》2005年第1期。

第二节　隐性力、学校空间与行动策略：概念和分析框架

本研究在学校空间—隐性力—行动策略的分析框架下分析学校空间中隐性力存在的机制以及它对学生的影响，并阐述了学生采取的行动策略。在分析的过程中，学生始终被看作是实践中的行动主体，看作是在对于各种空间予以的压力中所进行的主体决断和策略行为的"能动者"。

一　本研究的主要概念

（一）隐性力的界定

《现代汉语词典》[①]指出，"隐"有两层含义，一是隐藏不露的，二是潜伏的、藏在深处的。"性"在这里是"表示类别的语法范畴"。力原本是一个物理学上的概念。在物理学上，那种使任何使物体保持或改变位置或使物体变形的作用、也就是说物质之间的相互作用就是力。后来，这一概念被引申到其他学科和领域，也就导致了诸多对其不同的界定和理解。例如，格式塔心理学派的代表之一克勒的学生莱温在其《社会科学中的场论》一书中认为，改变人的生活空间的力有两种：一种是产生于人自身需要的"自身力"；另一种是来自周围环境的"诱导力"；而对社会变化影响最显著的，是那些既有个体自身的力又有来自外部影响个体的各种"能量场"的诱力。[②]我国学者将其界定为：所谓"力"，一是指功力、能力、力气；二是指道义或思想上的力，尤指表现为有效行动的能力；三是指在数量上和智能上具有的能量。[③]有学者则将其定义为：（1）犹动力；（2）能力；（3）力气；（4）作用、效力。[④]在本研究中，拟采用最后一种界定的第四个含义，即：作用、效力和影响。之所以使用"力"这一概念而没有直接用"作用"和"影响"等概念，是因为"力"这一概念具有更强和更为宽泛的解释力。"影响"与"作

①　中国社会科学院语言研究所词典编辑室编：《现代汉语词典》，商务印书馆2002年版，第1505页。

②　张小军：《社会场论》，团结出版社1991年版，第84—85页。

③　王同亿：《现代汉语词典》，海南出版社1992年版，第810页。

④　汉语大词典编辑委员会、汉语大词典编纂处编纂：《汉语大词典》第2卷，汉语大词典出版社1988年版，第764页。

用"往往给人一种单向的作用与被作用的感觉，也即学生是一个纯粹受动的受纳器，没有彰显出学生的主观能动性，也没有显示出学校教育与学生的双向和互为作用的关系。使用"隐性力"则能避免这些不足，不仅如此，隐性力比隐性影响与作用更能显示出学校教育过程中所具有的强制与控制意义，也就是说，"作用"和"影响"这些词表达不出"作用的强度"和"影响的力度"，而"力"概念则反之。[1]并且，力可以同时表现出学校空间中来自外部的影响力和个体的自身力，正是这两种力不断地建构着学校的空间世界。

结合学校教育的实际情况，本研究认为，所谓"隐性力"就是学生在学校的情境中，潜移默化地学到的那些社会信息、意义、信念、价值观与行为方式，对其知识、情感、意志、信念、行为和价值观等方面产生的作用和影响。在本研究中，社会制度中的价值观念、意识形态，学校知识的选择、分类、分配与传递以及学校利益分配之间的相互关系是隐性力的重要领域。它有着几层含义：（1）在学校情境中，隐性力虽然没有进入正式的学校培养目标和课程纲要及教材，但它是学校经验中常规的、有效的一部分，在很多方面很可能比官方的正式学习更加有效率，因为它在学校里有着持续性和一致性；（2）隐性力几乎隐含在学校的方方面面，其元素融合在课程、学校和教室生活里，通过日常生活、课程内容和社会关系加诸于学生的规范、价值和信仰体系；（3）隐性力的成果，包括政治社会化、服从、驯顺、价值观和文化道德的习得、权力观念的形成以及等级差别的加深等。因此，从隐性力的概念和其含义来看，本研究拟从学校生活的常态、课程知识的传承以及学校利益的分配等三个方面来分析少数民族学校教育中隐性力的存在方式及其作用机制。

值得一提的是，虽然学校是一个权力交错缠绕的空间，围绕着资源与权力，充满着权力的冲突与斗争，但并不是所有的学生都简单地接受隐性力中的规范、价值观、意识形态和倾向，他们在日常生活中对学校情境的控制做出能动性且创造性的解释、回应甚至转变。[2]因此，本研究中的隐

---

[1] 张家军：《学校教育的隐性力量》，博士学位论文，华东师范大学 2005 年，第 5 页。

[2] Apple, M. W. (1990). Ideology and Curriculum, 2nd ed. Routledge: New York and London.

性力具有双重的含义，它既表示国家和学校对学生施加的结构性制约，也表示学生对这种制约进行的抵制，表现出虽然沉默却不可忽视的力量。

（二）民族学校教育的界定

广义的民族学校教育是指在民族——国家内有目的、有计划、有组织地传递社会文化，为社会培养所需人才进行的自觉的教育活动；狭义的民族学校教育是指在为少数民族地区设立的或主要为少数民族设立的教育社会组织中，在民族——国家内有目的、有计划、有组织地既传递主流社会文化，又传递少数民族社会文化，为社会培养所需人才进行的自觉的教育活动。[①]本研究所采用的民族学校教育采用狭义的定义。由于这种隐性力更突出地表现在中小学的学校教育中，因此，题目中的"民族学校教育"只探讨民族中小学教育。

（三）学校空间的界定

学校是一个权力网络密布的场所，作为国家意志形态生产和宰制的主要场所，学校处处充斥着国家的意识形态和话语权力。由于国家对学校的控制往往是借助于代理人和国家赋予一定合法性身份的人来履行的，因此，学校可以说是国家权力的延伸，是国家意识形态再生产的主要场所。学校作为国家制度的延伸，在与一系列力量的抗衡中，布满了足以形塑或影响学生的各种隐性力。

由此，本研究把学校空间定义为：学校空间是学校各种各样复杂矛盾的关系网络，是有形或无形的力量关系利益的分配和再生产，它既是一个物理的空间，更是一个意义的空间。学校空间象征着一种结构性关系，一种制约性力量，各种权力关系隐匿于其中，具有抽象性和强制性。

（四）行动策略的界定

行动策略是指行动者依据行动目的在行动情景中做出的关于"采取什么样的行动"以及"以什么方式展开行动"的主观选择。[②]在学校空间中，学生的行动策略指的是学生主体采取实践活动前心理上对其周围

---

① 巴战龙：《试述民族学校的概念、类型及功能》，《河池学院学报》2007 年第 6 期。

② 张仕平：《乡村场域变迁中的农民外出就业》，博士学位论文，吉林大学，2006 年，第 43—44 页。

空间的认知和行动的选择，而行动则是行动策略在学校空间中的现实展开。

二 分析框架

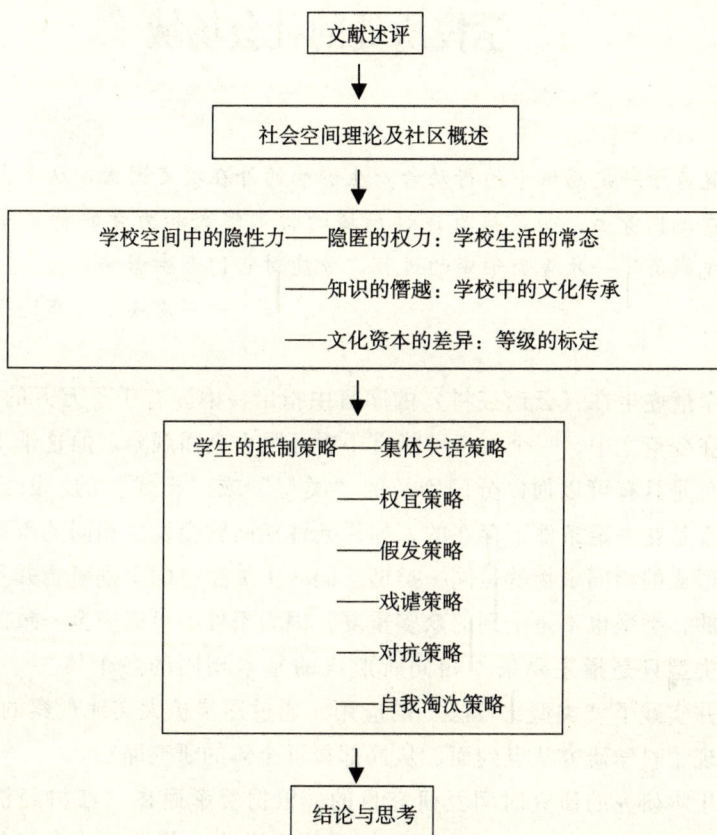

第三章　石龙乡的社会文化状况及
学校所处的社会场域

　　对置身于一定场域中的行动者产生影响的外在决定因素，从来也不直接作用在他们身上，而是只有通过场域的特定形式和力量的特定中介环节，预先经历了一次重新形塑的过程，才能对它们产生影响。

——皮埃尔·布迪厄

　　费孝通先生在《云南三村》的序言中指出，中国有千千万万的农村，而且都在变革之中，一个人不可能有千手万眼去全面观察。但这千千万万个农村总是具有可以加以分门别类的"类型"或"模式"的。因为"一切事物都是在一定条件下存在的，如果条件相同就会发生相同的事物。相同条件形成的相同事物就是同一类型。同一个类型里的个别事物并不是完全一样的，类型也不是个别的众多重复，因为条件不可能完全一致的。我所说的类型只是指主要条件相同所形成的基本相同的各个体"①。由此，他论述并实践了"类型比较法"的应用，通过逐步扩大实地观察的范围，从而实现了科学研究从点到面、从局部接近全体的研究路径。

　　鉴于本研究的研究时间及研究目的，根据费孝通在《江村经济》中关于调查区域界定的理由，②本研究以贵州省黔南布依族苗族自治州都匀市的石龙乡为研究地点，以石龙乡中心校和村小以及各村寨作为主要的研究对象。

---

　　①　费孝通：《江村经济——中国农民的生活》，商务印书馆 2003 年版，第 26 页。

　　②　为了对人们的生活进行深入细致的研究，研究人员有必要把自己的调查限定在一个小的社会单位内来进行。一方面，调查者必须容易接近被调查者，以便能够亲自进行密切的观察；另一方面，研究的社会单位也不宜太小，它应能提供人们社会生活的较完整的切片。见费孝通《江村经济——中国农民的生活》，商务印书馆 2003 年版，第 26 页。

第一节　石龙乡的社会生活全景图

黔南布依族苗族自治州位于贵州省中南部，辖 2 个市 10 个县，其中有 6 个国家扶贫开发工作重点县。境内居住着布依族、苗族、水族等 36 个民族，总人口超过 394 万人，其中少数民族人口约占 56% 左右，总面积 26197 平方公里，平均海拔 997 米，是一个较为典型的少数民族山区。

石龙乡位于黔南州州政府所在地都匀市的西北角，距市区 58 公里，属都匀市一类贫困乡。东、南连凯口镇，西邻平塘县掌布乡和贵定县铁厂乡，北与贵定县尧上乡和本市江洲镇接壤，辖区面积 133.62 平方公里，属省级二类贫困村（其中省级一类贫困村 6 个，二类贫困村 3 个）。现行政村由原来的九个改革合并为四个，村民组 78 个，自然村落 63 个，少数民族占 99%，是以布依族为主体民族的少数民族聚居地。截至 2007 年，全乡总人口为 9633 人（女 4869 人），总户数 2242 户。全乡境内喀斯特地形地貌典型，已探明的有布寨洞、石龙洞、蛇昌洞、甲壤洞等溶洞，以及小冲岩洞和谷岭地下洞的洞葬；境内还有闻名远近的达 130 棵近千年的塘榜金丝香樟柯楠古树群以及烂龙背的万亩草场。最高处鸡冠山海拔 1390 米，最低处摆朗河出口海拔 800 米。气温属中亚热湿润气候，年平均气温 18 摄氏度，年无霜期 350 天以上。

从石龙乡至都匀的车路，于 20 世纪 80 年代建成通车，但山路崎岖，蜿蜒曲折。如遇雨季，常有塌方路断的情况发生。2007 年 9 月，我第一次从都匀到石龙乡调查时，由于路况极差，短短 58 公里的路程，却耗费了两个小时。一路上映入眼帘的都是诸如"前方有落石，危险！""上完初中，再去打工！"之类的警示牌和标语。2007 年年底，由于石龙乡政府引进了贵州在富实业公司在当地进行探矿服务，很多大型煤矿的开采和重型车辆来往于凯石公路（凯口至石龙）之间，造成了凯石公路的路面出现很多坑状的凹陷地段。过往车辆必须很小心地绕过这些很深的凹陷地带，才能安全通过。这使得本已需要修建的公路变得更加难以行驶。当我于 2008 年 10 月第三次到石龙乡调查时，在都匀至石龙的路途上耗费了近三个小时。这三个小时绝大多数时间花费在从平浪到石龙的路途上。从都匀到石龙的路大致可分为两段，前后完全迥异的路况，让我感觉有天壤之别。从都匀到平浪的路面状况一直很好，道路很平整，也很开阔，然而，车子一旦拐入进入石龙乡的分岔路口，就有了完全不同的感觉，道路狭窄，一路坑洼不平，车上的人饱受颠簸之苦。这两段路分别被命名为国家公路和地方公路，两段路的差别实质上也体现了城市与乡村的本质区别。

石龙乡到各村都有土路，但并非每条土路都可行驶机动车，而且路况很差，雨天几乎不能通行，并随时都有塌方的危险。离石龙乡乡政府比较近的村寨大约步行半个小时就到了，而最远的村寨则需要步行五六个小时。当地人主要的交通运输方式仍然是人力和畜力。从石龙乡乡政府出发到各个村寨的学校或教学点去，是没有车到达的。一般来说，我到村寨的学校去有三个办法：一是步行，这是最简单、最有效、但也是最辛苦的一种方法；二是搭乘乡政府到村里办事的顺风车（前提是该村有能行驶机动车的土路），但一般情况都是当日随车返回；三是租用摩托车代步。但是，一旦遇到雨雪天气，后两种方法都行不通，只能采用第一种方法。因此，在我调查的四个月里，除了在天气晴好的日子里我租用摩托车代步外，我经常与学生步行到各个村寨。虽然我是一个成年人，但我走山路的速度远远跟不上这些孩子，他们时常边走边停，或有意放慢脚步，以便我能跟上他们的速度。这些孩子的友好、善良和懂事，给我留下了非常深刻和美好的印象，也因此更让我坚定了对此课题一直研究下去的信心。我急切地希望了解在这样一个少数民族聚居的乡镇，这些少数民族在学校教育的过程中都遭遇了哪些困难？他们又是如何应对的？他们最后的结局如何？所有这一切都牵动着我的心，牵动着我不断深入地探讨这些问题，希望能找到诸多问题背后的答案，为这些可爱的孩子和少数民族地区的学校教育尽自己的一份绵薄之力。

一　聚落类型与设施

聚落即村落。任何一个成熟的或典型的聚落，都占据一定的时间和空间，由多种物质要素和设施组成一个有机的整体。

族群居住的自然环境在很大程度上决定了他们的生存空间和生存方式。由于石龙乡地势起伏较大，因此，除了比较平坦的平坝地区有一定数量的布依族居住之外，绝大多数布依族和苗族都居住在山高坡陡的高山山腰或幽谷之中。以木质结构为主体的"干栏"楼居建筑，是布依族传统的住宅建筑，具有浓厚的地域性和民族性特征。虽然石龙乡的"干栏"式建筑随着社会的发展也在不断发展变化，多了很多"内木外石"结构的房屋，但人住其上，"下居鸡豚"的木质"干栏"建筑，在石龙乡一些比较偏远的布依族和苗族村寨，如干鱼河、苦蒜冲、谷林和甲壤上院等地方，依然可以见到。《都匀志》就曾记载："仲家和苗人喜楼居，上层储谷，中层住人，下层为畜宿。"

布依族和苗族的住宅建筑单家独户极为少见，多数是以十几户到几百户聚族而居，成为一个自然村寨。一般来说，同村寨的成员大多数都有一定的血缘亲属关系，因此，一个村寨往往有很多人都是同姓。这种建筑模式的形成，一方面受其农耕生产方式的影响，另一方面又是传统宗族制度的内在凝聚力在物质文化上的表现。聚落的规模有大有小，村落中的房屋是参差不齐排列的，有的坐落在谷底，有的坐落在半山腰，有的则建在山顶上，一般都是聚族而居，倒也错落有致。在石龙乡谷林片区的大小摆炳和摆开的苗族村落中，由于居住比较分散，家户与家户之间经常需要走上二三十分钟的山路，在我挨家挨户询问适龄儿童的入学和辍学问题时，对他们聚落的方式颇有感触。

大部分村落只有蜿蜒崎岖的小路，一遇到下雨下雪，小路就变得泥泞不堪，难以行走。而这些山路，是山里孩子到石龙中心校或谷林完小的必经之道。在山路上踩到蛇，则是经常的事情。摆开村的莫应雯曾告诉我，她不想读书的原因是"每次回家时天都黑尽了，走山路很害怕，而且有些时候会遇到蛇，就更害怕了"。2001 年以后，由于很多村寨教学点的撤并，造成了大量儿童辍学。因为这些村寨里的孩子如果到石龙中心校或谷林完小就读的话，需要翻山越岭，步行四五个小时，中途还要经过河水湍急的老虎冲，遇到水位上涨的时候，孩子们需要把书包顶在头顶上凫水过河。因此，孩子们经常是裤子湿淋淋地到学校上课。寨子里的教学点撤并后，这些无书可读的儿童一般都会选择辍学在家帮家人干些杂活。辍学几个月或半年之后，他们会跟随亲戚外出打工。我曾经于 2007 年 10 月中旬的某周五下午放学后，与新农村干鱼河组的九个孩子一起回家。途中步行了三个半小时的山路，并翻越了三座山，我由此深切地体会到了山里孩子读书的艰辛。我曾问过他们是否觉得读书很辛苦，是否会一直坚定地读下去时，他们的回答是，"能读到什么时候，就读到什么时候，主要看家里的情况，老人如果说没有钱读书了，我也就不读了"。当我于 2008 年 9 月再次到那个寨子去的时候，去年的九个孩子只剩下五人还在继续读书，其余四人都中途辍学外出打工了。我查看了他们的班主任老师给他们在

"控辍保学单"上填写的辍学原因为——"厌学"。我想，自然条件的恶劣应该也是他们辍学的重要原因之一。

由于建了不少水库，石龙乡大多数村寨的用水问题已经基本解决，但是苗族聚居的谷林片区，因为其自然环境恶劣，用水相当困难。就像当地负责全乡水利的谭文山师傅说："水在下面，他们在上面，当然没法用水了。我们也是尽量多给他们建一些水库，保证他们用水。"近几年，在乡政府的关心下，乡里每年都对苗族地区实行"渴望工程"，才使苗族的用水问题稍微得到缓解，但也没有得到根本的解决。

石龙乡虽然已于 2001 年实现了村村通公路，乡政府通往各个村寨都有一些乡间土路，但路面凹凸不平，大大小小的石块和稀泥在路面上形成了很大的行走障碍。一遇到雨雪天气，道路泥泞崎岖，根本就无法通车，甚至不能行驶机动车。尤其是摆开村和新龙村之间老虎冲的深沟，路简直烂得无法行走。而且，在那些土路上，即便会骑摩托车的人，都不一定能自如地行驶，翻车的事故时有发生，一两年换一个摩托车也是常事。谭文山师傅说："我的工作就是经常在山里每个村寨转，解决他们的用水问题，但是这些路实在是太烂了，所以摩托车也经常坏。"不过，到目前为止，除了大小摆炳村寨还不能进带轮子的交通工具外，其余的村寨都有了可以通摩托车的山道。当然，村民们在建路的过程中，也付出了沉重的代价。在修建通往苦蒜冲的山路时，由于使用雷管不慎，造成了当场炸死一人，炸伤三人的惨剧。每次当我在苦蒜冲附近调查时，都会有村民给我提起此事，足见这件事在村民中造成的影响。

石龙乡是逢一号和六号赶场。每到一号或六号的日子，那些需要赶场买卖东西的村民们便会在这一天天没亮时，陆陆续续地出门。他们挑着要卖的粮食或其他农产品赶到场坝，把东西卖完后，又在场坝买回一些家庭日用品，于下午三点左右返回。一般来说，他们到家时已经是满天星辰了。我在石龙乡调查的几个月中，也逐渐摸索出了一些经验，只要看到山路上的人流量增大，那就一定是赶场天了。因为平时从各村寨通往场坝的山路上，很少见到有人行走。在调查期间，我还经常看到妇女们修路的情形，这也是他们爱惜来之不易的道路的体现。大多数家庭里的青壮年男子都外出打工了，因此当遇到因天气恶劣而造成的道路堵塞时，就需要妇女们集体出工了。2008 年 7 月，石龙乡下了好几场大雨，很多通往村寨的小路被折断的树木和山上冲下来的石头完全堵住了，村里的妇女便自发地组织起来修路，她们一年内要做好几次这样的修路工作。

村民们出门赶集时，如果东西不是很多，一般用背篓背，只有东西比较多时，才用扁担挑。我调查地点之一的小冲一户人家，家里最主要的男丁出去打工已经三年了，家里只有生病的爷爷、媳妇和两个孙女，其中一个孙女是智障儿童，整天只知道傻笑，生活根本不能自理；另一个孙女在石龙中心校读九年级。一家老小的生活重担全部压在这位布依族妇女的身上。她每到赶集的头一天，都会把第二天要挑出去卖的板栗等山货准备好，用背篓背去卖，再把一些生活必需品买回来，最主要的是把家里正在生病的爷爷的药买回来。她没有读过书，从小就开始从事体力劳动，因此，她可以背着好几十斤的山货一口气走十几公里的山路，中途不休息。我用四个小时才能走完的路程，她却只用两个小时四十分钟左右。山里有很多像她这样的妇女，她们靠着自己的勤劳支撑着整个家。赶场的时候，经常可以看到在狭窄的山路上健步如飞的妇女，她们已经成为山路上的一道风景。在如今很多家庭里青壮年男丁都外出打工的情况下，她们成为连接当地社会和家庭的唯一中介。

解放初期，石龙乡很多家庭没有电，基本都是靠点煤油灯照明，有些家庭甚至直接靠火塘的火光来照明。随着农村基础设施的逐渐完善，目前为止，除了极个别的村寨用电极不稳定，经常停电之外，其余村寨用电基本正常。2000年，乡政府修建了几个沼气池，既可以烧水做饭、夜间照明、还可以改善住宿环境的卫生状况。但由于各种原因，如今很多村寨的沼气池形同虚设。我于2007年和2008年到很多村寨走访时发现，除了场坝一带的一些家庭已经用现代的电饭锅或电磁炉等电器代替了传统的火塘外，其余大部分村寨的布依族和苗族家庭仍然需要依靠火塘做饭取暖。当地的火塘是在客房中心的地上掘坑，并在坑内放置铁三脚架烹煮食物。我观察到村民们每次用火结束后，都会将一根带有火星的柴插入一堆灰烬中，一旦下次需要用火时，就把这根柴从灰烬中扒出来，用一根长约二十厘米的竹管向火星部分吹气，一般来说，吹一两分钟后，这根柴就会燃烧起来。此时，再加入一些干柴和木棍等，火就可以燃旺了。随着柴和炭的日益匮乏，当地很多家庭多以荆棘、杂树和干玉米棒为燃料，其耐燃性较差，用量较大，烟尘和灰尘较多。因此，生火的整个过程基本上都是在一片烟熏火燎中完成的。烟雾四处弥漫，浓烟呛得人不断地咳嗽。每户使用火塘的布依族和苗族人家的屋顶和四周墙壁以及烧水的壶锅等用具，都被火塘的烟熏得黢黑。当地人几乎一年四季都使用火塘，火塘已成为当地人吃饭、取暖、待客和聊天的中心。

近几年，虽然石龙乡村村都通电了，但由于电压不稳定，即便是在石龙乡的中心场坝地区，一到中心校上晚自习的时候，每家的灯光都会非常昏暗。在石龙中心校居住的老师，必须在学生上晚自习之前把饭做好，否则由于电压太低，电饭锅根本就无法运转，他们就没法吃饭了。有一天晚上，我与乡广播室的一位工作人员去场坝的各户人家收取有线电视信号接收费时，发现很多户人家的电灯亮度甚至不如蜡烛的光亮。每走进一户人家，都需要适应一至两分钟，眼睛才能看清和适应屋里的环境。这位工作人员很有经验，早就带好了手电筒，根据她的解释，"（带手电筒既可以）用来照路，也（可以）用来在老乡家照着填单子，要不然光线太暗，根本看不清楚"。中心校教室里的灯光也显得有些昏黄，只是比一般的农户家好一些。我在苦蒜冲居住过的一户人家，只在火塘那间安了一盏10瓦左右的灯泡，其余的屋子都没有安灯。主人家对此的解释是电费太贵，他们负担不起，而且家里也不需要那么多灯。我问这家还在谷林完小读五年级的女孩子，晚上在这样的灯光下如何做作业时，她说："我一般都是白天做（作业），晚上从来都没（不）做作业的。"几乎整个苦蒜冲寨子里的孩子都是这样的。我调查时正值秋冬季节，晚上天黑得早。一般来说，六点之后天就黑了，这就意味着寨子里的孩子们从来不在晚上六点以后做作业。他们只有在作业实在没完成的情况下，才将作业铺在一张小凳子上，借着昏暗的灯光，蹲着身子趴在小凳上做作业。

二 生产和生活习俗

石龙乡是典型的农业乡，总耕地面积 7547 亩，其中田 6345 亩，土 1202 亩，可开发利用的荒山、荒坡、草场 4 万多亩。由于地处边远，交通落后，信息闭塞，基础设施薄弱，农业生产仍停留在传统的粮油生产上，农民和乡财政经济都比较困难。1999 年人均产粮 288 公斤，全乡农业总产值 662 万元，农民人均收入仅 587 元，虽然到了 2006 年，全乡经济取得了一定的发展，完成财政收入 9.36 万元，农民人均纯收入达到了 1755 元，但全乡至今还有 2000 多人尚未脱离温饱线，很多家庭处于极度贫困状态。2008 年乡政府共发放救灾救济粮 21000 公斤，救济 774 户 1802 人，发放救灾救济款 20500 元，暂时解决了一部分贫困家庭的温饱。

　　石龙乡的布依族以种植水稻（黏米和糯米）为主，在石龙乡的经济生活中占极为重要的地位。2007 年石龙乡村民共完成水稻种植面积 6500 亩，全年粮食总产量达 3842 吨，其他的粮食作物有玉米、小麦等；杂粮作物有高粱、小米、红薯、洋芋、荞麦等。此外，还有各种各样的果类和蔬菜作物。石龙乡的经济作物主要有板栗、金秋梨、竹笋等。这些经济作物虽不能占到家庭收入很大的份额，但也为村民增加了一些收入。

　　住在山地的布依族和苗族，由于群山连绵，山高谷深，坡陡缺水，因此水田较少。他们主要靠种植玉米、小麦、大麦、荞麦、洋芋和小米等粮食作物为生，一年中多以玉米等为主食。石龙乡有六个村寨（大部分是苗族村寨）是贵州省一类贫困村，这些村还有一部分家庭至今没有解决温饱，每年都是靠乡政府的救济，才能勉强维持生计。他们所种植的水稻，主要用于家庭消费，以维持最低限度的生活水平。由于生产力的低下和种植作物的单一，他们只能靠辛勤的劳动，尽量在田里土里刨出更多的粮食来，以满足一家人的生活需要。

　　布依族和苗族都是很勤劳的民族，他们一年四季大部分时间都花在了自己的田地上，生活简单而辛苦。2007 年 10 月，因为需要了解曾在新龙村干鱼河组开班进行双语教学的一些情况，我曾在干鱼河住了一周（其余的大多数时间我都住在场坝一老乡家里，方便随时听课）。在那一周里，我每天都看见女主人（男主人在外打工）很早就出门去自己的地里干活。因为地头比较远，要走将近两个小时，所以女主人中午都不回来，她在地里一直干活到晚上六七点，才回来准备一家人的晚饭。她是一个典型的布依族妇女，娘家在临近的平塘县。女主人平时的装束具有典型的布依族特色：头上缠着白色的头帕，身上穿着浅蓝色宽大的对襟衣服和宽裤脚的裤子。她每天游走于家里和地里之间，如果没有什么特殊的事情，她一般一去地里干活就是一整天。和很多当地的其他布依族家庭一样，她已代替男子成为家庭最主要的劳力。据我的观察，女主人早上走之前会随便热点饭吃，再带一些头天晚上吃剩的饭菜，当做她在地里干活的午饭。她的公公（婆婆已经去世）每天在家的任务就是喂鸡、喂猪和晒谷子。她的公公每天都不吃早饭，中午热剩饭吃或煮面吃。据他的说法是："（我）一天又不下地干活，不用吃那么多"。但其实以他七十多岁的高龄，每天晒几大袋谷子，也很辛苦。单是把谷子从袋子里倒出来，铺匀，到最后等谷子晒好后把谷子扫好装进袋子里，也是很费体力的。一袋谷子大概有七八十斤左右。在石龙乡很多村寨，大部分家庭都是以这样的方式生活着。年轻的男子出去打工，留下媳妇和年迈的父母和年幼的子女在家。还有很多家庭是年轻夫妻都出去打工，家里只剩下老人和孩子。因此，很多老人不得不重新下地干活，并承担起照顾孩子的重任。甲壤村288户村民中的1300余口人，如今只剩下400多人尚在村中，其中绝大多数是老人、妇女和孩童。孩子们上学后，村里相闻的只有鸡犬之声……

在生产工具上，布依族传统农业生产工具以犁、耙、锄、刀、箩筐等为主，牛、马是布依族传统农业中的主要动力工具。建国前，石龙乡大多数人家都没有使用农业机械，随着社会的发展和现代农业科技的推广，机器动力在布依族农业生产中得到一定的普及，拖拉机、农用汽车、机动脱粒机、碾米磨面机、饲料粉碎机等得到广泛应用，减轻了当地村民很大的劳动强度，但平时村民们仍然使用牛马等牲畜作为动力工具。

三　民族文化

（一）族源

布依族总人口为256万，主要分布在贵州、云南和四川一带。贵州省境内的布依族人口最多，占全国布依族人口的97%以上，主要分布在黔南布依族苗族自治州、黔西南布依族苗族自治州以及安顺地区的关岭、镇宁布依族苗族自治县；其次，在贵阳市和六盘水市也有部分布依族聚居；此外，遵义、铜仁、毕节地区及黔东南苗族侗族自治州，云南曲靖、红河、四川凉山彝族自治州，以及越南北部山区等地，也有少量布依族居住。

关于布依族的族源争议较多，总的来看大致有四种说法：一种说法认为布依族源于夏禹系族，即古"骆越""百越"系族的后裔；另一种说法是，明洪武年间"调北南征"来的；第三种说法认为布依族来源于八番，是随将领马殷从邕管来的；第四种说法认为，历史上有马殷派遣马平、龙得寿率领邕管柳州八姓兵讨伐两江溪洞留下贵州据守的记载，后来这些八姓兵演变成为宋元时代的"八番"、"七番"，他们都由马殷的大将仲氏指挥，后来即成为仲家的传说。这四种说法都有一定的合理性，但据布依族有关史学家认为，布依族是贵州高原的土著民族，他们一直生息在南北盘江红水河一带，是历经了漫长的历史发展，并不断与周围的濮、越等民族斗争、融合、发展而成为今日的布依族的。①据当地的布依族老人介绍，他们世代都居住在都匀附近，是当地的土著民族。

　　苗族的族源则要追溯到四五千年前居住在在黄河中下游一带的"九黎"。除了"九黎"之外，苗族和远古时代的"三苗"、"南蛮"也有着渊源的关系。距今五千多年前，在我国长江的中游、下游和黄河的下游一带居住着以蚩尤为首领的名叫"九黎"的部落联盟。《国语·楚语下》注中说："九黎，黎氏九人，蚩尤之徒也。"与此同时，居住在黄河上游以黄帝为首的部落联盟，和"九黎"不断发生战争。最后在涿鹿一带（今河北省涿鹿县），蚩尤战败。"九黎"被打败以后，势力有所衰退。到了尧、舜、禹时期，"九黎"余部又重整旗鼓，形成了新的部落联盟。其实力雄厚，能和尧、舜、禹为首的部落联盟进行长时间的抗争，即史书上所说的"三苗"。商、周时期，"三苗"的主要部分仍住在长江中游一带，历史上将这一地区生活的各民族，统称之为"荆楚"、"南蛮"。汉代大部分苗族聚居在今湘、鄂、川、黔毗邻地区的武陵郡，他们与居住在这一地区的其他少数民族统称为"武陵蛮"。以后，苗族人陆续从"三危"（今甘肃敦煌一带）、青海开始迁入川、鄂及贵州境内。②由是观之，现今的苗族就是古代蚩尤统领的九黎部落及其南迁的后裔三苗发展而来。都匀市苗族也不例外。据道光《贵阳府志》记载，东晋时，一部分苗族迁到了贵州龙里西南，居住在贵定、贵阳和都匀之间。据有关文献记载，都匀西部苗族因衣裳尚白故称"白苗"。我询问过当地谷林片区的一些苗族老人，他们称其先祖是从贵定迁来的，这一点基本符合《贵阳府志》的记载。他们自从来到石龙乡定居后，一直顽强而勤劳地进行生产和生活，并与周围的布依族和汉族人民相处得非常和睦。

　　（二）语言

　　布依族有自己的语言，属于汉藏语系壮侗语族壮傣语支。20世纪50年代以前，石龙乡没有什么正规的学校教育，95％以上的布依族和苗族子女没有受教育的机会。私塾的教育发展也不成规模，只有极少数的山寨曾经从都匀请过饱读古书的老师进山办过私学。因此，解放前，石龙乡会讲

---

① 王鸣明：《布依族社会文化变迁》，博士学位论文，中央民族大学，2005年，第15页。

② 徐莉：《民族村落中的教师——文化视阈下的教师专业发展研究》，博士学位论文，西南大学，2003年，第28—29页。

汉话的妇女和儿童很少，一般来说，只有那些经常出来打苦工、办事的年轻人或寨子里德高望重的人才会说汉话。长期以来，石龙乡布依族聚居的村寨大都使用布依语进行交流，也就是当地人所说的"土话"。现在这种情况已发生了变化，"据我了解，原来各人（每个人）在生产队里劳动，不需要经常出来，（所以）妇女儿童都不大会讲汉语。但20世纪80年代后，这种情况发生了很大的变化。特别是九十年代以来，外出打工的人多了，读书的人多了，有电视的人家也多了，会说汉话的人也就越来越多了，（现在）好多人都没再说土话了"①。

当地的苗族则会说三种语言：苗语、布依语和汉语。"我们这里的布依族和苗族相处得很好，有不少苗族嫁到布依族。而且，我们这里的苗族会讲三种语言，他们会讲苗话、布依话，还会讲汉话。我们布依族没会讲他们的苗话，也不听（听不懂），但他们（苗族）会讲我们的布依话。他们的生活倒是要艰苦些，一般住在谷林的山上，前几年吃水都困难，还是这几年政府搞了一个渴望工程，才勉强解决了他们的吃水问题。"②

石龙乡所有学校目前都使用汉语普通话进行教学。布依族历史上没有文字，建国以后，为了解决少数民族学生不能适应用汉语上课的问题，新中国成立以后，为了促进当地的双语教学，在党和政府的帮助下，于1956年创制了用拉丁字母拼写的布依文字，并于1958年开始在石龙乡进行双语教学。黔南州民委分别于1958年和1985年培训布依文教师，负责教授布依文。在石龙乡进行的双语教学，曾出现过两个高峰时期。1956年至1958年是第一个高峰期，1983年至1986年是第二个高峰期。石龙乡于1958年每个乡派了四个人去都匀二中学习布依文，回来开了四个双语教学班，每个班有50个学生，共有200来名学生学习。1985、1986年，贵州省民委再次提倡双语教学，石龙乡又派人去学布依文，分别在甲壤和干鱼河办过双语班，莫耀银和耿文勇分别在这两个地方任教。但1986年以后，由于当地缺少民汉兼通的双语教师，再加上当地的一些民族干部对双语教学的认识发生偏差，整个石龙乡的所有学校双语教学最终没能坚持下去，又恢复了以汉语为主的教学活动。"学双语就是让我们多得了一些桌子凳子，没有什么太大的作用。……学了布依文就学不了汉语

---

① 笔者与中心校老师陆风华老师的访谈记录。

② 笔者与原石龙乡党委书记柏龙兴的访谈记录。

拼音了。很多人家都不愿意送娃娃去学布依文。"①现在，所有石龙乡的村小和教学点都没有实施双语教学，上课采用的都是汉语普通话。当地双语教学的几起几伏充分显示出汉语普通话的强势力量。

如今，石龙乡认识布依文的人已寥寥无几，很多青少年甚至已经不会说布依话。在公共场合，不同民族、同一民族但互不认识的人们之间，会自觉使用当地通用的汉语方言（即石龙话）进行交流，但本村寨人们之间的交谈，又往往很自然地使用民族语言。当地人在汉语和布依语之间的转换非常自然。他们都认为，"没（觉得）有什么（不方便）啊，（我们）都习惯了"。在我第一次从都匀去石龙乡的车上，我听到有两位六十岁左右的女性老人一路上都用布依语交谈，但当其他人和她们用当地汉语方言交流时，她们也对答得非常自如。总的看来，当地人一般都会说汉语，只有山上那些未上学的小孩和极少数年龄大的老人才不会或不能熟练使用汉语。"以前布依族和苗族的小娃仔在学校根本就听没（不）懂汉话，学习起来非常吃力。现在这种情况没有了，小娃仔基本上都会讲本地话和普通话。"②

（三）服饰

20世纪50年代以前，石龙乡几乎家家户户都有自己的纺车和织机。从纺线、织布、染色到裁剪、缝制都由妇女独自完成，能否做一手漂亮的针线活是衡量一个布依族妇女和苗族妇女是否能干的重要标志。布依族服装颜色多为青、蓝、白三种，青壮年包头帕，头帕有条纹和纯青两种，衣服为对襟短衣和大襟长衫，一般是内白外青或蓝的装扮，裤子为长裤，裤脚较长；老年人则多穿青、蓝长衫，脚上穿布统袜。女子着大襟短衣及长裙或长裤，腰间系一匹绣花围裙，头包头帕。布依族的服装颜色纯净自然，样式朴素大方，装饰体现在围裙和头帕上。随着社会的发展，石龙乡除了甲壤村、谷新村和新龙村一带还有很多中老年妇女尚保持着本民族的传统服饰外，其余村寨里的少数民族着装已普遍汉化。我在当地调查期间，从没有看见过穿着民族传统服装的年轻人，也未见过穿着整套民族传统服装的中老年人。就连布依族典型的围腰，我也仅仅是在2008年10月都匀市举行的50周年市庆的舞台上才看到的。我访谈过的很多少数民族

---

① 笔者与甲壤小学罗世杰老师的访谈记录。

② 笔者与中心校老师陆风华老师的访谈记录。

女学生都表示，她们不会穿民族传统服装，原因是她们觉得现在根本就没有人穿了，穿出来显得很土气，会遭人笑话。还有的女学生表示民族服装穿起来太麻烦了，既不轻便也不漂亮，还不如花钱买现成的汉族服装，好看又实惠。

（四）饮食

石龙乡布依族和苗族的饮食比较简单。他们最喜欢吃的就是火锅。一年四季，他们都以吃火锅为主，很少炒菜。除了节庆和有客人来之外，他们平日里吃得非常简单。吃火锅一般以白菜等蔬菜为主，他们尤其喜欢吃自己做的豆腐。豆腐的吃法很有讲究，他们一般先把豆腐切成三角形，用油炸黄后放入盘中，当作火锅的主食。有客人时，他们的油炸豆腐和肉片，就是待客的佳肴了。吃火锅时，一般是边煮边吃，边吃边煮，直至吃饱为止。有贵客时，他们会杀鸡或杀狗来招待客人，但同样是把鸡肉或狗肉放进火锅里吃，吃的方式很简单，就是将鸡或狗杀了洗净后直接放在火塘的锅里煮熟，佐料就是一碗素辣椒水。如果贵客在村里要待上几天的话，他们会相约好轮流请客人吃饭，每家都用自己最好的菜肴招待客人。所以客人在当地的村寨里会受到非常热情的款待，感受到当地人的淳朴好客。

即便在婚丧嫁娶和搬家之类的大场合，石龙乡的布依族也是以火锅为主，且别有一番特色。每桌人都会得到一笼已经烧好的炭火，便于吃火锅。每桌一般都有七八个生菜，四五个熟菜，吃酒席的人需要自己动手，先将肥肉炼出油来，加点水，再依次把所有的生菜逐个加进去，有时也将炒好的熟菜倒进火锅里一起吃。一般来说，办酒席的人家会请三次。到第三次请客时，席上会出现三角形的大肥肉，这就意味着是正餐了。这也是当地布依族饮食上的特色。当地的布依族和苗族人一年四季都酷爱吃火锅，我在调查的四个月里，绝大多数时间都是和村民围坐在一起吃火锅，吃炒菜的次数极少。

当地布依族和苗族的饮食嗜好主要是饮酒、饮茶、糯食、酸食、狗肉等。逢年过节，红白喜事，招待客人，劳动解乏，都离不开酒。布依族的酒主要用黏米、糯米、高粱、玉米、红薯等，施以酒药发酵配制而成。酒类有米酒、甜酒、刺梨酒、黑糯米酒等。据新龙村（布依族和苗族杂居）的村长介绍，"原来的布依族和苗族人家，家家都能自己酿米酒，客人来时，主人家会先给客人满上一大碗酒以示敬意。只要有酒，哪怕是喝一口

'寡酒'，客人也会高兴。但即使满桌是菜，席上无酒，主人家也会觉得招待不周，客人也会觉得不有（没有）酒下菜。"布依族和苗族有着传统的酿酒技术。即便是现在，每年秋收以后，很多家庭都要以糯米、玉米等为原料酿酒，并以自酿家酒招待客人。"无酒不成礼仪"，已成为当地布依族和苗族一个约定俗成的风俗。

（五）婚姻

布依族和苗族都是实行一夫一妻制。布依族传统的婚姻关系是族内婚，同宗同姓不通婚。建国前，布依族地区盛行"浪哨"习俗。未婚男女通过赶场、节日或外出劳动的机会，聚集在一起对歌。一般是男女青年各择所爱，由男方姊妹从中穿针引线，女方同意后，双方共同走向田坝或池边，即时对歌。未婚青年经过对歌数次，互有感情者，可由男方请媒说亲。定亲后要向女方家送聘礼，并形成比较规范的迎亲习俗，婚后有不落夫家的习惯。但如今随着社会的发展，布依族的婚姻不管从形式还是内容上，都与原来大不一样。据当地人介绍，现在的年轻人已经不再用"浪哨"的方式寻找自己的意中人了。他们采取自由恋爱的方式，而且，婚前、结婚以及婚后的各种仪式都已经大大地简化了。有的外出打工的年轻人，干脆直接在外地结婚，完全采用汉族的方式。

苗族传统的婚姻则一般是同宗或异姓同宗不婚，有姑表舅婚习俗，姑表兄妹则禁止通婚。在过去，苗族男女青年的恋爱主要是通过"游方"（类似布依族的"浪哨"）的方式，现在也早就看不到这种活动了。

我在甲壤村访谈一位五十多岁的布依族乡村教师时，他对原来对歌的情景还非常怀念，如数家珍般地将对歌的情景告诉我——怎么打口哨吸引女孩子，怎么回家换衣服，怎么与对方对歌，怎么成为恋人等，言语中有着掩饰不住的甜蜜与兴奋。当我问及他与老伴是否通过对歌认识并相爱的时候，他爽快地承认了。他认为现在的年轻人已经体会不到这种快乐了，并深深地为他们感到遗憾。

在过去，布依族和苗族举行婚礼都要对唱山歌，唱山歌从迎娶新娘开始，至夜晚达到高潮。通常是来自不同村寨的青年男女围坐在篝火边，一边饮酒一边对唱山歌。这种场合是年轻人大显身手的好机会，许多人就是在这里通过对歌找到意中人而喜结良缘的。但是现在，婚礼唱山歌的习俗虽然以某种形式保留着，但风光已大不如从前。对歌的没有一个年轻人，都是一些四五十岁的中年人，他们通常在酒席后围坐在一起，用歌声回忆过去的美好时光。而年轻人则猜拳喝酒、玩牌赌博、聊天、唱卡拉 OK，忙着自己感兴趣的事情去了，连听歌的兴趣也没有。[①]

（六）宗教信仰与传统节庆

1. 宗教信仰。布依族相信万物有灵，崇拜自然物、信仰多神等，社神、山神、庙神是他们的神灵。因此，"三月三"、"六月六"等祭社神、山神的节日就体现了布依族的信仰。

布依族也有迷信鬼神的习俗，人死后要请"摩公"念经开路，有病要请"摩公"来解除病魔。相信龙脉风水，起房动工、上梁、婚丧、外出要择"吉日"，埋葬要择"吉地"。

布依族十分崇拜祖先，人们对老年人也十分敬重。在每一个家庭中，凡是正常死亡的老年人，除了要为其超度亡灵外，还要为其在住宅中的正堂处设置神位，因而在每一个家庭的室内空间的设置中，也就十分注重正堂的设置。居住的房屋无论是三间还是五间，正中的一间都设有正堂，并视为最神圣的地方，逢年过节专门在此举行供奉和祭祀祖先的仪式。堂屋是家中最神圣的、不可亵渎的地方，一般不准外人进入，也不准堆放其他杂物，更不得用做卧室。在石龙乡，我看到很多家庭的正堂屋内都设有"香案形"的神龛，也有不少家庭仿照汉族供奉"天地君亲师"的神位和祖先的牌位。牌位正对着大门，绝不允许外人触动，牌位正对着的大门门槛忌人蹲坐或站立，当地布依族人认为这样会导致祖神不高兴而对人施以惩罚。堂屋的后面有一间隔开的小屋是用做家庭中老年人的起居室的，年轻人绝对不能居住。一旦年轻人居住了，会被认为是对祖先极大的不敬，这种行为是坚决禁止的。

此外，当地很多布依族家庭的墙上都贴着用红纸剪的类似人的模样的"小红人"。在罗家全老师（甲壤小学的一名教师）家里的墙上，我也发现有三个类似的"小红人"。罗老师解释说"小红人"代表的是王母娘娘，贴上"小红人"就意味着王母娘娘会保佑小孩健康成长，避免家里小孩"逗罗嗦"（亦即生病或出现其他意外）。罗老师家墙上贴有三个"小红人"，是因为他有三个孙子，他希望他的三个孙子都能平安健康地成长。在当地，凡是家里有小孩的布依族人家，墙壁上几乎都贴有这样的"小红人"。我询问罗老师是否会在课堂上给孩子们讲一些有关布依族类

---

① 王鸣明：《布依族社会文化变迁》，博士学位论文，中央民族大学，2005 年，第 102 页。

似这样的习俗时，他很认真地告诉我："学校里是讲科学知识的地方，咋能教小娃娃这些封建迷信的东西？我们自己在家里信（王母娘娘）就行了。"罗老师对"王母娘娘"的坚信不疑，充分体现出在国家教育与地方性知识碰撞与角逐的过程中，某些地方性知识仍然在当地根深蒂固地存在着，并在私领域中占据着一席之地。但这些地方性知识被理解为"封建迷信"，永远登不上国家教育的公领域。罗老师在学校和家庭中对不同知识的敬畏，也表现出两种知识之间不可逾越的藩篱。

2. 传统节庆。当地布依族的节日活动一年四季不断，除过春节、端午、七月半、中秋等与其他民族基本相同外，还有"三月三"、"四月八"、"六月六"、"九月九"等许多以祭祀自然和祖先为主的民族传统节日。这些传统节日体现了布依族对自然的崇敬与爱护。如今，且不说那些居住在城市里的布依族家庭和在外读书的布依族学生对这些节日不再重视，就连居住在乡间的布依族家庭，也已将这些传统的节日仪式简约化了。

对于石龙乡的布依族和苗族来说，春节已成为他们最隆重的传统佳节。春节前夕，家家都要推豆腐，杀年猪，打糍粑、做甜酒、烤火酒，并用宰杀的年猪灌猪肠，做血豆腐，熏腊肉。赛马则是当地春节中一项传统的民族节目。据甲壤村村长介绍，每年春节，在甲壤村都要举行赛马活动。赛马活动的时间一般是在正月初二至正月十五之间。赛马这天，所有参加赛马的小伙们都做好了充分的准备，带着精心挑选的赛马进行比赛。这是一个热闹非凡的活动，本村和外村的男女老少都会进行围观，很多姑娘小伙子除了在这个场合看热闹之外，也会留意是否有中意的对象，继而与之搭讪，结交朋友。

"三月三"是布依族祭社神和山神的日子。在这一天，大多数布依族村寨都要杀猪祭山神、扫寨。而且，大多数人家都要吃三色糯米饭（白、黑、黄）。有一位石龙乡的老人告诉我，"三月三"同时也是祭小儿王母娘娘的节日，布依族认为儿童的成长，全靠王母娘娘的关照。为此，人们要做花糯米饭，煮红鸡蛋敬供王母娘娘。

"四月八"又称牛王节，是纪念耕牛的节日。在长期的生产劳动中，人们对牛产生了深厚的情谊。每逢这个节日，石龙乡家家户户都要做四色糯米饭（白、黑、黄、紫）祭"牛王"。在这天，不少村民在这天都会让牛休息，除了喂牛一些精饲料外，还用包得五颜六色的糯米饭喂牛。下午正餐时间，各家都会在桌子上摆放各种好吃的东西，点燃香烛祭天。布依族社会以农业为主，牛的地位这么高，跟牛在布依族农业中的重要性有着很大的关联。

在当地，端午节家家都要包粽子，粽子有肉粽、灰粽、豆粽及白粽等。粽子的形状，有三角粽、枕头粽、背崽粽（在一个大粽上吊着三五个小粽，主要给小孩玩耍和食用）。而且，多数家庭在端午节时要吃五色糯米饭（白、黑、黄、紫、红）。

每年到农历的"六月六"，是布依族的祭田节，也是仅次于春节的隆重节日。这天一早，家家都带上供品到自家种的田去祭祀五壳神，土地神和寨神，祈求五谷丰登。有些地方则为"歌节"，在这天举行盛大的对歌活动。对歌活动多在某一俗定的山坡上举行，是年轻人"浪哨"的好时机和好去处。近几年来，石龙乡的"对歌"节目有所简化甚至消失，很多喜欢热闹的人们会到邻近的平塘县赶歌会。直到现在，平塘县每年的歌会都有相当浓厚的节日氛围，吸引了很多周围乡镇以及外地的人前去观看。

"七月半"在石龙乡被称为"香瓜节"，有点南瓜灯的风俗。据甲壤村的老人介绍，在"香瓜节"这天，先将南瓜掏空心，剩下大半个南瓜皮，再将蜡烛置于其中点亮，接着在南瓜灯的四周插上香，然后用一头削尖的竹竿将灯支起来，挂在家门口。等到月亮升起时，便开始拜。到晚上十二点时，各家还要在自家门前插上一排香，主要是为了达到祭拜祖先并驱赶野鬼的目的。

"九月九"是当地布依族的老人节。在这天，很多家庭都会做一桌丰盛的饭菜，对祖先进行供奉。

布依族的节日饮食具有浓厚的祭祀性，其饮食习俗表现为人神共乐的一种精神寓意。无论是春节，还是"三月三"、"四月八"、"六月六"、"九月九"等，都表现为既祭祖先又祭土地神灵的重叠意思。而且，布依族的这些节日通常对应着特定的生产生活习俗，甚至是当地人安排生产活动的时间单位，反映了布依族人顺应自然、应时而作的乡土生活节奏，这一特殊的文化心态是稻作农耕生产方式在其民族的灵魂深处的投射。

当地的苗族由于长期与布依族生活在一起，在布依族过节时，他们通常也会参与到布依族的节日活动中，与布依族一起庆祝。而布依族在苗族过"吃新节"等苗族传统节日的时候，通常也会应苗族的邀请，与苗族一起狂欢。

第二节　石龙乡的学校教育状况

教育人类学认为，学校在某种程度上可以被看做是大社会的缩影，对深刻地理解社会文化的变迁是至关重要的。因此，我们从学校教育的脉络进行梳理，对于我们更好地了解现在的学校教育有着十分重要的意义。

一　学校教育的发端

布依族的教育可追溯到明朝朱元璋用兵贵州慑服土司，对少数民族以"教化为先"的时代。为了使少数民族"向化朝廷"而"兴礼乐教化"，明朝大力推行儒学，并辅以佛、道两教，潜移默化，进行"同化"教育。朝廷多次下诏："未经儒学教化者不得承袭土司"，从而从制度上保证了学校教育的推广。明代时期的布依族地区逐渐形成了以官学、书院、社学、义学、私塾为主要形式的教育体制，推动了当地儒学教育的发展。同时，布依族地区又相继办起了不少书院，聘请饱学之士讲学。这些书院多为地方官吏所办，"书院官学化"的现象非常明显。其他的社学、义学、私塾等办学形式，多由民间自行承担，规模可大可小。总之，明代由于政府提倡，地方人士支持，布依族学校教育发展较快。在清朝，内地汉民大量迁入布依族地区，民族交往进一步扩大。特别是雍正年间"改土归流"，加强了中央王朝对布依族地区的控制。在这种情况下，中央王朝进一步推行儒家思想观念，汉文学校教育获得了更大的发展。到清初顺治十六年（1659），清政府开始准许取进少量的大、中、小少数民族生员。康熙四十四年（1705），清政府议准贵州各府、州、县设立义学，并让各少数民族子弟愿入学者，"亦令送学"。之后，始有较多的布依族土司和大户人家送子弟读书，并参加考试。雍正年间，布依族土司以外的富裕人家开始送子弟就读文学或自设私塾延师教授，到乾隆年间已"多有读书识字者"。1901—1905 年都匀府就建了 45 所学堂。光绪三十一年（1905），清廷下令停止科举兴学堂后，布依族地区的府、州、县都纷纷以书院改办官立高等或两等小学堂，这就是布依族地区现代学校的开始。

辛亥革命后，都匀的大多数学堂改为学校，小学开设国文、公民、历

史、地理、算术、自然、美术、劳作、音乐、体育等课程，中学开设国
文、英语、公民、历史、地理、数学、物理、化学、生物、体育、军训等
课程。但由于民国时期贵州政权更迭频繁，军阀混战，布依族地区的教育
发展很不平衡。据《贵州教育》统计，在地处偏僻山区的罗甸、荔波、
平塘、望谟、册亨五县，至民国三十一年（1942）才共有小学 307 所，
在校学生 18119 人。

　　私塾，在布依族民间颇受重视，尤其是在清朝末年和民国年间，都匀
的私塾就有几百所。其多为各大姓宗族或富户延请塾师开馆，招收本族子
弟和邻里儿童入学。学生人数或五七人或十余人不等。教私塾者不少是读
了官学之后回乡的知识分子。私塾"有专馆、散馆之分；又有独纳束修
及兼供薪米之别。专馆者，延师教学，散馆者自行开馆，招收教学。独纳
束修者只纳束修，兼供薪米者，纳束修外，尚供薪米"。总的来说，清末
及民国年间，布依族地区的学校教育有了较大发展，但布依族地区还远远
落后于汉族地区，与中原内地的教育水平相差更大。

　　石龙乡地处偏僻，教育发展十分缓慢。明清及民国初年，私塾是主要
的教育形式，学校主要教习一些诸如《三字经》、《百家姓》、《四书》、
《五经》、《古文观止》等汉族传统书籍内容。截止到民国二十二（1933）
年，石龙乡也只有五六所私塾（当地老人语）。上坝办得比较好的一个私
塾规模较大，最多时有二三十名学生，均是男生，在当时，女孩是不能读
书的。私塾的教学周期并不以现代学校的学期为间隔，而是以农忙时节为
不断调整休假的时间。私塾于每年的农历正月或二月初开学，一直上到农
历十月初期，期间会放大大小小的农忙假，让孩子们回家帮助家长务农。
这种方式非常符合当地的生产习俗，家长们都非常支持。私塾的教师所得
报酬可分为实物与现金两种。家长们可相约每月轮流依次用现金支付教师
的报酬，报酬随着当时的生活水平不断调整。未能交纳现金作为教师报酬
的，可向教师交纳一些粮食、玉米、土豆、茶叶、辣椒、油、盐等生活必
需品。

　　民国十六年（1927），石龙乡依据县府指示，在原林业局西侧建成石
龙中心校，学校由五间木房和一间厢房构成，这是村落历史上第一所小
学。当时只有唯一的一个年级——一年级，由二十来名布依族儿童组成。
学生就只有一个班，教师一人。随着规模的不断扩大，学生不断增多，总
共有了三个年级。学生全部是自带桌凳，时间的安排基本上是按照现代学

校的制度进行的。刚开始的时候，学校还根据家长的要求，时不时地放农忙假，让学生回家帮助家长干农活，后来逐渐取消了放农忙假的惯例，严格按照学校的作息时间放假。为此，有一部分布依族儿童因为家长的阻挠而辍学在家。1946—1948 年间，学校共有一至三年级，每个年级一个班，共三个班，由三个从都匀来的教师执教。小学课程设国语、算术、公民、自然、历史、地理、唱歌、劳动、体育、美术等科。学生大约有六七十人在石龙学校就读，其中各村来的人有十多人，平坝附近的孩子占绝大多数。由于很多村寨距离学校甚远，加之学校师资不够，远不能满足乡里孩子上学的需求，因此解放前，公学（石龙学校是国民政府办的，属于公学）和私塾并存。1948 年，各处"土解放"纷起，从都匀来的教师远走高飞，学校停止办学，学生也因此而辍学。新中国成立后，党和政府致力于民族地区的教育事业，极力发展民族地区的基础教育。于是在 1951 年，石龙中心校又重新开办。根据当时的师资和校舍，建立了一至三年级的初小，课程设置为语文、算术、音乐、体育、历史、自然、地理、美术、手工劳动、周会等科。但由于学校规模太小，根本无法满足各村寨孩子读书的愿望。1965 年，石龙学校迁至场坝西厕（也就是现在的位置，买了一些民房和土地修建而成），建成了一至六年级的石龙完小。自此，当地的教育事业在政府的关注和群众的努力下才稍有起色。

柏龙兴是原石龙乡党委书记，他在新中国成立前读过两年私塾，解放后直接在石龙中心校上小学三年级。1966 年至 1970 年，他在石龙乡乡政府工作，1973 年调至平浪乡乡政府工作。1985 年和 1987 年由于工作需要，他又调至石龙乡谷林片区和临近的凯口镇工作。1991 年，柏龙兴调回石龙乡，担任乡党委书记。柏书记有一子一女。他的儿子于 1987 年毕业于湖北荆门化工学校，现任阳和乡农经员，女儿于 1991 年都匀卫校毕业后分在石龙乡计生站，现任乡计生站站长。柏书记擅长为周围的群众代写信、解释文件、写对联等，对当时的文化传播起到了一定的作用。而且，他曾分管过石龙乡的学校教育，对学校的发展历史比较了解。根据他的回忆，我们大概可以勾勒出石龙乡学校教育的发展历程。

　　大概是中华民国十五六年建了石龙学校。当时没有初中，只有 1—3 年级，一个年级一个班，共 3 个班，大约六七十个学生。直到新中国成立前三年，学校都只有三个从都匀来的老师，主要教国语、算术等科目。国语在新中国成立后才改称为语文。（当时的石龙学校）位于原林业局站的西面，五间木房加一间厢房。1965 年 9 月迁到现在的地址，也就是乡政府的西北面。1966 年 9 月正式建成石龙完小。当时只有石龙学校这一所学校，其余都是私塾。那些家住得（离石龙学校）远的小娃仔多半都是读私塾。私塾主要是请周边寨子里的文化人来教古书，都是老百姓自己集资请人来教。当时在上坝有个私塾，很多人都跑去读。一般是请当地读古书比较多的人，教《四书》、《五经》等十多本古书。当时是以粮食、盐、米、茶叶、辣椒、油等做学费，按小时付钱。（由于）当时石龙学校只有一至四年级，读五六年级（的学生）必须要到临近十几公里的凯口镇去读，很不方便。建成石龙完小后，学生才方便多了。附设初中班（戴帽初中）是 1970 年开始办的，办了四届后，由于师资和场地不够，1983 年就停办了，但由于当时小学升初中录取名额有限，每年 130名左右的小学毕业生中，仅有 40 名左右有机会读初中，群众反映十分强烈。于是，在 1993 年，石龙乡在政府拨款和自筹资金的基础上，投资 29 万买了两栋民房和一些土地，建起了现在的石龙中学。在修建了石龙中学的三层大楼后，初中于 1994 年才又开始复办。何宗乙是石龙乡第一个考上大学的学生，大概是 1978 年恢复高考时考上的。石龙学校（石龙中心校）先后大概经历了 15 位校长或负责人：李勋、郭忠清、吴予章、吴登林、罗忠和、王绍发、罗显林、苏金和、方典华、陆道义、罗应和、尹启平、余继荣、谭凤全、罗忠元。除了石龙学校外，新中国成立后各村都建起了村小学，聘请民办教师教课，经常是一个老师教几个年级几门课程，教学很不规范。家长让娃娃读书主要是让他们识点字，不当睁眼瞎，少吃点亏。一般的村小学只办到三年级或四年级，五、六年级的孩子要到好几公里甚至十几公里以外的石龙学校上学。那些从石龙乡考上大学的人，现在有在省里工作的，也有在大学里教书的，他们对家乡的建设做出了一定的贡献。像杨光军、李敬功等人，对（石龙）水库的建设进行了很大的投入。

（黔南布依族苗族）自治州成立以后（自治州是 1958 年成立的），搞过一次布依文培训，后来在八几年又搞过一次，共搞过两次。1958 年，每个乡派了四个人去都匀二中学习布依文，回来开了四个班，每个班有 50 来人，共有 200 来人学习布依文。1985、1986 年又去学布依文，在甲壤和干鱼河开过班，很快就没有了。干鱼河的布依文是耿文勇教的，在布依文停教之后，他就去打工了。解放前学生都是穿着典型的布依族服装，男的穿对襟衣，女的扣子都往右歪。那时，穿的鞋是糯米草编的草鞋，读书的主要是男娃娃，女娃娃读书的少，大概只有 30% 左右，当时一般是早上 9 点上课，11 点半放学，下午 2 点上课，5 点半放学，中午学生一般带一个饭团充饥。

当时的大人和小娃仔都会讲土话（布依话），现在只有甲壤那边的人会讲（布依话）。像场坝这些地方，不要说小娃仔，就连四五十岁以下的大人，也大多数都不会讲（布依话）了。

（当地的）布依族和苗族的关系很好，没有什么民族矛盾，互相通婚。苗族的生活比较艰苦，他们以玉米为主，不以水稻为主，人住高处，水在低处，用水非常不便。谷新、大小摆炳都是苗族，到那些地方都不通（车）路，只有靠步行。苗族的小娃仔从小就会讲苗话、土话（布依话）和汉话。总的来说，苗族小娃仔子的学习成绩要差些，主要是条件太艰苦了，家长也不重视。"①

（2007 年 10 月 29 日访谈记录）

二　学校教育的现状

石龙乡下辖共和、甲壤、谷新、新龙四个行政村（经原来的九个村——新龙、谷新、摆开、摆端、甲壤、共和、石龙、塘榜、蛇昌）合并而来。其中，新龙、谷新、摆开、摆端、甲壤、共和是贵州省一类贫困村，石龙、塘榜、蛇昌是贵州省二类贫困村，按自然地理位置情况分成石龙、谷林两片区。石龙片区现有总人口 7542 人（布依族占 98%），谷林片区现有总人口 2091 人（苗族占 80%）。2007 年设有一所九年一贯制学校，三所管理校，一所初级小学，五所教学点，在校生总人数为 935 人，其中女生 386 人，住校的学生 481 人。在职教职工总数为 76 人，其中公办教师 70 人，临时代课教师 6 人。其中初中专任教师 24 人，小学专任教

---

①　2007 年 10 月 29 日笔者与原石龙乡书记柏龙兴的访谈资料。

师 45 人。各村小和教学点的情况见表 3 - 1。

表 3 - 1　　　　石龙乡小学各校点教师及学生分布情况（2007）①

村名	校名	学校规模	服务村寨	服务人口数	教师数	学生数
共和村	中心校	一至六年级	周边场坝、新寨、布寨、平寨、湾寨、龙骨办、马田、上坝等 12 个自然村组	1090	18	332
谷新村	谷林完小	一至六年级	摆开村的谷坡、摆开、大小甲林、谷新村小冲等。此外，邻近贵定县干田冲、摆朗，平塘县大平、塘边等组就近选择到该校入学	1416	8	215
共和村	蛇昌小学	一至六年级	蛇昌、大谷洞、小谷洞、营头、摆烈等 12 个自然村寨	1500	6	166
甲壤村	甲壤小学	一至四年级	甲壤、小地方、石头寨等 6 个自然村组	1520	5	90
甲壤村	塘榜小学	一至四年级	甲壤村塘榜、小地方、石头寨等 4 个自然村组	1000	3	54
共和村	摆端学校	一个年级	共和村摆乍、端弓等自然村组	670	1	15
共和村	共和学校	两个年级	共和村摆乍、端弓等自然村组	670	2	24
谷新村	谷新学校	一个年级	谷新村岩前、岩后、草坡、平寨四个自然村组	600	1	12
新龙村	新龙学校	两个年级	新龙村、邻近贵定县干田冲、摆朗等组也选择到该校上课	547	1	27

　　全乡只有一所初中——石龙中心校初中部。初中部共有 9 个教学班 505 名学生。石龙中心校附设初中班是 1970 年建立的，由于师资、经

费和教学场地等方面的原因，1983 年 7 月停办。为实施九年制义务教育，1994 年乡政府决定恢复石龙中心校初中部。为进行校点布局调整，整合教学资源，2002 年起学校扩建征地 8 亩，作运动场，2003 年由市局拨款和学校自筹资金，建了一个网络教室，配备学生机 29 台，教师机一台，共计 30 台。为了解决教师和学生住宿难的问题，2005 年由市局统筹规划，斥资 97.5 万元，新建综合楼和学生宿舍楼，解决了 500 名学生的住宿难题。同年，石龙乡还利用国家专项资金，进行了远程教育建设，添置了一个多功能教室和一个网络教室。中心校初中部现有教师 27 人，其中中学高级教师 1 人，中学一级教师 4 人，6 人本科学历，其余均为大专学历，毕业院校多为黔南教育学院、黔南师专、贵州省教育学院、贵州广播电视大学等。在学校的简介材料中，我看到了关于石龙中心校办学方针以及校风和学风的介绍，"学校以师生为本，素质育人，均衡发展，整体提高，强力突破，不断超越为办学方针；以质量促兴校，以管理谋发展，以崇实求绩效，以评价创特色为办学思路；以厚德、博学、诚信、和谐为校风；以勤奋、好学、善思、拼搏为学风"。这些朴实的校风和学风一直作为石龙中心校的办学宗旨和努力的方向，指引着学校的发展。

　　普及九年制义务教育期间，石龙乡各所村级小学和教学点先后得到乡政府、市政府和一些企业及爱心人士的捐赠，办学条件大大改善。乡党委在财力非常紧张的情况下，也先后拨款对谷林完小师生宿舍楼进行了改造，对谷新、新龙教学点危房进行了拆除并重新修建。2005 年，乡里还争取到香港黄佩球先生的资助，投入 17.5 万元修建了塘榜小学。另外，北美三 E 公司也对石龙乡 773 名贫困学生进行了长期资助。2006 年都匀市政府开始对少数民族贫困地区的学校实行"鸡蛋工程"，从而保证了全乡住校的 481 名学生每天一个鸡蛋的供应。①

　　20 世纪 90 年代以来，贵州省制定并实施《贵州省民族地区教育振兴行动计划》，加大了对包括黔南布依族苗族自治州在内的民族教育的投入，石龙乡的学校教育得到较大幅度的发展。从建校至 2007 年，初中部

---

①　其中石龙中学 222 人、谷林完小 94 人、甲壤小学 30 人、塘榜小学 25 人、共和学校 20 人、蛇昌小学 33 人、摆端学校 10 人、新龙学校 32 人、谷新学校 15 人，共 481 人（乡辅导站提供）。

已输送了 1600 多名合格毕业生，其中有的已被重庆大学、贵州大学、贵阳中医学院、山西医科大学等省内外重点及本科院校录取。① 2002 年，石龙乡中考整体成绩位于全市乡镇倒数第一。2004 年，学校经过对各方面进行大幅度的调整，中考成绩上升到全市第 14 名。2005 年至 2007 年的全州中考统考中，石龙乡中学的成绩又有了上升，居全市 20 个乡镇、办事处前列。

近十年来，石龙乡普及九年制义务教育的程度比以前有了很大的提高。石龙乡于 2000 年通过了国家"普九"验收，2003 年通过了国家"普实"验收，在入学率、辍学率和完学率方面的指标已逐渐接近国家基础教育所要求的标准。但是，官方统计数据与实际数字还是有一定的差距。2005 年，官方数据中小学入学率达到 97%，完学率达 98%。但实际上，近几年来，全乡中小学的流失率基本上都在 5%—8% 之间徘徊。②尤其是初中部的失学率一直都保持在 8% 左右。当地的村民告诉我："小学好多小娃仔都没读完，还读什么初中？村里的小娃仔哪家是哪家的，读没读完初中，我随便一数都数得出来。现在的小娃仔对读书没有兴趣，我们家长也劝、老师也劝，（他们）就是没想读书了，我们也没办法……现在是没交学费了，生活费还得我们自家出，我家每年喂点猪、卖点粮食，还勉强供得起，村里好多家小猪都买不起，地里种的

---

① 1977 年恢复高考后，石龙乡的罗登红、罗元康、谭正衡和于继强四人考入中专，当时由于需要生产队推荐，其他学生的家庭成分不好，最后只有罗登红改志愿读了师范学校。1980 年，何宗仪被中专录取。乡里最早的大学生是 1985 年考上武汉电力学院的李正光。石龙乡于 1994 年恢复初中后，第一届考入中师的有韦海翠等 10 人，1998 年的第二届初中毕业生大概有 25 人考上中专中师，以后每年考上中专中师的人数是 20—30 人。石龙初中第一届（2000）顺利考上大学的学生只有陆庆龙一人；第二届考上大学的学生有李明宝和韦方春，他们分别被山西医科大学和贵州大学录取；第三届考上大学的有罗能波、李明标、莫成丹、陈恩武、罗付兵等近十人；以后每年都有十余人考上大学。

② 以 2003 年各学校的现有学生人数和流失数为例。石龙 250 人（上学期有 261 人，流失11 人），塘榜 108 人（上学期有 110 人，流失 2 人），甲壤 135 人（上学期有 139 人，流失 4人），摆端 104 人（上学期 109 人，流失 5 人），共和 73 人（上学期 73 人，流失 0 人），蛇昌205 人（上学期 213 人，流失 8 人），谷林 155 人（上学期 158 人，流失 3 人），龙洞 23 人（上学期 31 人，流失 8 人），谷瓢 13 人（上学期 13 人，流失 0 人），摆炳 10 人（上学期 13人，流失 3 人），谷新 13 人（上学期 14 人，流失 1 人），全乡小学上学期共 932 人，流失人数为 39 人，流失率为 4.18%；初中上学期是 370 人，下学期是 342 人，流失 28 人，流失率为7.57%。小学和中学加起来共流失 67 人，流失率为 5.15%。

都没够吃，都供不起了。反正（孩子读书）越往上读，家里不（没）有钱供不起的人家就越多……"

第三节　社会场域中的民族学校教育

教育并非是脱离教育与经济的一方净土，学校也并非空中楼阁。学校作为一种社会实体，处于社会现实情境之中，受到诸多现实社会力量的制约与造就，并与它们发生着千丝万缕的联系。因此，对学校整体进行分析，不能离开对其所处现实社会背景的透视。在现实社会情境中，学校采取的诸种手段都是顺应与驾驭诸种现实力量的策略，在自身发展的过程中，也再造着社会现实，参与到社会再生产的过程之中来。

学校作为一个教育场域，它象征着一种结构性关系，一种制约性力量。它包含着学校的生存与发展空间，包含着支配其运作的各种各样的规则与资源，是一个围绕价值、权力、利益展开争夺的场所。但随着学校所处外在社会场域的不同以及学校场域内在结构的不同，其内部的主导力量也不一样，由此也就决定了学校场域内部的不同社会关系与社会行为，以及学校的整体状况。

根据王有升博士的分类，可以大致将影响学校的诸种场域划分为：经济场域、政治场域、文化场域、教育场域等。[①]诸种场域在学校会合，共同制约与造就学校的现实。经济场域的核心是经济利益，市场的力量运作其间；政治场域的核心是权力，国家权力的力量运作其间；文化场域的核心是价值，公众意识形态的力量运作其间；教育场域的核心是知识传授，规范的力量运作其间。这种区分与描述只是为了分析的方便，以便于把握学校所处的整体社会情境。以下将以此为思路展开对石龙乡学校教育所处社会场域的整体描述。

一　渗透国家权力的政治场域

政治场域的核心是国家权力的运作。探讨学校所处的政治场域也就是要探讨学校与国家权力之间的关系。对于民族地区的公办学校而言，学校

---

① 王有升：《被"规限"的教育——学校生活的社会建构》，博士学位论文，南京师范大学，2002年，第27页。

与国家权力的关系密不可分，可以被看作"国家在地方上的派驻机构"①。国家基本上决定着学校中的方方面面，包括基本设施设备的配置、课程的开设、教师的任命与工资的发放等等。

民族地区的学校教育，作为一种外来的教育形式，从产生之初就作为国家体制的一部分，控制在国家手中。解放后，国家通过颁布一系列民族教育政策，致力于通过民族学校培养国家和民族地区适用的人才，并实现国家认同和主流文化的认同。民族学校教育除了"培养与现代社会同步的人"、"改造民族文化、促进民族融合"、"普及科学知识，发展民族经济"之外，还具有"按照国家意志培养适用人才的功能"。②

对于民族地区的学校教育来说，由于其与国家权力的密切联系，或者说直接受到国家权力的直接支配（表现在学校中的几乎一切方面，包括基本的物资设备、经费的提供、教师的聘用工资与工资发放、课程的开设以及学校的管理评价等），从而决定了学校场域中国家权力所具有的主导性支配力量。

首先，校长作为办学者，其权力来源于行政力量，一直以政府教育权力代表的身份出现。由于受到国家权力的认可和授权，他们的权威是至高无上的。与此同时，他们所管理的学校，是国家在民间的一种特殊形态的"派驻机构"，不容他人随意侵犯。在此基础上，他们调整并决定着学校内部有关价值、利益与权力的"模态"，以及其中所有"行动者"的相应行为。

其次，教师作为被国家任命的"社会代言人"，是学校教育制度传承的重要力量。教师的教育权来自于国家，其生活与地位受到国家的直接保护，国家通过工资机制实现对教师工作的保障和认可。教师职业生涯也有着一条与国家权力相联系的升迁机制——如国家认可的职称晋升（或者通过担任某种行政职务直接纳入国家权力等级体系之中）。因此，教师成为经过政治审核并被赋予了一定教育教学权力的驾驭国家机器的代表统治

① 李书磊：《村落中的"国家"——文化变迁中的乡村学校》，浙江教育出版社1999年版，第5页。
② 卢德生：《民族文化传承中的社会教育运行机制研究》，博士学位论文，西南大学，2008年，第103页。

阶层（阶级）整体利益的教育代言人。虽然从整体上看来，民族地区农村教师的社会地位比较低下、经济收入也不太富足，处在国家工作人员的最下层，属于"统治阶级中的被统治者"，但他们毕竟是"国家的工作人员"。在我国少数民族地区，国家政治只有通过这些"国家的工作人员"——教师的日常学校教育与课堂教学实践才能转化为事实。因此教师首要的政治责任就是必须要依照国家所颁布的教育法律，不折不扣地执行。教师通过国家的赋权（Empower），拥有了对学生的教育与惩戒权，通过日常的教育教学规训并教化学生，使他们朝着国家预定好了的方向发展，从而有利于国家的政治实践。

最后，我们从课程的运作中可以看到，民族地区的学校教育基本上都是以教授按照国家意志选择的文化内容为主。就石龙乡的学校教育内容而言，与汉族地区的教育内容保持着高度的一致。虽然我国从 2001 年就开始实施了新一轮的课程改革，提出重视三级课程建设和落实国家三级课程管理办法，但是由于民族地区各方面的因素，石龙乡始终没有制订切实有效的措施开发和实施具有民族文化特色和地方性知识的校本课程，学校课程基本上还是国家课程一统天下的局面。由此，国家课程高效而内在地体现着国家的意志，渗透在学生的意识和行为之中。

二　以市场经济为主导的经济场域

经济场域的核心是金钱利益，其间运作的主要是由资本所主导的市场力量。在当今面向市场经济转型时期，市场的力量逐渐强大并越来越具有自主性。资本在赋予个人更多自由的同时，也以自己的逻辑改造或塑造着它所遇到的一切，包括社会结构和人本身。当然，这取决于社会整体的经济发展状况，取决于经济资本在社会人群中的配置。社会经济资源的不均衡配置，激发着"上层人"越来越丰富的"高级"需求，并成为"下层人"效仿的榜样。对"高规格"、"高质量"教育的需求就是这些需求之一。①

改革开放以来，一系列的教育体制改革如重点学校制度、高等教育收费制度等，都是以效率至上的市场导向原则作为基础的。尤其是 20 世纪

---

① 王有升：《被"规限"的教育——学校生活的社会建构》，博士学位论文，南京师范大学，2002 年，第 29—30 页。

90 年代初制定的《中国教育改革和发展纲要》（以下简称《纲要》），明确确立了计划体制向市场体制的转变，以及教育在普及基础上的提高。《纲要》再次强调要集中精力办好一批重点学校。①由于重点学校一般都集中在城市，致使在计划体制中占有相对优势的城市教育获得了更大的资源空间和政策优惠。重点学校凭借着历史累积优势和市场机制的介入，成为优质的稀缺资源。与此同时，农村教育则在教育资源配置、教师队伍分配、教育选拔标准等方面都明显地弱于城市教育。按照市场体制的精神，基础教育阶段对重点学校的选择成为个体的权利。这样一来，在 20 世纪 80 年代确立的，为了在普及基础上获得提高而着力建设的重点学校制度，已成为在市场中与千家万户密切联系的对象。从 20 世纪 90 年代后期以来，重点中学以收取赞助费（择校费）换取录取通知书的做法不胫而走，其合法性也得到了教育消费者的认可和支持。

另外，高等教育的逐渐市场化，改变了过去由中央财政经费负担教育费用的局面，家庭、个人参与分担教育成本，教育的地区差异由此拉大，贫困地区和乡村与富裕地区和城市拥有的教育资源不可同日而语。尤其是 1999 年以来的高校扩招，从表面上看，的确是满足了人民群众持续高涨的高等教育需求，但是与之相伴而全面推行的高等教育收费制度，却使市场经济的导向表现得淋漓尽致。再加上国家教育统一分配制度的结束、就业难度的加大以及家庭教育成本的直线上升，导致少数民族地区农村中经济贫困的家庭难以负担。市场经济社会固然秉持着"谁受益谁负担"的市场经济规则，但是，民族地区的农村社会和农村教育尚没有与市场接轨的能力和意识，他们对昂贵的高等教育根本没有足够的消费能力，只能受到市场经济和自身经济资本的双重盘剥，并因此而付出沉重的代价。

由于受到经济场域的影响，民族学校教育和少数民族学生的一切行为

---

① 新中国成立后，为了保证教育质量，教育部于 1962 年颁发《关于有重点地办好一批全日制中、小学校的通知》，要求各地选定一批重点中小学，这些学校的数量、规模与高一级学校的招生保持适当比例，有高一级学校形成"小宝塔"，并集中精力先办好一批"拔尖"学校。十一届三中全会以后，政府恢复了在"文化大革命"中被取消的重点学校制度。教育部在 1978 年制定了《关于办好一批重点中小学的试行方案》，提出全国重点中小学形成"小金字塔"结构，并在经费投入、办学条件、师资队伍、学生来源等方面向重点学校倾斜，由此形成国家级、省级、地级、县级的重点学校"层层重点"的格局。近年来，重点学校逐步地取消，但是取而代之的是示范性高中。自 1995 年国家教委下发《国家教育关于评估验收 1000 所左右示范性普通高级中学的通知》，要求在全国原有重点高中的基础上建设示范性高中，变相地强化了重点学校制度。

也依据着"利益最大化"的原则。"利益最大化"本身由经济运作法则造成，正如韦伯所说的，它是非人性化的。所以，当它运作于学校中时，必定会产生教育不公。例如，在中考中，如果少数民族学生不能作为"正取生"（正常交费的学生）考入重点高中，则需要交纳大量的择校费（赞助费）时，大多数学生会自愿放弃向高一级学校攻读的机会，停止通过学校教育向上流动的机会。而且，即便是那些苦拼到高三的少数民族学生，在高考志愿的填报中，也会尽量选择那些收费较低的专业以及有把握考上的二三流学校，与自己家庭的经济资本和社会资本相适应，这一切不能不说是经济场域运作的结果。

三　以主流文化的"普适知识"与"身份文化"为价值取向的文化场域

文化场域的核心是知识与价值。在这里人们最关注的核心问题是：什么知识是最有价值的，是什么决定着知识价值的高低。与教育有关的问题是，什么样的知识对学生的发展来说是最有价值的。

我们知道，"现代文明"是以城市化、工业化为核心的。在现代化进程中，城市是先导和主体，农村被动地跟随其后。城市与农村成为现代与传统、开放与保守、先进与落后、文明与野蛮的代名词。城市文明以压倒性的优势取得了阐释"现代文明"的话语霸权，传统乡村文明完全被排斥于"现代文明"视野之外，成为主流文化和现代文明之外的"他者"。与此同时，教育的话语权、决策权集中于城市的主流文化阶层，教育政策与教育话语明显带有单一化的"主流文化色彩"，"城市的世界"成为教育思考和决策的基础与背景。教育决策者更多地按照"主流文化色彩"和"城市的世界"构造教育蓝图，然后不假反思地把"我们的"理想设计与改造推及于"他们的世界"。因此，主流文化和城市的"高位知识"成为所有人追求的目标。正由于存在这种文化势差，对少数民族地区绝大多数农村学生及家长而言，读书就意味着升学，上大学，跳出"农门"，从"他们的世界"中走出来。

就少数民族学校课程来说，教材一直都使用汉族版本的全国统编教材，主流文化和城市文化的"普适知识"成为民族学校教育的价值取向，这就使在一定的情境（如历史的、地域的、民族的、种族的等）中生成并在该情境中得到确认和辩护的民族文化和地方性知识体系处于边缘化的境地，其传承完全找不到正规的渠道。国家也尝试过将民族文化体现在教育当中，主要是通过布依文教学来实现，其过程也是一波三折。当然，这与升学的压力和人们的认识不无关系。当地人普遍认为，考试用到的知识最有价值。因此，能带来丰厚物质回报的主流文化知识被社会广泛认同，而其他的地方性知识则很难引起学校和民众的兴趣。[①]正如张诗亚教授和滕星教授所认为的，"我们国家的区域自治法规定，在少数民族地区少数民族有权利用自己的语言授课，传授自己的文化，这是区域法规定的。但实际上我们国家这 50 年来，主要的还是传播国家主义的东西，地方性的知识几乎被淹没掉"[②]。

　　另外，"身份文化"的价值取向也成为人们所追求的目标。"身份文化"的概念是由美国的新韦伯主义教育学家柯林斯提出并予以阐发的。他发展了韦伯的"身份集团"概念，认为不同的身份集团拥有不同的身份文化。处于社会上层的身份集团同时将自身的身份文化标定为上层文化，并以此与下层身份集团相区分开来。下层身份集团的成员如果想跻身于上层社会，必先具备上层身份文化。在他看来，只要特定的身份集团支配着学校教育，那么该集团就将利用学校来传播自己的身份文化。因此，学校的主要作用在于传授社会支配集团的身份文化。[③]这一论点可以在我国历史上具体的课程内容和课程设置中得到大量的佐证。例如，在我国古代课程中，出现的多为社会、伦理、道德等价值方面的知识，《四书》、《五经》作为"法定知识"在中国长达两千多年而恒久不变，相反，有关自然科学方面的知识、事物原理或机理的解释性知识以及有关专科方面的

---

　　① 这一点也可以从芝加哥大学的人类学家雷德斐尔德（Redfield, R.）的观点中得到一定的启示。雷德斐尔德在《乡民社会与文化》（1956）一书中，提出了"大传统"（great tradition）与"小传统"（little tradition）的概念，用以说明在比较复杂的文明中存在两个不同层次的文化传统。所谓"大传统"，是指都市文明，"小传统"是指地方性的乡土文化。更宽泛地看，大传统是社会精英及其所掌握的文字所记载的文化传统，小传统是乡村社区俗民（folk）和乡民（peasant）生活代表的传统文化。因此，前者体现了社会上层生活和知识阶级代表的文化，多半是由思想家、宗教家经深入思考所产生的精英文化或精雅文化，而后者则是一般社会下众的下层文化。参见康永久《教育制度的生成与变革——新教育制度学论纲》，教育科学出版社 2003 年版，第 230 页。

　　② 南京师范大学视觉文化网：《多元文化的传承与教育发展——张诗亚教授、滕星教授访谈录》（http：//www. fromeyes. cn）。

　　③ 身份文化（identity culture）的具体内容包括价值观、审美观、谈吐方式、礼仪教养、行为方式等。

知识则因为各种原因很难进入课程。对于这些特定的现象，我们都可以在"身份文化"中找到答案。

四　考试主导下以精英教育为主的教育场域

学校是内在于教育场域之中的，它必定受教育的法令、规则、规律所支配。教育场域的主体是学校教育体制以及现有的教育格局，其中包括考试为主导的应试教育体制、国家权力为主导的教育行政体制，以及学校内部的诸多要素。[①]考试则是教育场域中的主导性力量，它显示了国家权力在学校教育中的运作。考试的权力（考什么、怎么考、谁来考）最终是由国家认定或赋予的。通过考试，可以不断地对学生进行鉴定与区分，也可以不断地对教师对学校进行鉴定与区分，考试成为当今社会决定社会分层的一个重要工具。它通过不断地对个人、对学校进行裁定，从而划分不同的等级。作为一种"规范化裁决"（福柯语）的方式，考试是现代社会发展起来的一种重要规训手段，引发着现代社会中的激烈竞争。而且，这种竞争越来越不是个人之间的竞争，它已演变成个人与全体之间的竞争。考试的这种本质决定了它对当今学校教育的全面主宰作用。

另外，制度的制订也体现了社会对学校教育的结构性制约，起一种主观价值引导的作用，从而形成和强化了考试主导下以精英教育为主的教育场域。制度通过利益博弈达成了直接或间接界定个人或组织选择的规则和准则，它不是技术的自然决定物，而是具有某种人为的性质。[②]具体在学校教育制度上，其制定主体是国家政府，它代表着统治阶层的主导价值观念和对不同利益团体的利益分配。因此，教育制度的制订是依据一定的价值观念，"设置各种各样的障碍，以便预先限制竞争并使它潜在化的"[③]。通过教育制度的设置实现教育的分流，从而决定不同人群的未来教育机会，是社会各集团在学校教育中达成的共识和规则：即什么样的人应该接受优质教育，进入更高一级学校；什么样的人应该被淘汰，进入社会的底

---

① 王有升：《被"规限"的教育——学校生活的社会建构》，博士学位论文，南京师范大学，2002年，第31页。

② 康永久：《知识输入还是制度重建：公立学校制度变革的中国道路》，博士后研究报告，华东师范大学，2005年，第30页。

③ 天野郁夫：《社会选拔与教育》，载张人杰主编《国外教育社会学基本文选》，华东师范大学出版社1989年版，第157页。

层。由此，学校教育选拔标准决定了进入社会上层人的类型和素质。教育场域中的制度在很大程度上影响着学校的教学与实践，国家具体的教育政策也决定着学校与学生的未来。

当今学校场域的一个重要特征是教育资源配置的不均衡，各种层面上的教育机会不均等现象均有突出的表现。区域之间、学校之间乃至学校内部的教育资源分配的差距都非常明显。国家确立重点学校的目的是为了集中有限资源，重点培养经严格考试选拔出来的优秀学生，尽快地为国家建设培养人才，但却造成了重点学校和非重点学校之间的两极分化。各种级别的重点学校在办学条件及教育质量等诸多方面遥遥领先，而其他学校与之相比则处于极端的劣势，更不用说一些落后学校了。这种教育机会的不均等导致了人们对"好"教育的竞相追逐，导致了择校现象的盛行。通过逐级升学考试和重点、非重点学校学生的选拔归类，教育系统的确成了索罗今所说的"使社会'贵族化'和分层化的机器"①。

以上只是对学校教育所处的各方面社会场域的大致描述，它们作为学校教育的现实背景，对学校的运作具有一种结构性的力量，一种制约性的力量。当我们把学校作为一种处于社会结构中的社会实体来考虑的时候，正如吉登斯所说，这种结构既具有制约性又具有使动性，②也正是在这种社会结构与场域的现实力量之中，学校教育受到制约与造就，并形成了一系列适应社会场域的运作方式。

第四节　学校的运作

吉登斯认为，根据结构化理论的观点，在制度分析中，结构性特征被视为社会系统周而复始再生产出来的特征。因此，上述对学校所处社会场域的分析可以看做一种特殊形态的制度分析。在对策略行为进行分析时，关注的焦点则是行动者在构成社会关系时，以何种方式利用了各种结构性特征。③当然，吉登斯所说的"行动者"往往是就个体而言的，本研究认

---

① 李培林：《村落的终结：羊城村的故事》，商务印书馆 2004 年版，第 400 页。

② 吉登斯认为，"社会系统的所有结构性特征都兼具制约性与使动性"。见王有升《被"规限"的教育——学校生活的社会建构》，博士学位论文，南京师范大学 2002 年，第 23 页。

③ ［英］安东尼·吉登斯：《社会的构成》，李康、李猛译，三联书店 1998 年版，第 417 页。

为，学校可以被看做一种集体行动者，我们可以借用到对学校这种集体行动者运作的分析中来。

一　"应试才是硬道理"

罗忠元是 2004 年担任石龙中心校校长的，学生家长和教师们对他的评价很高。他们一致认为，正是在罗校长上任以后，石龙中心校的教学质量才开始逐渐好转，乃至成为 20 多个乡镇学校之首的。2007 年 9 月，在乡政府党办秘书的引荐下，我第一次见到了罗校长。刚开始，他的不苟言笑让我隐隐感到有些不安，我担心他会不太配合我的调查。但是，在后来的相处中，我逐渐改变了对他的看法，并对他的合作深表感激。他是一个做事严谨，锐意进取和致力改革的校长。自从他担任校长以来，石龙中心校的教学质量一路攀升。近三年来，石龙中心校学生的中考成绩超过了都匀市所有的乡镇中学，名列前茅。而且，他对教师和学生设身处地的人文关怀，使他在教师和学生中获得了极佳的口碑。在我与他渐熟之后，他对我也是敞开心扉，有问必答，非常热心。我在听了不同年级、不同学科的很多课后发现，这里的老师非常敬业，他们的教研活动等一切学校日常活动与城市里的教师完全没有分别，学生的所有课程与课外活动，也与城市里采取的是完全一样的模式。我想，作为少数民族地区的学校，总该有些和其他非民族学校不一样的地方吧？带着这种疑问，我对罗校长进行了访谈，他直言不讳地告诉我：

> 在我们这些少数民族学校，最重要的就是抓升学率。家长把小娃仔送到我们学校来，也是希望他们通过读书有点出路。在农村苦啊，（但是）再苦也刨不出更多的粮食来。在谷林那一带，还有很多人家吃不饱饭。我经常对学生说，（你们）只有多读点书，考上高中，再考上大学，才是你们最好的出路，也才能让你们的家庭尽快摆脱贫困。有时候赶场天遇到家长来给学生送米送钱，真是让人觉得辛酸，一身一脚都是泥巴，拿给学生的钱都是刚赶完场卖了点背来的板栗（得来的），每次看到家长塞给学生的那些皱巴巴的钱，我心里真不是滋味。家长一直让我们把小娃仔管严点，压着他们多学点，我也理解他们的处境和心情，都不容易啊……我们学校这几年（教学质量）还不错，每年能够考上一中、二中、三中和民中的学生也有四五十个

人（每年的毕业生大概都在 150 人左右），已经很不错了。就算是为
了学生和他们的家长，我们再辛苦都是值得的。近几年我们学校的升
学率一直都排在都匀市乡镇的前列，第一名已经保持了三年了，学生
和家长对我们学校也越来越有信心了。……如何提高教学质量？我主
要是采用了一套校外竞争和校内竞争机制，充分调动了教师们的积极
性。前几年，我们的成绩不如凯口中学，我们就先跟他们比。这几
年，我们已经超过他们了，就自己校内比，教师自己比，我们采取了
一系列的激励措施，就是要让老师们都使出所有的劲，鼓励老师们之
间展开竞争。学校每个学期都要对教师进行考评，这样才有利于激发
教师的积极性。我们学校的教学质量上去后，还吸引了临近镇和县的
生源来我们学校读书。现在有不少老师抢时间上课，包括所谓的副科
和劳动技术课程。都是为了送出更多的学生啊！现在学校关于两基迎
国检最头痛的就是（学生）辍学去打工了，（辍学的）比例还是比较
高的。乡政府为此专门派人来进行过动员，但还是没有多大的效果。
农村人最希望的是修一栋漂亮的房子，证明自己在村里的地位。虽然
大部分家长都支持孩子读书，但还是有些家庭宁愿拿钱来修房子，也
不愿供孩子读书。实际上，自从 2007 年国家实行免费入学以后，学
生的定位就是在初中毕业就去打工，甚至有部分人还读不到初中毕业
……

　　……为什么不教少数民族文化？在我们这个乡，少数民族文化根
本没有什么潜力，形不成亮点。关键是我们这里的少数民族大多数都
已经被汉化了，现在的小娃仔，除了甲壤那边来的还会讲一些土话
（布依话）外，其他的都没（不）会讲了，有些是会听（听得懂）
没（不）会讲，现在我们这个地方基本上都看不到穿布依族服装的
人了。再说，搞这些花花绿绿的东西对升学一点作用都没有，应试才
是硬道理。

（2007 年 9 月 28 日访谈记录）

　　我之所以把这位校长的话不厌其烦地记录下来，是因为它饱含着现
实生活中的真实体验和独特洞察，并且他的观念也将在一定意义上影响
到学校的现实。正如吉登斯所说："每一位具有资格能力的社会行动者，
在话语意识层面上其实都算得上是社会理论家，而在话语意识和实践意

识层面上，也都可以说是‘方法论专家’。"①罗校长对学校教育有一个朴素的理解，就是抓升学率，使更多的学生通过学校教育"走出去"。他从学生家长对学校教育的升学期望中，体验到了强大的社会制约力量。正是出于此，他理解家长，也进一步地反思自身，强化针对考试的应试教育。

通过与罗校长的谈话，我感受到了社会场域对学校教育教学的决定性力量，也强烈地感受到了他的质量意识。质量意识意在强调学校教育教学质量的重要性，这是学校得以生存和发展的关键。保证教育教学的质量，体现在重视学校各科教学的质量，而这主要由学生的考试分数及整体升学率来衡量的。学生的考试分数与升学率，是社会衡量学校的"硬"指标，提高学生的考试分数是学校和教师对学生最好的"交代"和最大的"负责"。当地教育主管机构衡量初中办学质量最主要的社会指标主要看升入都匀市重点高中的学生数量。为此，罗校长多次在召开的教师大会上提出"狠抓教学质量"。对于普通老师来说，也感到责任十分重大。"学生很少有自己的时间，一天的时间从早到晚都安排得很满，尤其是九年级，根本没有多余的时间去玩"，"看到学生星期六和星期天都还在学校里上课，我也很同情他们。"我国当前应试教育的弊端、知识教育的弊端在少数民族学校教育中得到了充分的体现。

二　追求效益最大化

在学校管理者的头脑中，还有一个更为核心的、主导着学校运作的原则，就是追求效益最大化，这主要体现在学校的分班中。

在石龙中心校，转学生是必须解决的问题之一。石龙乡只有三所完小，分别是石龙中心校小学部、谷林完小和蛇昌小学。甲壤村和塘榜村只有一所村级初小（一至四年级），这就意味着这些学校的学生在读完四年级后，无法再在本村上学，必须选择到10公里之外的中心校或更远的谷林完小及蛇昌小学继续完成他们的小学学业。除了有部分学生因各种原因选择了辍学外，大多数学生都会选择到中心校上学。因为中心校是石龙乡最好的学校，也是石龙乡唯一在小学三年级就开设英语和计算机课程的学

---

① ［美］安东尼·吉登斯：《社会的构成》，李康、李猛译，三联书店1998年版，第81页。

校，并拥有正规科班出身的英语教师和计算机教师。因此，学生和家长都倾向于让孩子到中心校接受更好的教育。这些从甲壤、塘榜甚至是其他村教学点转到中心校的学生，他们面临的通常是学校认为最有效率的方式——分班。中心校一至四年级每个年级只有一个班，到了五年级，由于这些外来学生的加入，一个班已无法满足教学的需要，这样，"最好的办法就是将所有的转学生分到一个班"，原因就是"这样方便教学，老师好教一些（小学教导主任语）"。大多数教师对这种方式也很赞成，"他们（转学的学生）以前没有学过英语，村小的教学质量又差，来这里根本跟不上其他学生和老师的进度，好多从甲壤来的学生还会讲土话（布依话），①只有把他们都分在一个班，教得慢一点，基础性强一点，这样对他们来说也是最好的办法。当然，如果有个别同学除了英语外基础还可以的话，学校也可以考虑把他们插进原中心校的班级里（小学一教师语）"。

　　石龙中心校初中部在分班方面，采取的也是与小学同样的模式。尤其是到了初三收获的年级，学校这种追求利益最大化的行动表现得更是明晰。九年级（1）班的学生，无一例外全是甲壤村来的学生（这些学生大多数都会讲土话，整个村寨已形成了一种集体外出打工的氛围），这些学生的学习成绩在全年级排名靠后。因此，他们在八年级升九年级时，被集中分在九（1）班。学校的优势教师全部集中在九（2）班和九（3）班，九（1）班成了学校的"野孩子"，成了过早被抛弃的对象。他们也知道自己的处境，将自己未来的出路定位在外出打工上，"勉强混完初中就是为了一张初中文凭，好方便出去打工（九（1）班一学生语）"。他们戏称自己的班级为"打工班"，学校也一直劝他们读职业高中（在当地人眼里，读职业高中是最无奈的选择）。逃课、上课吵闹、不完成作业、与教师顶撞成了他们的家常便饭。担任这个班教学的老师根本无法上课，只好经常在课堂上"放羊"。本研究还将在后面的章节中对这几个班学生的差异进行深入的阐释。

　　追求办学的效益，以最小的付出得到最大的回报，这是市场运作的主导原则，是使一个企业在竞争之中得以生存、发展、壮大所必须遵循的基

---

①　在中心校很多教师心目中，会讲土话是一种比较落后的象征，依照他们的观点来看，会讲土话的学生成绩都不会太好，因为他们受家庭影响太深，这些学生甚至不太会说普通话。

本原则。对于学校管理者来说，同样如此。在企业中，适应于效益最大化原则的需要、各项管理、制度乃至人的行为，都逐步地被合理化，这一点早就被社会学家韦伯于19世纪末20世纪初予以了阐明。当这种企业的运行方式运作于学校时，学校管理者也不断探索着最为合理化之路。学校生活在这个过程中也慢慢被"合理化"了，学校的各项管理、制度及学生与教师的行为均依据学校的效益最大化原则被"合理化"了。在这种统一的管理中，学生只能是被动的，并且不能也无从作出选择，学生的需要和个性不能也无从得到表现。更严重的是，这种追求效益最大化的行为是以牺牲一部分学生的利益为前提的，学校在这方面采取的策略是"舍卒保车"。或许在他们看来，舍掉一个班的利益，从而以最低的成本换取另外两个班的前途是一件何乐而不为的事情（不仅在师资配备上便于操作，而且砍掉了每个班的"尾巴学生"）。但是，这些过早就被放弃的学生却被迫成为了学校的牺牲品，成为学校追求利益最大化的最终受害者，他们的利益和未来该由谁来负责，他们接受的九年制义务教育的结局该由谁来进行最后的埋单？

　　追求效益最大化本来无可厚非，但是如果将这种利益最大化建立在置学生前途于不顾的话，那么，这样的利益最终只能是眼前的、暂时的利益。随着乡村建设人才的需求和学生自我意识的增长，乡村学校最终会为此付出沉重的代价。我在石龙调查期间，罗校长已经意识到了这个问题。他也在考虑，如何在追求利益的同时，照顾到所有学生的教育需求，从而使每一个学生都能得到最好的发展。

三　加强英语教学

　　如今，人们首先认同的是与功利目的相连的知识，这些知识可以使学生在未来具有更高的社会地位，或者可以使学生在未来可能会有更高的经济回报。在不同社会、不同时代，这种价值取向是不一样的，在现实之中它会受到诸方面因素的制约。决定人们对知识的价值认同的，既与社会的整体知识发展状况有关，也与社会的政治经济状况联系在一起。在当今这样一个高度竞争的学历社会，要想保证学生未来的社会地位，首先必须确保能在现有教育体制中攀升到较高的位置。因此，在普通民众的心里，考试用到的知识最有价值。英语知识就是这样一种知识。从全球化的教育层面看，地区的民族的教育正在被现代性的教育所取代，英语成为世界语言纳入到小学课程中，随着教育层级提高而增加其难度和复杂性。①同时，英语也与中考、高考、甚至与以后的硕士博士考试息息相关，因此，英语知识由于能带来丰厚物质回报而为社会所广泛认同，对学生将来的发展起着举足轻重的作用。

石龙中心校对英语的重视程度令我吃惊。有关英语的各项活动与竞赛搞得有声有色。②每个班的五个早自习中，就有三个早上分配给了英语学科。学校的五位英语教师也都尽其最大的努力，在课间和各种课外活动的间隙中见缝插针，到自己任教的班级抽学生听写单词或背诵英语课文。英语办公室里从来都不会缺少背诵英语课文和单词的学生。都匀市每年举行的小学英语统考和中学英语竞赛是学校最关注的活动，也是英语教师们大显身手的机会。为了能在小学统考中拿个好成绩，小学部的英语老师每天下午放学后，义务给他们认为成绩上有上升空间的 30 名学生开 40 分钟的"小灶"。2006 年，经过统考前一个半月的课下辅导，中心校小学部的英语统考成绩获得了都匀市乡镇第三名的好成绩。而其中教学成绩最突出的小学部的杨云芬老师，也由此而获得了学校的信任，于 2007 年的第二学期兼任了八九年级的英语教学。目前她教授五六八九年级各一个班级的英语教学，每周十六节课正课（早自习和晚自习除外），是全校课程最多的教师。

以上所展示的是学校运营的策略行为，贯穿其中的是场域的作用。法国社会学家布迪厄有关场域的理论论述，颇具解释力，可以使我们进一步从理论角度加深对学校运作策略的理论理解与反思。

"场域"是布迪厄从事社会研究的基本分析单位。他认为："在高度分化的小社会里，社会世界是由具有相对自主性的社会小世界构成的"，③这些"社会小世界"就是各种不同的"场域"，如经济场域、政治场域、艺术场域、宗教场域、学术场域等；社会作为一个"大场域"，就是由这些既相互独立又相互联系的"小场域"构成的。而且，场域是客观关系

---

① 钱民辉：《当代欧美教育人类学研究的核心主题与趋势》，《北京大学学报》（哲学社会科学版）2005 年第 9 期。

② 尤其在 2006 年都匀市初中生英语作文大赛中，石龙乡学生韦方龙荣获一等奖，三位同学获二等奖，五位同学获三等奖，成绩显著，居全市乡镇之首。

③ ［法］皮埃尔·布迪厄、［美］华康德：《实践与反思——反思社会学导引》，李猛、李康译，中央编译出版社 1998 年版，第 134 页。

的系统,"现实的就是关系的"、"各种场域即是关系的系统"①、"根据场域概念进行的思考就是从关系的角度进行思考"。②因而,"一个场域的结构可以被看作不同位置之间的客观关系的空间,这些位置是根据他们在争夺各种权力或资本的分配中所处的地位决定的"③。为此,我们从场域的角度对学校教育进行思考,就是从关系的角度来关注学校场域与其他社会场域的关系。

　　在布迪厄看来,每个场域都是一个社会空间:"在这个社会空间里,场域的效果得以发挥,并且,由于这种效果的存在,对任何与这个空间有所关联的对象,都不能仅凭所研究对象的内在特质予以解释。"因此,我们可以将场域理解为各种社会关系关联起来的表现形式多样的社会场合或社会领域,其本质是这些社会构成要素之间的关系。如果我们把场域看作一张社会关系之网,那么位置可以看成这张网上的各种网结。布迪厄指出,"正是这些位置的存在和它们强加于占据特定位置的行动者或机构之上的决定性因素之中,这些位置得到了客观的界定,其根据是这些位置在不同类型的权力或资本的分配结构中实际的和潜在的处境,以及它们与其他位置之间的客观关系"④。由此可见,学校只是社会场域中的其中一个要素,它与其他要素如政治、经济、文化及其教育之间的关系正是我们所关注的内容。

　　布迪厄认为,"作为包含各种隐而未发的力量和正在活动的力量的空间,场域同时也是一个争夺的空间,这些争夺旨在继续或变更场域中这些力量的构性。进一步说,作为各种力量位置之间客观关系的结构,场域是这些位置的占据者(用集体或个人的方式)所寻求的各种策略的根本保证和引导力量。场域中位置的占据者用这些策略来保证或改善他们在场域中的位置,并强加一种对他们自身的产物最为有利的等级化原则。而行动者的策略又取决于他们在场域中的位置,即特定资本的分配。他们的策略还取决于他们所具有的对场域的认知,而后者又依赖于他们对场域所采取

---

　　① 〔法〕皮埃尔·布迪厄、〔美〕华康德:《实践与反思——反思社会学导引》,李猛、李康译,中央编译出版社1998年版,第145页。

　　② 同上书,第132页。

　　③ 同上书,第155页。

　　④ 同上书,第134页。

的观点，即从场域中某个位置点出发所采纳的视角"①。根据布迪厄的观点，我们可以解释石龙中心校所采取的策略。它事实上是学校对所处社会场域的认知，以及自己在场域中所处的具体位置和特有资本的一种回应。通过制定一系列策略，迎合场域中其他要素的需求，学校才能保证甚至改善其在场域中的位置，也才能在激烈争夺的场域中留有一席之地。

另外，场域对影响社会行动者及其实践的外在力量有自主形塑机制。布迪厄指出："对置身于一定场域中的行动者产生影响的外在决定因素，从来也不直接作用在他们身上，而是只有通过场域的特定形式和力量的特定中介环节，预先经历了一次重新形塑的过程，才能对它们产生影响。"②也就是说，外界力量只有通过特定场域的改造才能影响到行动者。学生作为学校中最直接的行动者，其实践并不直接受到政治、经济、文化和教育因素的影响，而是通过这些社会场域对学校形成一定的外在影响机制，学校经过重新形塑后，才实现其影响的。这种形塑主要是调节学校和其他社会场域的关系。经过形塑后的学校，会直接将这种力量作用在作为行动者的学生身上，进而影响学生的行动策略。

我们从石龙中心校的运作方式中还可以看到，学校对于它所处的社会场域存在全面的对应关系，"二者都存在支配者和被支配者，都存在旨在篡夺控制权与排斥他人的争斗，都存在自身的再生产机制，等等"③。至于场域和行动者之间的关系，布迪厄认为："场域都是关系的系统，而这些关系系统又独立于这些关系所确立的人群。"④在这里，布迪厄明确指出了场域和行动者之间的关系，场域是行动者的行动结成的关系及其作用发生的场所，不可能离开行动者及其行动而存在，它对于行动者而言具有客观性前提和基础的作用。而行动者的行动策略则依据的是它在场域中的位置、资本、惯习及其变化的情况。

总而言之，学校在建构着自身的同时，也与所处的社会场域发生着对应关系；而且，学校在对外在的影响力量进行形塑的过程中，也将这种外在的力量直接地作用于行动者身上，参与到了社会再生产的过程当中。

---

① ［法］皮埃尔·布迪厄、［美］华康德：《实践与反思——反思社会学导引》，李猛、李康译，中央编译出版社 1998 年版，第 139—140 页。

② 同上书，第 144 页。

③ 同上。

④ 同上。

第四章　权力的规训：学校生活的常态

我们关于一个人所能了解的最重要的事情是他看作当然的事情。关于社会，我们所能了解的最基本的和最重要的事实是那些很少受到争议和一般以为已有定论的事情。

——路易斯·沃斯

空间是政治的，空间并不是某种与意识形态和政治保持着遥远距离的科学对象。相反的，它永远是政治性的和策略性的。

——亨利·列斐伏尔

卡斯特尔认为，空间作为社会历史建构的产物，必须在和社会其他物质产物与历史行动发生关系，才能被赋予意义和功能；空间不只是社会反映，还是社会表现、关系及过程，是人的参与赋予了空间存在性。有了人的参与，空间才产生了意义。正如列斐伏尔所说："空间是社会的产物"，"空间被社会关系所建构、所运作、所实践方能彰显其存在。"①

按照詹姆逊的看法，我们的文化是"逐渐受空间与空间逻辑支配"的文化。甚至"在一种独特意义上我们的感官已被空间化，这样的空间对我们来说是关乎生存与文化的首要因素"②。在这里，空间不仅是自然物质世界的一部分，而且是文化权力施行的据点，空间本身就是权力的展现（福柯语）。③因此，"对空间的符号学阅读，不是单纯地对形式解码

---

① 李小敏：《国外空间社会理论的互动与论争——社区空间理论的流变》，《城市问题》2006年第9期。

② 程世波：《批评理论的空间转向》，《重庆师范大学学报》（哲学社会科学版）2005年第6期。

③ 杨善华：《当代西方社会学理论》，北京大学出版社1999年版，第231页。

（社会行动凝结的痕迹），而是经由在既定时势中，社会关系所产生的实现意识形态的过程，表现中介的研究"①。

学校空间是国家权力运行的最佳场所。"国家影响最有效的途径，国家权力最可用的侍仆，不是军队、监狱、也不是精神病院和医院，而是学校。"②也就是说，国家权力的运行，要从宏观走向微观，从公开转向秘密，从直接转向间接，从硬控制转向软控制，学校教育是最有效的途径，学校空间也由此而成为国家权力影响的微观体现。为了实现对国家权力的实施，学校自身构成了一个相对封闭的空间。正是这种相对封闭性，确保了国家权力的运行和学校内部的各项工作得以规范有序地进行。与此同时，学校发展出了一整套日益严密的规范体系，涵盖了学校生活的各个方面，其核心是对学生的规训。

这种规训从根本上讲，是一种矫正训练的艺术，是普遍理性原则在个体身上的体现。它不是采取暴烈的方式，而是以简单温和的方式进行，透过比较精明的算计，在不知不觉中取得持久的效果，既把个体作为权力实施的对象，又把个体作为实施的工具。这种规训触及个体的细胞，通达他们的身体，并将寓于他们的姿势、他们的态度、他们的话语、他们的培训、他们的日常生活之中，成为一个温驯有用的个体，一个自觉服从的个体。③

本章所指的学校主要是石龙中心校，因为相比起其他村小和教学点来说，它更像"村落里的国家"④，更具有现代学校中的规训意味。学校通过对时间和空间的分配、制度文化的管理以及仪式的渗透，在规训中形成了如影随形的权力网络，成为生活于学校空间中的个体和群体无法逃离的"规训之笼"。

第一节　时间和空间的分配

在学校空间中，时间与空间都被严格地规划，学校通过不断加强对学

---

① 夏铸九、王志弘：《空间的文化形式与社会理论读本》，台北明文书局1993年版，第544页。

② 苏国勋、刘小枫主编：《社会理论的政治分化》，上海三联书店2005年版，第353页。

③ ［法］米歇尔·福柯：《规训与惩罚》，刘北成等译，三联书店1999年版，第161页。

④ 李书磊：《村落中的"国家"——文化变迁中的乡村学校》，浙江教育出版社1999年版。

生的规范化管理，成为一种典型的规训机构。[①]它直接作用于学生的肉体，通过改变学生的行为而表现出来，并必将作用于学生的心灵。这是一种全方位的规训管理，它通过对学生行为的周密安排，通过对学生心灵的训导而实现。

一 时间的分配

"任何一种存在之理解都必须以时间为其视野。"[②]对于时间的划分与管理是现代学校的基本特征，学校即是通过作息时间表对学生和教师的活动进行精确控制。一般来说，它有三个主要方法：规定节奏、安排活动、调节重复周期。在规定节奏方面，学校作息表规定一节课45分钟；对安排活动而言，每节课有规定的授课科目及教学活动，规定着教师和学生的身体必须准时出现在该出现的地方；调节重复周期，学校一般把一学年划分为上下两个学期，以每天的课程表作为节奏重复的单位。权力被明确地用于时间，保证了对时间的严格控制和全部使用。[③]

石龙中心校的作息时间安排井然有序，通过作息时间表对学生的活动进行了精确的控制。学生在严格的各项要求和检查下训练有素，早上起床、上课、晚上睡觉等都是听铃声按时进行。不过，学生们现在已经不用再忍受过去那种一成不变的刺耳铃声了，取而代之的是悦耳的乐曲，充分体现出一种温和的姿态。[④]时间被分解成连续平行的片段，学生必须在规定的时间片断内完成相应的活动。班级的课堂时间被分成各自独立的、准

---

① 福柯认为，学校是现代社会发展起来的一种规训机构，与军队、医院、工厂、监狱一样，其中行使的是与宏观权力——君主权力或国家权力——不同的权力类型，这是一种微观权力——规训权力，它包括一系列手段、技术、程序、应用层次及目标。它是一种权力"物理学"或权力"解剖学"、一种技术学。它直接作用于人的肉体，既是一种控制性的力量，又是一种生产性的力量。"规训"造就个人，这是一种把个人既视为操练对象又视为操练工具的权力的特殊技术。这种权力技术自从中世纪以来，发展日益完善，已遍布人类社会生活的各个领域，学校是其中的一个典型领域。这种规训权力（或曰纪律权力）的事实实施一方面通过对时间和空间的操控来推行；另一方面则通过使用一些简单的手段：层级监视、规范化裁决与检查。见〔法〕米歇尔·福柯《规训与惩罚》，刘北成等译，三联书店1999年版，第193—194页。

② 〔德〕海德格尔：《存在与时间》，陈嘉映等译，三联书店1987年版，第1页。

③ 胡春光：《学校中的规训与抗拒》，博士学位论文，华中师范大学2007年，第125—126页。

④ 据学校老师介绍，音乐铃声是学校为了配合素质教育的需要而专门设置的。

确的细微单元。这充分体现了学校统一权力对时间切割与编排的技术，体现了一种"掌握个体存在时间的新技术"。正如福柯所说，它既具有控制性，也具有生产性。

表 4 - 1　　　石龙中心校九年级（2）班课程时间表（2007 年 9 月）

		时间	星期一	星期二	星期三	星期四	星期五
上午		7：00 - 7：30	升旗	早自习			
		7：30 - 8：00	早自习				
	1	8：10 - 8：55	语文	英语	语文	化学	英语
	2	9：05 - 9：50	语文	物理	语文	英语	数学
		9：50 - 10：10	课间操				
	3	10：20 - 11：05	英语	化学	物理	数学	语文
	4	11：15 - 12：00	数学	数学	英语	政治	语文
下午		14：15 - 14：25	广播				
	5	14：30 - 15：15	物理	体育	化学	历史	数学
	6	15：25 - 16：10	历史	音乐	数学	美术	物理
	7	16：20 - 17：05	职教	政治	信息	班会	体育

注：周五下午 13：30 上课。

我们看到，石龙中心校的时间被以分钟为单位进行了严密地划分与安排，并设置了相应的任务，以确保对时间的精确利用。严格的时间表和空间分割把教师和学生的日常生活切割成不同的片段，以确保学校生活的正常秩序、确保教学质量的实现。与此同时，通过这种对时间的编排，使学生受到"看不见"却又"时刻存在"的"眼睛"的监控和规训，同时也确保了对教师的有序调控。

乡村的基础教育是乡土社会与国家直接遭遇的界面。引用李书磊在《村落中的"国家"》一书中所说，"从组织与职能来看，小学就是深入村落的国家机构，这正吻合了西方马克思主义者路易斯·奥而萨瑟'学校是一种国家机器'的判定……小学就是在自然散漫的村居中人为设置的国家环境，它是国家培养人才的工厂，它自身也是国家形象的一种展现"①。那么，这一界面所接驳的两级——乡土社会与国家又是如何在这一界面上发生千丝万缕的联系，并对生活于其间的个人产生影响的？而个人在这一场域之中又是如何应对的呢？

对于在乡土社会长大的儿童来说，一旦入学，就意味着离开乡土社会那种不受束缚的循环的时间周期，离开乡村散漫、自由的生活，转而适应学校这种按时上课、按时下课的线性时间安排；在家庭劳力的规划和劳作安排方面，乡土社会通常也没有一个严格区隔的时间段及任务规划，而是根据季节更替，随农时变化，作出适应性的安排。儿童通常担任如割草、找柴、放牧牲口或看护弟妹等家务。在这样的背景下，对个人行为起主导和规划作用的是从小就在田边地头积累下来的经验，而非人为控制的纪律。相反，学校每日的课程、劳作、娱乐全部一板一眼规定在课程表上，并由教师监督执行。因此，儿童一旦走进学校，就意味着他们由家庭及村落获得的个人经验和文化行为将与国家的规训"短兵相接"；意味着儿童将走入制度化的公共机构，走入村落中的"国家",②开始学习新的词汇、新的价值观念、新的生活习惯、新的行为规则，做一个"合法化"的文化人。"我们的儿童像羊群一样被赶进教育工厂，在那里无视他们的独特个性，而把他们按照同一个模式加工和塑造。"③为此，这些乡土社会的儿童只能渐渐适应这个他们原本很陌生的环境，直到教师认为他们已经成功地成为其中的一分子为止。

从不适应到逐渐适应是大部分孩子在学校的成长过程，这些刚刚走进校门的孩子用自己的方式努力地适应学校这个新的环境。在老师的教育下，他们渐渐地开始懂得：作为小学生，他们应该遵守学校的纪律、服从学校的管理、尊重老师、懂礼貌、并能和同伴友好地相处。

访谈片段一：（课间，中心校）
研究者：你们喜欢上学吗？

① 李书磊：《村落中的"国家"——文化变迁中的乡村学校》，浙江教育出版社1999年版，第5—7页。
② 李书磊：《村落中的"国家"——文化变迁中的乡村学校》，浙江教育出版社1999年版。
③ 陈友松：《当代西方教育哲学》，教育科学出版社1982年版，第119页。

女童1：沉默。（不停地用手摆弄着自己放在桌上的课本）

研究者：你的文具盒挺好看的，是妈妈给你买的吗？

女童1：不是，是奶奶给我钱，我自己买的。

研究者：你觉得上学好吗？（其他孩子围上来）

女童1：（点点头）。（孩子们特别害怕和研究者单独待在一起，只要研究者在课间坐在谁的旁边，她必用眼神或动作示意自己最好的伙伴坐过来与她一起和研究者聊天，尤其是女孩）。

女童2：好。上学有小朋友一起玩。

女童1：嗯，在家没有人玩，只有爷爷奶奶。

研究者：你呢？你喜欢上学吗？

女童3：嗯，上学好，上学老师教我们认字，教我们读书。数学课教我们算账，以后我们买东西就会自己算（账）了。（笑）

女童4：我最喜欢语文老师，（她）下课和我们在一起玩，经常和我们玩老鹰捉小鸡的游戏。

女童1：数学老师最凶，莫应山（一男学生名）经常被数学老师喊站着上课，他上课老是讲话。

研究者：老师打不打人呢？

女童1：老师不打女生，爱打男生，男生最废（调皮）……

（2007年9月26日访谈记录）

访谈片段二：（中午，平寨教学点）

几个女孩子在玩跳板。①

研究者：你们在玩什么啊？

女童们：（迟疑了一下）跳格子。

研究者：我也来玩玩可以吗？

女童们：（捂着嘴笑，不置可否，为研究者腾出位置。研究者为女孩捡起石块）

研究者：上学好吗？

女童1：（点点头）（旁边的女孩点点头又摇摇头）

---

① 这种游戏是在地上画出一些格子，并依次写上一些数字，最先能够用脚将石块或纸板顺次地推进这些格子者是获胜者。

研究者：你为什么摇头？

女童2：上学天天都要写字，写没好要被老师骂，（有时候）还要听写。

女童1：早上来学校太早了，起没（不）来。家里太远了。

女童3：冷天更起没（不）来，太渴睡了（太想睡觉了）。

研究者：那不上学，在家里待着，行不行呢？

女童1：没（不）行。

研究者：为什么不行呢？

女童2：别的小娃娃都上学了，我不上学，一个人在家没人玩。

女童3：我们寨子里没有没上学的小娃娃……

（2007年9月27日访谈记录）

刚入校的这些少数民族儿童对于上学充满了希望和迷茫，他们一方面受到学校里的环境、老师和小伙伴的吸引，觉得学校生活充满了乐趣；另一方面又受到各种时间、纪律和学业任务的约束，觉得学校生活充满了困难。在这些快乐与烦恼的种种利与弊之中，他们在喜欢上学与不上学之间摇摆不定。他们中有的孩子能顺利地适应学校教育，有的则在适应的过程中被迫放弃，个体在村落/国家的二重空间中所进行的转化与调适并不总是成功的。[1]那些调适不当的儿童将被放逐在学校教育的大门之外，贴上与学校"异质性"的标签，从而被社会认定为竞争力较弱的个体。"在工业化、国家化和全球化的背景之下，为了追求效率，国家教育的设置是以牺牲个体的差异性，完成社会的均质化作为代价的。个人在二重空间内的调适，既是可能的，也是存在局限的。"[2]

石龙乡各村小和教学点是当地与社会和家庭环境比较接近的正式学校教育场所，早上上课时间为9：00—11：30，下午上课时间为2：00—4：00。这种时间安排主要是为了照顾那些住得离学校比较远的学生。但不管怎样，所有学校的学生都必须在规定的时间到达规定的地点，这是毫无疑问的。课堂教学的时间不再是自然意义上的时间之流，而是一条运行

---

① 李小敏：《村落知识资源与文化权利空间——永宁拖支村的田野研究》，《中国教育：研究与评论》（2），教育科学出版社2003年版，第9页。

② 同上书，第18页。

起来的知识生产流水线，其终端是表演化教学的精确无误的完成。课堂教学对纪律的严格要求正是为了保证知识传递的流水线不被打断。与之相得益彰的还有中心校对学生宿舍的管理。

石龙中心校 2007 年斥资 50 万元新建的四层宿舍楼位于学校的西面，共住了 481 名学生（全校 900 多名学生）。每天宿舍楼开放的时间是早上6：20—8：00，中午 12：00—14：30，晚上 17：00—19：00。其余时间里，学生宿舍楼的大门都是锁着的。据后勤主任讲："这是为了防止学生在宿舍里偷懒睡觉，他们没有其他地方可去，当然就只有去教室学习了。"每天早上学生上课后，后勤老师还要到每个宿舍巡查是否有偷着在宿舍睡懒觉的学生。这种学生一旦被发现，会受到学校严厉的批评。

和一年级的学生适应正规的学校学习生活一样，刚住校的学生也需要一次极为艰难的适应过程。谭明娟家住甲壤村石头寨，刚从甲壤小学四年级升上来（村里只有一至四年级），目前在石龙中心校就读五年级。因为家离学校的距离太远了（每天步行往返五个多小时），她不得不住校。中心校每间宿舍有 20 多平方米的大通间，一般有 8 张床位，分为上下铺，每间宿舍住 16 名学生。刚刚住校的谭明娟非常不适应学校的集体住宿生活。在家里，谭明娟和妈妈妹妹一起挤在一张大床上，虽然学校的床位显得宽敞了许多，但谭明娟并不适应。她仍然想念家里那张狭窄的床，怀念和妈妈住在一起的感觉。刚住校的第一个星期，谭明娟天天夜里都会因为想家而哭泣，甚至还想中途辍学回家。后来时间长了，谭明娟才慢慢开始适应这样的集体生活。除了谭明娟之外，其他刚刚住校的孩子也非常不适应这种集体生活。有一个甲壤村谷整组的女孩子，住校还不到一周就跑回家了，老师第二天又追到家里去做工作，才劝她回来上课。山里的孩子虽然独立性比较强，但由于长期和父母同处一室的居住文化，使得孩子从小就产生了一种非常恋家、恋父母的情节，因此，虽然中心校的条件比起甲壤小学的条件要好得多，但是，对于他们来说，适应学校的集体生活仍然需要一个较长的过程，才能克服这种"文化震惊"。①

至于上课的时间，每个学生都被要求必须在每一堂课上按要求完成相应的内容。比如，学生被告知语文课上必须学习语文，桌上不得放置其他

---

① 黄金结：《文化震惊：瑶族学生从村小到中心完小——基于对瑶山小学生的调查》，《民族教育研究》2007 年第 6 期。

课本；上课时间不经允许出去上厕所、看小说、与同学聊天都被视为大不违的事情。在班级这个独立王国中，每一节课就是每一位科任教师展现其"霸权"的时刻。不同的教师对课堂的要求是不一样的，每个学生都必须严格遵守。尤其是班主任，会充分利用班会课、早读时间、晚自习等一切可以利用的时间，结合学校制订的一系列规章制度和班级行为准则，反复向儿童灌输作为一个学生应该具有的行为标准。

这一切都是国家权力实施的需要，而纪律和规训则是实现这种需要的最佳途径。中心校的每一位老师都深谙其中的密码，以一种自觉不自觉的意识配合着学校，对学生进行规训。中心校中学部的罗珊老师在其期末学期总结《浅谈对"差生"的教育管理》中认为，"规范和纪律是使整个学校正常运转的有力保证。正如笑容满面的弥勒佛圣像背后供了一尊手拿降魔杵的韦驮将军圣像一样，一面给人以爱的如受，一面却给予力的折服"①。而中心校小学部张华宝老师的"八荣八耻"童谣，更为这种规训增加了些许时代的色彩。②

二 空间的控制

空间是一种区域的安排，"它通过把人的社会活动场景'固定化'，创造性地促发日常生活的惯例，使人的实践意识固定在特定的客体性场景之中"③。学校是一种社会空间形式，而教育是存在于社会境脉之中的活动形式。现代教育的场所——学校，作为社会组织，是一个特殊的社会空间形式。当围墙、校舍、讲台、桌椅从天空、田野、乡村等自然环境中脱离出来，作为一个具有单独功能的活动场所的时候，学校就成为了一个具有边界的空间建构形态，并通过使受教育者脱离原有的时间脉络和空间位置来实现其教育功能。④在物质层面上，学校空间是由校园、教室、走廊等建筑及其所依附的自然环境所组成的，但这仅仅是学校空间标示的一部

---

① 摘自中心校一教师的期末总结。

② 你拍一，我拍一，八荣八耻要牢记；你拍二，我拍二，为了祖国出出劲；你拍三，我拍三，铺张浪费要揭穿；你拍四，我拍四，做人有能自顾自；你拍五，我拍五，好逸恶劳是耻辱；你拍六，我拍六，我们尊老也爱幼；你拍七，我拍七，崇尚科学属第一；你拍八，我拍八，诚实守信人人夸；你拍九，我拍九，法律法规要遵守；你拍十，我拍十，争做文明小卫士！

③ ［英］安东尼·吉登斯：《社会的构成》，李康、李猛译，三联书店1998年版，第80页。

④ 石艳：《区隔与脱域——学校空间的社会学分析》，《教育科学》2006年第8期。

分。在更大程度上，学校的空间是通过对于空间内的行动者的身体姿态与定位、声音的腔调以及行为的偏好标示出来的。学校的围墙作为物理边界，把校园生活明确地与校外生活截然分开。与此同时，在学校空间中，学生有着不同于校外生活的互动模式，这种行为模式又构成了另一个层面的"边界"，在社会空间领域中将学校空间与非教育空间区别开来，学校也因此而成为一个独特的空间。①学校正是通过对于这个独特空间的管理，其各项活动才得以顺利进行。为了实现规训的目的，学校在空间分配上一般使用以下几种技术。

（一）封闭的空间

纪律（即规训）的实施除了对时间的严格划分外，也离不开对空间的操控。这个运作纪律的领域既与外部相隔绝，又在内部对自身进行封锁。纪律性时空的内部分隔至少产生了两个结果。首先，它有助于避免大规模的集团的形成，这些集团可能会导致其中的人们形成独立的意愿甚至是敌对态势；其次，它还使管理者可以对个人活动进行直接操纵，从而避免了一些不期而遇的接触所导致的流动性和不确定性。②

进入石龙乡，首先映入眼帘的是乡里两年前刚修好的政府大楼，在阳光的照射和周围布依族村民新旧不一的房屋映衬下，显出几分宏伟的气势。石龙中心校在乡政府西面一百米处，处于赶场时最热闹的场坝地段。再往西，就是石龙乡所谓的"开发区"了，共有二三十户人家。当地一些先后富起来的人建了不少的房屋，但最高也就两层，没有超过政府和中心校的楼层的。整个空间从东至西给我的印象就是一条垂直的线条：石龙乡政府——中心校——开发区——各个村落。中心校正好位于整个村落的中心，从空间位置上看，这所学校在村落中的地位，于此处得到了微妙的体现。我第一次到达中心校时，正值下课时间，学生们在操场上四处追逐打闹着，仅有的两块乒乓球台也被众多学生团团围住，时不时地发出一阵喧嚣。这是一所九年制一贯制学校，戴着红领巾的小学生和稍显成熟的初中生夹杂在一起，使得小学生的身份显得更为醒目。就像很多学校一样，中心校的小学生进入学校是必须戴红领巾的。

---

① 石艳：《区隔与脱域——学校空间的社会学分析》，《教育科学》2006 年第 8 期。

② ［法］米歇尔·福柯：《规训与惩罚》，刘北成等译，三联书店 1999 年版，第 261 页。

　　中心校最醒目的莫过于操场上飘扬的红旗和那栋 2007 年落成的四层楼的学生宿舍大楼。与这座崭新气派的宿舍楼相比，西边的三层老教学楼倒显得有些寒碜了。教学楼正中间的走廊上写着"百年大计，教育为本"的大字，每层楼的墙壁上则张贴着著名历史人物和英雄人物的画像和名言警句，诸如杜甫的"读书破万卷，下笔如有神"、华罗庚的"天才在于积累，聪明在于勤奋"、诺贝尔的"生命，那就是自然付出人类雕琢的宝石"、巴甫洛夫的"科学的未来只能属于勤奋而又谦虚的年轻一代"等等，足有二三十幅。每个班级的后门上都贴着"请说普通话"的字样。学校空间中这一系列的名言警句、名人画像等，从某种侧面折射出学校共同社会意识的培养过程。它潜移默化地濡化着学生，从而使学生认同并受制于这一基调。[①]

　　李书磊在《村落中的"国家"——文化变迁中的乡村学校》一书中描述村落中学校是"国家"的象征。作为远离国家政治中心的偏远乡村，村小具有浓厚的"国家"色彩，从学校建制来说，学校属于国家而不属于乡村，正式教师属于国家干部；从学校组织与职能来看，学校是村落中唯一的国家机构，烘托出一种浓重的国家色彩。"围墙内侧贴得不留空隙的各种标语，使国家主流意识形态的话语闯入你的眼界，而学童们震耳的齐声朗读，更使这种话语生出声色。从操场眺望，可以看见不远处的荒山、与学校毗邻而显得有些凌乱的农舍，对比之下使你感到这小学就是在自然散漫的村居中人为设置的国家环境。它是国家培育人才的工厂，它自身也是国家现象的一种展示。"[②]李书磊先生所描绘的村落中的"国家"景象，在乡村生活中应该具有一定的普遍性。在石龙乡，大部分村落或通过集资，或通过外商资助，都建造起了漂亮的教学楼，农民们从学校边走过，总带着关注而又疏远、陌生但不无羡慕的眼光看着那漂亮的楼房与高高飘扬的国旗。

　　在学校这个规训机构中，有关职能场所的规则把建筑学通常认为可以有几种不同用途的空间进行了分类。学校领导的办公室的墙上挂满了学校多年来获得的奖状、锦旗和领导的题字；上级下发的各种红头文件整齐地挂在靠办公桌的墙上。学校的教室被分隔成普通教室、教师办公室、实验

---

①　吴康宁：《课堂教学社会学》，南京师范大学出版社 2004 年版，第 53 页。
②　李书磊：《村落中的"国家"——文化变迁中的乡村学校》，浙江教育出版社 1999 年版，第 7 页。

室、多媒体教室等。这种分割构成了一个固定的网络，从而消除了混乱。石龙中心校的占地面积不大，基本上是属于四合院的布局。东面是一栋小小的两层混砖小楼房，底层有三间教师办公室，其他的都是学生教室。南面和西面是一栋四层混砖楼房，第一层分别是五年级和六年级的教室，第二层是七八八年级教室和一个已弃用的电脑室，第三层是九年级的教室、实验室和行政办公室。西面（临街的一面）加高的第四层是学校正在使用的电脑室，不上电脑课时，三楼与四楼之间总有一道铁门锁着。每层楼都有一个房间是分派给暂时没房的老师居住的，这种安排可以以一种更灵活、更细致的方式来对每一层楼的学生进行看似漫不经心的时间和空间上的交流和监视。在三栋楼的中心，是两个小学和中学合用的篮球架，空间很小。小学教学楼的后面，正在修建一个 200 米环行田径场，由于资金不能及时到位，一直在断断续续地施工着。学生从 2008 年的 9 月份开始，一直到笔者的田野调查结束（2008 年 11 月）都没有做过早操，他们仅仅能在面积很有限的篮球场内上一下体育课。

　　石龙中心校尽管处在村落之中，但学校是一个封闭的、与乡村社会隔绝的空间体系，学生的活动领域受到严格的限制。对学生而言，只有周末回家才意味着整体空间的变换，由此也就决定了学生在校期间学校提供的信息成为其可能获取信息的全部，学生的交往也只能发生在同学及老师之间。学生一天中的大部分时间都在教室与宿舍中度过，课间休息时间也都只能发生在教室周围狭小的区域。教室以班级为单位进行分割，每个教室沿着一条走廊一溜排开，每个班级都有属于自己的教室，每个学生在教室里都有属于自己的位置。教室之内的空间也有明确的划分，每个人都拥有自己的一块空间，即自己的座位。宿舍内部的空间同样也有明确的划分，通常一个班的学生被安排在相邻的几间宿舍中，每个学生在自己的集体宿舍里有一张属于自己的床位。学生个体不仅在这些间隔的区域中移动度过一天，而且在此区间度过他们的教育生涯。

　　在上课固定的时间内，每个学生都有自己"应该的位置"。他们的身体被限定在方方正正的小课桌之中，每节课教师一走人教室，立刻就能清楚地知道学生是否到齐，如果有人缺席，马上也能知道缺席者是谁。学生在局限的空间中，可以使老师对学生的一举一动都看得清清楚楚，从而使学生不敢逾越雷池半步。尤其是对于小学低年级的儿童，这种严格的符码更是支配着从脚尖到食指的整个身体。调皮学生和处于班级底层的学生的座位也得到教师非常微妙的安排。"那些不修边幅的邋遢家长的孩子与那些精细整洁的家长的孩子分开；将任性轻浮的学生安置在两个品行端正的学生之间，使放荡的学生独处一隅，或夹在两个本分的学生之间。"①

上课的时候，对这些刚入校不久的儿童有一系列的要求，儿童的坐姿必须是双手交叉平放在书桌上（或交叉于背后），腰挺直，两眼望着黑板，身体不能随便摇晃，除了老师提问，其他的时间务必要做到鸦雀无声。有的班级甚至严格规定了儿童拿教科书的姿势。当教室里出现吵闹的时候，老师喊"一二三"，儿童答"坐整齐"的场面也是经常都会出现的。要提问的儿童，必须先举手，经老师同意后，才能提问和发言，否则必然受到教师的惩罚和严厉的批评。这一切都使接受过学校教育的儿童同世俗的社会、平凡的人生拉开了距离。由此看来，学校对儿童的规训和塑造，不仅表现在文化的选择上，在教科书知识的传递过程中，还伴随着对儿童行为举止的训练，包括一系列的强制和规训，如学习的习惯、上课的姿势等，都在生产和控制着个体肉体的习惯。控制在此成为一种与乡土社会完全异化的生活，儿童入学后空间的置换意味着文化的置换，儿童在自己陌生的文化中接受着深入骨髓的规训，而福柯所说的毛细血管状的权力关系也淋漓尽致地体现在其中。

因此，从总体上看，学校空间已经不是自然形态中的空间，而是一个人为的空间。建筑的可视性，让儿童从小就接受了被控制的空间权力和隐藏在其间的意识形态。空间不是自然性的，而是政治性的，"它真正是一种充斥着各种意识形态的产物"②。因此，空间可以被有意图地用来锻造人、规训人、统治人，能够按照它的旨趣来生产一种新的主体。学校通过空间创造出了具有等级结构的规训机构，它是一个交织着权力、权威的网络，是一个"全景敞视主义"的监视（Panopticon）。③而且，儿童会"不

① 福柯：《规训与惩罚》，刘北成译，三联书店 2003 年版，第 167 页。

② 包亚明主编：《现代性与空间的生产》，上海教育出版社 2003 年版，第 62 页。

③ "全景敞视主义"（panopticism）是福柯创造的词语，其含义来自英国功利主义哲学家边沁（Betham，1748—1832）的"敞视式监狱"的建筑图：这个建筑设计的中心是一座瞭望塔，周围是环形的建筑，内有很多小囚室。窗户、光线和窗帘的设计，使瞭望塔的人可随时观察到每个囚室的人的一举一动，囚室的人却不能看到瞭望塔的人，也不能看到其他囚室的人："然后，所需要做的就是在中心瞭望塔安排一个监督者，在每个囚室里关进一个疯子或一个病人、一个罪犯、一个工人、一个学生。"参见［法］米歇尔·福柯《规训与惩罚》，刘北成等译，三联书店1999 年版，第 224 页。

加批判地接受镶嵌于文化景观中的观念和社会关系，因为文化景观理所当然地被视为生活的物质事实，而非意识形态"①。这样，空间的控制性就更能得以潜移默化地渗透到儿童的心灵中。学校作为一个有着封闭性质的制度化的空间，通过空间的控制，借助于这种敞视主义的空间布置，使例行化的管理方式得以进行下去，并且使各项教育任务的安排和调配高效、顺利地开展。因此可以说，空间不但是教育活动的场景，也是教育管理的手段，它与权力相结合，通过对儿童的"肉体驯顺"和"精神控制"，②彻底穿透了儿童的身体，规训着儿童的每一个细胞。

正如一位学校校长所言，"学校是一张规训之网，它以铃声为网结，将学生的时间分解为一个又一个'单元'，并用细小琐碎的活动和人物'占领'每一个单元，唯独不能给学生留下'空白'，非但如此，甚至学生的'一举手一投足'都处于教育者的精心'设计'之下，学校中的儿童不复为一个整体，他的所思所想成为可以审度、可以计算、可以监视的，而学校规训的最主要手段就是'分数'。处于这样一张严密的规训之网中的学生能有何为呢？他们别无选择，尽管不情愿，却只能'心怀感激'的'享用'老师们精心而又好心地为他们准备的'课程大餐'"③。

（二）等级的排列

在班级规训中，等级的排列通过定位来区别对待各个个体，但这种定位并不给他们一个固定的位置，而是使他们在一个关系网络中分布和流动。"在 18 世纪，人们开始用'等级'来规定人在教育制度中的地位和分配形式：即学生在课堂、走廊、校园里的座次或位置；每个学生完成每项任务和考试后的名次；学生每周、每月、每年获得的名次；年龄组的序列；依据难度排成的科目序列。在这套强制性序列中，每个学生依照其年龄、成绩和表现有时处于某一等级，有时处于另一等级，他不断地在空间系列中移动。有些空间是表示知识或能力的等级的'理念'空间，有些

---

① 李小敏：《国外空间社会理论的互动与论争——社区空间理论的流变》，《城市问题》2006 年第 9 期。

② 王鉴认为，"肉体驯顺"即驯顺教育相关人员的肉体，使教师和学生知道应该干什么、不应该干什么，它是最基本的规训；"精神规训"即控制教育从业人员的精神，使教师和学生不仅知道应该干什么、不应该干什么，而且乐意这么干并心甘情愿、甚至乐此不疲，这是高级的规训。参见王鉴《教育规训：批判与反思》，《教育科学研究》2009 年第 1 期。

③ 齐学红：《走在回家的路上》，北京师范大学出版社 2005 年版，第 57 页。

是表示价值或成绩的物质的大学或教室空间。这是一种经常性变动。人们通过这种变动在由间隔序列划分的空间中替换着位置。"①这种等级化还突出地表现在各种类型的分班中。学生自入学之日起，就进入了一个随时被裁决和划分的等级场域，依据考试成绩，学生被分成了不同的班级，最常见的就是快慢班之分。学校为每个班级配置不同的资源，把最好的教师和教学资源配置给快班。九（3）班就是这样一个快班，班主任明确地告诉全班学生，"少和九（1）班的学生在一起玩，他们成绩差，不想学，跟他们玩会变坏的"。

考试则是划分等级的标准。根据考试的规范化裁决，每个学生都被放置在一个相互比较的场域，编在班级的"排位龙虎榜"上。分级化由此让规训权力的罗网发挥作用，创设出量化的标准，根据表现、成绩对每个学生评定不同的价值，然后分级排名。通过这些标准所产生的压力，迫使学生就范。福柯认为，考试是一个"宰制的空间"（Space of Domination），是一个强迫个体社会化的过程。一旦学生在某次重要的考试中失败，便可能被标定为"后进生"。在考试的过程中，已经出现了把每个人都变成个案的情况。"随着权力变得愈益隐蔽、愈益有效，受其影响的人趋向于更强烈的个人化。权力的形式所借助的是监视而不是盛大仪式，是观察而不是纪念性文字，是以'规范'为参照的比较度量而不是以祖先为参照物的家谱，是'差距'而不是功绩。"② 于是，我们发现在一个以考试为等级标定的规训制度中，每一个儿童都被"科学"地标记上了"优秀"、"良好"、"及格"等评定等级。它规定着学生必须达到的平均标准，排列着每个人的能力、水准和"性质"。通过这种"赋予价值"的度量，造成一种必须整齐划一的压力。它具有比较、区分、排列、同化、排斥的规范功能。③

班级中的空间在现代学校中也被彻底地"合理化"了，其主导原则是便于管理，确保安全与高效，确保使每个学生都处于教师的监控之下，并保证群体生活的秩序，保证教学目标（将课程传授给学生）的达成。

---

① ［法］米歇尔·福柯：《规训与惩罚》，刘北成等译，三联书店1999年版，第166页。

② 同上书，第216页。

③ ［美］华勒斯坦等：《学科·知识·权力》，刘健芝等编译，三联书店1999年版，第45—46页。

八（2）班实行的小组控制策略，则是对班级空间管理最好的体现。这里的小组控制策略，就是指将班级分成多个小组，教师控制小组长，小组长控制组内的其他成员，形成了一种管理的等级结构。在科层社会组织中，分层管理、分层负责是一种基本的管理的手段，八（2）班的小组控制策略则可看作是一种具体而微观的科层组织形式。①

　　访谈片段：（课间）
　　研究者：你是怎样对班上的学生进行管理的？
　　王老师：我主要是按照合作小组的方式来进行管理的。我将学生分为四个大组，每个组都有一个正组长和一个副组长。当然，组长必须是成绩好的，要不怎么辅导和管理其他学生呢？组长主要负责管理十个左右的学生。这样一方面便于老师管理，另一方面便于学生形成组内互相学习、互相竞争的学习氛围。
　　研究者：那每个小组的十个人又是怎样组合的呢？
　　王老师：主要是学生自愿组合，他们之间可以互相协商，根据自己的学习成绩和确定的各组组长名单，提出自己想加入的小组。如果加入之后觉得不合适，可以自己私底下跟小组长商量，进行调换。
　　研究者：我看了一下每个小组的名单，发现有些学习小组只有六个人，而有的学习小组却有十多个人，小组之间显得不太持衡。这又如何在小组之间展开竞争呢？
　　王老师：这个啊，名单是小组长和学生自己协商拟定的。当然，这里面可能也存在小组长对某些同学的偏爱，但总的来说，我觉得还是可以采纳的。如果有些地方需要调整的话，我也会说出我的意见。一般来说，一个小组成员的座位都是安排在一起的。但有个别学生就没有小组长敢接收。比如说何昌东，他上课又爱讲话，成绩又差，组长的话他也不听。像他这样的学生，只能由我亲自管理。我把他的座位安排在第一排靠墙的位置，就在老师的眼皮底下，这样还稍微好

---

　　① 从社会学来说，学校是一种科层权威体制，在学校中我们都会发现各种不同的职务和岗位，各种职务岗位具有层级性，并且存在严格的规范制约着学校中的各种社会角色，这是学校运作效率的要求在一般科层制中，处于不同岗位的垂直等级系列中的个体，岗位的职责和义务被明确规定下来，上下级的角色关系和运作过程已经形成惯例，严格运行的行政序列是没有人情可言的。

些。如果让他坐后面的话，他上课一闹起来，纪律根本无法保证，老师的课都上不下去。其他同学的座位一周可以调换一下，他的座位是永远不变的……我每天都会给他敲警钟，但他还是经常完不成作业，没办法，基础太差了。

研究者：你让学生自己组合，不担心他们上课会说话、做小动作吗？

王老师：我会观察一段时间，如果有这样的情况发生，我会把他们调开，换一些文静的学生插到这个小组来，有时必要的时候我也会让男女生搭配着分在一组。让他们自己选择是给他们一个民主的机会，如果他们不珍惜这个机会，我也会按照我的意思来调整小组成员的。

研究者：我发现你们班的好学生都坐在前四排，是他们自己选择的还是你安排的呢？

王老师：我给了组长两个权力，首先是他们在小组中可以先选择座位，其次是他们可以安排他们的小组成员的座位。因此座位方面的事情都是由组长和组员之间自己调整协商的。这样比老师自己安排的要好一些，学生意见也要少一些。

研究者：教室的后排空了好多位置，这些学生都到哪里去了？

王老师：哦，他们都去参加都匀市五十周年市庆去了，大概要一星期左右才能回来。说实在的，这些学生都是平时不怎么爱学的，他们不在，纪律还好些。乡里来挑人参加活动时，我已告诉他们不要挑选好学生参加，坐后面的那些学生正好也想去，我就让他们去了。

（2008 年 9 月 22 日访谈记录）

王老师的这种管理采用的是小组控制技术，组长在其中有控制其他学生的权力，这种具体而微观的"科层组织形式"的目的本身就是一种控制的技术，学生所处空间的安置也是为了形成有效的管理，这种在空间场域或者在流动场域中的位置预示着个体的身份和表现以及交往关系。班级中的管理技术，学生之间的监督、模范、表现状态、教师的命令等显示了学生个体必须要完成的被规训的活动。这些方式都在制造着个体，既把个人当作塑造的对象，又把个体化当作教育规训实现的媒介，即规训只有针对具体的个人才有力量。① 从八（2）班的管理方式我们可以看出，在班级中，只要学习成绩优异，就获得了一种学校、国家和社会正式认可的能力，它使这些学习优异者拥有"一种文化的、约定俗成的、经久不变的、有合法保障的价值"。学校以成绩好坏将学生之间极小的差异放大成为"明显的、绝对的、持久的差异"②，本身就是一种权力的确认和"身份证明"。为了获得这种社会性的公众认同，学生在等级场域中进行竞争，学校系统也以一种"认知机器"进行着顺序评定和等级排列的运作，这些活动虽然具有各种各样中立的表象，但却再生产着既存的社会分类体系，并因此打上国家认可的标志。③

（三）与非教育空间的脱域

学校作为一种社会组织形式，是一种特殊的社会空间。学校空间通过物理和意义上的区隔在其自身内部建立起制度化的空间建构。而与更大的社会空间的联结，则是通过与地方"脱域"的方式来实现的。④由此可见，学校的功能不仅只是维持受教育人群内部的差异和分化，它所承载的文化也系统地把受教育者和其他社会成员区分开来。⑤

"脱域"概念是英国社会学家吉登斯提出来的。他认为，"脱域"是指"社会关系从彼此互动的地域性关联中，从对不确定的时间的无限穿越而被重构的关联中'脱离出来'"⑥。学校空间在与非教育空间的"脱域"关系上，主要体现在三个方面：

首先是学生与民族社区的"脱域"。在当地人的眼里，学校是政府和教育行政部门设置在村落这个地域范围内的国家机构，与乡土社会是截然不同的两个世界。学校用围墙把自己与外部隔离开来，使学校变成一块封闭的"飞地"，学生只与主流文化的社会代表——教师接触，实际上是与民族社区相分离，成为社会空间的"后台"。这样便造成了学生与民族社

---

① 金生鈜：《规训与教化》，教育科学出版社 2004 年版，第 98 页。

② 包亚明主编：《文化资本与社会炼金术》，上海人民出版社 1997 年版，第 200 页。

③ 胡春光：《学校生活中的规训与抗拒》，博士学位论文，华中师范大学，2007 年，第 118 页。

④ 石艳：《区隔与脱域——学校空间的社会学分析》，《教育科学》2006 年第 8 期。

⑤ ［英］麦克·F. D. 扬主编：《知识与控制：教育社会学新探》，谢维和、朱旭东等译，华东师范大学出版社 2002 年版，第 201 页。

⑥ ［英］吉登斯：《现代性的后果》，译林出版社 2000 年版，第 18 页。

区行为和思想上的距离，使学生越来越远离自己生身的土地和民族文化，成为学校教育精心培育下的现代公民，在使其脱离了当地民族社区的同时，也被纳入到一种体现公民身份的体制当中。

戈夫曼也以"框框之外的活动"为题，讨论了被纳入官方/主要活动领域（框框内）的人，如何与框架之外的活动划清界限的拟剧表演。①他指出，"任何活动具有依照特殊规则而编排或指定的固定框架……"在某种活动发生的同时同地，不可避免有其他路线的次要活动，即"框框之外的活动"发生。"框框外的活动"沦为次等地位而被"框框内的活动"主体视而不见，完全是官方或主要活动所主导的特殊规则规范的结果。框内人犹如一个"棋子"由规则摆布、按规范表演而不理睬框外人的行为，表现了文化作为规则规范对人的约束，也因此体现了文化的相当自主性。在他看来，一方面，"框框之外的活动"被剥夺任何形式的关心和注意的事实，必然会"使每一个参与活动者事先或无时无刻不在环境结构之下为自己定位"；另一方面，所谓框里框外的划分亦一定依赖社会性的分类抑或结构的分化。

其次是学校教师与民族社区的"脱域"。为了保证学校文化的独立性与唯一性，避免外界因素的干扰，教师极力维持着学校的封闭性和排他性，借以维护自己的地位以及所谓的知识分子与非知识分子之间的距离，非学校人员被当做学校教育的局外人。由此，空间在此起到了维持人际边界的作用。近年来，随着国家对教师专业化的要求不断加强，如学历达标、教育教学能力、职业道德规范等，学校加强了对教师的管理，在使教师队伍逐渐国家化的同时，也使教师从乡村社区中脱离出来，成为与地方社区完全隔离开来的特殊群体，逐渐疏远了乡村社区，游离于乡村社会之外。

中心校的教师大多数是外乡人，特别是近几年招聘的教师。他们只同自己的学生而不同周围的社区发生任何关系，在当地村民看来，教师都是端铁饭碗的公家人，是"有文化"的代表人物，他们无论从语言上还是行为方式上，都使用着与当地村民完全不一样的话语和行为方式。他们与乡村社会的关系若即若离。他们虽然住在乡村，但在村民的

---

① 转引自周怡《文化社会学发展之争辩：概念、关系及思考》，《社会学研究》2004 年第 5 期。

眼里又完全超然于乡村。每天校门一关，一把把"铁将军"锁住的房门，让他们在村落中完全自成一体。"学校有它看得见看不见的围墙，在成片的农舍与田野中间显得既特别又孤单。"①中心校两地分居的家庭很多，每到周五下午，有一半以上的教师都会赶往自己在外地的家。有些家住石龙的教师，为了子女以后的教育，也纷纷在都匀购置了新房，周五赶着去城里过两天城市的日子。在村小或教学点上课的老师，则是白天骑着摩托车到村里给孩子们上课，晚上骑着摩托车回乡里"栖息"，教师与乡民生活、乡村孩子的距离越来越疏远。这种乡村教师与乡村生活的逐渐隔膜与疏远，也反映了乡村教育与生活的脱节，乡村教育的目标建构、课程设置、教师管理等方面游离于地方社区之外，教师只是在围墙内实现教育和文化传递的职责，对校外的乡村生活，他们也感到茫然和无奈。

李建东博士在考察甘肃靖远县及其他23个县指出："政府在不断地增加乡村教师报酬的同时也在某种程度上提高了乡村教师的社会地位，政府对乡村教师的学历要求、进修培训也确实提高了乡村教师的教学水平，但是乡村教育毕竟是乡村的教育，需要得到乡村地方社区的理解与支持，乡村教师毕竟是乡村地方社区的成员，需要把乡村教师融合到乡村地方社区活动中去，并得到乡村地方社区其他成员的认可与尊敬。"②

最后，表现得最明显的就是学校空间对知识的筛选和传递，由此所造成的学生与民族文化和地方性知识的"脱域"。现代学校传递的是普适性的知识，这种知识完全脱离了地方化色彩，远离了现实生活的土壤，成为"工具理性"下成人设计的精致"花瓶"和抽象的象征符号。当这种象征符号将社会关系从即时的背景中抽离出来的时候，现代学校就扮演着将行动者与现代社会"抽象体系"实行整合的角色。③在这种状况下，往往是主体参与的具有地方性和缄默性的知识，却存在着"场域合法性"的问题，登不上学校空间的大雅之堂，内退到了私领域。于是，学校被分离出

① 李书磊：《村落中的"国家"——文化变迁中的乡村学校》，浙江教育出版社1999年版，第12页。

② 李建东：《政府、地方社区与乡村教师：靖远县及23个县比较研究》，博士学位论文，北京大学，2005年，第107页。

③ 吴康宁：《教育社会学》，人民教育出版社1998年版，第151页。

由地方性知识支撑的社会之外，抽象知识、评分、考试形成了鲜明的学制规则和学究等级，学生学习的是无情境化的抽象符号，当下发生的实践并没在文字符号系统中产生多少共鸣。学校空间通过与当地民族社区场景脱离，促使社会化中的主体分离于地方社会的情境色彩，与整体的社会空间相融合并相互促进。①

学校空间与非教育空间的"脱域"，使学生成为"框框内的人"。学生在获取知识的同时，行为习惯也得到了训练，从一个懵懂无知的孩子变成了一个"文化人"，获得了一定阶级的身份与文化。这正是学校教育在完成知识传输、升学考试等表面化的外在功利目的背后的深层次的社会功能。在这一过程中，学校实现了对于未成年人的塑造。②从这个意义上讲，现代学校制度的作用不亚于监狱。按照福柯的理论，现代社会构成一种"圆形监狱图式"，他把所有的社会领域都覆盖在一张巨大的"监狱网"下面，而这一监狱网的首要功能就是实现"规范化"。纪律的作用原来只限于排斥、补过、禁闭或者撤出，现在则已从社会的边缘移动到它的生命中枢来发挥重大作用了。从这个意义上讲，学校的作用不仅是传授知识，更重要的是形成约束和规范，正所谓"没有规矩不成方圆"，学校就是这样实现着对学生的塑造功能的。③

第二节　制度文化的管理

学校的制度文化是指社会（统治阶级）或者说国家期待学校（包括其各类成员）具有的文化，包括信念、价值观、态度及行为方式等。它体现着国家对学校在文化方面的正式要求，并通常以国家正式文件的形式被明确规定下来。④本书所说的制度文化主要是就国家针对学生所制定的各项规范、规章制度而言。这些规范和规章制度是国家所确认的主导学生日常行为的规范体系与组织活动，体现着国家对学生在行为与思想方面的基本要求，反映着国家的意志，是国家对学生的基本素质规定。它构成了

---

① 石艳：《区隔与脱域——学校空间的社会学分析》，《教育科学》2006 年第 8 期。

② 齐学红：《走在回家的路上》，北京师范大学出版社 2005 年版，第 57 页。

③ 同上书，第 58 页。

④ 吴康宁：《学校组织的社会学分析》，载鲁洁主编《教育社会学》，人民教育出版社 1990 年版，第 373 页。

对于学生而言更为直接的来自国家的约束力量。并且，这种执行完全来自于学校教育者的自觉认同。[①]

石龙中心校十分重视对学生的规范化管理，并竭力通过规章制度等形式来塑造并规划学生在学校的日常生活，监督学生的日常行为、姿态仪表等，以实现对学生的控制和管理。这样一来，"一种精心计算的强制力漫漫通过人体的各个部分，控制着人体，使之变得柔韧敏捷。这种强制不知不觉地变成习惯性动作"[②]。我们可以从《石龙中心校学生管理规定》中窥见一斑。

石龙中心校学生管理暂行规定

为了加强对学生的管理，严肃校纪，规范学生行为，为学生营造一种良好的学习环境，使学生养成积极向上，奋发拼搏，遵纪守法，努力学习的习惯，做一名品学兼优的学生，为今后步入社会奠定良好的基础。为此，特制定本规定：

一　凡我校学生都必须遵守国家法律和《中小学生守则》以及《中小学生日常行为规范》，遵守班级公约，服从学校教师的安排，认真履行学习义务与职责，努力提高自己的文化知识水平，争当一名品学兼优的学生。

二　按时到校，不迟到，不早退，不旷课，做到有事请假。

三　上课遵守纪律，专心听讲，勤于思考，认真完成作业。

四　生活俭朴，讲究卫生，不吸烟，不酗酒，不随地吐痰，不乱扔杂物、果皮，不谈恋爱。

五　爱护公物，损坏东西要赔，不在黑板、墙壁、课桌、布告栏等处涂画。

六　按时参加升（降）旗仪式，积极参加有益的班、校活动。

七　穿戴整洁，朴素大方，不烫发、染发、化妆、佩戴首饰、男生不留长发，女生不穿高跟鞋。

---

① 王有升：《被"规限"的教育——学校生活的社会建构》，博士学位论文，南京师范大学，2002年，第72页。

② ［法］米歇尔·福柯：《规训与惩罚》，刘北成等译，三联书店1999年版，第153页。

八　举止文明，不打架、骂人、不说脏话、下流话，不参与任何形式的赌博活动，不进台球室、游戏室，不看色情凶杀书刊、影视，不唱不健康歌曲，不参与迷信、邪教活动。

九　在校园内，使用普通话交流，注意文明礼貌，常使用文明用语，遇见长辈、老师、领导，要主动问好，同学间文明、诚信、真诚相待。

十　积极向上，奋发努力，把信心留给自己，把衷心献给祖国，把孝心献给父母，把爱心奉给他人，把关心留给别人。

十一　按时参加早、晚自习，自觉遵守课堂纪律，不串位，不吵闹，保持课堂安静。

十二　对长辈、老师有意见，应有礼貌提出，不要脾气，不顶撞。

十三　爱惜庄稼、花草、树木，保护生态环境，不乱攀摘花草树木，糟蹋庄稼。

十四　注重个人仪表，在校内，不准穿背心，短裤衩，拖鞋，不准披衣散扣。

十五　课间不准在走道、楼梯间打闹。

十六　注意安全，严防事故，不准在住处点煤油灯，蜡烛，私接电线，使用电炉。

十七　注重公共卫生，教室、寝室、环境等坚持每天两小扫，每周一大扫，做到地面无脏物，沟渠无污水，桌面无灰尘，室内无杂物，随时发现，随时打扫。

十八　具有以下情形之一的，学校将视其情况对学生个人给予必要处理。

1. 学年内，旷课累计超过 20 节或迟到、早退 40 次的给予通报批评，初三学生除通报批评以外，缓发毕业证。

2. 进入台球室打台球或游戏五次以上的，给予通报批评，经教育屡次不改的给予记过处分，初三学生不发毕业证。

3. 参加赌博五次以上，经教育仍不改的，给予严重警告，初三学生不发毕业证。

4. 有打架斗殴，偷窃行为的，给予留校察看处分，并负担所造成损失的赔偿。情节严重的，送交公安机关处理。

5. 故意诋毁他人人格，造谣中伤，造成损害的给予通报批评。

6. 聚众闹事，参与他人打群架，造成不良后果的，给予勒令退学处理。

7. 酗酒闹事，在校谈爱，吸烟，参与社会不良活动，视其情节，给予严肃处理。

8. 具有经济能力而又故意拖欠应交学校经费的，视其数额给予处理，初三学生不发毕业证。

9. 和老师吵架、打架、侮辱教师，造成教师伤害的，视其情节，给予严肃处理。

10. 故意损坏学校公物，损失严重的，除勒令赔偿外，作记过处分。

　　这么一份规范，基本涵盖了中学生日常生活的方方面面，内容包括了基本的道德规范、文明礼仪、生活与学习习惯、社会公德、个人安全与卫生等，并给出了相应的惩罚措施，不能不让人感到学校的良苦用心。任何特定的规范都是有其所针对的情境的，都是存在于特定的时空背景之下的，受到社会整体状况及历史背景的影响，反映着特定的价值观念。作为学校制定并推行的行为规范必然体现着国家的意志，反映着国家主导的价值观念。如同课程领域是一个社会权力斗争的领域一样，规范领域更是直接与社会中的各种主导力量密切相关。①

　　在遵守国家法律和国家制定的行为规范的前提下，提高学习成绩成为学生首要的任务。从学校对学生学习成绩的重视上，我们可以看到学习成绩对乡村孩子的意义。民族学校教育一样要受到中考和高考指挥棒的指挥，一样要挤入应试的大潮中去。少数民族孩子一旦考上重点高中乃至重点大学，就意味着他们可以离开落后的乡村，堂而皇之地走进城市的大门，过着早已从教科书上领略过的城市人的日子，从而实现他们整个人生的改变。因此，学校里的一切行为都以提高成绩为指针，质量成为学校的生命和存在的根基。从中心校制订的这份《管理规定》上，我们还可以看到，接下来的两条同样是以学习成绩为中心制订的。只有做到按时到

　　① 王有升：《被"规限"的教育——学校生活的社会建构》，博士学位论文，南京师范大学，2002年，第74页。

校，上课专心听讲，认真完成作业，才能提高学习成绩。这两条作为对第一条的补充，或许我们可以把民族学校以提高成绩为其旨归的教育目的看得更清楚一些。但是，真正做到了上面的这些规定，学习成绩就能够提高了吗？很多九年级的学生经常和我谈起他们的苦恼："我觉得自己已经很尽力了，完全是按照老师的要求来做的，可为什么学习成绩老提不上去呢？是我的学习方法不对呢？还是其他的什么原因？"在我与他们相处的日子里，他们问得最多的问题就是"如何提高学习成绩？"由此可见，提高学习成绩已成为他们在学校中最重要的事情。除此之外，其他的事情很难引起他们的兴趣。他们肩上背负着家庭的期待、学校的重托以及对自身前途的忧虑。如果站在这些孩子的角度考虑的话，他们的处境的确让人堪忧。但是，学校教育尤其是民族学校教育的目的就仅止于此吗？升学率注定只能成为民族学校教育的旨归吗？

在学校的日常生活中，各种各样的规则对学生的行为进行了规范。通过所选择的技术，按照预定的效果或期望，不仅使学生在"做什么"方面，而且在"怎么做"方面都符合国家和学校教育的期望。"现代性教育试图用规训的技术、规训的道德、规训的知识为人们装备上最具生产力的功能，交给人们获取各种利益的手段。"①石龙中心校明确地规定了诸多条文，以使规训的效果渗透在校园的每个角落。中心校每层楼梯的拐弯处和班级的后门上都贴有"在校园内，请使用普通话交流"的告示牌。普通话作为乡土社会外在的强势语言，对于乡村的孩子来说是陌生的。在中心校以及很多村小和办学点，学生读课文时的普通话尚且不够熟练，又如何能使用普通话进行交流呢？"在校园内使用普通话交流"对于他们来说，几乎是一件遥不可及的事情。但是，这是学校致力要实现的目标，学生也只能在不断的实践中努力达到这一目标。这不仅是为了他们以后向上流动的需要，也是为了以后生存的需要。我到很多村寨进行访谈时发现，家长们对于普通话的价值有着另一种解释，"我家小娃仔的学习没（不）好，他自己也说可能考不起重点高中，想出去打工。我想等他拿到了初中毕业证，又会说点普通话，出去打工应该是可以了"。在家长的眼中，学会普通话，可以成为向外流动的一个资本，"只会土话（布依语），不会客话

① 金生鈜：《规训与教化》，教育科学出版社2004年版，封面页。

（汉语）是不行的。出去（打工）都没人听得懂"。①到学校读书被化约为
"会说普通话"，普通话成为学生外出打工的通行证之一。另外一个通行
证则是初中毕业证。我在去石龙乡的途中，随处可见这样的标语——
"读完初中，再去打工"。这样的标语固然值得商榷，但从中我们也可以
掂量出初中毕业证在当地民族社区的分量。因此，"普通话＋初中毕业
证＝外出打工"，这样的等式是学校在制订规则时无论如何也没想到的结
果。学校极力推行的普通话恰恰凸显了学校的外向型设置。

　　至于在其他行为规范方面，对"按时参加升、降旗仪式"的要求，
不仅仅诉诸观念层面，而且必须通过具体的行为表现出来，即要会唱国
歌，并且要执行严格的行为规定以示庄重。通过对象征着国家的符号所表
现出的庄严敬重以强化国家的威严，强化对国家的敬重之心，这可以说是
自现代民族国家产生以来的学校教育的普遍特征，少数民族地区的学校教
育也概莫能外。爱国、对国家的敬重被看做学生的首要品质。作为烈士用
鲜血染红的红领巾，是学校日常行为养成及常规检查的重要组成部分，每
个小学生在学校一天中的大多数时间里都要戴红领巾，在这方面学校有严
格的检查制度和相应的惩戒措施。

　　现代教育，尤其是中小学教育，从本质上来讲是一项国家事业，它从
一开始就与现代意义上的民族国家密不可分，现代学校教育就是伴随着现
代民族国家的形成而形成的。西方马克思主义学者路易斯·奥尔萨瑟认为：
"学校是一种国家机器。"②对于当今的中小学来说，这一论断同样成立。

　　学校中的国家规范作为对学生的思想与行为产生直接影响的"法定
知识"，体现着国家的意志，构成学校不可超越的力量，也将在每个学生
的心头产生持久的影响。它既是一种发展性力量，也是一种控制性力量，
这种力量来自于国家的权力。国家一方面对个体进行适应性的安置和社会
资本的预分配，使个体自觉地追随规范化，成为符合规范要求的标准化的
人；另一方面针对个体"越轨"和"违轨"的可能性和现实性进行纠正，
这主要是通过规范化技术来实现。规范化技术即在纪律中通过贯彻一种整
齐划一的强制原则来实现规范化和标准化。规范化技术意味着通过个人行

　　①　笔者与当地村民的访谈记录。
　　②　［英］戴维·布莱克莱吉、巴里·亨特：《当代教育社会学流派》，王波等译，春秋出版社
1989年版，第178页。

为与规范的强制性对照，逼迫学生产生一种犯错的羞愧和对惩罚的接受感，产生价值上的无助感。当然，规范化并不是彻底消除差异，它在规范化的价值上排列每个人的能力、素质以及未来。所以规范化具有两种效果：①

　　一是根据能力和表现即毕业后的使用前途来编排学生；二是对学生施加经常性的压力，使之符合同一模式，使他们学会"服从、驯服、学习与操练时专心致志，正确地履行职责和遵守各种纪律"。这样，他们就会变得大同小异，相差无几。②

中心校对学生的违规行为也做出了一些相应的惩处规定。让人颇感回味的是，在《石龙中心校学生管理规定》中，学校对违纪的学生的处理，最雷同的就是"不发毕业证"。这无疑加大了学生向外流动的难度，变相地阻止学生从农村走向城市，而这正是让学生感到致命的地方。九年级每年大概有150名左右的毕业生，但只有一半左右的学生报考高中，其余的学生早就将自己的未来定位为就读职业学校或外出打工。实际上，外出打工的学生比例远远高出就读职业学校学生的比例。按照每年考上高中的四五十人计算，剩余的一百名左右的学生中，一般有七八十人左右会选择外出打工。这种比例近年来不仅没有下降，反而有上升的趋势。在当地，打工已成为一种很受欢迎的方式。因此，"不发毕业证"或者"缓发毕业证"，也算是学校对制度文化的本土化理解吧。过去对学生进行的体罚教育，是让学生产生肉体上的疼痛感，宣传一种公开展示恐怖的警戒作用。在规训化的学校教育中，惩戒不再是一种展示的仪式，而是一种表示阻碍的符号，如"不发毕业证"等惩罚措施，其达到的效果远远超过了对学生肉体的体罚，它使越轨者不再有重犯错误的愿望且不再有效仿者。

有学者认为，"任何学校制度文化都只体现着统治阶层对学校的要求，而不可能体现所有社会阶层与社会群体的要求……学校制度文化的社会性质因统治阶级的状况而异，若统治阶层的需要适应于时代的发展，则

---

① 金生鈜：《规训与教化》，教育科学出版社2004年版，第99页。
② ［法］米歇尔·福柯：《规训与惩罚》，刘北成等译，三联书店1999年版，第206页。

学校制度文化便是'顺时文化'，反之则会成为'背时文化'，若统治阶层的意志与其他多数社会阶层、社会群体的利益相符，则学校制度文化便是'合群文化'，反之则会成为'孤独文化'。在前一种状况下，学校制度文化可以发挥正向社会功能，而在后一种状况下，则只能产生负向社会功能"①。

从中心校的规章制度中，我们可以看到，所有强加于学生的一系列规则、制度以及与之相配套的具体惩罚措施过度地强化了社会文化所赋予的权威，这种国家规范所体现出的国家和主流文化取向与民族学校教育本身的理念有了一些裂痕，这势必影响着它的功能效应。"规训是在压抑生命需要的基础上，为了某种外在的利益而对学生进行控制的手段。"②而且，学校规范体系提供价值目标的唯一性、权威性和合法性，使得个体只有被动地、无可奈何地认可和服从，这势必会引起学生的抵制。涂尔干也认为，"我们抵制这样一种规范，因为这种规范明显是强加给儿童的，它唯一的目的，就是使教师很容易整齐划一地完成他的任务"③。

第三节　仪式的渗透

涂尔干认为，仪式的最初起源是来自于人类对宗教的一种崇拜行为所衍生出来的宗教活动，仪式表达的是部落社会共同一致的禁忌观念、价值观念、社会情感等等。通过仪式的举行，可以将社会集体的象征融化到个体心中，成为个人对所属社会或团体的认知基础与相互沟通的主要来源；通过仪式的举行，可以将神圣性与世俗性区分开来，并由仪式的转化功能将参与仪式的人象征性地由世俗领域带进神圣的殿堂。随着时间的更迭，在现代社会中，仪式的意义已经不再以宗教活动为主要依据，凡是具有戏剧性、规律性、宣传性的象征方式展现在日常生活当中的符号或文本都具有仪式的作用。④学校作为支配阶层文化和价值取向宣扬的场所，必须借

---

① 鲁洁主编：《教育社会学》，人民教育出版社1990年版，第373—374页。

② 冯建军：《规训与纪律》，《教育科学研究》2003年第12期。

③ 涂尔干：《论教育》，瞿菊农译，载《世界教育名著通览》，湖北教育出版社1994年版，第145—146页。

④ 胡春光：《学校生活中的规训与抗拒》，博士学位论文，华中师范大学，2007年，第94页。

助一些神圣的活动对支配阶层的文化和价值取向进行宣讲和传递。在学校生活中，扮演这种意识形态合法化的主要活动是仪式。学校在一定程度上，"既是社会神话的收藏者，又是将社会神话所含种种矛盾加以制度化的承担者，同时还是仪式的实施场所，这些仪式再生产出、并掩饰神话与现实之间的矛盾"①。

学校中的国家仪式是由国家统一要求的全体学生都必须参加的仪式，是抽象的国家在学校中的具体体现。在石龙中心校，最频繁的仪式就是升旗仪式。另外还有捐赠仪式和会餐仪式，也是定期都要举行的。

一 升旗仪式

升旗仪式往往是国家权力在学校生活中的一种周期性的强化。空间、时间、组成人员等等，俨然是向国家权力宣誓忠诚的动员大会。这种升旗仪式借助于象征力量实现着权力的运作，成为"国家"在学校的一种意象，"庄严"渗透着整个升旗仪式过程。学校为此还专门制订了一份升（降）国旗制度。

石龙中心校升（降）国旗制度

为了贯彻执行国家教委《关于施行＜中华人民共和国国旗法＞严格中小学升降国旗制度的通知》，严肃升降国旗制度，对学生进行爱国主义教育，特制定本制度。

一 全体师生必须自觉遵守《国旗法》。

二 升旗仪式在每周星期一早晨举行（寒暑假除外，遇到恶劣天气可不举行）。

三 重大节日或纪念日应举行升旗仪式。

四 举行升旗仪式时，在校的全体师生参加，整齐列队面向国旗，肃立致敬。

五 出旗时，旗手持旗，护旗在旗手两侧，齐步走向旗台，在场的全体师生立正站立。

① ［美］伊里奇：《非学校化社会》，吴康宁译，桂冠图书股份有限公司1992年版，第53页。

　　六　升旗时，奏国歌，全体师生行注目礼，少先队员行队礼。全体师生唱国歌要整齐洪亮。

　　七　国旗下讲话由校长、教师、劳动模范、先进人物等作简短而有教育意义的讲话。

　　八　每日傍晚静校前，由旗手和护旗按《国旗法》第十六条规定降旗。

　　九　每日升降旗（不举行仪式时），凡经过现场的师生与员工都应面对国旗，自觉肃立，待国旗升降完毕时方可自由行动。

　　十　旗手护旗由团支部选举产生，并轮流担任，经严格训练后方可执行升降旗任务。

　　十一　各班级、少先队、共青团组织要开展丰富多彩的教育活动，深入进行爱国主义和革命传统教育。

　　十二　学校将升降旗仪式的出勤，纪律纳入班级的考核内容。（具体的材料由团支部，少先队提供。）

　　学校每星期都要举行一次制度化的升旗仪式，时间安排在星期一的早操之后。星期一通常象征着一个新的轮回的开始，而早晨则代表着一种蒸蒸日上的权力。之所以在公共空间举行升旗仪式，主要是象征这是一个公众的事件，必须在具有公共空间意义的场所——操场进行，以示"庄严"；全体师生的全部参与象征着个人与结构的和谐。[①]在此基础上，还需要一些有资格的人员来完成仪式的表演。空间对于仪式的表演具有非常重要的作用。在空间中，升旗仪式可以通过物化的建筑来构建一种神圣权力的象征。高高的旗台，笔直的金属旗杆矗立在公共空间比较醒目的位置。参与仪式的人员以旗台和旗杆为坐标，根据自己的身份来进入升旗仪式的程序。离旗台较近的人员主要是学校领导和大部分教师，还有升旗手和护旗手，这些是仪式中具有重要身份的人员。面向旗台肃立的主要是作为群众的广大学生和每一个班级的班主任教师。在这个"庄严"的公共空间，每一个参与者由于身份的不同和扮演角色的差异，以旗台为中心，把他们在学校生活中的秩序整个呈现了出来。升旗仪式的进行往往会引来许多到

----

　　① 常亚慧：《沉默的力量——学校空间中教师与国家的互动》，博士学位论文，南京师范大学，2007年，第40—41页。

地里干活路过学校的村民流连观看，他们会围聚在石龙中心校的铁门外（教学点没有校门，升旗仪式通常也不正常举行），一直观看到升旗仪式结束，才三三两两地离去。

在庄严的国歌声中，几名旗手持国旗缓缓升起，几名护旗手庄严伫立一旁致礼，升旗中队的其他同学围着旗台排队行队礼，全体学生身着校服按班级整齐排列行队礼，除了班主任老师站在班级前面管理本班学生外，其他教师也在一旁列成一个方队行注目礼。仪式由升旗中队的几个同学主持，升旗之后，是"国旗下的讲话"，一般是由校长、教师、劳动模范或先进人物讲话，讲话主题大多是爱国主义、革命传统、热爱学习、热爱生活之类的道德教育。学生代表的讲话内容主要涉及遵守纪律、热爱集体、认真学习等方面。由于处在这样一种庄严隆重的氛围之下，讲话的主题也倍显庄重。"仪式可以转化支配性社会秩序的规则与价值观，使参与者能够反思他们在支配文化中的位置以及他们自己理解的过程，……仪式也有政治性的一面，可以体现和传递某种意识形态或世界观。"①由此，升旗仪式中各种讲话借助于语言符号的渗透性，为学校的政治功能和意识形态的合法化做了辩护。

现代学校教育是伴随着现代民族国家的形成而形成的，"中国的新式学校一开始就同民族国家的观念与实体紧密相连"②。1905年废科举、兴学堂可以说是引入新的民族国家观念，在中国危亡形势之下作出的一种适应，也是国家意识形成的标志性产物。新式学校提出了公民教育的理念，这与传统科举制度的精英选拔制度恰好形成了鲜明的对照。可以说，中国近现代教育的发展，不但对应民族国家概念的建立与成熟，而且本身亦是在不断重申和灌输这一概念。在这样的理念下，新式学校以各种不同的方式和手段强化国家意志在教育中的体现，强化受教育者对国家社会的责任感与身份认同，强化教育的国家性质。

现代教育发展的几十年间，中国的学校不仅作为培养现代人才的国家机器而存在，而且还以鲜明有力的符号系统，如统一的校服、肃穆的校

---

① 常亚慧：《沉默的力量——学校空间中教师与国家的互动》，博士学位论文，南京师范大学，2007年，第42页。

② 李书磊：《村落中的"国家"——文化变迁中的乡村学校》，浙江教育出版社1999年版，第9页。

园、严谨的纪律、激昂的校歌等等来展现重演国家意志和国家形象。解放之后，由于意识形态①作用的强化，使学校里的国家意志更加凸显。在学校课本中，"螺丝钉精神"得到正面倡扬，"为社会主义建设事业添砖加瓦"的宏大叙事以不同方式一再出现，通过各级队团组织和相应仪式，个人被整合到国家形象之内。少先队员的标志红领巾被引申为红旗的一角，由烈士鲜血所染红。在这里，个人与国家、个人经验与历史建构的结合，以精密的符号系统不断得到演示。②

升旗仪式将对学生而言抽象而遥远的"国家"化为具体的符号插入到学校的日常生活中，将抽象的爱国主义教育情感转化为一种身体性的语言，在所塑造的庄严隆重的氛围中渲染着"国家"在校园中的存在。对国家的热爱与忠诚在当今教育中被置于举足轻重的地位。在学校所有例行化的生活与教学活动中，没有任何其他一种仪式被举行得如此庄重。这是当今所有现代学校教育的共同特征。其庄重而神圣的程度绝不亚于宗教仪式，甚至可以说它具有宗教仪式的特征。宗教渲染的是对神灵的忠诚，而它所渲染的是对国家的忠诚；宗教仪式强调人与神灵的对话，而这里也同样包含着"国旗下的讲话"。尽管"国旗下的讲话"内容并不直接与爱国主义有关，但却不可能脱离国家所倡导的基本价值观念。③

二　捐赠仪式

由于社会各界对少数民族学校教育的关注，石龙乡的孩子们经常会获得一些外界的资助。这些资助有来自国内一些爱心企业的款物捐赠，也有来自国外像美国三 E 公司对优秀孩子的跟踪资助等。资助的款额不等，方式也各异。在这样的情况下，为了表示捐赠者对学生的鼓励，也为了表

---

① McLaren 认为，简单地说，意识形态指的是意义的生产。它可以被描述为一种世界观、一个观念体系、种种不同类型的社会实践、惯例程序以及我们往往会当成合乎常情和常识性的表象。它是意义和权力在社会世界中相互交叉的结果。风俗习惯、惯例模式、信念与信仰和价值观念，经常在个体中产生关于他们在社会文化秩序中所处位置的歪曲思想，并因此起着有助于个体安心于他们所处位置的作用及掩饰权力和特权的不平等关系的作用；这有时被称为"意识形态的霸权"。参见 [美] 威廉·F. 派纳、威廉·M. 雷诺兹等《理解课程》，教育科学出版社 2003 年版，第 240 页。

② 李小敏：《村落知识资源与文化权利空间——永宁拖支村的田野研究》，《中国教育：研究与评论》（2），教育科学出版 2003 年版，第 19 页。

③ 胡春光：《学校中的规训与抗拒》，博士学位论文，华中师范大学，2007 年，第 16 页。

示学生对捐赠方的感谢，捐赠仪式就显得很有必要了。我在调查期间，曾参加过几次这样的捐赠活动。

捐赠活动一般由捐赠方委托民委和教育局做代表参加，有时候也由捐赠方自己发放赠品及捐赠资金。如果仪式在中心校举行，乡政府领导人都会应邀参加。各方代表列坐在操场主席台，学生则依班级整齐地排列在操场，整个气氛显得庄重而神圣。捐赠方一般都会勉励孩子认真读书，将来做个对社会有用的人；每个受资助的孩子也会行上一个队礼，以示尊敬和感谢。整个捐赠仪式严肃而紧凑地进行着。

在一次捐赠仪式后，我与一位班主任进行了交流。班主任告诉我：

> 得到资助的学生，一般都是成绩优秀的。我们分派捐助款的时候，通常会结合家庭情况和学生的学习成绩来综合考虑。像那些虽然家庭情况很困难，但学生不愿意学习、学习成绩又差的那种，给了资助也没用。资助款要用在刀刃上，像我们班上学期有个成绩很好的学生，因为家里实在是太贫困了，连住校的40元钱都拿不出来，后来还是我找学校给他免了。这样的学生得到资助后，会更加努力地学习。

在石龙调查期间，我曾在中心校一位教英语的小王老师处搭伙，经常会听到她对这些捐助活动的支持。她是一个苗家女孩，深知读书的不易。她读书期间，也经常得到学校和社会的捐助。上大学期间，她由于得到了一个不知名的好心人的资助，才得以将学业完成。因此，在她的心目中，受到资助和资助别人是一个延续爱心的活动，她决定将这份爱心传递下去。她告诉我，每个月她都会利用别人的名义，资助她所教班级的其中一个男孩子100元，并准备一直支持他到大学毕业。她还把男孩子写的感谢信拿给我看，语气和眼神中充满了快乐与期待。当我问她为什么要采用秘密资助的形式时，她说："我不想让他每天上我的课都感觉到压力，班上的同学知道了也不太好。只要能达到效果，什么资助方式都一样。"我心里涌出一股莫名的感动，正是有了这些知名不知名的捐助，很多贫困的孩子才能慢慢地将自己的梦想变为现实；也正是这些公开的捐赠和秘密的捐赠，才能使更多贫困地区的孩子有机会改变自己的命运。这些孩子成功后，也必然会以自己的方式来回馈社会。

三　会餐仪式

在石龙中心校的日子里，我发现每隔两周就会有一次大规模的会餐活动。会餐前长篇累牍的感恩教育、会餐时细琐繁杂的纪律教育以及会餐后意味深长的激励教育，俨然成为一种例行化的仪式，旨在通过会餐激发学生的爱国热情，鼓舞学生的学习斗志，进而引起学生的情感共鸣，从而达到会餐仪式的深远意义。从这种角度看来，会餐就是一道精心准备的"训导大餐"，学生在集体无意识中愉悦地享受着这顿大餐，并将之化为学习的动力，这无疑是会餐所希冀达到的目标。关于会餐的具体情况，罗校长对我做了介绍：

> 全乡中小学寄宿制学生，中午在校就餐学生，受助学生为961人。中心校的住校生有481人。按照国家每年给学生的住宿补贴，初中是每年750元，小学是每年500元，这样一年下来，我们学校就有十几万的住校生补助。学校每两周杀一头猪给学生改善伙食，平均每个学生一次可以吃三两肉左右，每月一般会有两次这样的会餐。学生平时都吃得很简单，米一般是学生每周从家里带来，学校负责加工，菜一般在食堂吃，每份菜五角钱。即便是这样，都还是有很多学生吃不起菜，只能吃白饭。学生都正在长身体，营养跟不上是不行的，这样会影响学习。国家和都匀市政府都很关心学生的身体健康状况，近一两年来实行了鸡蛋工程，学生在周一、周三、周五可以喝到免费的牛奶，周二和周四可以吃到免费的鸡蛋，每隔两周还可以吃到学校为他们准备的猪肉。只要是住校生都有这样的待遇。所以我经常给他们说，'国家给你们提供免费的课本、又在伙食上给你们这么大的改善，你们应该感到幸运，也应该有颗感恩的心。我们作为学生，最好的感恩办法就是好好学习，这样才不辜负国家对我们的关心。如果这样你们都还不好好学习的话，你们对得起谁？'我虽然这样给他们讲了，听不听还在他们自己。

对于学生来说，虽然每次的会餐仪式显得都比较烦琐，但他们对于会餐却是乐此不疲的。每次会餐之前，下午的第三节课形同虚设，学生在教室里早已按捺不住激动的心情，每个班都沸腾着一股节日的狂欢气氛。下了第三节课后，学生整队进入操场集合，聆听校长的讲话。讲话完毕后，由各班班主任带领各班学生在餐厅指定的位置就座，开始进餐。对于会餐的内涵和价值，学生没有考虑得太多，但会餐在他们的心灵深处，倒也留下了一些痕迹。

> 访谈片段；（会餐仪式后）
>
> 研究者：你们喜欢会餐吗？
>
> 学生1：嗯，喜欢。每天中午食堂的菜都没有什么油水，好多人都等着学校杀猪吃肉呢。（笑）
>
> 学生2：我也喜欢，大家都喜欢。一到杀猪那天，从下午开始，班上就都在谈论着这件事。有时候到时间了没有动静，我们还会问老师怎么不杀猪了呢！（其他围观的学生都笑了）
>
> 学生3：要是我家里的人也能来吃就好了，他们也很少吃猪肉。（其他人都沉默下来）
>
> 研究者：你们知道会餐的费用是谁出的吗？
>
> 学生2：知道，校长都说了，是国家给我们的住宿补贴。那些没有住校的人就没份了。校长和老师都让我们好好学习，才不枉国家对我们的关心呢。
>
> 学生1：我回家给家里老人讲，老人也叫我要好好学习，以后才能天天吃上猪肉。
>
> 学生3：我家里人也是这样讲的。其实我们都很努力了，但成绩老提不上去……
>
> （2008年11月6日访谈记录）

我们可以看到，学校通过种种仪式化行为，"充任了维护模式功能，体现具有浓厚色彩的工具性价值"[1]。不管是升旗仪式，还是捐赠仪式和会餐仪式，都是借助于仪式语言和行为的渗透性，传递着主流意识形态所期待的"好学生"的期望。它使处于其中的每个学生都成为一种观念渗透的符号和载体，使他们知道哪些行为合乎社会理想，值得大力提倡和发扬；哪些行为不符合社会需要，必须坚决予以杜绝和摒弃。通过仪式的规

---

① 刘云杉：《学校生活社会学》，南京师范大学出版社2000年版，第309页。

训，国家和学校得以把隐藏在最深层次的价值观念渗透在个体的意识中，并进一步转化为个体的自觉行为。这一切都是仪式本身具有的深层次的文化功能。

第五章　知识的僭越：学校中的文化传承

　　每个民族文化与日常生活是一张习惯与习俗的无缝之网，它们形成文化整体或体系。这样的文化传统体系，影响到人民的生活方式和语言使用，以及他们如何彼此相处和对待自然，而打破它却是很容易的。一旦它被破坏后，那些结构将再也无法重建。

——弗雷德里克·杰姆逊

第一节　语言的宰制

　　语言是人类认识事物、与他人交流的主要工具，是说话者与听话者之间意义交流的中介。没有语言就没有交流与交往，就没有意义的存在。因此，语言是达成人与人之间共同的表达与意义交流的一种资源。语言既是一种交流的工具，也是一种权力的表征。

一　语言与权力的共生

　　某个位置上的个人和团体要想界定社会代码和价值，就必须控制语言。罗兰·巴特认为，语言是"一套强权人物用来标注、界定和分类的记号系统"。语言总是与社会制度和社会实践联系在一起，它有助于建构"社会身份"，有助于确立"社会关系"，有助于创造知识系统和信仰系统。维特根斯坦也曾经不无深意地说："理解一种语言，就是理解一种生活形式。"①在布迪厄看来，语言关系总是符号权力的关系，通过这种关系，言说者与他们所属的各种群体之间的力量关系转而以一种变相的形式

---

①　陶东风主编：《文化研究》第 5 辑，广西师范大学出版社 2005 年版，第 275 页。

表现出来。①日常语言分析哲学家约翰·奥斯汀（John Austin）更是明确指出："说话即做事"（Do Things with Words）。因此，作为主观与客观"共谋"的产物，语言是我们有效透视组织和个体的行为、权力、关系的一个有效视角。②

语言并不是在社会真空状态下产生的，在任何场域中，语言的使用总是受制于更广大的阶级社会与特定的场域逻辑，它是比社会制度、文化习俗更为深层的存在。社会制度可以变革，文化习俗可以变迁，但语言则较为稳固。作为文化的深层结构和密码，它制约着人的思想，从而也决定着人的命运。③语言的使用不是随意的，是受一定的权力制约的，归根结底，语言所描绘的实际上是持有不同话语的人的身份和地位。福柯对此也有精辟的论述，他认为，"话语（语言）即权力"，语言本身就是权力的体现和反映。语言关系总是符号权力的关系，通过这种关系，言说者和他们所属的各种群体之间的力量关系转而以一种变相的形式表现出来。哪怕是简单的语言交流，也涉及被授予特定社会权威的听众（以及他们分别所属的群体）之间结构复杂、枝节蔓生的历史性权力关系网。

布迪厄把语言的掌握分为两种模式：一种是由家庭教育所传递的，称为"语言的实践掌握"（the Practical Mastery of Language）；一种是学校所要求的，称为"语言的符号掌握"（the Symbolic Mastery of Language）。教育的功能在于把由家庭培养的实践掌握转化成学校所要求的符号掌握。一般来说，优势阶级或支配集团家庭所使用的语言更接近于学校教育所使用的语言，如此，支配集团子女在家庭所养成的习惯、所习得的语言就被转化为一种有利于其学校学习的文化资本，因而他们更容易取得学业成功。而对于弱势群体或被支配集团来说，"语言的实践掌握"和"语言的符号掌握"之间相去甚远，其子女在家庭养成的习惯、习得的语言不仅不能成为学校学习的文化资本，反而为他们在学校的学习设置了障碍，他们也

---

① ［法］皮埃尔·布迪厄、［美］华康德：《实践与反思——反思社会学导引》，李猛、李康译，中央编译出版社 1998 年版，第 191 页。

② 周润智：《力量就是知识——教师职业文化的生产与再生产》，北京师范大学出版社 2005 年版，第 244—245 页。

③ 吴义勤主编：《韩少功研究资料》，山东文艺出版社 2006 年版，第 251—252 页。

因此而更容易被学校所淘汰。[①]也就是说，在教室里，似乎每一个孩子都学习着相同的课程内容，受教于同一个老师，但是由于他们来自不同的阶层或家庭环境，具有不同的文化背景，使用不同的语言编码，那么，这些相同的课程内容对他们而言，意味着不同的含义。如果他们的语言编码与主流语言或者学校通用的语言编码一致，将有利于他们的学习，相反，如果存在差异，将直接对他们的学习造成不利。

二　少数民族语言的异质性

　　同布迪厄一样，教育社会学家伯恩斯坦通过研究不同阶级出身学生语言的差异，认为学生语言的差异导致了其在学校学习的成功与失败。他提出的社会语言代码理论认为，语言是一种文化资本，它嵌于一定的社会关系和社会结构之中。伯恩斯坦区分了人群中存在着的两种最基本的语言编码，一种是精密编码（Elaborated Code），它具有普遍性、关联性、抽象性和规范性等特点，主要存在于中、上层阶级的语言之中；另一种是封闭型编码或局限编码（Restricted Code），它具有特殊性、孤立性、具体性和不规范性的特点，主要存在于下层阶级的语言之中。由于学校教育知识编码属于精密编码，这样，学校教育知识中与中、上层阶级子女生活经验之间便具有某种同质性，因而对于中产阶级来说，取得学业成功变得更为容易。[②]而对于工人阶级来说，学校的符号类型与这些儿童的符号类型是异质的，"在一种限定的编码中，人们所使用的语言更适合于有关实际经验

---

　　① Borudieu P ierre, and Jeanne – Claude Passeron. *Reproduction in Education*, *Society and Culture*. PLondon and Beverly Hills: Sage Publication, 1977, pp. 116 – 120.

　　② 伯恩斯坦引用了霍金斯的如下对比研究结果加以说明：霍金斯把有关一个故事的四张连环画交给两个分别来自中产阶级家庭与工人家庭的五岁儿童，让他们看图讲故事，第一张画的是一些男孩在踢足球，第二张是球飞进了一所房子的窗户，第三张是一位探头往窗外看的妇女和一个做吓人姿势的男人，第四张是孩子们在逃跑。来自中产阶级家庭的儿童讲述的故事是：三个男孩在玩足球，一个孩子把球踢进窗户，球打碎了这扇窗户，孩子们望着它，一个男子走出来朝他们大喊，因为他们把窗子打碎了，于是他们跑开了。这时，那位夫人望着窗外大骂孩子们。而来自工人家庭的儿童讲述的故事是：他们正在玩足球，他踢球，球穿过那里打碎了窗子，他出来了，朝他们大喊，因为他们打碎了它，于是他们跑掉了，这时她往外瞧，大骂他们。在伯恩斯坦看来，第一个儿童讲述的人物与事件是清楚的，具体事实间的逻辑关系是清晰的，听者无需看图便可理解；而第二个儿童讲述的人物与事件却是模糊的，具体事实之间的逻辑联系是暧昧含混的，听者若不同时看图便难以理解。因此，前者的语言则带有受制代码的特征。

的内涵，而不是讨论更加抽象的观念、过程或者关系。因而，限定的编码言语是在较低阶层家庭中成长起来的儿童，以及同他们在一起玩耍的同伴群体的特点"①。伯恩斯坦提出，习得了精密型编码的儿童比局限于限定编码的儿童更能适应正规学校的教育要求。这并不是说较低阶层的儿童使用的是"差等的"语言类型，或者说他们的语言编码是"受到剥夺的"，而是说他们使用语言的方式同学校的学术文化是相冲突的。伯恩斯坦认为，那种代际角色的传递在某种程度上是通过语言再生产的功能来实现的，社会结构和学校结构的对应关系也是通过这种功能来实现的。

少数民族儿童在入学以前，就已经具有了自己的民族语言，这种民族语言可以用伯恩斯坦所说的限定语言编码来表述，它与学校要求的汉语普通话相去甚远。我们可以通过一个普通的布依族儿童的语言习得过程了解儿童语言编码的形成：他首先从父母处习得布依语（土话）和一部分汉语方言；年龄稍长，跟随长辈到场坝游玩或买卖东西，听父母与别人用汉语方言交谈，又强化了汉语方言的使用；进入学校以后，开始学习汉语普通话。而这些语言，分别是与不同的社会空间活动——对应的。简单地加以图示，就是：

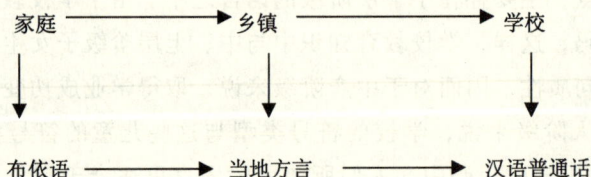

家庭	→	乡镇	→	学校
↓		↓		↓
布依语	→	当地方言	→	汉语普通话

一个当地苗族的儿童，通常的语言习得过程中，增加了一个学会布依语的过程。他们先在家庭中学会了苗语；然后在布依族邻居与父母交流的时候，学会了布依语；其余的语言习得过程与布依族儿童的语言习得过程大致相同。我们也对苗族儿童的语言习得加以图示：

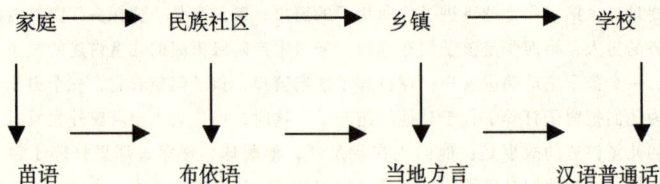

家庭	→	民族社区	→	乡镇	→	学校
↓		↓		↓		↓
苗语		布依语		当地方言		汉语普通话

---

① ［英］安东尼·吉登斯：《社会学》，赵旭东译，北京大学出版社 2003 年版，第 649—650 页。

　　在我国，汉语普通话作为一种普遍性的语言，是各民族相互交流的重
要工具。因此，汉语普通话较其他任何民族语言都有着优先推广和发展的
条件，成为一种"精密型的语言编码"系统，具有普遍运用的特点。而
少数民族语言仅仅是在某一民族地区使用，离开这一地区便无法使用，因
此它是一种孤立的、特殊的语言系统，相对于汉语普通话来说，少数民族
语言是一种"局限型编码"系统。

　　进入学校后，所有的儿童都必须学习汉语普通话与书面语，这与
他们在家庭或社区习得的语言有着更多的不连续性或异质性。它们之
间的关系，是"一种教育与被教育，改造与被改造，合法与不合法的
关系"。作为精制型代码的文语一直成为教科书的"正统"语言，体
现了社会中上层阶级的利益，而少数民族儿童所拥有的松散、直白、
素朴的口语则与之显得格格不入。学校中的教育设置凸显了文语对口
语的宰制。"由文语所构建的世界正是教育体制、教育机会与教育者
所要加于学生们的世界。这个世界是由规范的知识、正统的思想与正
当的情感所构成，它来自国家，来自城市，来自看不见也摸不着的文
化传承；而由口语所构建的世界则是在教育进入之前已经存在的世
界，它的主要成分是区域与阶层方言，它代表着一种朴素的、乡野
的、未经文化体系统改造过的思想、情感、智慧与生活方式，它来
自村头与田间的交谈，来自夏夜纳凉、冬日向火时的闲聊……""由
于文语世界的人工化与在自然的性质，它对生长于乡野的学童们来说
就是外来的、陌生的。"①因此，从某种角度来说，"要求这类儿童转
而接受以完全不同的角色关系及意义体系为先决条件的、而对必需的
背景毫无切身感受的精密型代码，也许为他们带来了使其手足无措并
有潜在危害性的经验"②。

　　而且，儿童在学习一种语言系统的同时，其根本意义在于使其接
纳这一语言系统所承载的文化内容。③"课堂教学过程其实也是改造、

①　李书磊：《村落中的"国家"——文化变迁中的乡村学校》，浙江教育出版社1999
年版，第81页。
②　[英]巴兹尔·伯恩斯坦：《社会阶级、语言与社会化》，载张人杰主编《国外教育
社会学基本文选》，华东师范大学出版社1989年版，第415页。
③　吴康宁：《课堂教学社会学》，南京师范大学出版社2004年版，第55页。

塑造学生言语编码的过程。"①学校教育设置中对普通话的重视，除了具有规训的意图或特点之外，更重要的是其后潜藏的是外在于村落空间和日常生活的一套价值体系，凸显了城市化与工业主义的原则。因为语言的一致性是人员自由流动的必备条件，其价值在于与外部世界的交流。也就是说，学校教育的外向型特征，正好体现在对于汉语普通话的重视上，它支持着其背后主体文化的强势地位。在这样的权力结构下，方言、民族语言、地方性知识资源被剥夺了声音。事实上，语言（包括方言土语）是种族特点得以体现的一个基本媒介，如果学校不认可儿童家庭和社区中使用的方言，那么儿童就会被"去文化"（Deculturalized）。②而在当地学校教育中，文化水平＝受教育程度＝普通话水平，这个等号的成立说明，少数民族学校教育事实上是外在于乡土社会的，它被外向型教育设置、汉文化及外部世界联合垄断了。当地的老百姓也认为，不用学布依文了，"布依话只有在当地说，到都匀就没行了。汉语必须要学好，没懂汉语的话出了州门到了贵阳就更没行了，厕所都找没到"③。

我在中心校和各村小听课时，经常会发现一个有趣的现象。课堂上，当老师用普通话上课时，学生的回答中便夹杂着两种声音：普通话和石龙的当地方言。当老师用当地方言上课时，学生则会异口同声地用当地方言回答。中心校八（2）班的数学老师就是用当地方言讲课的。据学生说，这位数学老师会讲普通话，只是讲得很别扭，学生也听得很别扭。他只有在市教育局教研室的老师来听课或其他特殊情况下，才使用普通话上课。我去听他上课的时候，他虽然使用普通话，但其中所显出的尴尬和力不从心是显而易见的。学生对他用当地方言上课倒也不在乎，乐得在数学课上"一吐为快"。而且，在当地的中小学课堂上，学生除了单独回答老师的提问使用汉语普通话外，其余的小组讨论活动中都使用当地方言。人工化的"文语世界"对于这些乡村的孩子们来说，是一个游离于己的"他者"，一旦逃脱规范化的言说情景，方言便不由自主地脱口而出。在与伙

---

① 吴康宁：《课堂教学社会学》，南京师范大学出版社 2004 年版，第 54 页。

② ［美］威廉·F. 派纳、威廉·M. 雷诺兹等：《理解课程》，教育科学出版社 2003 年版，第 364 页。

③ 笔者与当地村民的访谈记录。

伴的争论中，怪怪的方言混杂的课堂，在石龙乡各个村寨的课堂中，随处可见。事实上，在当地，"他必需掌握两种语言系统——实际上也是两种人生方式——才能对应这个世界，因为这两套语言系统及其代表的两种人生方式都是真实存在的，只有通过文语系统（即学校教师所要求的规范语言系统）才能兼容于体制与主流，才能进入现代与潮流，而只有通过口语系统才能抓住并依凭世界与人生不变的真实与真谛，才能脚踏实地获得真正的力量与智慧。只掌握口语系统就被排除于现代主流生活之外，而只拥有文语系统则会被去掉真实的生存能力、被置于一个半真半假的概念之中"[①]。

另外一个有趣的现象是很多儿童与家长之间的用语。以甲壤小学为例，甲壤小学有 80 多名学生，5 名教师。学生和教师之间在学校用普通话交流，但很多留守儿童仍然用布依话（甲壤村是一个布依族聚居的村寨，也是都匀市最边缘的村寨）和家里的老人交流。"大多数小娃仔都会讲土话（当地人称布依话为土话或土边），一般和家里的老人都用土话交流（甲壤村有 1000 多人，但现在只剩下 400 多人在家里，大部分的成年人都出去打工了，仅剩下老人在家里带孩子）。有些小娃仔会听没会讲，家里老人用布依话，他们就用汉话来回答。老人们其实也会讲汉话，只是习惯用土话了，没愿意讲汉话。"[②]甲壤小学的罗家强老师进一步认为，"留守儿童的成绩要差些是因为家里的老人经常用土话和他们讲话"，在一定程度上影响了学生的学习成绩。罗老师还认为，随着社会的发展和国家的选拔制度，学生必须要熟练地掌握汉语才行，这样才有可能向上流动。这也体现出当地知识分子对汉语极高的认同度。罗老师家有三个孙子，都不会讲布依话，用罗老师的话来说，"教他们学布依话干什么，出去后一点用都没有"。

还有一个有趣的现象就是布依族学生使用的土汉语式混合语。由于受到母语的干扰，布依族所掌握的汉语普通话与实际的汉语普通话之间存在一定的距离，形成一种土汉语式的混合语。值得注意的是，不仅是没有文化的农民，甚至具有一定文化程度的教师，也有使用这种混合语

---

① 李书磊：《村落中的"国家"——文化变迁中的乡村学校》，浙江教育出版社 1999 年版，第 103—104 页。

② 甲壤小学罗家强老师语。

的情况。① 布依族学生土汉语式的普通话主要表现在语音方面。②

学生在汉语书面语的掌握上，也远远没有达到学校的要求。我在中心校调查期间，学校食堂发生了几起盗窃行为，老师让学生就这件事发表一下自己的看法。下面是八（2）班一位同学的感言。③

> 学生的学校新闻
> 老师处理小偷。新学期开始了，在 9 月 2 日老师处理小偷的事，同学们发现（有同学）偷人家的饭盒和钱，八年级的小偷他先偷别人的钱（语句不通顺），偷钱的时候没有被老师发现，他在偷饭盒的时候就被老师发现了，老师把他打得鼻子口来血的（老师把他的鼻子打出血了）。那这同学后悔的（地）说老师老师我错了，请您愿亮（原谅）我这一次，在（再）也没有下次了，他一而在（再），在（再）而三的（地）请求老师愿亮（原谅），于是老师愿亮（原谅）了他，他说从此以侯（以后）在（再）也不偷东西了。通过这次他好像也改正多了，也知道什么是错与对。

在这篇八年级学生的短文中，没有一句话是完全正确的，从这篇短文我们可以看出这位八年级的同学写作时思维混乱、语言表述问题很大。短短的 200 多个字就出现了十多处错误的地方，足见学生运用汉语表述的能力极为低下。我和其他同学的访谈得知，这位同学在班上属于中等偏下层次，班上还有一些比他写作还差的同学。根据我的观察，班上很多同学害怕写作文，害怕以书面表达为形式的任何写作。每次一遇到语文课的写作课堂，总会有同学使用各种借口旷课，不愿意上作文课。即便在教室里上作文课的，也无法在教师规定的时间内拟清自己的思路，形成一篇思维流畅、语句通顺的文章。写作课堂上咬着笔杆、半天无法动笔的学生比比皆是。我查阅过八年级三个班的作文本，发现每个班得"优"的同学极少，

---

① 我在甲壤小学听课时，就发现了这一现象。五名教师中，就有四名教师使用土汉语式的普通话。

② 如"把东西抬来"说成"把东西逮来"、把"星期"说成"新鸡"、"来我家喝口水"说成"来我家喝狗水"、把"兔子"说成"肚子"、把"他是 2008 年考进大学的"说成"他是 2008 年搞挤大学的"等。

③ 摘自八（2）班一学生对小偷事件的感想。

一般也就是一两个左右。大部分同学的作文评价都是"中"，还有一部分同学的作文评价每次都是"差"和老师标注的"重写"。语文老师对此也很头疼："你听他们上课发言时就晓得，他们的作文水平有好差。（好多同学）连句像样的话都说不清楚，更不要说写作文了……学生都到了八年级了，还只是这个水平。让他们平时多看点课外书籍也没（不）看，只晓得看那些一点都没用的言情小说，我们当语文老师的也不晓得该咋做才能提高他们的作文水平。"由此可见，当地少数民族孩子对汉语普通话和书面语言掌握较差，与正规学校教育的要求相距甚远。作为一个在少数民族地区长大的孩子，他所使用、所接触到的都是少数民族语言和当地语言，与汉语普通话和书面语形成两种不同的符号系统，而且后一种符号系统才是主流的、合法的、体制的、现代的，学校也正是按照后一种符号系统来评估、认定学生的。学校采用的单一汉语教学模式与学生日常交际用语严重脱节，不仅影响了学生母语水平的进一步提高，也影响了学生学习与掌握汉语的效果和速度。所以一旦进入学校，当家庭中形成的符号系统与学校要求的符号系统发生冲突时，这些孩子就必须彻底抛弃家庭中形成的符号系统，否则失败便不可避免。

　　有学者提出过解决少数民族语言与学校语言冲突的最佳途径是实行双语教育。作为一个理想，双语教育是指"在少数民族学校里，有计划地开设少数民族语文和汉语文两种课程，以达到少数民族民、汉两种语言兼通，民、汉两种语言文字都得到发展的目的"[1]。"鉴于少数民族群众和学生不懂汉语，教师在教育教学过程中使用当地少数民族的语言或文字对汉语汉文进行翻译解释，使他们真正理解教育教学的内容，尽快学会汉语汉文。"[2]但这种双语教育不可能实现"使少数民族学生既能熟练掌握和运用本民族语文，又能在此基础上掌握汉语文的知识和运用汉语文进行交流与学习的技能，尤其是运用汉语文进行思维和表达思维成果的能力……"[3]的目的，只能达到维持本民族语言低水平状态和培养汉语思维能力的目的。因此，双语教育自20世纪50年代到80年代虽然经历过"三起三落"的推广过程，却始终没有取得成功。失败的原因是复杂的，其中最大的原

　　① 转引自滕星《族群、文化与教育》，民族出版社2002年版，第423页。
　　② 同上。
　　③ 李谨瑜：《试谈民族中小学双语教育的八个问题》，《民族教育研究》1992年第4期。

因就是政府的目标与普通民众的需求不一致。在当地，政府民族部门推广布依文学习的用意是培养民族干部和促进民族文化传承的目标，而普通民众更关注的则是学习主流语言文字以达到适应主流社会的目的，这两方面的目标在当时的实践中难以统一起来，所以得不到当地村民的普遍支持。20 世纪 90 年代以前，人们融入城市主流社会的最大可能就是通过接受教育考上中等或高等学校，毕业后在城市工作，从而融入城市的主流文化生活。而 20 世纪 90 年代以后，当地人融入主流社会的途径已不再只是读书了，外出做生意和进城务工也可能有机会融入城市主流社会。但我们很遗憾地看到，无论是哪种融入方式，民族语言和文字都不是必要的工具。石龙乡双语教学的失败就充分反映了双语教学在民族地区的举步维艰。

第二节　知识的僭越：学校中的文化传承

知识是构成课程的原材料，课程是知识的集合。权力在知识领域的延伸，使得课程知识必然带有权力属性。但是，在以舍勒、曼海姆为代表的古典知识社会学产生之前，人们没有真正认识到知识的社会学性质，没有意识到知识与权力、知识与社会利益的本质关联。同样，在课程知识社会学产生以前，特别是在以麦克·扬为代表的"新教育社会学"和阿普尔的研究以前，人们也没有认识到课程知识的社会学属性和政治性格。

在 20 世纪 90 年代以前的传统课程视阈中，"一般意义上的学校，尤其是课程，在政治上是中立的"①。人们理所当然地认为，学校教育中所传授的课程知识被普遍认为课程知识就是"存在于课程之中的知识"，具有"客观性"、"普遍性"、"中立性"三个基本特征。它除存在于课程之中，经过一定的筛选技术处理、可能更有助于学生发展这些特点之外，并无任何独特之处。学习者在课程知识的学习过程中，也没有任何特殊的经历和改变。知识，包括课程知识，是客观中立的，是价值无涉的，与权力无关、与价值无关，更与政治无关。对学生而言，知识面前人人平等，知识的学习就是让学生变得更有力量；对教师而言，其全部职责就是像运送

---

① ［美］威廉·F. 派纳、威廉·M. 雷诺兹等：《理解课程》，教育科学出版社 2003 年版，第 238 页。

"货物"一样把这些知识准确无误地传递给学生，学校仅仅是一个知识的"中转站"。

　　然而，在福柯看来，权力和知识是互相包含的，权力关系与知识领域的建构是相应的，任何知识预设都构造着权力关系。他认为必须从知识与权力的关系来诠释知识，什么知识能进入课程，什么知识被排斥在课程之外，可以说是权力对话语的控制。也就是说，那些被认同的、被允许存在的科学知识其实都是作为一种权力话语而存在的。事实上，一方面，科学知识以"价值无涉"的真理身份在社会中广泛传播；另一方面，又作为一定社会的权力和意识形态在实施着社会控制的基本功能，起着规范人们社会生活的重要作用。阿普尔也指出，"掌握权力的人将企图限定什么是知识，不同的群体如何获得知识，在不同知识领域之间以及在使用知识与生产知识的人之间什么样的关系是可以被接受的"①。所以并不存在所谓中立、客观、普遍的课程，也没有体现所有社会成员意志与利益的共同文化。"一种知识的建构不可遏止地与生产这些知识的人的利益联系在一起"，而且这些人提出了"他们自认为有道理的评价标准"。②

　　作为一种权力话语，学校中所传授的知识是占统治地位的阶级实行社会规训与控制的重要手段。阿普尔在他的《意识形态与课程》中曾力图证明课程内容的价值性和意识形态特性，指出课程知识不仅仅是一个分析的问题（什么应被看作知识），也不是一个简单的技术问题（怎样组织和储藏知识以让儿童获得和掌握它），更不是一个纯粹的心理学问题（怎样让学生去学习）。相反，课程知识的研究是一个意识形态的研究，即在特定的历史阶段，在特殊的机构中，特殊的社会群体和阶级把学校知识看作是合法性知识。简言之，课程是主流阶级的权力、意志、价值观念、意识形态的体现和象征，它实际上是一种官方知识，是一种法定文化。既然课程知识是一种"合法化知识"，那么只有把课程放回到更大的政治、经济与文化的背景之中，才能揭示出课程中所蕴涵的意识形态本质及作用机制。他说："学校中的知识形式不论是显著或隐藏的，都与权力、经济资

---

　　① ［美］阿普尔：《意识形态与课程》，黄忠敬译，华东师范大学出版社 2001 年版，第 155 页。

　　② 麦克·F. D. 扬主编：《知识与控制》，华东师范大学出版社 2002 年版，第 11 页。

源和社会控制有关……知识的选择，即使是无意识的，也都与意识形态有关。"①

一　仪式化的课程知识

学校中的课程知识是作为政治文本出现和存在的。课程知识在教育文化人类学的视野中绝非只是一种学校主要的教育教学内容和载体，从根本上讲，它负荷着政治的需要，是政治在学校中的延伸和隐形化。什么样的知识能进入学校，占据着什么样的地位，都是由政治力量所掌控的。学校中开设哪些课程，哪些课程是必修的，哪些课程是辅修的，也皆由政治所操控。学校必须坚定地贯彻落实着政治的指示，将学生形塑成一个个完全合乎统治需要的器具。因此，课程知识从世俗的大众化的文化被选择为官方的合法化的知识进入教科书的文本世界后，经过许多包装、文饰，就成为了人们遵从的对象，并在实施过程中附加了许多仪式化的表征。②这种知识是以汉语言文字为代表的现代科学知识的集合体，它已经完全从村落社会里剥离出来，并作为国家承认的合法身份，向乡土社会显现着它的强大力量。

我在调查期间，发现教师对课程知识已经达到了顶礼膜拜的程度。他们对课文中的生字、文章中的情节再三重复，生怕错过了任何一个细节。教生字—读生字—归纳段落大意—课后练习几乎是每一位语文教师课堂上教学的中心内容。甚至有些非常贴近乡村孩子的课文，也被教师完全扼杀在这一套固定的程序之中。我曾于 2007 年 10 月在平寨教学点听过一节二年级的《走山路》，课文中出现的"扯着藤，扶着树，一步一步走山路"的生动描写，正是孩子们每天上学都要亲身经历的事情。孩子们刚开始看到这篇文章的题目时，显得也很感兴趣。但老师把生字教了之后，就让孩子们用铅笔指着课文，一个字一个字地读。读完后，老师直接告诉孩子们每段的段落大意，并让他们记在书上。段落大意讲完后，我原以为老师会让孩子们表演走山路的情景或分析一下课文中的美句，和他们一起分享走山路的艰难和快乐，但老师却让他们自己背生字，对文章的精细描写显得

---

① 吴刚：《文化霸权与课程》（上），《外国教育资料》1997 年第 3 期。

② 中心校的老师要求学生发了新书后，必须包上书皮，不许在书上乱涂乱画。一年级的语文老师还要求学生用指定的方法在书上做笔记，不能擅自在书上画线、勾圈等。对于把书弄脏弄烂的学生，老师都给予了严厉的批评。有些老师甚至对学生说："你们要像爱护眼睛一样爱护书本。"从中足以见知识的仪式化表征。

毫不关注，也丝毫不期望通过分析课文引起学生的共鸣。很多孩子这时也觉得没趣了，自顾自地玩起铅笔和橡皮来。十分钟后，老师开始听写生字，边听写还边强调"不要作弊哦！作弊我让你们一个重新抄一排"。整节课就在听写中结束了。课本中本来描写乡村题材的课文就不多，能让乡村孩子有亲身体会的课文就更不多了。这篇本可以让孩子们感到很有亲和力的文章，就这样被老师的字词句和段落大意给肢解得体无完肤。而且，教学点的老师们根本不按课表上课，大部分时间只上语文和数学课，因为在教师的心目中，能教孩子多识几个字、多认几个数是他们最大的任务，其他的课程则是一种点缀和装饰，对孩子们是完全没有价值的。如果说教师对学校课程中的知识达到了顶礼膜拜的程度的话，那么语文和数学就是处于最上位的膜拜对象。孩子们在枯燥乏味的语文和数学课的交替中度过了他们在学校的每一天，相比起上课来，他们似乎对下课后与同伴的游戏更感兴趣。

除了平寨教学点之外，石龙乡其他所有的教学点的上课方式和流程大致相同。一位蛇昌小学一年级的语文教师在教授《画》这课时，花在字的结构和拼音上的时间很多，几乎占了课堂上四分之三的时间。除此之外，剩下的时间就是用来读生字和读课文了。从学生个体教读到四人合作学习的齐读再到四个大组的全班朗读，整节课感觉一直都在读书。中心校八年级的语文教师在教《台阶》一文时，也是频繁地让成绩好的学生朗读课文，"杀"了很多的时间。教师对课文细节的重复，简直到了无以复加的地步。教师问："我家的台阶有几级"？学生答："三级。"教师又问："是用什么做的?"学生答："大青石。"教师再问："有多少斤?"学生答："三百多斤。""是谁搬回家来的?""父亲。"如此的一问一答几乎充斥了整个课堂。其他科目的教师用类似方式来上课的也为数不少。而且，很多老师对学生一般都是针对教科书提问一些封闭式的问题，如"对不对啊?"、"是不是啊?"、"懂没懂?"、"会没会"等完全服务于课程知识的重复性提问。

这些被仪式化的学校知识不仅被合理化、合法化，而且具有一定的强制、规范和训诫作用。学校知识除了通过正式的课堂教学的形式得以传递之外，还通过一系列仪式化的活动传达着知识的社会意义及其价值。[①]我

---

① 齐学红：《走在回家的路上》，北京师范大学出版社 2005 年版，第 243 页。

们从上面的例子可以看出，中心校和各所村小以及教学点，都存在一种顽固的"课文至上"的追求。教师们都有一种不言而喻的视课文为神圣的职业意识，他们课堂活动的中心任务就是让学生不留任何缝隙地吃透课文，掌握课文所描述的每一处细节。所以，他们来来回回地运用各种方法重复课文，把本来需要主观化的东西变成了客观的东西，几乎到了费尽心机、不厌其烦的程度，而对文学性和审美性的忽视，则达到了登峰造极的地步。①也有学者认为，这不能光从教师的文学素养或编写教材者、试卷编制者的文学意识的角度去评价。事实上，它是文化大一统的表现之一。因为这种强调有助于养成人们的顺从意识，消磨人们的怀疑精神。正如米尔达尔所说："没有比根深蒂固的思想方法和先入为主的观念更强大的既得利益了。"②因此，被仪式化的课程知识实际上也参与了对学生的规训之中，成为学校和教师最有力的文化渗透武器。这样一来，这些受过课程知识洗礼的个体就会更"适合"这个世界，"因为他们的安宁取决于人们在多大程度上适应其造就的压迫世界以及在多么小的范围内对这世界提出质疑"③。

二　课程知识中的文化倾向

课程是从一定社会的文化里选择出来的材料，是法定文化的一种。课程的内容经过社会主导价值观的过滤、选择后，施以"科学化或合法化的包装，并赋予特定的价值"④，其背后必然隐藏着某些价值观念或意识形态的控制。阿普尔指出，课程内容的选择，不仅包含着"什么知识最有价值"的问题，还存在"谁的知识最有价值"的问题。细化到具体的内容，阿普尔认为，必须注意以下几点："1. 课程呈现的是谁的知识？2. 课程的内容是谁来选择的？3. 课程为什么以这种方式来组织和施教，又为何只针对特殊的群体？4. 是谁的'文化资本'被安置在学校课程之中？5. 是以什么观点来解说经济实体，以及是以谁的原则来界定社会，

---

①　李书磊：《村落中的"国家"——文化变迁中的乡村学校》，浙江教育出版社1999年版，第69—71页。

②　[巴] 保罗·弗莱雷：《被压迫者教育学》，顾建新等译，华东师范大学出版社2001年版，第18页。

③　同上书，第28页。

④　吴康宁：《教育社会学》，人民教育出版社1998年版，第318页。

并且包括在学校教学之中？6. 为何以及如何将特殊的群体文化观以客观和事实的知识在学校中呈现？7. 官方的知识如何具体的表现出社会中优势阶级利益的意识形态？8. 学校如何将这些限定而且仅代表部分标准的认知合理化为不可怀疑的真理？9. 在文化机构（像学校）中施教的知识（包括事实、技巧、兴趣和性向）是代表谁的利益？"①经过研究，阿普尔发现，进入课程体系的知识，往往是对主流社会意识形态的反映，而有利于少数民族等的知识则被排斥在课程体系之外。麦克·扬等指出，现代教育在很大程度上是功能主义导向的，在学校课程中大量充斥着具有主流社会意识形态的内容，宣扬主流社会的价值，这种功能主义导向的教育掩盖了社会上很多不公的现实，导致科层化社会结构的再制，使非主流群体处于发展的劣势地位。概括地说，因为课程传播的是支配集团的身份文化，所以它更有利于支配集团孩子的学习，而这些孩子更容易地成为了支配集团的当然继承者。在此过程中，课程实质上成为了分配和确定社会特权的工具。

（一）课程知识的主流文化倾向

教科书是课程知识的核心组成部分，是传输知识、传播价值观念和意识形态的重要工具。西方的学者弗兰兹和萨德克认为，各国现行的教科书对待非主流文化通常采取四种不合理的形式，将课程设计者的意识形态与价值取向隐含在课程里。它们分别是：（1）忽略（Invisibility）。即教学内容中有意无意地省略某些非主流文化的历史、传统和观念，忽视或没有强调其他文化群体、尤其是弱势群体的文化价值观念，暗示这类族群在社会中的低劣作用和价值微薄。这类群体通常是女性、少数民族、残疾人和老年人；（2）偏见（Stereotyping）。即教学内容中用刻板、僵化的观点去看待某个群体；（3）选择与失衡（Selectivity and Imbalance）。主要包括两方面的内容，一是教科书中仅包括非主流文化的部分内容，而且这部分内容还被彼此孤立在各个章节中论述；二是教科书仅从一种视角（主流文化视角）去分析和理解非主流文化，忽略了其他文化族群的态度和看法。这种只从一个视角来解释和选择材料，忽视其他的视角，形成固定的价值标准并加以强化的做法，往往使得学生对非主流文化似是而非，一知半解；（4）失实（Unreality）。即教科书站在优势文化的立场，美饰主流文

———————————

① 转引自陈伯璋《意识形态与教育》，台北师大书苑有限公司1988年版，第195页。

化，歪曲非主流文化，对历史和当代生活经验进行某种不真实的表述，避免论及有争议的问题。常把民族矛盾、种族歧视、性别歧视、偏见等社会问题排除在教学内容之外；（5）片段与孤立（Fragmentation and Isolation），即教科书采用了部分的、片面的、不真实的微观文化的内容，用传统的、僵化的眼光审视一个非主流文化族群，拒绝承认其生活方式、行为习惯、宗教信仰和价值观念、否认文化的多样性。①并采用特定的语言和叙述方式，形成学习者接受信息时的特定影响。②有学者通过研究发现，我国经过长期的历史变迁，形成了以"汉文化"为主体不断同化和融合各少数民族以及外来文化的"同化型文化"。这种文化特点反映在课程领域，则过分强调社会制度的统一性对课程的影响。民族教材的大部分内容以社会主导性价值观为核心，反映和体现的是城市文化、汉族文化、发达地区和专家文化，折射的是汉族语言、行为和文化的价值观念，与少数民族使用的家庭和社会生活、习俗和宗教信仰是完全不同的世界。与此同时，乡村文化、少数民族文化、落后地区文化等没有得到体现，教材中对少数民族本土知识的呈现非常有限。③

---

① 陈时见、朱利霞：《一元与多元：论课程的两难文化选择》，《广西师范大学学报》（哲学社科版）2000年第2期。

② D，M. Gollink & P. C. Chinn，1980 *Multicultural Education in a Pluralistic Society.* London：Routledge & Keg an Paul. pp. 300 – 303.

③ 有研究者对由人民教育出版社于1995—1997年陆续推行的"九年义务教育六年制小学语文教科书"及从1992—1995年陆续推出的"九年义务教育三年制初中语文教科书"在体现民族文化方面进行了分析，分析结果如下：（1）课文很少直接展现少数民族文化。只有少数取材于少数民族的传统文化内容，或是展现少数民族风土人情与日常生活的课文。（2）通过汉族人与少数民族人的交往来展示。在全套现行语文教科书中，与少数民族文化直接有关的课文有9篇，约占课文总数的2.5%。可见，少数民族文化内容在教科书中所占比重较小，全国55个少数民族只有蒙古族、傣族、维吾尔族、哈萨克族、苗族、哈尼族和敕勒族等六个民族得到反映。其中反映苗族文化的只有一篇。而所编选的这些课文中，直接取材于少数民族文化的内容很少，只有两篇，即直接取材于蒙古族的传统内容的《猎人海力布》和直接取材于古敕勒族诗歌的《敕勒歌》，更多的是以汉族人为中心的叙述，多从汉族人的视角写民族间的友谊，显示了一种汉族中心主义的倾向。参见吴康宁主编《课程社会学研究》，江苏教育出版社2004年版，第200—201页；还有研究者选取了现行的北京出版社出版的九年义务教育六年制小学试用课本全12册作为分析的对象，发现266篇课文中只有3篇直接或间接与少数民族情况有关的课文。它们分别是《难忘的泼水节》、《葡萄沟》、《草原》。这三篇课文，《草原》赞颂了汉族人民和蒙古族人民之间

　　某一群体在社会中的边缘地位，在很大程度上决定了其文化在课程中的边缘地位，而这些文化在课程中的边缘地位又反过来强化和确认了该群体在社会中的边缘地位。很多国家都是通过文化在课程中的边缘化实现个体身份在社会中的边缘化的。它将支配集团身份文化之外的内容像屏风似的阻挡在课程之外，同时也像屏风似的将没有掌握支配集团身份文化的个体阻挡在支配集团之外。这一点在我国课程知识的选择上也得到了充分的体现。这些被选择进入教科书的课程知识往往以主流文化的观点解释各种社会问题，对少数民族没有充分描述，没有公正、全面地反映我国少数民族的历史贡献，忽略了其他族群的感受和需求，忽视民族文化的差异性对课程所起的作用。①课程设置上更多体现的是一种熔炉理念，注重同质性的国民教育。因此，尽管我国历来非常重视少数民族教育，倡导民族平等，但从现行教科书看，虽然不存在对非主体民族及文化的歧视和偏见，但多元文化教育的理念尚未得到很好的反映，对学生的多元文化教育也尚未实施到位。各民族文化来自不同的地域，不同的乡土，有浓厚的地方色彩，学校教育必须要使得人们获得不同的观点以分析各个民族不同的问题，成全各种文化的自由。"尊重不同的文化差异，或者是多元文化并不是仅仅将这些文化排列在一起，更不是一种文化压倒、甚至窒息其他所有的文化，它意味着自由的实现，文化之间的相互尊重。"②

　　然而，在全日制学校教育下，少数民族学生大部分时空被学校占据，所受的正式教育至少到目前为止，都是以主流文化为主要内容的（即使其中也穿插少量与民族文化主题相关的内容，那也是在主流文化的视角之下进行的）。这些教育内容并没有给当地传统的民族文学、体育和艺术留

（接上页）的友谊，《难忘的泼水节》表现了国家领导人对少数民族的关心；还有一篇则是介绍少数民族地区一个颇有特色的地方——新疆吐鲁番的葡萄沟。课文对我国少数民族的特产及风土人情作了一些介绍，三篇课文呈现的少数民族常识很有限，使学生对我国少数民族的风土人情的了解毕竟较为狭窄，并且课文所歌颂的民族团结的政治取向远远甚过对少数民族自身特色和知识的介绍。参见连英青《教材的族群文化分层与选择——对北京版汉语文教材的文本分析和实地调查》，硕士学位论文，北京师范大学，2004 年，第 17 页。

　　①　连英青：《教材的族群文化分层与选择——对北京版汉语文教材的文本分析和实地调查》，硕士学位论文，北京师范大学，2004 年，第 18 页。

　　②　Freire P. *Teachers as Cultural Workers：Letters to Those Who Dare Teach.* Bouler Colo.：Westview Press. 1998，p. 71.

下多少空余的位置。有一部分学者甚至认为，造成少数民族学生辍学、失学问题的最主要原因在于少数民族学校课程的建构上。主流教材的大一统局面使教材中民族传统文化找不到正规的学习渠道，间接造成了民族文化传承的缺失，少数民族学生在现行的课程中普遍感到"水土不服"，并由于这种缺失加重了学生的辍学、失学现状。少数民族学校教育虽然是民族历史文化传播的重要场所，但升学制度、文化观念、师资力量、教学设备至今仍然制约着少数民族地区学校的课程改革。"一纲多本"有名无实，造成的结果是：不仅汉族学生尤其是城市汉族学生和教师缺少对少数民族的了解，甚至连少数民族学生，尤其是城市少数民族学生也很少有机会接触到自己的历史和文化。"此中单一的文化忽视学生之间的差异，特别是学生生活形态、社会经验等文化背景所造成的差异，致使课程文化与学生的文化背景出现割裂与断层，从而阻碍了学生的全面发展。"[①]

我在调查期间，正遇到一位历史老师讲授我国的民族问题。我本来是抱着很大的期望去听这节课的，毕竟这节课的内容与当地社区的现实联系得如此紧密，教师也正好可以借这个机会给学生讲一些布依族与苗族的历史及现状，从而增加学生的民族认同感，培养学生的民族自尊心和自豪感。但是，让我感到失望的是，老师照着书上的内容讲完之后，竟然没有对布依族与苗族的文化多一点介绍。老师留下五分钟让学生提问时，学生也只对有关笔记的要点感兴趣，除了个别学生对笔记要点提出了两三个问题外，没有其他学生表示出想了解布依族与苗族文化的愿望。

(二) 课程知识的城市取向

"目前我国的学校教育制度脱胎于欧、美现代工业化国家的教育制度，是工业经济时代的产物。从一定的意义上讲，这种教育模式培养目标可以概括为一句话，即把学生培养成为适合工业经济时代需要的生产者和消费者，成为生产和消费的工具。于是，从事物质生产所必需的知识和技能便占据了学校教育的核心地位。"[②]这种以培养城市和大工业生产所需人

---

① 靳玉乐：《多元文化背景中基础教育课程改革的基本思路》，《教育研究》2003 年第 12 期。

② 陆有铨：《实施素质教育必须转变教育观念》，《探索与争鸣》2002 年第 5 期。

才的教育要求必然会通过学校课程体现出来。因此，中小学的课程，无论在内容还是形式上，都存在着一定的城市文化偏向。①

　　首先，这种偏向表现在一种城市生活的价值取向上。作为代表城市居民利益的课程内容，是来自于代表城市利益集团的利益保护决策在教育上的集中反映。而且，作为课程取向最直接的体现——教科书的制订和编撰者大都有着明显的城市背景。由于他们生活的"前见"，在编审教科书时，即使他们试图呈现些许农村内容，但这些内容也都有意无意地被赋予了一定的城市意蕴。语文、思想品德、社会这类教材都表现了一种强烈的城市生活的价值取向。城市代表着现代生活、现代文明，农村则往往预示着自然、过去与落后。"事实上，现行小学课程的一个重要的内容就是培养对工业、城市与现代生活的向往与羡慕，这种内容面对乡村小学及其学生时愈发显得突出。城市在这里成了工业、现代化与幸福生活的象征。这种内容也许是课本与课程的编订者下意识设定的，但它们在乡村学校中则会被接受为一种明确的意识。"②

　　中小学的课程，无论插图还是课文内容，都反映了一种城市生活的价值取向，学校培养成功人才的取向就是城市定向的。那些显现与渲染高楼大厦、立交桥、大街、公园、古迹与机场的画面及文字足以形成城市生活的强烈诱惑。语文课与社会课本中无意出现的事物与形象，如动物园、公共汽车、电话亭，在乡村学生的眼中都成为城市生活的诱人的闪现。③而且，课程中还有明显地渲染城乡差异、歧视农村生活的现象：某版九年义务教育小学《思想品德》的教材中，《相信科学不迷信》、《不要上当受骗》这类以告诫、禁止、劝说为主旨的文章，多以农村为背景，如头系方巾、身穿红绿碎花棉袄、正在烧香拜佛的农村妇女，一手舀起铁桶里生水、一手从瓜架上摘了黄瓜就嚼的农村男孩；《要关心国家大事》、《改革开放新篇章》这类以颂扬、提倡为基调的课文，则以城市为依托，如一老一少坐在沙发上，周围是茶几、彩电、盆景等，高楼耸立、立交桥交错的深圳特区。另外，以学习、生活习惯为内容的插图中，城市特色的插图

---

　　① 余秀兰：《文化再生产——我国教育的城乡差距探析》，《华京师范大学学报》（教育科学版）2006 年第 2 期。

　　② 李书磊：《村落中的"国家"——文化变迁中的乡村学校》，浙江教育出版社 1999 年版，第 106 页。

　　③ 同上。

占有明显优势，而关于劳动的插图则具有明显的农村特色且是比较落后的（恶劣的环境、简陋的工具、朦胧灰黄的色调）。①义务教育课程标准实验教科书《语文》七年级下册第 17 课刘成章的《安塞腰鼓》中，②作者在形容人们敲击腰鼓的气势时，是这样来描述的："它使你惊异于那农民衣着包裹着的躯体，居然可以释放出那么奇伟磅礴的力量！"而且在文章背后的研讨与练习部分，要求学生分析"过着贫困生活的农民，哪里来的那么强大的力量"。显然，如果从词汇、语法、句子结构、语言本身的生动流畅等层面来评价，基本上是没有什么问题的。但在语言文字的背后，折射和透露出对农民的歧视和偏见，怎么农民的躯体就是"消化着红豆角老南瓜的躯体"，怎么就不可以"释放出那么奇伟磅礴的力量"？这已经形成了一种儿童的"悄然误导"。③

其次，课本中有许多内容是农村孩子不熟悉的，如城市的景物、城市的生活、城市的文化。对农村孩子来说，由于父母文化知识水平的局限和农村幼儿教育机构的欠缺，在入小学前对书本知识和学校正规教育内容的了解甚少。他们在乡野里长大，所了解的多是家长和邻里松散零星教给的日常生活常识，熟悉的是离书本知识较远的泥土、大山、牛羊，讲的也是土话和方言。农村孩子即便有一些通过电视等媒体了解城市的途径，也由于不是自己的亲身体会而知之不深。④

另外，即使是一些中性的内容，由于城乡孩子早期教育不同，视野不同，所积累的文化资本不同，使得城乡孩子对课文内容的熟悉程度也不一样。如动植物的学名、结构，用散文、诗歌、古诗词来描绘的村景、自然现象的物理、化学原理、实验操作等，也就是说，从某种程度上讲，学校课程的学习也是一个将乡村学生熟悉的事物陌生化的过程。"即使对于乡村孩子身边的事物，自然课的学习过程也常常是一个将其陌生化的过程。比如植物、动物的名字就肯定与他们所熟悉的土名不符，课文中所讲的植

---

① 余秀兰：《中国教育的城乡差异——一种文化再生产的现象》，教育科学出版社 2000 年版，第 131—132 页。

② 课程教材研究所、中学语文课程教育研究开发中心编著：《义务教育课程标准实验教科书〈语文〉七年级下册》，人民教育出版社 2001 年版，第 123—126 页。

③ 李祖祥：《控制与教化——小学思品教科书研究》，博士学位论文，湖南师范大学，2007年，第 239 页。

④ 余秀兰：《农村孩子在学校教育中的文化弱势》，《上海教育科研》2005 年第 3 期。

物内外构造可能是他们过去闻所未闻的。"①

　　进入正规教育机构的城乡孩子，被共同要求学习教育制度所要求的规范语言和规范文化，而且按其掌握的能力和程度对其进行重新评估，掌握得好的便是"学业成功"。但是，由于城乡孩子对学校所要求的知识和能力熟悉程度不同，农村孩子的早期文化习得与学校教育存在异质性和不连续性，所以，他们的学习难度就会更大一些，②辍学的比例也会更高一些。2003年东北师范大学课题组对6省14县17所农村初中的抽样调查显示，学生的平均辍学率为43%。导致学生辍学的内部原因，主要是课程设置没有考虑农村的条件，内容偏难偏深，教育资源匮乏，学习枯燥，致使学生学习跟不上，因厌学而辍学的占53%左右。这一切都是由于先进的教育理念与农村现实的教育资源、师资水平的巨大反差难以弥合而造成的。③

　　国家教育"城市取向"的价值观对于乡村儿童来说，在教育中感受到的是来自"他者的"世界的强势价值的侵入。国家教育既是国家意志的体现，同时也是国家力量和主流文化向乡土社会的渗透和延伸。事实上，它关注的并非是乡村实际的教育需要，而是以同质化的形式满足城市化和工业化的需要，其间隐藏的是对乡村进行彻底城市化改造的思路，其结果往往是书本知识与学生生活界的割裂以及地方性知识价值的贬低和合法性的丧失。我国当前的民族学校教育，在地方性知识的教育方面尚存在着较大的缺失。正如学者项贤明教授设问的一样："细致查看我们的中小学教育，从学科知识分类、课程设置、教学技术、教学方法到教育模式和教育理论思想，还有多少称得上是我们本土传统的东西？值得注意的是，中等教育和基础教育的这种殖民化过程较之高等教育往往更为隐蔽，因而对社会的影响也较深刻。"④正是由于在民族中小学课程设计中"地方性知识"和"本土知识"的悬置，造成了少数民族儿童与教材内容的区隔，从而影响了他们的教育质量。

　　　　访谈片段：（教研活动后，对谷林完小语文教师罗方仁的访谈）

① 李书磊：《村落中的"国家"——文化变迁中的乡村学校》，浙江教育出版社1999年版，第79页。
② 余秀兰：《农村孩子在学校教育中的文化弱势》，《上海教育科研》2005年第3期。
③ 杨东平：《中国教育公平的理想与现实》，北京大学出版社2006年版，第77页。
④ 项贤明：《比较教育学的文化逻辑》，黑龙江教育出版社2001年版，第180页。

　　研究者：你认为这里的孩子适应现在的教材吗？

　　罗老师：我也说没（不）好。感觉描写我们农村地区的题材比较少。

　　研究者：哦？你能给我举一个例子吗？

　　罗老师：比如说，四年级下学期我给学生上语文课的时候，有一篇课文叫做《我家跨上了信息高速路》，我们这里的学生根本就没有见过电脑，对网络更是一窍不通。课文上完了，还有很多学生说他们还是不明白什么是发电子邮件。我也没办法给他们解释。石龙的学生就好多了，他们小学就有电脑课，学生对电脑应该没有那么陌生。

　　研究者：你在上课的时候还有过其他的一些类似的体会吗？

　　罗老师：还有一次，也是在四年级下学期的时候。我布置书上的习题给学生做，书上的原题好像是让学生写一个最喜欢过的星期天，书上还举了好多星期天可以如何过的例子，比如参观博物馆、科技馆，或者去逛公园、商场，或者一家人在家里打扫卫生等等，我刚把习作的题目念完，就有学生说："老师，可不可以写星期天放牛、放马啊？我星期天在家就是干这个。"其他学生也都跟着笑："是啊，是啊，我们星期天也是要打草喂猪呢。"有的学生还补充"还要带弟弟妹妹。"这就是我们这里的现实。城里的学生星期天还可以参观博物馆、科技馆，我们这里的学生星期天都是要给家里干活的。

　　研究者：那最后学生写的这篇习作怎样呢？

　　罗老师：还能怎样？几乎都是清一色的放牛、放马、到河里洗澡、玩泥巴、带弟弟妹妹这些事。山里面学生的星期天都是这样过的。

（2008 年 10 月 21 日访谈记录）

　　在人教版小学第六册的语文教科书里，我也发现了一篇类似的习作："回忆一下，你曾经参观过哪些地方，哪些展览。比如科学实验基地，新建的大型公共设施，某地的名胜古迹、革命纪念馆、科技馆、博物馆等。选给你印象最深的一次写下来。注意把参观的过程写清楚。可以重点写一写在参观过程中对你最有吸引力的景物或展品，还可以写上自己当时的感受以及其他观众的表现。"

　　罗老师谈到的那篇关于星期天的习作，学生尚可以勉强用自己的生活实例来写，或许没那么丰富多彩，也没那么动人心弦，但毕竟每个孩子都有星期天，都有快乐的回忆，都有一些值得写的内容。而这篇习作，对于当地的孩子来说，则是太勉为其难了。这些孩子有些尚且连都匀市都没有去过，脑海里哪有任何关于科学实验基地的印象？这样的习作，或许就是"现行教育体制下城乡共用教材而教材又以城市为本位造成的尴尬"吧。①

（三）　课程知识的再生产

任何一种课程或课程现象，都是特定社会的文化在课程这种现象上的反映，课程的产生、存在与发展，都与社会的经济条件、政治环境以及该课程所产生、存在的社会文化密不可分，有其特定的文化土壤和文化背景。文化是课程的源泉，课程是文化的载体。另一方面，课程反过来也有利于保存、传递和激活文化。也就是说，要想使某些价值标准、行为规范、意识形态成为活的、能发挥实际作用的资源，其首要条件之一就是将其编进课程，引导和规范学生，从而在学生的言行中得以保存、传递和活化。在当今这个越来越依赖文化资本的时代，个体所拥有的文化资本的数量、性质等直接影响着其社会身份的高低，由此，课程的问题最终又成为了社会分层和社会再生产的问题。

布迪厄认为，学校课程设置是建立在其筛选分类的基础上的。在强有力的经济和政治影响下，学校是有一个有一定自治权力的机构，能作出能动的反应。学校使符合统治阶级的兴趣、价值观和口味的某些语言和教科书合法化，通过这种方式再生产文化的社会关系，即潜藏在文化背后的权力、利益关系。也就是说，通过学校，课程传播支配集团的身份文化。进入课程的往往都是支配集团，至少是中产阶级的话语和编码系统（也可称之为官方知识、法定知识），"代表的是某一方面的意识形态和文化资源"②。如果"只有特定团体的知识才成为了官方知识"③，如果"'合法'的知识不

① 李书磊先生于1999年在丰宁县的调查中发现了这样一个例子。教师在给小学二年级的学生上完《不上当受骗》后，布置了这样一道课后作业："小青一个人在家有陌生人敲门，说是来修水管的，让小青开门。当你遇到这种情况你会怎么做？"李书磊先生指出："这道课后作业是一道针对城市生活的题目，因为乡居中邻里关系紧密，有陌生人敲门不像城市单元隔壁状态下那样危险，再说丰宁县一带的农民吃水用的都是院中的压水机，家中也没有水管可修。这道题出给乡村小学的学生，是现行教育体制下城乡共用教材而教材又以城市为本位造成的尴尬之一例。"参见李书磊《村落中的"国家"——文化变迁中的乡村学校》，浙江教育出版社1999年版，第114页。

② ［美］阿普尔：《意识形态与课程》，黄忠敬译，华东师范大学出版社2001年版，第54页。

③ ［美］阿普尔：《官方知识——保守时代的民主教育（第二版）》，曲囡囡译，华东师范大学出版社2004年版，第66页。

包括劳动阶层、妇女、有色人种和其他没有权力人群的历史沿革和他们的文化表述"①，那么，这样的课程是否更有利于支配集团子女的学习和掌握？换而言之，一旦课程成了官方知识的载体，那么即使是学习同样的内容，其实对不同阶层、不同群体来说，"获胜"的几率是不同的。"那种商品（即学校提供的服务）对不同社会和文化背景的儿童：对支配集团和工人阶级儿童，对不同民族出生的儿童，意味着不同的东西。"②英国学者波拉德（Pollad，A.）也指出，看起来似乎是"客观的"课程对于教师和学生来说具有不同的涵义，并被施以不同的解释。③学习"亲和感"不同的课程使得家庭文化层次不同的学生在学习与掌握学校课程的可能性上存有差异，并导致家庭文化层次低的学生容易出现"不适应"学校课程的现象。

表面上，课程知识在每个人的意识中始终保持着一种正直、中立的形象，但实际上，看起来是中性的、不偏不倚的选择和教学过程，却暗暗地偏袒那些已经获得语言与社会竞争能力以掌握优势文化的人，因而再造了更大的社会等级制。④这就意味着课程内容本身在制造着不公平，那些处于社会劣势地位的个体并不能因为进了学校、受了教育、学了知识而摆脱困境进入上层，课程知识内在地、也先在地决定了哪些人会被淘汰出局，哪些人更有可能成为学校乃至社会内隐的淘汰者。

为什么被支配集团文化能理所当然地被课程边缘化，而支配集团的身份文化能够堂而皇之地进入课程，这一看似明显的不平等实际上经历了一个合法化的过程。这里的合法化主要是遵循以下运行机制来实现的：即不论是什么知识、什么文化进入了课程，如果所有人学习的都是相同的内容，参加的是相同的考试，最终却获得了不同的成绩，拥有了不同的文化资本，并因为文化资本的差异而进入了不同的社会空间，这就是公平、公正的，对于任何人来说都是可以接受的。这种机制的潜台词是：大量的人之所以长期处于社会的中下层，是因为其个体能力低下而导致的教育水平

----

① ［美］阿普尔：《官方知识——保守时代的民主教育（第二版）》，曲囡囡译，华东师范大学出版社 2004 年版，第 53 页。

② 罗伯特：《教育、社会公正与知识》，《华东师范大学学报》（教育科学版）1997 年第 2 期。

③ 转引自吴康宁《课堂教学社会学》，南京师范大学出版社 2004 年版，第 336 页。

④ ［美］阿普尔：《意识形态与课程》，黄忠敬译，华东师范大学出版社 2001 年版，第 35—36 页。

和素质低下，责任完全在于个人，不能归咎于社会不公或制度不公。当然，事实上并非如此。

就拿我国当今的高考制度来说，尽管有人不断指出它对人实现思想钳制，但它的标准性、客观性和一致性使大部分的国民至今相信，它仍然是现有各种选拔制度中最为公正的制度。这实际上意味着，由它而产生的社会等级，最容易为人们所接受。在这种制度中失败，人们很少把责任推卸到制度本身，而是归咎于个人自身的能力与态度。①

（四）课程知识的评价

国家课程代表着"官方知识"、"法定文化"，是国家进行社会控制的中介。这是现代国家作用于个人的一种重要的结构性力量。与之相应的考试正是促使这种力量发挥作用的重要手段。福柯认为，检查（考试）技术把监督和规范化技术结合起来，它追求规范化，同时也导致对个体的定性、分类和惩罚的等级性监视，考试制造了一种把水平与标准化要求的对照机制，把个人纳入标准化的轨道中。考试是为教育发明的一种有力的规训武器。考试和检查不仅分配着教育资源和机会，而且也预定着未来的文化资本、政治资本、经济资本和其他社会资本。考试的强制威力在此，因为个体需要这些资本。②

考试的问题正如阿普尔所言：知识本身并不产生问题，但由于进入学校的知识往往被认为是给定的、中性的，所以各社会阶层、各学校儿童等等之间可以进行比较。③我国的考试也是如此，它不仅假设知识是中性的，还假设所有学生家庭背景是相同的，学习条件（资源）是相同的，学习起点是相同的，因而可以通过考试来比较他们的优劣，来选拔所谓的优秀。这样，即使选拔过程是公正的，也可能影响选拔结果的公正性。

考试不仅仅标志着一个学习阶段的结束，而且还成为一个永久的因素。考试被安排在教育中和教育外，它把学生变成了一个彻底的认识和控制对象。考试以成绩的记录把个体客体化，使每个人都成了个案。因此，

① 张行涛：《必要的乌托邦——考选世界的社会学研究》，北京师范大学出版社 2003 年版，第 261 页。

② 金生鈜：《规训与教化》，教育科学出版社 2004 年版，第 99 页。

③ ［英］迈克尔·W. 艾波：《意识形态与文化再制、经济再制》，载厉以贤《西方教育社会学文献》，台湾五南图书出版股份有限公司 1992 年版，第 699 页。

学校就是一种通过严格的层级考试进行隐蔽的思想控制和筛选的教育场域。"它从数量上度量，从价值上排列每个人的能力、水准和'性质'。它通过这种'赋予价值'的度量，造成一种必须整齐划一的压力。最后，它划出能确定各种不同差异的界限，不规范者的外在边界。"①虽然考试是一种遴选方式，但是，在考试生产个体化的过程中，考试更是一种预置方式，一种个体的使用功能的标定方式，它把个体分布在一个位置上，对学生个体分别进行整理、分裂和编排。考试形成了个体性，因为它的实体对象就是可以被算度、被判定、被分类、被训练、被规范化的个人，考试及成绩册、成绩报告单在书写、记录着个体。②由此可见，考试把权力的仪式、个体的选择、真理的确立都融为一体。它不仅帮助学校和教师获得对学生的成绩、能力和发展前途的认识，而且也帮助社会获得预置个人的知识。

就这样，学校变成了一个不断考试的机构。"通过一种不断重复的权力仪式，考试被编织在学习过程中。"③学生完全成为了候考者，学校始终围绕着考试展开教育教学工作，各种大大小小的考试多得不可思议。就学生学校生活的本意来说，他们已变成彻底的候考生。但事实上，他们也只能成为候考生，因为考试文凭是进入国家正规体制的唯一依据。国家通过设置名目繁多的考试，为的就是逐级选拔出全部符合统治需要的优异者，并使他们充任国家机器的各级维护者。由此可知，考试表面上是检验教师教和学生学的水平和状况，归根结底是考核学生对国家意志的掌握和领悟程度。与国家意志的吻合程度越高，在检测中就越能取胜。学校通过对学生个体的标签与分类，让他们分别进入预定的社会、经济和教育的位置。考试通过对学生进行等级的标定、与学生的未来相连和使考试合法化成功地实现了其控制的深层目的，迫使更多的人心甘情愿地去接受意识形态的灌输。因此，考试实质上是以促进个体向上流动的名义，行使着社会对个体实现控制的实质。教育活动通过"设置不同的阶段，用等级考核来区分这些阶段；制定各个阶段的由简

---

① 〔法〕米歇尔·福柯：《规训与惩罚》，刘北成等译，三联书店 1999 年版，第 206 页。

② 金生鈜：《规训与教化》，教育科学出版社 2004 年版，第 100 页。

③ 〔法〕米歇尔·福柯：《规训与惩罚》，刘北成等译，三联书店 1999 年版，第 196—211 页。

到难的教学大纲；根据每个人在这些系列中的进度评定他们……一种完整的分解教育逐渐形成了。"①

最后，考试使各种身份地位的安排合法化。在人们的印象中，考试是较为公平的评价手段。考试面前人人平等，每个人只要其学习成绩能通过考试的评鉴标准，就可以进入更高的学习阶段，进而获得较高的或较好的工作机会，以及产生社会流动。但是，我们前面已经详细地阐述过，教科书的编写与开发基本上都是被少数权威部门和少数人所垄断的，而教科书的内容，也大都充满了"主流文化色彩"和"城市文化色彩"的价值取向，所有学生学习的都是这一套价值体系，这其中隐含了知识与权力的关系。因此，在这种貌似平等的背后，蕴含的是"适者生存、优胜劣汰"的意识形态。"虽然在民主化的社会中，每个人的地位都是'挣'来的，而且认为教育程度愈高，地位的改变也愈有可能。但事实上，从统计数字来看，真正在考试制度中获利者，并非来自中下而是中上阶层。这种阶级的'再生产'，考试制度乃是帮凶。"②这就使得"在大大小小的名目繁多的考试之后，自知缺乏实力的孩子们，被授予了在井然有序的等级制度中，将自己置身于准确位置的方法。从而使得他们能把学校以及笼络它的阶级（阶层）社会的秩序，乃至自己在其中的位置，作为命中注定的前提而接受下来"③。

在石龙乡，市教育局每年都要对辖区内的学校进行考核评比。这些形式各异、大大小小的考试，是教师和学生都无法逃避的。虽然我国对少数民族地区的学生在考试上有一些特殊的照顾，④但这种照顾对于大多数少数

---

① ［法］米歇尔·福柯：《规训与惩罚》，刘北成等译，三联书店1999年版，第179页。

② 陈伯璋：《意识形态与教育》，台北师大书苑有限公司1988年版，第218页。

③ ［日］渡边雅男：《现代日本的阶层差别及其固定化》，陆泽军等译，中央编译出版社1998年版，第90—91页。

④ 从世界各国的考试选拔制度看，基本上是以两种制度为主："竞争式选拔制度"（Contest mobility）和"赞助式选拔制度"（Sponsored mobility）。我国的教育选拔基本上是一种"以竞争为主，赞助式与照顾为辅"的制度。参见班克斯《教育社会学》，台湾复文图书出版社1985年版，第51页。1987年国家教委颁布的《普通高等学校招生暂行条例》规定：边疆、山区、牧区、少数民族聚居地区的少数民族考生，可根据当地的实际情况，适当降低分数，择优录取。对散居于汉族地区的少数民族考生，在与汉族考生同等条件下，优先录取。少数民族班招生，从参加当年

民族学生来说，无异于杯水车薪，无法解决根本的问题。很多学生长期处在考试的焦虑中，无法自拔。"我的心情越来越复杂，有很多的问题解不开……每一次测试都不是很好，我每天都努力学习，但是还是这样没有一点进步？是我的学习方法不对吗？每一次试卷一发下来都打击我的心！每天都特别紧张！我该怎么办？爸爸是一个善良的人，为了我和弟弟读书，拼命开车赚钱，车翻了四五次都挺了过来，一心一意为家里挣钱。我一定要报答父母的恩情，但我数学太差，每次考试都只能考三四十分，我心里太苦恼了。学校每年敢考（都匀）一中的人很少，大部分都只敢考二中和三中。（每年）考进都匀一中重点班的人不会超过五个，其他就算考上的都在普通班，我这种成绩只有争取考三中的'小班'（即重点班）了，都还不一定考得上，老师你说我到底该怎么办呢？"①在我调查期间，经常会收到类似的纸条，学生在纸条上无奈地诉说着他们的焦虑与苦闷。学生内心的焦虑感使他们长期处在一种压抑的状态中，对于学校为了促进学生学习而使用的"柔性的强权"②策略，他们更加感到无奈。

石龙中心校学生学习奖励办法

　　为了调动广大学生努力学习，刻苦钻研，勤奋进取的积极性，激

（接上页）高考的边疆、山区、牧区等少数民族聚居地区的少数民族考生中，适当降低分数，择优录取。山区、边远地区、少数民族聚居地区的委托培养，可以划定招生范围，同时明确预备生源，适当降低分数，择优录取。普通高等学校对边疆、山区、牧区、少数民族聚居地区的少数民族考生降低分数的幅度，由各省、自治区、直辖市根据当地的情况确定。有的降低5—10分，有的降低几个分数段。有的地方对少数民族学生和汉族学生分别规定适当的录取比例，单独划定录取分数线择优录取。对一些教育程度比较落后的少数民族，在录取分数线上则给予较多的照顾，特别是对人口较少的民族给予特殊照顾。参见钱民辉《西部人才开发的基础是提高民族教育的质量》，载滕星、胡鞍钢《西部开发与教育发展博士论坛》，民族教育出版社2001年版。在当地，少数民族在中考中可加10分。

　　①　中心校一九年级的学生在课后给我的纸条上所写的内容。

　　②　在古希腊神话中，亚力斯是战神，战神在作战的时候，或者是乘车、或者是徒步，紧随在他周围的是得摩斯（惧怕）、福波斯（恐怖）、厄里斯（争吵）、库里厄摩斯（骚乱）和厄里俄（城市摧毁者）五个可怕的神。在考选世界中，考试则是一种亚力斯，正是考选世界的扩张，造成了控制的概念从概念世界的阴影中脱身而出，并在现实中异化为强权，将操纵、宰制、屈从、支配以及恐惧等各种可怕的社会毒瘤移栽到考选世界中，在把理性与情感贬抑到一种非人水平的同时，把考选世界中的控制转化为一种柔性的强权。参见张行涛《必要的乌托邦——考选世界的社会学研究》，北京师范大学出版社2003年版，第258—259页。

励学生治学成才，弘扬敢于竞争，勇于拼搏的精神，营造一种积极向上，奋发图强的学习氛围，鼓励学生为振兴石龙，争当一名品学兼优的石龙人而努力，在乡教育辅导站的大力资助下，经校领导小组研究决定，对具有以下情形的学生实行奖励。

（一）初三年级组：期终考试总分在凯口，石龙两校前15名的学生30元，总分在前5名的学生增奖20元。

（二）小学、初一、初二年级组：期终考试总分在凯口、石龙两校同年级前5名的学生依次奖给奖学金30元、25元、20元、15元、10元。

（三）单科名列相应年级组前3名的学生，实行奖励。

（四）总分在本校同级前5名的学生，优先照顾"三好生"指标。

（五）团支部、学生会，少先队，班干部被评为优秀的给予奖励。

（六）凡参加市、校等各类竞赛获前三名的学生，给予奖励。

（七）在校表现突出（不含学绩）的学生，给予奖励。

对于学校来说，如果没有考试，没有考试带来的利益驱动，学习也就没有任何意义可言。通过考试，可以检测学了什么，学得怎么样，最终所学与支配集团的要求之间是否存在差距，都由考试来执行。而且，通过追求考试答案的标准化和唯一性宣扬了法定知识的权威性和无法替代性，从而排斥了其他知识的合法性。考试人为地消解了学生对课程知识理解的多样化，同时也隐性地使考试变得合法化。由此，国家的意志得以传递和渗透，社会的合格人才得以选拔。而且，这种合格人才是以是否能推动城市的发展为终极目标的。"现行学校教育和考试制度的功能在很大程度上是将高素质的农村劳动者从农村抽取到城市，将本来可能会有利于农村经济发展的潜在人力资本变成了仅有利于城市经济发展的人力资本。"[①]这种通过考试而达到培养社会合格人才的教育的初衷已不再是从人的培养的本质出发，而是创造适合于社会竞争的教育了。学生在这种竞争中丧失了学习的本真，失去了学习的乐趣。考试成为学习的代名词，它推动着学生在考试的竞争中不断地屈服、迎合、顺从，最终沦为"优胜劣汰"的牺牲品。

---

① 阮荣平、郑凤田：《"教育抽水机"假说及其验证》，《中国人口科学》2009年第5期。

"教育，始终是一个问题……当整个社会被嵌入到一个以人与人之间的激烈竞争为最显著特征的市场之内的时候，教育迅速地从旨在使每一个人的内在禀赋在一套核心价值观的指引下得到充分发展的过程蜕变为旨在赋予每一个人最适合于社会竞争的外在特征的过程。"①当这种充满了外向型的考试充斥了学校教育中的每一个教育过程和每一项教育活动时，教育的实质已不再是促进每个孩子内在身心的充分发展的推动器，而处处盈溢着一种功利的价值和意味。"从一个人的幼年的时候被强制地送到教育的工厂开始，教育的规训就以一种权力的眼睛监视人的一言一行，就以一种考试的技术算度人的现实和未来，就用一种势利的身份诱惑方式生产着忍的野心，就用一种奖惩的技术迅速地培养着虚伪的道德。在这样的规训的结构中，一个人除了努力迎合之外，就是彻底地被规训的利益所抛弃，再别无选择。"②教育的这种蜕变实在是教育发展功能"内"与"外"之间的博弈的产物，教育的本真泯灭于一场场大大小小的考试中，泯灭于学校和教师对学生的评价中，也泯灭于学生为了考试而进行的角逐中。

第三节　民族文化和地方性知识的消隐

一　学校教育与乡土社会的暌违

人类文化的传承，在没有"文字下乡"的年代，人们从家庭和社区习得生存和生活的技能，习得人与人、人与自然和谐共处之道。现代的学校教育作为连接地方性知识和主流社会文化的介质，成为乡土儿童文化碰撞和文化选择的重要场所。然而，外向型教育框架的设置对乡土社会的隐性影响，其意义是不可低估的。学校教育内在的城市化、工业化的逻辑与乡土社会的隔阂，往往外化为个人心理上的调适不当。学生辍学原因除经济外，很多时候是由于个人在学校教育中产生的陌生感和挫折感而导致的。

在当地，少数民族儿童进入学校之后，首先需要熟悉的是自己的新名字，这意味着一个新的自我开始成长。当地乡村的儿童并不是没有自己的名字。每个儿童在出生后，父母都会给他们起一个名字。但这个名字不经

---

① 汪丁丁：《教育的问题》，《读书》2007 年第 11 期。
② 金生鈜：《规训与教化》，教育科学出版社 2004 年版，第 31 页。

常用，父母从小到大都是叫自己的小名。小名一般是由父母起的，但有时候也是由干爹干妈起的。石头寨的罗志华告诉我，"我们这里的小娃仔命贱，怕养不大，所以（这里的）每个小娃仔都会找一户人家认干爹干妈，这户人家要小娃仔不逗罗嗦（身体健康）、好带的，这种人家要专门去找，拜继给人家做娃娃。还有许下日子定干爹干妈的。小名一般都是由干爹干妈取。说来也怪，一般爱逗罗嗦的小娃仔认了干爹干妈后，就不爱逗罗嗦了。当然，以后每年过年都要带小娃仔给干爹干妈拜年……"无论是远房的亲戚，还是邻居一起玩耍的小伙伴，也都是自然而然地叫孩子的小名。当他们从学校回到民族社区时，或者说长大离开学校后，身边亲近的人仍然叫他们的小名，而不是学校里的这个学名。

　　我第一次在中心校翻开学生的花名册时，发现学生的名字高度地雷同，耿林波、耿林伟、耿伟、罗道粉、罗道益、罗仕风、罗仕金、罗道毅等，我甚至还在花名册上发现了好几个不同年级的"耿明华"。学生的名字总是在有限的几个词之间转来转去。不仅刚入学的儿童很难真正把自己与别人区别开来，不能真正认同自己的名字，就算是已经读到高年级的儿童，还是有很多儿童喜欢听别人叫自己在家里的小名，对此我深有感触。一个周五的早上，我在三（1）班听了一节英语课。中午时分，由于想了解干鱼河的学生情况，我依照班主任老师给的学生名单和宿舍号码，在学生宿舍楼里寻找家住干鱼河的"耿林秀"。但是，根据耿林秀住在405的室友介绍，她们宿舍根本就没有名叫"耿林秀"的女孩，倒是有一个就读三（1）班的女孩子，名叫"王琴"。后来我才知道，"耿林秀"和"王琴"就是同一个人，只不过"耿林秀"是上学时才用的名字，是所谓的"学名"，而"王琴"则是她的小名（听她的同学说她小时候曾拜继给别人家做干女儿，所以姓王）。她宿舍的人都只知道她的小名，根本不清楚她的学名。在这个贫困的布依族苗族聚居的乡村地区，想知道谁是否上过学是很简单的一件事情，一般情况下，有学名的都曾经上过学，这一点与很多少数民族地区有些类似。[1]学名有些是父母起的，有的则是老师起的。而这个名字只在学校——这个国家的场所，才被运用。譬如刚才提到的"耿林秀"，在家里，在亲戚中间，她都是过去的、也是未来的"王

---

　　① 邓红：《乡村回族儿童的入学体验——在甘肃和政县一所乡村小学的观察发现》，《民族教育研究》2007 年第 5 期。

琴"。"耿林秀"这个学名，不管她是否喜欢、是否熟悉、是否接受，都是她的了，在学校里，她就成了"耿林秀"。在与班上同学和老师交流的时候，"耿林秀"才是她真正的代码，也只有"耿林秀"这个名字得到学校的认可。但是，在村里，你如果只知道"耿林秀"这个学名，是很难找到她的。我曾经在村里用学名寻找过几个孩子，最终都是费尽周折才打听到的。当我用学名向村民询问孩子的情况时，村民们总是一脸茫然的样子，根本不知道我所说的孩子究竟是谁，直到我详细说出孩子所读的学校和所在的年级，他们才用一种恍然大悟的神情告诉我："哦，原来你说的是××家的小××啊，他在我们这里是叫××的……"每个村落里读书的孩子毕竟不多，通过我对孩子学名的众多附加解释，虽然最终还是能正确地找到我需要的孩子，但过程总是显得有些曲折。学名作为村落世界里的"他者"，与当地人所喊的小名分属于同一村落空间中两类不同的知识体系。儿童小名在村落里的根深蒂固，充分反映出了学校教育与乡土社会的暌违，也反映出了学校教育在渗透到乡土社会肌体中的难度。

其次，儿童在学校空间里，必须适应学校作息时间的安排和一系列的考试压力。学校里的时间流被切分为了片断，不但一天的活动必须根据课程表的安排来进行，学年、学期的划分也要根据个人表现对其作出判断。儿童从一进校门的那一刻起，就意味着必须舍弃他曾经拥有的田间野趣和山林嬉戏，远离他所熟悉的村落时空。他在接下来的若干年中，事实上就是一个不断遵守各种规范和接受各种各样考试的机器。对规范的遵守与否与考试成绩的好坏，直接决定着他在学校的等级地位。能够符合学校的各种规范并能在考试中表现优异者，便会被学校标定为优秀的等级，成为老师和同学眼中的佼佼者，万般荣耀集于一身；而那些不能调适出符合学校规范的行为者，则会被标以"问题学生"的标签，在教师异样的眼光中不可避免地遭受学业失败。而这一切，都是需要儿童自身来承担的。由此看来，有些儿童由于无法在乡村与学校的二重空间中调适得当，他们的逃学辍学就显得不可避免。正如一位研究者在贵州一个叫方祥的地方所观察到的那样，发现儿童的日常生活远离了田野和山林：

　　　　雷公山自然资源丰富，野菜、笋子、中草药材……满山遍地，到处都有可以采集的资源，昔日儿童经常入山；山林，就是他们平常生活学习的场所，今天的适龄儿童都要在学校读书，学生宁愿舍弃学校生活，也要逃学，返回山林，寻觅日常生活所需要的资源，可见山林与生活之间，关系密切，而学校却将学生与山林、生活割裂了。从现实看，"入山"似乎比"入学"意义更大，学生于是成群地"逃学"去了。①

11 月的天气在大山里已经有了浓浓的寒意，我在谷新村调查的时候，曾与几个孩子一起上山放牛马，这些孩子在山里摘葵花、爬树、唱歌，一个个怡然自得，显得很快活。当我问他们更喜欢学校还是山里时，他们异口同声地觉得还是山里好，山里有清澈的小河，可供他们下河摸鱼捞虾、游泳、洗澡，山里还有数不尽的好玩的东西。他们还约我过年去他们那里，和他们一起上山挖山药，吃野味。他们对各个节气山里好吃的好玩的东西如数家珍。在山上放牛时，我根本没有在众多的枯枝中认出早已经干瘪向下垂挂的向日葵，他们却一眼就认出来了，一会的工夫就掰下了十余朵已经枯萎的向日葵，津津有味地分享起来。他们还带我采摘了家里必备的一些药材，告诉我哪些是止血的、哪些是治闹肚子的、哪些是防蚊虫叮咬的。他们对大山是如此的眷念，以至于他们认为"上学一点意思都没有，我们山里才好玩。家里老人要是不（没）有钱了，我们也就不读书了"。孩子们自小就习惯了在山里游荡嬉戏学习的日子，习惯了在山里寻找快乐，学校教育与乡村生活的暌违使得这些孩子失去了他们原有的乐趣，他们在学校里找不到自己熟悉和引以为豪的资本，找不到成功的喜悦和价值，厌学、逃学甚而辍学也就在所难免了。

此外，在乡土社会中相对模糊的年龄区隔，在学校空间中也明显地显现出来，在个人心理上投射着无形的压力，以至于一些年龄偏大的儿童过早地离开了他们无法适应的学校生活。这些大龄辍学儿童普遍存在的"害羞"心理，实质上反映出国家教育框架设置和乡土社会的背离对他们心理造成的隐性而巨大的影响。我曾在谷新村大摆炳组遇到过一个叫王芝梦的女孩子，她因为身体不佳没有外出打工，她告诉我，她当时就是因为年龄比班上其他同学偏大，心里感觉别扭和害羞而主动辍学的。"现在想

---

① 罗慧燕：《教育为了发展——中国贵州省的一个个案件研究》，博士学位论文，香港中文大学，2003 年，第 226 页。

想当时从学校里出来还是挺后悔的。当时家里老人让我等弟弟一起读书，（上学的）路上好有照应，所以我读一年级时已经快 10 岁了。看到班上的同学大部分都比我小得多，我觉得很别扭，作业没（不）会做或者上黑板没（不）会做题的时候，就会感觉害羞得很，觉得自己年龄比其他人大，学习却没其他人好，到后来老师也很少提问我了，下课后和其他同学也找不到玩的，（所以感到）越读越没有意思，就自己没想读了。家里老人刚开始还劝我去读，后来看我实在没想读，他们也就没劝了。要是坚持下来，应该比现在好得多吧。"在当地很多村寨，像王梦芝这样的大龄女童的辍学绝非个案。这些女童在学校里感觉不自在和别扭的缘由在于学校和教师对她们年龄的凸显，以及随之而来的成见。学校里很多老师认为，大龄女童大多不好教，无论从行为习惯的培养还是对知识的接受，都显得比其他孩子更艰难。毕竟她们身上已经比其他儿童更深刻地固化了乡土社会的众多"惯习"，一旦来到学校教育的空间中，这些原本扎根于乡土并适宜于乡土的"惯习"就会形成她们在接受另一种知识体系的巨大障碍，而这些障碍在教师眼里，就会被理解为"接受和反应能力慢、难教、固执、和同学们难以相处"等一系列负面形象，导致她们在学校里受到教师和同学的排挤，形成心理上的阴影，从而导致厌学乃至辍学。

二　民族文化的淡化

在当地，凡是受过一定教育或与外界接触较多的家庭，人们教小孩的语言往往以汉语为主。已退休的陆兴仁老师，是一位当地土生土长、非常了解当地社会状况的人。他在接受我的访谈时说："据我所晓得的情况来看，好多家里的老人都不教小娃仔民族语言了，我的大崽在外地上班，小崽在本地跑运输，他们都不教自己的小娃仔土话了，觉得没这个必要，而且也担心会影响小娃仔在学校的学习。"据我观察，中心校的教师基本上都使用汉语普通话与自己的孩子交流（尤其是当孩子还未入学前，更是如此）。和同事与当地人交谈时则使用当地的汉语方言。场坝周围的人家教小孩的语言主要是石龙话（当地通用的汉语方言），因此绝大部分场坝周围的孩子都不会说布依话。虽然那些来自偏远村寨里的孩子会说自己的民族语言（布依语或苗族），但一般来说，他们在学校只使用当地汉语方言和教师与其他同学进行交流。

访谈片段一：（课间）

研究者：你知道班上同学都是什么民族吗？

学生1：基本上知道吧。

研究者：大家平时都在一起玩吗？

学生：玩啊，一个班的都在一起玩。不过我们很少和外班的（学生）玩。

研究者：你们班有苗族的学生吗？

学生：有啊！（喊两个男生的名字："快过来，老师要问你们话。"）两个被喊到的男生跑了过来。

研究者：你们是苗族，会讲苗语吗？

学生：（想了一下）嗯，都会讲。不过在学校里没讲。

研究者：那在哪里讲呢？

学生：在家里讲。家里老人用苗话和我们讲时，我们就用苗话和他们讲。

研究者：家里老人都是用苗话和你们交流吗？

学生：没（不是），有时也用汉话。他们有些苗话连我们都不听（听不懂）。老师，你用汉话给我们讲嘛。

研究者：我说的就是汉话啊！（我当时与他们交流时用的是贵阳话）。

学生：那也和我们讲的差不多。

研究者：你们现在讲的本来就是汉话，你们在家和老人讲的是苗话。

学生：哦，是这样啊。

研究者：你们同学之间讲你们的苗话吗？

学生：有时候会讲，和一个寨子里的（伙伴）在一起才讲。

（2008年9月26日访谈记录）

访谈片段二：（男生宿舍）

研究者：能告诉我你们都来自哪个地方吗？都是什么民族啊？

学生1：我是布依族。（指着他旁边的一个男生）他是苗族。（又指着宿舍里其余的几个男生）他们都是布依族的。

研究者：每个宿舍都是既有布依族又有苗族吗？

学生2：不一定。有些宿舍全是布依族。

研究者：你们平时都在一起玩吗？

学生2：嗯，我们宿舍经常在一起的，吃饭上课都是。

研究者：你们平时会聊一些关于民族方面的话题吗？

学生2：没（没有），我们一般没聊这方面的话题。我们平时聊的大多都是学习上的事。

研究者：你们会聊些村子里的风俗习惯吗？

学生1：很少说。我们也没知道多少。

研究者：你们在宿舍说布依话或苗话吗？

学生2：没。（指着那个苗族男孩子）他有时会和隔壁宿舍他们寨子里的那个男生说（苗话）。我们在宿舍一般都说石龙话。上课就说普通话。

（2008 年 9 月 26 日访谈记录）

对此，辅导站的罗站长也深感忧虑。罗站长是石龙乡摆忙人，他小学就读于家乡的摆忙小学，初中就读于江洲中学，高中在都匀五中求学，高中毕业后考入黔南师专，毕业后分配到石龙中心校当老师，2003 年开始担任乡辅导站的站长，一直持续到现在。他对布依话的逐渐消隐也感到很无奈："布依族文化已经被汉族汉化了。像我回老家摆忙，和我同年龄的三十六七岁的人都还会讲布依话，但我们的下一代就基本上没（不）会讲了。会讲布依话的人越来越少了，这都是汉化的结果。小娃娃之间现在全用汉语交流。他们觉得都没（不）好意思说布依族话，觉得土气。我都觉得心慌，再过一两代，我们的布依话就没有人会讲了。"[①]

在当地，除了民族语言的逐渐淡化外，随着当地经济水平的逐渐提高以及外出人员的不断增多，主流文化和城市文化在当地获得了主导性地位后，当地少数民族的传统文化便只具有附属或点缀的作用，仅仅在一些大型的民族文化活动场合以表演的形式出现。当地传统的美丽传说、优美歌声、多彩服饰等充满民族特色的文化艺术形式有些已经消失了，有些还存在但已经不再广泛流行了，有些则已经完全转换了形式。在当地，民族文化只能在一些民族节日或仪式上才可以看到，很多人的民族意识仅仅剩下

---

① 2008 年 9 月 18 日上午笔者与乡辅导站罗芝文站长的谈话片段。

了民族身份。政府往往在开发旅游或年节活动时才会考虑"挖掘"一些民族文化，拿一些传统的东西来点缀点缀，至于平时的教育教学活动，更是与民族文化无关。我第三次去石龙乡考察时，恰逢都匀市 50 周年市庆（2008 年 9 月 26 日是都匀市建市 50 周年庆祝大会）。石龙乡组织了 100 人参加建市庆祝活动，中心校派出 50 名学生参加演出。他们的服装主体为布依族传统服饰，但其中也添加了不少表演的成分：男方上衣为藏青色，短袖布纽扣衬衫，衣领、袖口有黄色花边，裤子为藏青色，裤角配黄色花边，头拴红色丝绸。女方上衣为长袖天蓝色妈妈衣，衣领、袖口配有白色花边，裤子为天蓝色长裤，裤角配白色花边，腰间拴黑色围腰，并配有花卉图案，腰带及边角有白色花边，头戴白色方巾，鞋统一为藏青色，女鞋有花卉图案。男方右手持一朵刺黎花，女方右手持一个八角荷包。①当我询问那些曾经参加过市庆的学生，对于自己当时参加演出所穿着的布依族服装有何看法时，大多数学生都感到"很有意思"，但同时也表示，"那是表演时才穿的，平时是绝对没好意思穿的"。就像民族语言只能在家里和老人讲一样，民族服装在他们眼里，也只具有表演的性质，而没有其本质的内在含义了。至于民族歌谣和民族习俗等传统文化，则"已经作为一种历史卷宗的民族文化，只有考古学的意义了"②。"当民族文化只剩下舞台表演了，就等于没有了"③。

　　民族地区的学校教育虽然有传承民族文化的责任，但是在传承的过程中，会遇到很多现实的阻力。民族教育对少数民族文化的传承，只有体现在学校教育统一的课程和考试中。但是，由于民族教育同样也受着"高考指挥棒"的指挥，受着"劳动力市场规则"的制约，很多民族学校在传承民族文化时，都显得相当力不从心。即便有些学校将民族文化体现在校本课程中，大部分学生也不会花较多的时间学习那些与考试无关的课程，因为这会影响到他们对国家课程的学习和安排。这样就导致一些很有民族特色的活动课程流于形式。在石龙乡的学校教育中，已经出现了本民族文化的代际"断裂"。而且，学生在学校受教育的年限越长，本民族的

---

① 石龙乡政府拟订的布依族服装和装束。
② 钱民辉：《建设和谐社会离不开和谐的民族教育》，《西北民族研究》2005 年第 4 期。
③ 金星华主编：《民族文化理论与实践》，民族出版社 2005 年版，第 19 页。

历史和文化被遗忘或丢失得就越多。①

　　我就此事与中心校的教师进行了交流。一部分教师认为，在学校里加入少数民族文化的课程会影响学生的学习。其中，杨老师的观点比较具有代表性。"现在的老师也累，学生也累。我们这里的学生基础很差，好多学生都是在学校里勉强混，他们大多数学起课本上的知识都很吃力，很勉强。其实好多学生看起来也很用功，就是基础太差了，现在都跟没上课程了。一个班成绩好的、以后有机会考高中读大学的没几个……学我们布依族的文化想法倒是很好，只是现在的情况是搞哪样都要考试，而且考的东西和这些民族文化课程一点关联都没有。学生对于必考的那些科目都还顾没到（没顾及到），哪有多余的时间和精力再学额外的不考的东西？再说，学生学了这些民族文化出去也没得用。我们现在最大的任务就是把学生教好，让他们尽量能够考出去，不要老在我们这个小地方待着。"但也有一些教师表示，布依族的文化中有很多值得保留和传承的内容，对于这些祖祖辈辈传下来的民族文化，坚决不能随便丢弃。他们认为"应该收集那些快要失传的服饰、故事等等，专门开一个陈列室，向学生介绍布依文化。另外，再开一些剪纸、芦笙、刺绣、蜡染、土陶、剪纸、银饰等有关布依族文化的相关课程，使他们在学习的过程中不断感受布依族文化的精深，从而以自己的文化为荣。目前学校主要抓升学率，搞应试教育，完全没有突出少数民族文化的特色，学生对自己的文化都不了解，都谈不上自豪感，只学别人的东西（主流文化的内容）会感觉自己民族处于低下的地位。所以说，不开设民族文化课程，让学生远离自己的民族文化，将会是一大失误"②。

　　学生为什么会跟不上课程内容，学不会课程知识？就读五年级的耿明秀告诉我："（课本上的知识）学没懂、没会做题。刚开始学的时候还有点兴趣，后来学着学着就实在学没懂了。还是在家里骑牛啊、采药啊、抓鱼有意思……"我在调查的时候也发现，一年级的孩子对学习课程知识最感兴趣，他们大声地读书、认真地写字、积极地回答老师的提问，随着年级的升高，课堂上参与教师活动的学生越来越少，混日子的学生越来越多。按照一位当地教师的说法，"学生成绩优秀的、能跟得上教材和老师

　　①　钱民辉：《建设和谐社会离不开和谐的民族教育》，《西北民族研究》2005 年第 4 期。
　　②　笔者根据中心校几位语文老师的意见，稍加整理。

进度的，从一年级到六年级，呈现出一种类似于金字塔形的布局。越到高年级，有学习兴趣、能学得走的学生就越少。学生对于课程中生硬的知识学习起来没有兴趣，因为和自己从小生活环境完全不一样"。课程中的内容完全与当地社区文化没有适切性，属于一种硬生生的外来物，时间长了，势必会遭到反抗。大多数学生的学业失败也清晰地验证了这一点。北京师范大学的郑新蓉教授认为，文化与语言适切的基础教育是保证民族地区基础教育质量和有效性的必不可少的条件，如果民族地区的基础教育的内容和形式在文化和语言上与民族儿童、社区及家庭隔离，非常不利于少数民族儿童的成长。"儿童只有在熟悉的群体的语言和文化实践中才能显示出文化能力和自信，而不是在排挤自我的语言和文化群体中。"[①]只有在学校里加入当地少数民族文化的课程，向儿童展示本民族文化丰富与多彩的内涵，才能使少数民族儿童在与自己文化相适宜的环境中充分感受和欣赏自己的文化，充分挖掘本民族文化的内在价值，在本民族文化和主流文化的共同感悟和认同中自信地成长，成为本民族文化的传承者和主流文化的接纳者，从而使自己在不同的文化情境中都能以最佳的状态、更好地适应和接纳每一种不同的文化，不至于在本土文化和主流文化中迷失自我。因此，在当地课程的设置中，如何适宜地把少数民族的历史文化知识和学校的系统知识，以及国际先进教育经验有机地整合，是当地教育机构和教育管理者应该也必须思考的一个问题。

三　地方性知识的消隐

"知识改变命运。"对于乡村孩子来说，这里的知识不是乡村"地方性知识"，而是全球普适性知识。国家的教育设置吸纳的是"世界性的高层文化"，其结果是，课程体系完全充斥西方理性主义知识观，"地方的"、"民间的"知识作为学生发展的重要资源，作为国家教育与乡村生活联系的纽带，"因其不够成熟或不够精致而被认为是不合格的知识"[②]，被排除在国家教育设置的视野。这在很大程度上造成了乡村教育与乡村生活的脱节。

---

① 郑新蓉：《试论语言与文化适宜的基础教育》，《民族教育研究》2010 年第 3 期。
② 许美德主编：《东西方文化交流与高等教育》，南京师范大学出版社 2003 年版，第 10 页。

　　布依族和苗族儿童自从呱呱坠地，就一直浸染在家庭和社区民族传统文化的氛围之中，学习自己的民族语言。在口耳相传、言传身受的生活中获得了自己的民族文化知识、村落民间习俗知识、生产生活的知识。他们的一日两餐①都在火塘边进行，每到逢年过节或祖先生日的时候，他们学会了祭奠祖先的方式，学会了自己民族的各种禁忌。尤其是在布依族和苗族举行各种盛大的节日里，家长都会带着自己的孩子前往观看。在观看和家长的讲述中，儿童习得了自己民族节日的各种仪式，也习得了各种各样仪式表达的民间艺术表达形式。

　　此外，在家庭和社区耳濡目染的教化下，儿童学会了各种文化规范。例如平辈相见，点头招呼，行为恭让；见了长辈，必得立定，敬语相称；来了客人，让座敬茶，请茶请饭。这些礼仪规范，上行下效，一丝不苟，营造出一种高尚文明的社会环境。②在浓郁的民族传统文化的氛围中，儿童习得了本民族的文化规范、禁忌和传说，习得了做人的道理，习得了村落文化运作的基本原则，一整套民族文化的价值观在潜移默化中代代相传。除了习得这些民族文化之外，儿童在田间地头，村头寨尾跟随大人一起生活劳作、嬉戏玩乐的过程中习得了农业和民间手工的知识和技能，习得了农作之术。在儿童还没进入学校之前，接触到的全是乡土特色和民族特色浓厚的地方性知识，儿童濡染在这些民族传统文化浓厚的地方性知识空间中，生活散漫而自由。过去的学校生活只是儿童生活中短暂的一段，并没有占据儿童个人的大部分生活空间。在现代学校未深入渗透到乡土生活之前，一般来说，男孩子十四五岁便可帮父母从事农业生产，女孩十岁左右则会包揽除了地里农活之外的所有家务劳动。

　　过去，石龙乡除了食盐和点灯用的煤油必须从外购进外，一般生活用品都是自己加工生产。因此，民间手工种类繁多，有木、石、竹等匠人以及织染、编织、酿酒等等。木匠一般为当地起房盖屋、建造桥梁、装点门窗和制造各种农具，村寨中参差错落的杆栏式建筑就是木匠们的精心杰作。石匠主要负责建造寨中房屋、桥梁的地基、阶梯以及制作墓碑等。而

---

　　①　在石龙乡，村民们基本上一天只吃两餐，早上出门干农活之前吃一餐，黄昏回家时再吃一餐。

　　②　陈湘锋：《湖北苗族移民族群的心理嬗变》，《中南民族学院学报》（人文社会科学版）2002 年第 1 期。

且，人们常伐竹编织笠、篮、筐等生活生产用具。纺纱织布是当地布依族苗族传统的手工业，过去几乎家家都有织布机，布依族和苗族女孩从十多岁就开始学习纺织，家人穿的衣服都是她们纺纱织布并经过蓝靛染色，数次漂洗缝制出来的。除了纺织和家务劳动的能力之外，刺绣手艺的好坏通常也是衡量女孩子能力高低的重要标准，同时也关系到女孩能否找到一个好婆家以及她今后在婆家的地位。所有这些传统的生活方式都是传统村落生活中的一部分，吸引着儿童以一种内在于社区的方式生活，成为年轻一代的村民，不断延续着传统的生产和生活方式。"传统的家庭或社区教育以乡土物事为教材、以父母邻里为师资、以村落空间为教室、在经意不经意间教授儿童以伦理规范、谋生手段、信仰仪式等，奠定了儿童熟悉民族文化、适应村落社会的牢固基础。"①

但是，随着现代学校教育的全面引进和逐渐正规化，一种正式的学校体制控制的生活时空在扩张，学校生活占据了儿童的大部分时空，侵蚀了儿童所有的日常生活领域，使他们处于学校体制的控制之下。②学校教育在儿童的生活中越来越占据着重要的位置，并将体制性力量对儿童生活的影响发挥到了极致。这样一种力量，拉动着儿童逐渐脱离了村落日常的社会空间，儿童几乎完全在学校的控制下展开个人的生活情景。

现行的国民教育体系是城乡同构的，带有全球色彩的数理化知识、英语等科目指向主流文化和城市的工业化生活，乡土知识、地方性知识在课程体系中仅起到点缀的作用。石龙乡中心校开设的一门"职教"课（学生们也把这门课称为"劳动技术课"），应该说是最贴近乡村生产实际的，但是在强大的升学压力下，经常被兼任此课的物理老师改上为物理课。一个学期下来，劳动技术课最多只上过两三次。事实上，学校里也根本没有合格的教师能胜任这门课程。村落中的学校生活与乡村生活几乎是两个各行其是的独立系统。在学校围墙之外，村落的生活按照自己的节奏与逻辑进行，乡土社会在自我循环中依靠传统和惯例，"地方性"、民间的知识只有在乡民面对面的传授中维系。而且在乡村生活中，还出现了"越读

---

① 陈沛照：《从一个苗族村落的教育民族志反思中国边远民族地区教育》，《西南民族大学学报》（人文社科版）2010 年第 10 期。

② 司洪昌：《嵌入村庄的学校——仁村教育的历史人类学研究》，博士学位论文，华东师范大学，2006 年，第 276 页。

不了书，就越跟地方性知识接近；越能读书，就越与乡村生活疏远"的现实局面。与此同时，村落中的教师和学生也并不具备向乡民生活提供文化咨询的能力，村民对农业科技的需求靠正规的国民教育体系根本不可能有什么回应与帮助。

与此相对的是，少数民族儿童地方性的村落生活在不断地减弱。生活在学校体制中的这些少数民族儿童，已不会锄田，也不会传统的民间手工了，更不理解自己的民族文化了，当地民族社区的民族文化和地方性知识已经在代际间的传播中中断了。因为这些知识不能从国家那里获取合法的身份和地位，不能让他们走出农村，走向城市。如今，没有任何儿童的理想还局限在少数民族地区，局限在农村的田地上，他们向往城市的生活，一种外部的生活。他们在现代学校教育的影响下逐渐远离了田野，远离了祖辈生活的田地和泥土，远离了自己的民族文化和地方性知识。与此同时，作为一种城市主流生活和现代工业社会的电视影碟等媒体，也无时无刻不在营造着一种主流文化和城市生活的氛围。这一切都大大加强了少数民族儿童从学校生活中得来的主流文化和城市文化的意象，两者一起产生合力，共同拉动着儿童从传统的民族社区的村落生活面向外部城市世界的生活。

乡村的教育，实际上是国家化对乡村的组织需要，现代学校则是国家力量在乡村生活的一种延伸。费孝通认为，变迁的过程必须"建立在旧的基础上"，或者说，建立在本土的草根（Grass – roots）文化基础上。在《乡土中国》中，他更是进入到乡土社会的内部，从"被研究者"的角度提醒社会——文化改造者在他们的"运动"中务必尊重"乡土本色"原有的价值。①他还深层次地揭示了乡村教育与学校教育在文字界面上的关系："最早的文字是庙堂性的，一直到目前还不是我们乡下人的东西。我们的文字另有它发生的背景……这种乡土社会，在面对面的亲密接触中，在反复地在同一生活定型中生活的人们，并不是愚到字都不认得，而是没有用字来帮助他们在社会生活的需要。我同时也等于说，如果中国社会乡土性的基层发生了变化，也只有发生了变化之后，文字才能下乡。"②但是，半个多世纪过去了，"提倡科学、反对愚昧"、"科学技术是第一生产

① 费孝通：《乡土中国 生育制度》，北京大学出版社1998年版，第56页。
② 同上书，第23页。

力"等标语口号充斥着乡村的日常生活，现代化、工业化的力量将民族文化和地方性知识逐渐从乡村视野中分离出去。乡村基础组织通过各种渠道准确无误地将国家意志传递到乡村的每一个角落，乡土社会在现代化过程中逐渐被城市的主流文化抛弃了。

此外，由于现代学校教育对民族文化和地方性知识以及民俗生活的回避，造成了学校教育与乡村社区生活极大的疏离。做木工活的"木匠"、盖房子的"瓦匠"、理发的"剃头匠"、缝补鞋子的"鞋匠"、制造农具的"铁匠"，这些乡村日常生活所需要的知识和技能完全被排除在正规学校教育体制之外。婚礼、葬礼、寿礼、春节节庆、合婚等方面的民间传统和信仰，也由于与现代学校教育的主旋律格格不入，无法在现行的国民教育体系占一席之地。至于体现民族文化的"三月三"、"六月六"等民族节日，已完全与少数民族儿童的生活脱节。这些民族文化和地方性知识成为一种福柯所说的"受压迫的知识"，其知识资源的传承和维系在国家教育框架之下失去了合法性空间，被视之"迷信"而被抛弃，被视之"次要"而被冷落，从而被迫隐居于私领域之内。虽然这些民族文化和地方性知识是由"土头土脑"的少数民族创造和传承的，它无法阐释普适性的规律，也不具有全球和世界的意义，但它们却维系和延续着民族社区的乡土社会，成为当地社区乡村生活中不可缺少的文化成分。如今，这些民族文化和地方性知识在国家化、全球化的冲击下，在现代性知识向村落强势渗透的过程中，生存空间极其狭窄，其教育再生产正在面临着很大的困境。①

我在当地布依族苗族聚居区发现，当老一辈的工匠、石匠以及其他的民族手工艺人热衷于把自己本民族的知识和技艺传给年轻一辈的时候，年轻人对这些宝贵的民族手工艺文化完全不感兴趣，这使得当地的很多民族文化在年轻的一代中出现了断层。每天晚饭后，甲壤村的留守妇女经常喜欢三三两两在一起边聊天、边做针线活。她们最喜欢纳千层底的布鞋，也有在背孩子的背带上刺绣的。罗香香在石龙中心校七年级就读，她的母亲刺绣手工活做得很好，在当地都是很出名的。罗香香的母亲多次提出要教自己的女儿这手绝活，罗香香却对此从不感兴趣，让她的母亲感到有些失

---

① 张济洲：《文化视野中的村落、学校与国家——一个县教育变迁的历史人类学考察（1904—2006）》，博士学位论文，华东师范大学，2007 年，第 140 页。

落。当我询问罗香香为什么不学习刺绣时，她告诉我："现在只要有钱，哪里买不到这些东西？再说我也没时间学这些东西，学校里的功课都做没完。正学（应该学）的我都没学好，学这些东西对我有什么用啊？"从罗香香的话里，我们可以感受到她对当地民族手工艺文化的曲解，也可以感受到她流露出来的学校生活所带给她的压力。在她的眼里，在学校里学习书本知识是"正学"的内容，是必须要学习和掌握的；而民族手工艺文化是可学可不学的，学了显得有些不务"正"业。当她在有限的时间里选择学习的内容时，她毫不犹豫地选择了学习学校里的知识。当这些民族手工艺文化已经逐渐退守到家庭和邻里等初级社会群体里时，仍然找不到继续传承的空间。学校以一种强大的力量推动着乡村的发展，也改变着村庄里年轻一代思考问题的方式和他们的行为选择。

　　二三十年前，有很多当地闻名的手工艺人都还在村里活跃着，也有不少的家族的嫡传弟子跟随他们学艺，而现在大多数的手工艺人都出去打工了，剩下的精于民族手工艺文化的艺人却难以找到她们在下一代的传承者，她们感到很失落但也无可奈何。正如石龙乡共和村的一位女村干部所言："这些表现了我们布依族精髓的民族文化，估计很难在小娃仔里找到接班人了。这样下去，这些东西（民族文化）早晚都会全部消失的。"的确，在石龙乡的很多家庭，织布机都已堆放在了专门放杂物的角落里，由于长年累月没有人过问，上面布满了灰尘。一向以能耕作、善纺织而引以为豪的布依族人民的很多民族文化存在着失传和断层的危机。纺织、刺绣等民族手工艺文化——曾经是识别布依族苗族的文化特征，在老艺人们去世后也将消失，成为一段历史的回忆。当地的民族文化和本土性知识是千百年来在历史的发展中本土人民世代智慧的结晶，也是维系少数民族传统文化和民族凝聚力的精髓，如果在学校里只一味地强调现代性知识的传授，那么，"其实质上就是对本土知识的压制，削弱本土青少年对传统文化的认同，进而导致'心灵殖民化过程'"[1]。值得注意的是，"中等教育和基础教育的这种殖民化过程较之高等教育往往更为隐蔽，因而对社会的影响也更为深刻"[2]。

---

　　①　黄书先：《中国基础教育改革的历史反思与前瞻》，天津教育出版社 2006 年版，第 163 页。

　　②　项贤明：《比较教育学的文化逻辑》，黑龙江教育出版社 2001 年版，第 180 页。

　　乡村代课教师作为具有地方性的边缘人物，同样受到排挤和冷落。虽然自20世纪80年代以来，全国许多省市按照国家规定不再招收新的民办教师，并对民办教师进行清理整顿，乡村教师趋向公职化、国家化，但是代课教师却依然活跃在乡村学校，成为当地教育不可或缺的人物。国家虽然严令禁止雇佣临时代课教师，但在偏远的乡村学校里，仍然不可避免地存在着一定比例的代课教师。在石龙乡地处偏远的教学点，正规毕业生都不愿意来，即使来了，也会在很短的时间内迅速"撤离"。因此，代课教师在这些地方仍然起着巨大的作用，国家应该在对这些代课教师进行考核的情况下，予以继续任用。这也可以看作私领域对国家权力的一种"变通"。①实际上，乡村代课教师中不乏一些教学质量高、工作踏实认真的优秀教师。他们了解当地孩子的具体情况，能够与当地人打成一片，与乡村社区关系密切，具有极强的"乡土性"。在石龙乡，只要一提到韦光耀、吴书秀等民办教师或代课教师，乡里人无不为之称道。半身瘫痪的韦光耀老师在偏远山区学校奋斗36载的优秀事迹，在石龙乡妇孺皆知，甚至还作为楷模上过都匀市电视台的节目。他从1956年开始，陆续在谷坡小学、拉蚕小学、小地方小学、龙硐小学、上坝小学等教过书，那都是些"白天只见百鸟飞，晚上只听群兽吼"的地方。他在这些乡村教书时不仅教适龄的儿童，还连带普及村里的成年人扫盲教育。当时他用识字牌放在田边沟角，让群众看图识字，让不少村民学会了很多汉字。直到现在，很多村民提起他来，仍然是佩服得直竖大拇指。

　　这些优秀的民办教师或代课教师，在完成普及乡村学校教育的过程中，付出了大量的心血和汗水。我在村小听课时，也发现过代课教师与当地学生在上课时的"合谋"。学生与老师之间在课堂上的默契配合，以及师生间偶尔使用乡土语言的会心会意，使师生的感情交流非常融洽，这些具有乡土性的教师，其特有的魅力是公办教师无法比拟的。但是，国家在去乡土化的过程中，将这些教师也去掉了。现在石龙乡村小和教学点的教师多不是本村人，都是从外地招聘来的。他们经常骑着摩托车在学校和家庭之间来回奔波，与乡土社会几乎没有什么联系。学生对这些教师多了分敬畏，少了分亲切。

---

　　①　张济洲：《文化视野中的村落、学校与国家——一个县教育变迁的历史人类学考察（1904—2006）》，博士学位论文，华东师范大学，2007年，第179页。

　　事实上，当地的民族精英分子，无论是民办教师、还是在当地德高望重的拥有丰富的地方性知识的乡土知识分子，他们在使国家教育渗透到地方以及构建地方教育发展历程的过程中发挥了巨大的作用。他们依据的不仅仅是外来文化所赋予的文化权力，也是在村落社会聚集起来的本土知识资源。通过本地知识人的缓冲和诠释，国家学校教育框架才得以嵌入到村落社会的肌体之中。①然而，乡村教育这种外向型且外在于村落社会的教育设置却过度地预设了文明与落后、现代与传统的二元对立，希图由教育的普及而达成现代化的目的，却未将乡土社会固有的异质性因素考量在内。无数细微的差异被统合在"现代"与"文明"的宏大框架下，消逝在教育者和教育设计者的视野之外。假如我们不认真地面对这样的差异性，教育推行当中的努力就难免有事倍功半之虞。②

　　随着全球化浪潮的冲击，如今的民族村落社会已经越来越深地被整合到国家发展的框架之中，传统与现代已经成为一对互相渗透和互相转化的概念。学校教育在这一过程中所扮演的角色与地方性知识所能占据的文化权力空间有着极其密切的关联，事实上，"本土知识中间蕴涵着千百年来本土人民世代积累的智慧；它们的存在是人类知识多样性的确证；它们是本土人民日常生活合法化的基础；它们是凝聚本土社会的力量源泉。学校教育应该在其中发挥积极的作用，预防和克服本土人民在工业化或现代化过程中对于本土知识的'集体性遗忘'，特别要使广大的青少年不仅成为了解西方世界富有知识的一代，而且要使他们成为熟知自己本土智慧的一代，成为能够综合各种知识与智慧，创造性地建设本土社会美好未来的一代"③。"在主流文化的强势影响下，肯定'乡土本色'的价值，也是在为地方性知识的合法存在寻求可能的途径。"④因此，只有给予地方性知识合法的文化权利空间，学校教育才能在村落社会的肌体之中得到强大的支持力度，也才能真正地在村落社会中生根发芽，成为村落社会生活的一部分。

---

　　① 翁乃群：《村落视野下的农村教育——以西南四村为例》，社会科学文献出版社 2009 年版，第 49 页。

　　② 李小敏：《村落知识资源与文化权利空间——永宁拖支村的田野研究》，载《中国教育：研究与评论》（2），教育科学出版社 2003 年版，第 40 页。

　　③ 石中英：《知识转型与教育改革》，教育科学出版社 2001 年版，第 344—346 页。

　　④ 陈沛照：《从一个苗族村落的教育民族志反思中国边远民族地区教育》，《西南民族大学学报》（人文社科版）2010 年第 10 期。

四　教育出来的"陌生人"

帕诺夫斯基认为，一个社会的文化传递总是被学校独占。学校的功能就是在意识层面上（或者是部分的无意识）传递无意识，或者更准确地说，是培养用文化中的无意识中的主导模式思考问题的个体。[①]另外，传递一种文化的行为总是要肯定这种文化的内在价值，与此相应的是降低其他文化的价值。也就是说，教学的任何一种形式在很大程度上都必须为它的教学内容制造出某种需要，所以往往把教学中承载的文化树立为一种价值取向。那么，通过教育接受某种特定文化并且确立这种文化为其价值取向的人们在与其他文化的人群交流时便会觉得不安。[②]

对此，著名知识社会学家曼海姆的"思想社会境况决定论"提供了很好的解释。在他看来，尽管能够进行思想的是个人，但个人的思想却是由个人所处的社会境况和社会位置决定的。个人生活在群体之中，个人在两个方面是被预先决定的。一方面，一个人只能生活在一定的社会境况中、处于一定的社会位置上；另一方面，这个人在社会境况中、这样的社会位置上只能具有特定的思维方式，产生特定的观点和思想。"一个农民的儿子，如果一直在他村庄的狭小范围里长大成人，并在故土度过其整个一生，那么，对于那个村庄的思维方式和言谈方式在他看来便是天经地义的。但对于一个迁居到城市而且逐渐适应了城市生活的乡村少年来说，乡村的生活和思维方式对于他来说便不再是理所当然的事情了。"[③]

少数民族学校与内地城市学校一样，都被塑造成一种国家主人翁和现代人才的培养场所。受教育者被赋予未来社会栋梁的角色，学校成为国家建构和工商业发展的人才选拔基地之一。少数民族学生从形式上接受着和城市学生同质的教育，包括类似的教材，雷同的教学以及严格的考试筛选制度等等。对于乡村的孩子来说，经过学校长期对城市生活价值的内化和认同，他们完全接受了来自城市话语的知识体系之后，被唤起了对城市生活的向往。他们已经与乡土的生活方式有了距离，也能有意识地区分乡村

---

① 麦克·F. D. 扬主编：《知识与控制：教育社会学新探》，谢维和、朱旭东等译，华东师范大学出版社 2002 年版，第 238 页。

② 同上书，第 241 页。

③ ［德］卡尔·曼海姆：《意识形态与乌托邦》，艾彦译，华夏出版社 2000 年版，第 228 页。

的和都市的思想和观念方式。"一直以来，'我们的世界'的人过多地关注少数民族成员通过现代化的学校教育，成为具有现代意识和现代科学知识、技能的现代人，而忽视了他们的民族文化和特点。"①

但是，如果这些已经被浸染了都市思想的乡村孩子在考试中失利，不能够"走出去"，损失的投资尚在其次，更重要的是，十几年教育的结果却造就出一批乡土社会的"陌生人"。②他们已经内化了教育设置及其城市背景的价值体系，既不能在行动上面对传统的生计方式，更不能从心理上认同生身的土地和传统的社区文化，从而成为当地乡土社会的"陌生人"。他们通常会在离开学校后迫不及待地外出打工，即便暂时因种种原因留在当地社区的，也大多会成为无所事事的人。他们或聚集在一起赌博，或终日在村子里游荡，成为当地令人不齿的人群。我访谈过的一些苗族老人认为，"读了书，人就变奸（狡猾）变馋变懒了"；"娃娃读了书就再也没愿再干农活了，成天好吃懒做"；"读书哪样都没学会，就学会了胆子变大、心眼变多……"类似这样的负面评价实在太多，不一而足。这些苗族老人讲述时给我的感觉是他们为逐渐失去这些从学校里走出来的孩子而感到惋惜，也为乡村多了这样一些游手好闲的人而感到痛心。在当地，很多乡村的孩子已将上学作为一种脱离农业劳动的阶梯，作为一种可以家里偷懒和对付家人责怪的借口，并从心底里鄙视自己曾经成长过的村寨，鄙视曾经给予自己很多乐趣的田间小路，鄙视和厌恶农村艰苦的劳作和艰苦的生活条件。

"这样，教育一方面在价值取向上培养农村孩子对城市生活的羡慕与憧憬，另一方面又由于文化及其他方面的原因限制了农村孩子通过升学走

---

① 钱民辉：《多元文化与现代性教育之关系研究——教育人类学的视野与田野工作》，民族出版社 2009 年版，第 354 页。

② "陌生人"是社会学中一个非常重要的概念，在德国社会学奠基人齐美尔看来，"陌生人"并不是距离我们很遥远的"天狼星上的居民"，因为"他们根本不是为我们而存在"的，他们与我们之间"无所谓远近"。在齐美尔看来，"陌生人是指今天来、明天流下来的漫游者——可以所潜在的流浪人，他虽然没有继续游移，但是没有完全克服来和去的脱离"。他还认为，"陌生人是群体本身的一个要素，无异于穷人们和形形色色的'内部的敌人'——一个要素，它的内在的和作为一个环节的地位同时包含着一种外在和对立。进行叛逆的和引起疏离作用的因素在这里构成相互结合在一起和发挥相互作用的统一体的一种形式"。因此，"陌生人"可能是"内部的敌人"，在一定程度上，他可能引起叛逆或者疏离。参见 ［德］齐美尔《社会是如何可能的》，林荣远编译，广西师范大学出版社 2002 年版，第 341—342 页。

进城市的通道。其结果是，教育在为城市输送少量农村人才的同时，也为农村留下了大量无奈、失望、既不热爱农村又无实用技能的学业失败者。"[①]他们在学校里学到的知识教他们背叛了他们的故土，即使是在最边远的村寨，也能看到他们染着各种颜色的头发，骑着大声播放着流行音乐的摩托车在街上呼啸而过。

在调查中，我发现乡土社会对这些"教育出来的陌生人"颇有微词：

> 我们寨子里有两兄弟，哥哥小学都没有读完就跟他父亲到处做木工活，人也勤快，这些年赚了不少钱，家里盖大房子的钱大多数都是他做木工挣的。弟弟读到了高中毕业，没考起大学，就回寨子里来了。回来整天就待在家里，地里的活什么也不干，好吃懒做的，家里老人说他几句，还不得了得很，和老人顶嘴。有时候在家里待得实在无聊了，就跑出去玩，和那些乡里面不三不四的人鬼混，还不断地问家里人要钱。老人都觉得他简直是读书读废了，连他哥哥的一半都赶不上。让他出去打工他也不去，说他休整一段时候后想继续复读参加高考。简直就是自己人懒，拿读书当借口嘛！其实像他那种人，如果明知道考没（不）起大学，就不要读高中了，何必浪费钱呢？如果他家里同意他复读的话，我看他家里面的人简直是拿钱往水里丢（浪费钱财）。[②]

在一个以地方性知识为基础的乡土社会，在目前的教育体制下，我们的学校教育经常迫使一些为了获得成功的少数民族学生处于一种自我疏远的体验中，当他们为了获取成功而拒绝认同本民族文化时，这种行为对个人和社会都会造成许多问题。[③]潘光旦先生在论及乡土教育的时候早就说过："中国的教育早应以农村做中心，应该以85%以上的农民的安所遂生做目的，但是二三十年来普及教育的成绩，似乎唯一的目的在教他们脱离农村，加入都市生活。这种教育所给他们的就是，多识几个字，多提高些

---

①　余秀兰：《中小学教学内容的城市偏向分析》，《南京师范大学学报》2005年第9期。

②　2008年11月9日笔者与共和村摆绒组村民罗忠勋的访谈记录。

③　陈沛照：《从一个苗族村落的教育民族志反思中国边远民族地区教育》，《西南民族大学学报》（人文社科版）2010年第10期。

他们的经济的欲望和消费的能力，一些一知半解的自然科学与社会科学的知识好臆说为多……至于怎样和土地及其动植物的环境，发生更不可须臾的关系，使 85% 的人口更能安其所遂其生，便在不闻不问之列。"①随着国家教育改革的推进，随着乡土教育的城市化，乡土社会中的学校教育正在教育出越来越多的"陌生人"，他们或像钟摆一样不停地游离于城市与乡村之间，在地方上已经滋生了一些社会问题与隐患；或宁愿漂泊在城乡的边缘地带，逐渐淡出了村落的视野。而为此，有学者提出，要推进乡村教育的发展，仅仅从外部进行动员和支持是不够的，还应该深入到教育思想内部，从根本上改变移植和摹写城市模式的教育设置。②

　　根据文化生态学的理论，文化与其生态环境是密不可分的，文化生态模式的基本概念是适应。即人们与其所处环境的关系的方式，它将对学校教育与社会生活割裂开来的方法持否定态度，认为应该将学校教育放在整个社会的生态环境中加以考虑。③文化是人类适应环境的工具，各民族文化的发展会随着生态的差异而走不同的道路。④对于当地的少数民族社区而言，民族文化和地方性知识是他们适应环境的工具，一旦这种工具被人为地与社区环境割裂，那么无论对当地的民族文化和地方性知识还是少数民族儿童的发展来说，都会面临一种无所适从的感觉、一种没有文化认同归属感的恐惧，最终造成少数民族儿童在学校教育中的不适，导致其学业失败。"诸多研究证明：学生特别是少数民族农村学生在义务教育阶段厌学、辍学的重要原因之一，就是义务教育课程远离学生的实际生活经验，导致学校中习得的知识与日常生活经验无法建立有机联系，无法满足带有地域性、民族性和学校特点的发展需要，导致学生对义务教育课程产生陌生感和自卑感，在学习过程中备受挫折，从而丧失了学习的动力。"⑤因此，从学校的长远发展和学生的未来发展考虑，学校教育应该将整个民族

---

① 潘乃谷：《潘光旦释"位育"》，《西北民族研究》2001 年第 1 期。

② 李小敏：《村落知识资源与文化权利空间——永宁拖支村的田野研究》，《中国教育：研究与评论》(2)，教育科学出版社 2003 年版，第 47 页。

③ 陈沛照：《从一个苗族村落的教育民族志反思中国边远民族地区教育》，《西南民族大学学报》(人文社科版) 2010 年第 10 期。

④ 庄孔韶：《人类学概论》，中国人民大学出版社 2006 年版，第 68 页。

⑤ 常永才主编：《文化变迁与民族地区农村教育革新》，中央民族大学出版社 2007 年版，第 140 页。

社区的生态环境作为自己生存和发展的立足点，成为适应整个民族乡村发展的地方性教育。它不仅应该与当地的社区环境相切合，与社区一起传承和弘扬少数民族文化，更应该以提高当地的生产生活水平、提升人们的生活方式和质量，与当地少数民族共享人类共同文化的优秀成果为旨归，重视少数民族地区特色的地方性知识和儿童在社区生存技能的培养，重视儿童个人生存与社区发展的契合，使学校教育在形式上深深地嵌入村落的同时，从内部和精神上都深深地嵌入到村民的思想中，得到村民的广泛认同，与村落和村民达致"浑然并和谐一体"的境地。毕竟，"在某种程度上，全球化的同质性和地方差异性是同步发展的，后者无非是在土著文化的自主性这样的名义下做出的对前者的反映……'文化自觉'的真实含义就是，不同的民族要求在世界文化秩序中得到自己的空间"①。

---

① 马歇尔·萨林斯：《什么是人类学的启蒙？——20 世纪的一些教训》，载马戎、周星主编《21 世纪：文化自觉与跨文化对话（一）》，王铭铭、胡宗泽译，北京大学出版社 2001 年版，第 102 页。

第六章　文化资本的差异：身份等级的标定

个体自身沉淀下来的历史（individual's sedimented history），即他所指的个体的经验，无论是有意识的，还是无意识的，都与文化和社会的全部历史密切联系在一起。

——吉鲁

可以肯定的是，有史以来，对权力和特权的传递问题所推出的所有解决方案中，确实没有任何一种方式比教育系统所提供的解决方法掩藏得更好。……教育系统的解决方式就是在阶级关系结构的再生产中发挥重要作用，并在表面上中立的态度之下，掩盖他履行这一职能的事实。

——皮埃尔·布迪厄

布迪厄认为，资本可以表现为三种基本的形态：经济资本、文化资本和社会资本。文化资本这个概念，布迪厄最初采用的目的是借之说明不同社会经济出身的学生在学业成就方面的差异。"文化资本的概念，最早是用在研究过程中作为一种理论假定呈现在我面前的，这种假定能够通过联系学术上的成功，来解释出身于不同社会阶级的孩子取得不同的学术成就的原因，即出身于不同阶级和阶级小团体的孩子在学术市场中所能获得的特殊利润，是如何对应于阶级与阶级小团体的文化资本的分布状况的。"①

布迪厄对文化资本进行了具体的划分，他将文化资本分为三种存在的形式：（1）被身体化的文化资本，是以精神和身体的持久'性情'的形式存在，表现在个体的教育内涵、知识文化和修养。社会学家特纳将布迪厄的身体化的文化资本总结为"那些非正式的人际交往技巧、习惯和态

---

① 《文化资本与社会炼金术——布尔迪厄访谈录》，包亚明译，上海人民出版社 1997 年版，第 192—201 页。

度、语言风格、教育素质、品位与生活方式"①。韦伯认为，教育追求的理想目标是培养"有教养的人"，"有教养"的人格也是文化资本；（2）被客观化的文化资本，是以文化商品的形式（图片、书籍、词典、工具、机器等）存在，在物质方面可以传递的，这些商品是理论留下的痕迹或理论的具体显现，或是对这些理论、问题的批判，等等；（3）被制度化的文化资本，是超越了具体化状态的个人限制，以学术资格的形式存在，并且获得官方认可、得到合法保障的价值符号。以一种客观化的形式，这一形式必须被区别对待（就像我们在教育资格中观察到的那样），因为这种形式赋予文化资本一种完全是原始性的财产，而文化资本正是受到了这笔财产的庇护。②这三种形式可以分别称作文化能力、文化产品和体制化状态的文化。

在布迪厄看来，文化资本具有再生产的作用。文化资本的再生产实质上是一种社会化的结果。通过社会化，不同家庭背景的子女，继承他们父辈的文化资本，从而使社会成员之间的差异代际传递。文化资本的再生产有两个关键阶段：其一是早期社会化，主要依靠学前的家庭教育，这里面既有父母对子女有意识的传导，也有子女对父母无意识的效仿，是一种潜移默化的教育。家庭所输送的文化资本，是最隐蔽的、最具社会决定性的教育投资，必须把它与再生产策略的体系联系起来。"在剔除了经济位置和社会出身的因素的影响后，那些来自有文化教养的家庭的学生，不仅具有更高的学术成功率，而且在几乎所有领域中，都表现了与其他家庭出身的学生不同的文化消费和文化表现的类型。"③其二是学校教育。布迪厄在《国家精英》一书中指出，学校不是中立的机构，而是当今"支配和支配合法化的基础之一"，其传递的文化反映统治阶级的文化，因而有利于其子女的学业成功。他断言："可以肯定的是，有史以来，对权力和特权的传递问题所推出的所有解决方案中，确实没有任何一种方式比教育系统所提供的解决方法掩藏得更好。……教育系统的解决方式就是在阶级关系结构的再生产中发挥重要作用，并在表面上中立的态度之下，掩盖他履行这

---

① ［美］乔纳森·特纳：《社会学理论的结构》，华夏出版社 2001 年版，第 192 页。

② 《文化资本与社会炼金术——布尔迪厄访谈录》，包亚明译，上海人民出版社 1997 年版，第 192—193 页。

③ ［法］皮埃尔·布迪厄、［美］华康德：《实践与反思——反思社会学导引》，李猛、李康译，中央编译出版社 1998 年版，第 212 页。

一职能的事实。"

布迪厄的文化资本概念提供了一个处理文化和社会选拔现象的复杂框架，提出了关于家庭和文化资本以一种微妙方式影响学业成功的新颖观点，推进了对社会分层制度得以再生产的理解。[①]我在当地学校考察时，经常听到教师对学生的评价与学生的居住空间和文化资本紧密地联系在一起。他们经常会对我提到"甲壤那边来的学生基础差、反应要慢一些"、"场坝的学生聪明但不踏实"、"父母懂文化的学生要好教些"、"最难教的就是那些父母出去打工的学生"等诸如此类的话。这类话语的表述促使我在考察中格外注意学生的居住空间与其文化资本的关联。经过长期的实地考察后，我发现来自不同地方的学生与其学业成就之间的确存在着一种微妙的对应关系。因此，在表述文化资本的分布和区隔时，空间成为最好的视角。

第一节　不同学生文化资本的差异

少数民族地区师资、设备、经费等资源配置上的弱势，对学生的影响往往是显而易见的，而来自不同阶层的少数民族学生所具有的文化资本差异，对学生的影响则是隐蔽和不易察觉的，它使一部分少数民族学生凸显了其文化上的弱势，从而在学校教育中遭到失败。因此，不同的文化资本对少数民族学生造成的隐性影响更值得关注。

具体来说，不同的少数民族家庭提供给儿童不同的文化与习惯，形成不同的文化资本。这势必造成不同儿童之间的文化区隔，造成一部分少数民族孩子在学校教育中的文化弱势。但是，每个文化群体都是复杂多样的，学生文化群体也是充满差异的。要将每个学生看成一个个体，不要武断地认为来自一个民族的所有孩子都是一样的。[②]我在田野调查中同样发现，来自同一个民族的孩子的学业成就存在着巨大的差异，他们的差异取决于由于他们所处的地理空间而造成的文化资本的差异。为了便于分析，

---

　　① Lamont, Michele, and Annette Lareau (1988). Cultural Capital: Allusion, Gaps and Glissandos in Recent Theoretical Development Sociological Theory, vol. 6.

　　② ［美］Bonnie M. Davis:《如何教和你不同的学生——与文化背景相关的教学策略》，丁红燕、王维权译，中国轻工业出版社 2008 年版，第 28 页。

根据大量的田野调查资料，本研究将具有不同文化资本的少数民族学生划分为三种类型：山地苗族学生、山地布依族学生和平坝布依族学生。

一　山地苗族学生

（一）语言

在布迪厄看来，语言是一种资本即语言资本，他倾向于把语言资本归类于文化资本的范畴。他认为："它除或多或少的词汇之外，还提供一个复杂程度不同的类别系统，以使辨别和掌握诸多逻辑学或美学方面复杂结构的能力在一定程度上取决于家庭传授语言的复杂性。"[①]简而言之，家庭对孩子的学习有直接的影响，家庭除了提供给孩子必须的生活保障之外，所能提供给孩子文化资本的多少，是孩子在学校学习成功的重要条件之一。[②]

苗族具有强烈的同根意识，对苗语有着深厚的感情，"苗族除少数使用汉语或其他民族语言外，百分之九十的人口仍在使用母语作为交际的工具，就是掌握第二语言乃至第三、第四语言的现代苗族也不会轻易放弃母语的使用。通常，只要他们的说话对象是苗族或懂苗语的人，他们就会用苗语进行交流。……苗族不易被同化。一个山寨中即使只有几户苗族，他们同样说自己民族的语言，穿自己民族的服装，几代人，几百年不变"[③]。石龙乡的苗族也不例外。

在当地，虽然除了年岁已高的苗族老人和尚未读书的小孩外，大多数苗族都会讲汉语，但很多家长在家里还是习惯用苗语和孩子交流。原党委书记柏龙兴告诉我："以前苗族的小娃仔在上学前都没会说汉话，所以谷林苗族一带的娃娃上学时，都必须由苗族的老师来教，因为书上的内容需要用苗语来转换一下，他们才能听得懂。不过，现在很多小娃仔在上学前都会说汉话了，所以哪种老师教都无所谓了。但是，苗族的小娃仔现在在家里基本上都用苗语和家长交流，因为他们的家长习惯说苗话。"

在我问到语言是否成为影响学生学习成绩的因素时，柏书记说："应该还是有一定的影响的。毕竟很多苗族学生在家里没有说汉语的条件。他

---

① 〔法〕皮埃尔·布迪厄、〔美〕华康德：《再生产——一种教育系统理论的观点》，邢克超译，商务印书馆2002年版，第14页。

② 〔澳〕马尔利姆·沃特斯：《现代社会学理论》，华夏出版社2000年版，第210—211页。

③ 石朝江：《中国苗学》，贵州人民出版社1999年版，第224页。

们一般都是在学校里说汉语，所以汉语掌握得要差一些，这有可能会影响到他们的学习。"

在与老师们交流语言对学习的影响时，小王老师的感触很深。小王老师是一个从大山里走出来的苗族姑娘，她毕业于黔南民族学院英语系，我戏称她为"四语人"——因为她会说苗语、凯里话、普通话和英语，而且能在四种语言中非常自如地切换。每次当她用一口流利的苗语与家人通电话时（她的家在黔东南苗族侗族自治州丹寨县，家人现在全都在浙江打工），我总是很难把这时的她与课堂上操一口流利的英语和普通话授课的她联系起来，也总是很惊异她在大学毕业后，仍然能如此熟练地使用苗语进行交流。小王老师对自己学习汉语的过程仍然记忆犹新。因为对她来说，那是一段痛苦不堪的经历。

　　我在上学前都没（不）会说凯话（凯里话，当地方言），只会说苗话。我是在村里上的小学，上课时老师全讲凯话，我一句都听没懂，作业也没会做，每次作业都是根据我自己的感觉，乱画一气，老师也没（不）管我。我至今都还记得，有一次放学回家，我边走路边做作业，结果摔进一个泥坑里，书和本子都弄的脏兮兮的，全是泥汤，我坐在泥坑里大哭。那时候我就想，我再也不想读书了。当时对于我来说，读书真的是一件很痛苦的事情。……我后来是怎么学的汉语呢？是我爸爸逼的。当时我爸爸逼我在家里说凯话（凯里话），每一句话都必须用凯话说，否则就不理（理睬）我。比如说，如果我想吃饭了，我必须用凯话对我爸爸说，'我－想－吃－饭'，否则我就得饿着。刚开始我很不习惯，经常都用苗话和我爸爸说话，爸爸都不理我。慢慢地，我终于学会用凯话表达自己的意思了，上课时也能跟上老师的进度了，成绩也逐渐好起来了，爸爸才又允许我在家里说苗话，就这样，我的凯话和苗话都能讲得很熟练了。上了初中，老师都用普通话讲课，凯话除了一些字的发音以外，和普通话还是很相似的，所以我学普通话也没费多大劲。现在想起来，如果不是我爸爸逼着我讲凯话，我一直讲苗话的话，那我就没（不）是现在的我了。学习跟不上，早晚都是出去打工。和我一起上小学的女娃娃，要么出去打工了，要么结婚了。所以，我还是很感谢我爸爸的。

（2007 年 10 月 24 日访谈记录）

　　在小王老师的故事中，我们可以看到，她的父亲已经意识到苗语对于孩子在学校的劣势，因此，他通过强迫的办法让孩子与苗语暂时决裂，并力图使家庭的语言环境与学校保持一致，以便孩子适应以主流文化为主的学校生活。孩子也没有使父亲失望，她随着学校的阶梯逐级而上，最终成为学校教育的成功者。如果当时她的父亲不采取这样极端的办法而任其自然发展的话，那她又会有怎样的未来呢？这就不得而知了。但至少我们可以肯定的是，小王老师的经历让她和身边的人认为，要想在主流文化的学校里取得学业成功，至少要暂时或永久地以牺牲部分民族文化为代价，才能实现自己在国家体制内不断向上流动的目标。不管这个想法是否正确，但小王老师的确通过这样的方式获得了成功。她成功地顺着学校的阶梯拾级而上，最终成为一名国家体制内的正式公办教师。我们可以说她是成功的，她虽然当时暂时脱离了自己的民族语言，但在顺利掌握了国家语言后，她仍然没有与苗语决裂，苗语至今仍是维系她与家人感情的最好的倾吐方式，她成功地成为少数民族文化与国家教育文化的调适者；我们也可以说她是幸运的，因为像她这样能顺利地实现语言的转换，最终符合学校和国家要求的苗族孩子并不多，很多苗族孩子在这样的语言和文化的角色转换中感到不适，最终放弃了学业。

　　在谷新教学点，我听了一节语文课，深切地感受到了当地苗族学生使用汉语普通话能力的低下。这个教学点只有一个班，12个学生，由一个年轻的代课老师授课。老师先把课文中的生字抄在黑板上，然后教学生读。先是齐读，然后是一个一个地读，学生在读生字的时候颇为卖力，读得很认真，但总有一些字读不准确，老师频繁地纠正学生的错处。每当老师提问的时候，学生都只能照着念书上的内容来回答。虽然老师对他们的回答很不满意，希望他们能用自己的语言来回答，但我发现，这些孩子除了会用普通话读生字和读课本上的内容之外，几乎无法用汉语普通话进行交流。凡是遇到他们在书本上无法找到答案的时候，他们的本地方言就会脱口而出。对此，老师也感到无能为力。中午放学后，孩子们在教室门口玩游戏，老师则给自己两岁的孩子做饭。我靠近他们时，他们停止了游戏，拘谨地看着我。我试着用普通话和他们交流，他们面面相觑，没有人应答我，感觉气氛很压抑。直到陪我一起来的乡政府工作人员用当地话与他们交流时，他们才松了一口气，用当地话与那位工作人员交谈起来。

儿童在社会化的初期显现了一种非常大的差异，他们在家庭与父母直接影响下的早期社会化过程，对以后学校教育的成功起着决定性作用。教育的"成功与失败……实际上取决于早期引导。归根到底，这是家庭环境作用的结果。……来自家庭出身的文化习惯和才能，在最初指导的作用下，影响成倍增加"。①当地的苗族孩子带着他们自己的民族习惯或当地的社会价值体系进入学校后，这些由家庭和民族文化浸染而成的"性情"（Despositions）和"惯习"（Habitus）并不成为学校所视为的教育成功的文化资本。②"由于家庭环境没有使他们接触到那些教师在讲课时使用的教材，很多低阶层学生缺乏基本的'文本意识'，他们不能正确地理解教师试图在课堂上讲授的课程，这一情况发生在对教师讲授那些他们很陌生的术语和概念时。而在此后几年当教师讲授那些建立在此前未被学生理解的知识基础上的高级词汇和概念的时候则更会成为一个问题。"③因此，这些苗族孩子经常会感到与其自身文化相悖的外在力量的压迫，④从而造成他们在学校教育中的不利地位。

（二）家庭经济背景

布迪厄曾重点分析了家庭中经济资本向文化资本的转换过程。在家庭中传递的文化资本，不仅取决于在居住共同体中可支配的文化资本的意义，而且也取决于在家庭中有多少可供使用的时间以使文化资本的传递成为可能。布迪厄的逻辑是：文化资本在家庭中形成，靠的是代际传递，即前辈人对后辈人的言传身教；要实施很好的家庭教育，要求长辈（特别是母亲）有更多的可以自由支配的时间，即闲暇，而闲暇的长短取决于家庭的经济状况。家庭可支配的经济资本在其中起了决定性的作用。家庭经济状况好，经济资本有优势，就不必为谋生花费更多的时间，从而闲暇相对地增加。因此在布迪厄看来，受教育者在走进学校接受教育之前并非一张"白纸"，他们都或多或少地拥有各自的文化资本（来源于家庭的），

① ［法］P. 布迪厄、J. —C. 帕斯隆：《继承人——大学生与文化》，邢克超译，商务印书馆2002 年版，第 18 页。

② Bourdieu, P. The Form of Capital, in A. H. Halsey, Hugh Lauder, Phillip Brown, Amy Stuart Wells, (1997). Educati on Culture Economy Society, New York：Oxford University Press Inc.

③ ［美］丹尼尔·U. 莱文、瑞依娜·F. 莱文：《教育社会学》，郭锋、黄雯、郭菲译，中国人民大学出版社 2010 年版，第 84 页。

④ 吴康宁：《课堂教学社会学》，南京师范大学出版社 2004 年版，第 56 页。

而文化资本的多与少预示着他们将来在教育成就上的不同。①

就当地苗族整体的生产力水平而言，基本上还处于传统农业阶段，经济上极为贫困。他们的经济来源主要依靠单一的粮食生产和每天极低的繁重廉价的体力劳动收入。谷新村谷坡组的谭正发，从没上过学，妻子由于不堪家里的贫困，离家出走了。全家共三口人，住在两间摇摇欲坠的茅草屋里，两个女儿一个上小学二年级，一个上小学四年级，家里仅靠耕作两亩多地过着粮食、蔬菜自给自足的日子。由于田少土多，一年中有多半的时间要吃玉米。平日里谭正发则靠着帮别人打短工、挖药材、烧木炭和卖小猪崽，经济上才有点进项，日子过得非常艰难。在这个苗族家庭，根本就没有诸如牙膏牙刷等奢侈消费品，全家人共用一块早已看不出颜色的毛巾，家里只装了一个15瓦的电灯泡，多年来全家人穿的衣服和鞋子都是别人送的，小女儿和大女儿的学习费用也靠学校和老师接济，这个家庭从没有钱买任何化肥农药，一般到第二年的四五月份就没大米了，剩下的大半年都靠吃土豆玉米度日。在苗族聚居区的谷新村和摆开村等，这样的特困家庭还有好几家。而且，在这些村落，有90%以上的家庭都没有任何家用电器。在这样的经济条件下，对以农业为生的苗族来说，为了多获取一些生活资料，只有依靠增加劳动量来提高粮食产量。家庭作为生活和生产的核心，增加劳动力就可以增加家庭收入，否则将会陷入贫困和温饱线以下。因此，对于极度贫困的当地苗族家庭而言，除了让孩子在学校里学会简单的识字和算术外，更多的教育投入将意味着家庭经济的愈加贫困和劳动力的丧失。

在当地苗族聚居区，一些苗族家庭把儿童作为劳动力投入生产，是很多苗族儿童过早辍学的原因之一。在石龙乡各村寨，由于青壮年劳力外出打工的越来越多，因此，家里只剩下老人和孩子的家庭在播种以及收割农忙的时候总会雇一部分人来干活，同时也有一部分人专门从事这种替人耕种或收割的劳务工作，一天30元左右。为了增加经济收入，当地谷林片区的苗族妇女已成为专门从事这种劳务工作的劳动力。每年一到农忙的时候，她们就会活跃在那些需要人手的人家。我在石龙乡调查的时候，适逢寄宿的房东家请了四个谷新的苗族妇女收割稻谷。她们帮房东家收割了两

---

① 包亚明主编：《文化资本与社会炼金术——布尔迪厄访谈录》，上海人民出版社1997年版，第200页。

天的稻谷，吃住都在房东家。我惊异地发现在这四个妇女当中，还有一个大约十一二岁的小女孩（她是其中一个妇女的女儿）。我问她为什么没有读书，她只是低着头一个劲地摆弄着自己的衣脚，一句话也不说。后来在她妈妈的解释下，我才知道她叫陈凤欣，父亲病逝了，家里还有爷爷奶奶和一个弟弟，地里种的粮食根本不够吃。因为家庭的贫困，她早就辍学了。我很诧异，因为从 2003 年的两免一补政策到 2007 年的农村地区实行免费义务教育，因贫辍学的学生数量已经大大地减少了，她为什么没有能继续完成学业呢？她的母亲解释道："就算是免了学费，也还要交住宿费啊，还要从家里带被子，还有每天的生活费，一读就是好多年，我们供没起（供不起）啊。"事实的确如此。即便国家免了贫困学生的学费，但是学生每个月的生活费，按照每天三元计算，每个月也要花近百元。

由于当地苗族很多家庭都是靠自己种的粮食勉强度日，现金是非常短缺的，如果孩子在学校住宿需要花费一定的现金，就意味着家里要靠卖粮食、牲口或打短工才能支付这笔对于家庭来说是额外开销的费用。一般来说，孩子如果在家里吃住倒还无所谓，也就是吃住的条件差点而已。但如果学生住校需要从家里带走一床棉被，每月向家长要 15—20 元钱，则会成为这些贫困家庭不堪承受的压力。陈凤欣辍学后不仅可以帮助家里干些农活和家务，和母亲一起从土里多刨些粮食出来，为这个家顶个劳力，还可以在农忙季节时和母亲一起出来干活挣钱。她母亲认为，带她出来干活一方面可以"让她出来锻炼锻炼"，另一方面也可以"看看哪里有合适的活路可以让她做……她再大一些，就可以出去打工了。她都算出去得晚的了，我们寨子里有几家的女娃娃头十岁（十来岁）就出去给别人做活路了"。

当地苗族家庭的很多孩子和陈凤欣一样，从小就已经成为家里的小帮手，干一些力所能及的活儿。我在苦蒜冲教学点调查的时候，也经常看见放学后三三两两的学生趴在学校操场边低矮的台子上做作业。他们在做作业的同时还有家里派发的任务，要么是看着家里晒在学校操场里的谷子，以免被牲畜糟蹋；要么就是照看旁边年幼的弟妹。由于家里的大人都上山干活去了，孩子们也就成了家里不可或缺的劳动力。他们每天除了读书之外，还要帮家里放牛放马，割草喂猪，根本无法完全投入到学习中去，基本上属于半工半读的状态。不过，比起陈凤欣来说，他们还算是幸运的。毕竟干活只是他们闲暇时做的事情，而这些事情，则成了陈凤欣生活的全部。和陈凤欣类似的情况，我也听不少班主任提起过：

> 我们班的谭风化家庭贫困，家中没有人帮忙，母亲瘫痪失去劳动力，因此想让学生在家劳动，以减少家庭负担。

> 如果家中有两个或三个孩子正在读书，尤其有一个在读高中，必然会影响其他人读书的机会。家长难以同时支撑两人一起读书。我们班有个极端的例子，谷新小冲的莫家为了让大儿子读完高中，竟让成绩优异的小儿子徘徊在初中阶段六年，直到其大儿子考上黔南师范学院，才敢让小儿子上高中。当然，如果读初中的小儿子学习成绩很差，家长就很有可能作出让他辍学回家帮忙的决定。

> 我班的柏章廷家住谷林大冲一岩脚的一个草房里，非常贫寒，他的哥哥已到外乡务工多年。他在校表现较好，爱好体育，但其他学科成绩较差，家庭条件不好，所以产生了放弃学习的想法，希望用自己的手改变家庭的现状。

> 我们这里有些地方实在是太穷了，寨子里很多人家只有到过年的时候才能吃上猪肉，平时一般就吃包谷和洋芋，猪油都不经常得吃。根本没有多余的钱付学生的住宿费和生活费。

> 有些家庭子女众多，且都在读书，每年的学费就要花几千元，家庭经济来源差，供养不起，家长感到心有余而力不足，觉得愧对孩子。

> 我班平寨的杨林依和她的奶奶相依为命，她父母离婚了，现在她的父亲和后母都在贵阳打工，每个月也不管她们俩奶孙，家里简直是揭不开锅，她每学期都靠学校发的 200 元困难补助勉强度日。

在谷林片区，大部分苗族孩子的家长从未上过学，有的家长甚至只能讲本民族的语言，连普通话都听不懂，根本无法外出打工挣钱。因为经济贫困，他们的父母整天为生计奔波，根本无暇也无力承担孩子的教育责任。这些苗族家庭没有什么额外的收入，因而生活过得非常艰苦。2007年深秋的一天，我在谷林完小听完课后，傍晚，我随学校的陈老师来到了谷新村岩前组三年级学生陆世兴的家。据陈老师介绍，陆世兴是班里数一数二的好学生，家里有妈妈和常年卧病在床的爷爷，父亲外出打工去了。由于家庭贫困，他9岁才开始上一年级，今年12岁了。上学的过程中也辍学过一两次，每次都是老师上门动员，学校又给予补助，他才能继续上学。家里除了母亲，他是唯一的劳力。见我们走进院子，正在做饭的陆世兴迎了出来，他的妈妈下地干活还没回来。我们看到，他做的饭菜就是白饭加一锅清水煮土豆而已，一碗辣椒水是他们家今天唯一的调料。他家的房子是一座倾斜又四处漏风的木楼，在村子里是最差的，不仅破旧的木屋主体已经倾斜，就连搭建木屋用的木材，大多数基本上已毁损，木板上已现出了大大小小的洞，在上下木头中间甚至还有五六厘米的中空。就连屋顶上盖的茅草，也是稀稀疏疏的，看起来完全不能遮风挡雨。我们在他家中没有看到一件像样的家具，但他的床铺收拾得干干净净，墙上贴满了他的奖状。为了省电，家里只是在厅堂和灶间的连接处，悬着一个15瓦的小灯泡，因此屋里很昏暗。但是，生活的艰辛并没有磨灭这个苗族孩子对读书的渴望。他说："我一定会好好读书，让家里老人过上好日子。……我现在最想的就是能够一直读下去，中间不要停（辍学）了，要不我就跟没（不）上了……"同行的陈老师禁不住把他搂在怀里，一个劲地对他说："不会停的，不会停的，老师保证不让你停……"

摆开村甲林组，是一个只有19户人家的苗族山寨。在谷林完小四年级学生杨孝芳家，我们看到，她家的房屋由于年久失修，墙壁屋顶到处都是裂缝，四面墙壁的木板都残缺不全。山里傍晚的冷风不断地钻进房屋，杨孝芳的身上只穿了一件单薄而破旧的汗衫，冷得不断地缩着肩膀……杨孝芳的家里因为交不起四角多钱一度的电费，电停了，家里全靠火塘的亮光照明。她的母亲自从两年前外出打工后便一直杳无音信。懂事的杨孝芳学习非常用功，成绩也比较优秀。每天放学后她都会帮父亲干活，到了周末，她还会到山上去采摘一种叫做"栗木籽"的果实（剥好后能卖4角钱一斤），用以补贴家用。冬天马上就要到了，山里的冬天是非常严寒的，在这个四处漏风、摇摇欲坠的小木房中，真不知孩子是如何艰难地度过了一个又一个的冬天？又是如何一步步地在泥泞的山路上走向学校的？

谷林完小是当地苗族孩子就读的学校。这所学校始建于1987年，地处乡西南角，距乡政府所在地十五六公里，为平塘县、贵定县、都匀市三县市三界死角处。山高坡陡，交通十分不便。2007年，谷林完小有六个年级、六个教室和六位教师，学生总数为215人。学校是一处孤零零的建筑，建在山顶上一处相对平缓的地面上，周围除了相邻的一栋学生宿舍外，再也没有任何人家与商店。学校离最近的村庄都有半个多小时的路程，因此大部分孩子只能选择住校。到谷林完小的山路要么一条用大小不同的石块堆积起来、宽不到两米的路；要么就是纯粹的泥巴土路。我每次都是请管水利的谭师傅送我上下山，摩托车在上面颠簸得很厉害，只能用刹车来控制速度，周围都是落差极大的山坡，任何一个闪失都会掉下山。如果遇到下雨山路打滑，只能靠步行才能上山。然而，那些住在大山的孩子上学放学一直都是独自行走在这样的山间小路上，幼小的身躯每天都在面临着各种各样的危险。谷林完小虽然可以容纳学生住校，但学生住宿的条件很艰苦。我2007年11月份去的时候，天气已经比较冷了，但很多学生的床上还是只用一幅床单垫在床上当床垫，所盖的被子也薄得可怜。有的孩子脚上还穿着塑料凉鞋，大部分孩子从来没穿过袜子。住校的孩子们自带粮食，学校代为加工，每周孩子们都要从家里带几斤土豆或一些蔬菜，算是一周的菜，但有的孩子甚至连土豆都交不上。山里的条件如此艰苦，以至于几乎没有人愿意到这里工作。因此，这里的教师一般都是本地人。由于师资力量薄弱，学校每月花了300元在当地聘请了一位代课教师。这位代课教师家里缺少人手，她每天只好背着襁褓中的孩子上课。学校唯一的运动设施就是一张简陋的乒乓球台。

对于生活在如此困苦的家庭环境的这些苗族孩子来说，学校教育的吸引力远远不如外出打工。学校教育是漫长的、孤独的、索然无味的、也无法预知结果的；而外出打工则是即时的、很快就能看到和享受到经济收益的、能迅速改变家庭贫困状态的，因此，当孩子感觉在学校里看不到前途和希望的时候，他们就会毅然决然地踏上打工的道路，为眼前的既得利益去奔波。大山里苗族家庭的深度贫困已经不可避免地成为苗族孩子读书道路上一道难以逾越的沟坎，也成为很多苗族孩子心里永远的痛。在当地苗族聚居区，因贫辍学的孩子为数不少。这些苗族孩子无法享受国家的义务教育，等待他们的就只有打工这条路。这对于他们来说，是何等的不公平。美国教育社会学家詹姆斯·科尔曼教授曾在1968年发表的《教育机会均等的概念》报告中说，"影响教育公平的不只是学校教育制度，更重要的是不同社会阶层的经济地位及其文化背景"。这一结论在当地的苗族儿童身上得到了应验。尽管社会为每个儿童都提供了受教育的机会，但是，由于家庭背景中培养儿童的力量有限，不管表面上学校为儿童提供了多少机会，他们根本就无法使用这些机会，也无法通过这些机会实现自己向上流动的愿望。

（三）家庭的教育期望

不同的家庭对孩子有不同的教育期望。如果父母具有较高的文化层次，就会给予孩子较高的期望值，坚信他们一定能在知识、技能、能力等方面获得较好的发展，就能在日常对孩子的态度中表现出来，并更主动地帮助孩子向更好的方面发展，孩子也相应地表现出更高的成就动机；而如果父母的文化水平低，就很难产生这种正确期望。因此，文化背景的差别直接影响着学生学习目的的不同定位、学习动机的强弱与学习成就的大小。

在当地苗族这种生产力方式极低的情况下，只需借助祖辈传下来的经验，就可以适应生产生活的需要。因此，人们很难看到教育对经济发展的贡献，很难看到教育对改善生活的作用。相反，人们看到的往往是文盲和小学生的收入差不多，小学生和初中生的收入也差不多。因此，大部分苗族家庭送子女入学只为认得书本上的字，会说普通话，懂得加减乘除，学会算账，以后方便外出打工。20 世纪 80 年代以来，当地的苗族聚居区还没有出过大学生，最好的也只读到高中毕业，很多村寨甚至连高中生都没有。大部分苗族家长都认为自己孩子考上大学的希望不大，他们对自己孩子的学习期望值很低。父母对孩子的低期望使孩子对自己未来的定位很低，再加上经济上的贫困和其他方面的原因，他们在学校里的表现就会不尽如人意，而他们在学校里的表现又会强化父母对他们的低期望，从而使他们实现自我预言（Self–fulfilling Prophecy）①的效应，加入到外出打工的队伍当中。在当地苗族聚居区，大多数家长对孩子的教育支持力度不大。每年开学都会有不少学生辍学。2008 年 9 月开学后一周了，谷林完小的罗家香还没有到校报名。我和她的班主任一起到她家做动员

①　"自我实现预言"指个体最初确定一种虚假的情境定义，引起一种新的行为，并使虚假的现象成为真实的现象，1928 年美国社会学者托马斯在《在美国的儿童》一书中最早提出，1954 年默顿《自我实现预言》一文给予了阐释。

工作。

　　访谈片断：（小冲学生家）

　　研究者：你希望你们家小香读高中考大学吗？

　　小香的父亲：希望的嘛。但我们家小香成绩差，学习跟没上，读到哪里算哪里吧。

　　研究者：小香自己有什么打算呢？

　　小香的父亲：有什么打算？除了出去打工，还能干什么？这几年寨子里不读书的小娃仔都出去打工了，我们家小香也是心花花的，这书怕是也读没长（书读不了多久）了。我也没指望靠她出去打工赚钱养家，只要她能养活自己，有个出路就行了。

　　研究者：打工毕竟不是长久之计啊！总不能打一辈子的工吧？

　　小香的父亲：哎，打一天算一天了。我们这个寨子从来没有出过高中生，早些年出去打工的还寄钱回来起（盖）大房子呢。小香要愿意出去打工，就随她吧。读了高中，又不一定能考起（上）大学，还把出去打工耽搁了。

　　研究者：你们有没有想过，如果小香能顺利地读书出去，你们以后的日子也要好过点。

　　小香的父亲：想也不有用（没有用），我们没那种好命。成绩又没好（不好），怎么会考得出去？这些都不要想了，我们也就这个命了。

　　研究者：那她现在这么小，还不满 18 岁啊，怎么能出去打工呢？

　　小香的父亲：我们寨子里不满 18 岁就出去打工的多得很，只要有初中毕业证就可以了嘛。

　　研究者：那小香没读完初中，也没有初中毕业证啊。

　　小香的父亲：她家族中有一个姐姐在读高中，她可以拿她姐姐的（初中）毕业证去。你们不用劝了，她学习差，在学校里也是浪费时间，还不如早点出去打工。我没有文化，不识字，和你们读书人是不能比的。所以，我也想让她在学校多认几个字，多学点文化，她没想读，就算了，我也没办法。

（2007 年 9 月 16 日访谈记录）

　　每个学期开学，谷林完小的每个班几乎都会有学生辍学，而班主任也会到辍学学生家里做工作，动员学生回校上课，并同意在经济上向学校申请减免或由自己垫付。即便是这样，也有很多家长显得很勉强。他们认为家庭经济本来就比较贫困，如果再把钱投入到孩子每个学期的学费、住宿费和生活费等费用上，家庭根本就无法承受；而且家里农活忙，孩子可以在家里打个帮手，比如做家务、带弟妹等力所能及的事情；另外，山高路远，孩子上学要翻山越岭走几个小时，家长不放心，尤其在夏天暴雨频发的时候，上学是件非常危险的事情。乡里做宣传的小王干事告诉我，"大小摆炳的山几乎是垂直的，直上直下，特别陡峭，好多地方要手脚并用才爬得上去，学生上学特别艰难"。

　　在这样的艰苦条件下，很多家长和孩子放弃了读书。而且，在很多家长看来，他们的祖祖辈辈都这样过来了，上不上学并不是什么大不了的事，对生活并没有太多的影响。尤其是家里的女孩子，上了学也没什么用，迟早都要嫁人，教育上的投入对家长来说是不划算的。从当地人的角度来看，这些理由都有一定的道理。他们很少从周围人的身上发现上学能改变命运。他们看到的是，村寨里凡是念过书的人都变奸变懒了，什么都不愿意做，从而导致因学致贫。

　　据谷林完小的陈芝兰校长介绍，当地适龄儿童的小学入学率大概在95%左右，毕业率约为80%（但实际上，根据我的调查，小学毕业率根本达不到80%，最多只能达到70%左右）；适龄青少年的初中入学率是70%左右，毕业率约为60%；高中的升学率则只有10%—15%左右。在当地，无论是布依族还是苗族女孩，都是接受学校教育的弱势群体。在家庭经济条件差的家庭，如果有两个孩子上学，在无计可施的情况下，家长往往会选择女孩辍学，如果上学的两个都是女孩，往往选择年龄稍微大一点的辍学，因为年龄稍大的女孩辍学在家至少能代替家里的半个劳动力，帮父母撑起抚养弟妹的重任。关于少数民族女童的学校教育问题，我在本章的第二节有专门的论述。

　　（四）教学点的教师和孩子们

　　1. 教学点的撤并使苗族学生辍学人数上升。2001年后，为了整合教育资源，石龙乡开始撤并教学点，教师也走马灯式地换。这也是造成当地苗族学生辍学的原因之一。下面是2001年谷林学区对撤并教学点的建议。

表 6 - 1　　　2001 年 3 月 26 日石龙乡谷林学区对撤并教学点的建议

学校名称	校舍情况	班级	年级	服务范围	户数	现人口数	距谷林完小公里	招生情况	师生人数	备注
谷林完小	有	6	一至六年级	摆开村的谷坡、摆开、大小甲林、谷新村小冲等	179	811		正常招生	生112 师15	建成部分寄宿制学校
谷瓢教学点	有	1	一至二年级	谷瓢	37	136	5	未招，隔一年或隔两年招生		撤
大摆炳教学点	无	1	一至二年级	大摆炳	16	80	10	未招，隔一年或隔两年招生		撤
小摆炳教学点	无	1	一至二年级	小摆炳	25	92	8	隔一年或隔两年招生	生11 师1	撤
谷新教学点	有，危房	2	一至三年级	草坡、平寨、岩前、岩后	86	401	5	隔年招生	生27 师2	撤
拉力教学点	无	1	一至二年级	拉力	36	182	10	隔一年或隔两年招生	生12 师1	撤
龙洞教学点	无	1	一至二年级	上苦蒜冲和下苦蒜冲和龙洞	50	238	8	隔一年或隔两年招生	生10 师1	撤
干鱼河教学点	有，危房	1	一至二年级	干鱼河	32	151	12	隔一年或隔两年招生	生9 师1	撤

　　我们从表里可以看到，2001 年时，谷林片区还有谷瓢、大摆炳、小摆炳、谷新、拉力、龙洞、干鱼河七个教学点，这些基本上都是苗族聚居区的教学点，而到了 2008 年，只剩下龙洞（苦蒜冲教学点）这一个教学点了。这就意味着所有苗族聚居区的孩子必须到谷林完小上学。而谷林完小根本没有这样的住宿条件，这样势必引起更多的苗族孩子辍学。由于教

学点的大量撤并，学校离学生居住地越来越远，寄宿开支增大，大山里的苗族儿童上学更为困难。我 2007 年 10 月还曾在平寨教学点听过课，到 2008 年我再一次去平寨的时候，这个教学点就已经撤销了。寨里适龄的五个孩子必须步行两小时以上到离家 6 公里外的谷林完小去上学。对此，辅导站罗站长说："我当站长这几年来，由于学生数量的减少，已经撤并了好几个教学点，根据发展的趋势和规划，这些教学点不久以后也都要全部撤并到其他小学中去。以前教学点由代课教师管理和授课，现在我们派老师下去教了，像苦蒜冲教学点现在有一二年级学生共 14 人，采用的是复式教学……"

　　家住谷瓢的苗族女孩耿翠红，2006 年 9 月时已经到了入学年龄的时候，但村里的学校不招生（每隔两年招一次生），要上学必须到六公里以外的谷林完小读书，中途还要经过老虎沟等地势比较险峻的地方。由于当年村里没有小伙伴和她一起上学，她只有作出放弃读书的选择。直到她九岁时，村里学校开始招生后，她才得以上小学一年级。但由于成绩不好，年龄大感到害羞，因此才读完一年级，她就辍学了。像她这种情况的学生还有很多。尤其是女孩子，在村里教学点停止招生后，绝大多数都会选择辍学。因为每天来回四五个小时的山路和没有小伙伴的恐惧，是任何一个六七岁的女孩子都难以承受的。年龄偏大感到害羞引起的辍学也为数不少。在谷林完小，小学一年级苗族儿童入学的平均年龄为 9 岁左右，年龄最大的达到了 13 岁。[①]这些大龄女童即便入学了，也会很快地因为不适应学校的环境和年龄偏大而辍学。谷林小学的陈校长告诉我："在学校里，女学生如果年龄大了，个子也大，因为害怕别人笑话，自己也觉得害羞，就会造成辍学。（她们）刚开始来学校的时间还比较稀疏，时不时地来一下，来了就坐在最后一排，也不肯回答问题，到后来渐渐的就没来了，（对于这些大龄女童）我们也上门做动员工作，死活不肯来，我们也没办法。"

　　我们还可以从苗族儿童的辍学人数清楚地看到教学点的撤并对他们造成的影响。2003 年，谷林片区小学适龄儿童数 256 人，在校生 181 人，实际入学率仅为 70.7%。[②] 2007 年，整个石龙乡辍学的学生人数是 65 人

---

①　笔者根据谷林完小的入学年龄的资料统计得出的数据。

②　笔者根据乡辅导站统计的数据，经过整理得出的结论。

（中学 38 人，小学 27 人），其中，小学阶段苗族学生辍学的就占了 13 人，几乎是所有小学辍学生的一半，这与苗族人口占总人口六分之一的比例极不协调。再看各年级的辍学人数中，一年级辍学的苗族学生就有 5 人，这清楚地表明苗族学生从社区进入学校时所遇到的文化冲突使得他们难以适应学校教育，从而使他们过早地从学校教育中退出。在学校填写的原因中，有"在家顶劳力，厌学，贫困无生活费，年龄大，随父母外出打工"等各种原因。

为了证实以上的数据和原因分析，我对谷林片区的 20 户苗族家庭进行了入户调查：小学适龄儿童为 42 人，其中入学在读的有 31 人，有 11 人失学，失学率为 26.2%；初中适龄儿童 12 人，但入学在读的仅有 5 人，其他的全部都外出打工了。由此可知，苗族的很多孩子在小学阶段就已经被学校教育过早地淘汰出局了，绝大多数苗族的孩子根本没有机会读到初中，他们的学校教育在小学阶段就已经终止了。

在谷林完小，苗族儿童的学习成绩也不尽如人意。我们可以用谷林完小苗族儿童的成绩和石龙中心校小学部布依族儿童的成绩做比较：一年级语文布依族学生的平均成绩为 61 分，苗族为 58.9 分，布依族学生的数学成绩为 60.2 分，苗族为 57.1 分；二年级语文布依族学生的平均成绩为 62.6 分，苗族为 57.2 分，布依族学生的数学平均成绩为 64.5 分，苗族为 59.3 分；三年级语文布依族学生的平均成绩为 63.7 分，苗族为 59.6 分，布依族学生的数学平均成绩为 74.6 分，苗族为 64.8 分。[①]我们可以看到，苗族儿童和布依族儿童的学业成绩有一定的差异，而且，随着年级的升高，这种差异也在不断地扩大。

对于这些山地的苗族儿童来说，要摆脱父辈低下的地位，离开农村，就是要"走出去"，完成从边缘到中心的转移。这就需要经历村小（山地）—完小（平坝）—初中（乡镇）—高中（县城或城市）—大学（城市）这样一个逐步向中心靠拢的过程，需要通过国家教育及层层遴选的考试制度。在中心宰制边缘的权力框架之下，这一图示以空间形式在这里真实地呈现了乡村学校教育的工具属性和外向属性，它作用于整个乡土社

---

① 根据谷林完小 2007 年 1 月期末成绩统计。学校的成绩册上并没有将布依族和苗族学生的成绩单列出来，笔者根据学生的民族成分将他们分类计算出的分值。

会之中。①平坝的布依族儿童或许可以省略其中的一至两个环节，但是，同样无法逃脱这一链条。这一链条背后隐藏的是残酷的竞争，不仅是山地村小和平坝地区小学之间的竞争，更是在城市——乡村的二元结构下，乡村学校和受教育者在同质化的国家教育框架下，与城市、与中心和主流文化展开的不对称竞争。而这场竞争的风险，完全是由他们自身来承担的。②当地的很多苗族孩子已明显地成为这种竞争的牺牲品。他们刚进入到这个链条中的第一个环节，就由于其文化资本与学校教育的异质性，被无情地排斥在这个链条之外，踏上了另一条国家体制外的、更加充满艰辛的路途。

海斯和什普曼（Hess and Shipman）也概括了许多证明这种差别的研究结果：③

缺乏足够教育背景的孩子在个人和群体智力标准测评中的得分要比中层阶层孩子的低得多，并且随着年龄的增长，差距越发明显。当他们开始上学时，并没有具备应付一年级课程的必需技能；他们的语言发展，包括说与写的能力相对欠缺；听觉和视觉的分辨能力没用得到很好的发展；在六年级时，他们的在校成绩平均滞后两年，到八年级时几乎滞后了三年；在完成中学教育之前，他们更有可能会辍学；而且，即使他们有足够的能力，上大学的可能性也很小。

2. 教学点的教师和孩子们。苦蒜冲学校（龙洞教学点）是谷林学区唯一没有被撤并的教学点，每年都开设一、二年级共一个班，进行复式教学。

为了了解苦蒜冲学校的情况，2007 年 9 月，我与七个干鱼河和两个贵定县谭家院的孩子一起来到了新龙村干鱼河组。在干鱼河耿明丽家歇息了一晚后，第二天一大早，干鱼河的两个孩子陪我到苦蒜冲学校进行调查。这两个孩子非常熟悉到苦蒜冲学校的路，因为她们就是在苦蒜冲学校

---

① 李小敏：《村落知识资源与文化权利空间——永宁拖支村的田野研究》，《中国教育：研究与评论》（2），教育科学出版社 2003 年版，第 39 页。

② 同上书，第 46 页。

③ ［美］丹尼尔·U. 莱文、瑞依娜·F. 莱文：《教育社会学》，郭锋、黄雯、郭菲译，中国人民大学出版社 2010 年版，第 89 页。

读的小学二年级，她们的小学一年级则是在村里的干鱼河教学点读的。当她们读二年级的时候，村里的教学点就停办了，她们只有到五六公里外的苦蒜冲学校就读二年级。苦蒜冲学校每年都只有一至二年级，所以从小学三年级开始，她们又不得不到离家八九公里外的石龙中心校就读。随着他们求学层次的升高，她们也离自己的村庄越来越遥远了。目前，她们已在干鱼河至石龙的山路上走过了六个春秋。但是，原来结伴而行的九人中，有四个孩子因为路途的艰辛和对学习的厌倦，中途放弃了上学，外出打工去了。剩余的这五个孩子也经常在读书和打工之间不断地摇摆，其中有两个孩子已经做好了年后外出打工的准备。的确，如果没有强烈的升学愿望，每周往返于干鱼河和石龙之间，翻山越岭，危险重重（经常在山里会遇到蛇），无疑是一件非常痛苦的事情。尤其一遇到雨雪天气，走到学校至少需要四五个小时。在这样艰苦的条件下，这些还在学校拼搏的孩子正是充满了对读书的渴望和对前途的追求，义无反顾地踏上了学校这条充满竞争与期待的路途。

翻过了三座山，步行了一个多小时后，我们终于到达了苦蒜冲学校。适逢周六，学校不上课，孩子们带我找到了汤才贵老师家。汤老师是她们俩的老师，在苦蒜冲学校已经教了十一年，一直都是代课教师。他的家就在学校旁边的斜坡上。汤老师和他的家人热情地接待了我们，知道我的来意后，他向我详细介绍了这所学校和这所学校的孩子们。

你看到的这所学校是 2002 年新建成的。原来的学校就在离这不远的地方，是一间民房，房子到处都漏水，外面下大雨，里面就下小雨。屋顶上的椽子还曾经往下掉过，幸好没伤着学生。2001 年，乡里的张书记来看到这样的情况，觉得学生在里面上课实在是太危险了，所以 2002 年就修了这所学校，我们才从下面搬了上来。一会儿你可以去看看那间原来的教室。现在还没拆，房屋整体已经倾斜了二三十度，看起来的确很危险。我是苗族，1974 年出生，是凯口中学毕业的，初中文化。家里共有六个兄弟姐妹。其中四个男孩都读过书，读得最多的就是我，读到初中。我的两个姐姐都没有读书，家里老人还是有重男轻女的观念。现在家里除了我和一个姐外，其他的都出去打工了。……（我）在这个学校已经上了十一年的课了，从1996 年就开始上的。刚开始代课时是 120 元一个月，后来是 150 元

（一个月），2007 年加到 400 元，现在是 450 元一个月（上个月刚刚提上来的）。2005 年，这所学校曾经来过一个公办老师，因为受不了这里的环境，教了一年就走了。前前后后这个学校除了我之外，已经换了七八个老师了……我教一年级的数学和二年级的语文，思想品德、体育、美术等课也都是由我上，还有一个女代课老师，叫文红英，是毕节人，汉族。她教一年级的语文和二年级的数学，其他的课她都不管，原来我上课时曾经用布依话上过课，现在全是用普通话了。学生一般是早上 9 点上课，11 点半放学，下午 2 点上课，4 点半放学。学生中午一般不回家，有些带凉饭来吃，有些干脆就不吃，一直捱到下午放学回家再吃。今年一年级有 7 人，二年级有 13 人，共有 20 个学生。这些学生三年级后可以到谷林完小读，也可以到石龙（中心校）读，去谷林完小要走三个多小时，全是羊肠小路，中途还要经过老虎沟的那条河。有时候遇到河水涨了，必须要凫水才能过河。我有时看见有些小娃仔把书包顶在头上，把裤腿卷起，从河里趟过去。到石龙要走四个多小时，但相对来说，路要好走一些。……你也不要把我想得太好了，我是因为身体有病，不方便出去打工，才勉强在这里代课的。一个月三四百元的工资收入实在是太少了。如果我的身体好的话，我早就出去打工了。

（2007 年 10 月 27 日访谈记录）

当地教学点的老师基本上都是小学或初中毕业，在我所调查的教学点中，除了苦蒜冲学校的汤才贵老师外，其余的都是女性。她们在教学点代课一般是基于以下的理由：家里孩子太小，需要照顾，因此不方便外出打工；教师这份职业相比起田间地头的劳作来说，相对轻松些；代课教师能得到村民更多的尊重；由于没找到合适的工作，暂时做代课教师；另外还有其他一些特殊的原因使她们勉强在教学点代课。在听课的过程中，我发现她们在上课的同时通常还要分心照顾自己年幼的孩子。她们的孩子要么在教室外面玩耍，要么就在教室里坐着等妈妈下课。在谷林完小，甚至有一位代课女教师每天背着自己襁褓中的孩子上课。平寨小学的杨美红告诉我："我来这里上课也是没办法，娃娃太小，等娃娃大点，我就带着他去外面打工了。代课老师的工资低，也没有什么保障，先勉强待着吧。"

以前的代课教师要想摆脱自己的身份，和学生一样，也必须实现从边缘到中心的过程。他们需要经历从代课教师（教学点）——民办教师（村小）——国家正式教师（中心校）的过程，他们中的很多人也曾一直寄希望于从国家的正规上升渠道中获得合法的身份，他们一直尽心尽力、无怨无悔地在大山的最深处默默奉献着自己的青春。当然，的确有一部分幸运的代课教师通过这样的途径最终得到了国家的认可，成为一名"吃上皇粮"、拥有国家编制的正式教师，实现了自己的梦想。但现在由于国家的教育政策，代课教师已经不可能从这个链条向上流动了。因此，他们中的绝大多数并不安心在教学点工作，他们仅仅把当代课教师作为以后从事其他职业的一个跳板和临时的权宜之计，其中有不少人在"混日子"。教学点和村小代课教师的变更是非常频繁的，有时候一个学期就要换两三个。仅平寨教学点，从 2003 年至 2007 年，就已经换了七八任教师了。每个教学点和村小代课教师无论是对教学中每个概念的阐释，还是她们的教学方法，都有着极大的差异，她们完全是按照自己的理解去自由发挥课程内容，而每一个教师的讲授之间极度缺乏衔接，致使学生不能更好地适应和接纳不同教师的教学方式和教学内容，这无疑给这些本来就处于弱势的孩子的求学生涯造成了更大的阻碍。

　　不同于教学点和各村小的代课教师，乡里的国家正式教师仍然有向上流动的机会。很多教师大学毕业后，被分配到教学点工作。由于教学点的条件十分艰苦，这些教师都会想方设法地调动至村小，再从村小调动至中心校。而中心校的教师也会极力向都匀市里流动，实现他们从边缘到中心的梦想。中心校初中部的教导主任苏强发老师和小学部的韦碧霞老师，就是这样的例子。

　　苏强发老师 1990 年从都匀民族师范学校毕业后，分配到撤并前的谷林乡平寨小学任教。由于表现突出，1991 年调到谷林完小工作。1993 年 7 月至 1996 年 7 月任谷林完小教导处主任 3 年后，于 1996 年调到石龙中心校初中部任物理科教师。1997 年至 1999 年在黔南教育学院数学系"数学与物理教育"进修后，回石龙中心校工作，担任初三毕业班的物理教师。1999 年 10 月，在石龙中心校校长竞聘上岗活动中，被当选校长聘任为小学部教导处主任，兼任初中部物理教师，并于 2002 年接任初中部教导处主任。他在从教事业中踏出的每一步，都是逐渐从边缘到中心的过程。韦碧霞老师中师毕业后分配在摆端小学，后因教学突出，调动至蛇昌学校，最后几经周折，调动至石龙中心校，同样成功地实现了向中心流动的目标。随着这些优秀教师的向上流动，教学点的教师经常走马灯式地更换。教师的频繁流动和更替，尤其是优秀教师的流失，对于教学点和村小的孩子来说，无疑是一种极大的损失。

二　山地布依族学生

石龙有 6 个村属于贵州省一类贫困村，它们是：新龙、谷新、摆开、摆端、甲壤、共和。在乡政府关于石龙乡的资料介绍上，我注意到叙述中频繁地使用了"最边远"、"最贫困"、"最差的乡级公路"等字眼，以突出石龙乡在都匀市的边缘地位。而在石龙乡内部区域，同样也存在着边缘化的村寨——甲壤村。

甲壤村是都匀市最边远的山区之一，交通十分不便。西面与贵定县尧上乡接壤，周边村寨有距离 6 公里的江洲镇摆桑村，距离 3 公里的摆端村以及距离 2 公里的塘榜村。全村共 288 户，总人口 1300 余人，下辖 8 个生产组，是石龙乡较大的布依族聚居的自然村寨。全村农户以耕种为主要职业，仍以古老的种田方式来维持生活，至今还有相当一部分农户尚未解决温饱问题。

对甲壤村的关注来源于我在查看九年级花名册时所发现的一个问题。九（2）班和九（3）班的学生来源地比较多元，大多数村寨的孩子似乎都有一席之地，而九（1）班的 48 名学生全部来自甲壤村，且成绩全是排名在年级末尾。这个发现引起了我极大的研究兴趣。为什么来自甲壤村的学生学习成绩如此低下？他们为什么会被编入同一个班级？这到底是一种精心的安排，还是一种巧合？带着这些疑问，我对来自甲壤村的学生进行了深入的调查。

（一）语言

甲壤村的大部分孩子都会说布依语和汉语。我在访谈甲壤小学的罗元平老师时，他认为学生的语言对学业成绩会造成一定的影响，"村里很多留守儿童的成绩要差些，主要是因为家里的老人经常用土话和他们交流，在一定程度上影响了学生的学习成绩"。罗元平老师今年 54 岁，他从事教育事业已经 30 多年了，参加过 1984 年的布依语培训，对学校教育有自己独特的理解方式。他认为，随着社会的发展，国家的考试和选拔制度对汉族地区的孩子更有利一些，因此，少数民族地区的孩子必须要熟练地掌握汉语，才有可能在学业上取得成功，从而实现向上流动。他的两个孩子都不会说布依语，因为他认为让他们学会布依语没有必要，布依语只能在民族内部交流，出去就完全没有用处。而且据他多年的教学经验，他认为布依语会对汉语的学习造成一定的影响。为了让孩子更能适应学校的文化氛围，他从来就不用布依语和孩子交流（虽然他自己会说布依语）。在当地，他的两个孩子成为了学校教育的成功典范。大女儿于上海外国语大学毕业后，留校任教；小儿子也在贵州大学毕业后，留在贵阳工作。当地人提起罗元平老师，没有一个不羡慕的。关于甲壤村的孩子在家庭里说布依语，从而对学业成绩造成影响的观点，并不只是罗元平老师独有，一些中心校的老师对此也深有同感。

　　访谈片段：（中心校小学教师办公室，课间）
　　研究者：你们学校的学生都会说布依话吗？
　　教师1：哦，布依话啊，大部分学生都没（不）会说了。只有那些从甲壤来的学生，特别是甲壤下院来的学生，基本上都还会讲。
　　教师2：是的，那些地方来的学生和家里的老人交谈时都还用布依话，那些老人也会讲汉话，只是他们不习惯讲。我们班有个会讲布依话的学生给我说，他奶奶讲的布依话他大部分都会听（能听得懂），也能用布依话和他奶奶交流，但他有时候不想讲布依话，就用石龙话来和他奶奶对话。
　　教师1：你如果问学生他们会没会讲布依话，他们肯定都会给你说他们没会讲，因为他们觉得没好意思。在学校他们一般都讲石龙话。
　　研究者：那这些学生的成绩怎样呢？
　　教师1：大部分（学生）成绩都比较差。甲壤（村）出去打工的家长太多了，大部分家长把学生交给爷爷奶奶、外公外婆这些老人带，这些老人又不习惯讲汉话，所以大多数时候都和学生讲布依话。父母不在家，老人又管不了他们，家庭经济又困难，他们自己也不晓得学，成绩差也是正常的了。
　　教师2：五年级最明显。甲壤小学只有一到四年级，好多甲壤的学生来石龙（中心校）读（五年级）的时候，基础差得不得了。肯学的学生（成绩）会赶上来一些，不肯学的学生也就那样了。有些（学生）小学一毕业就去打工了，反正他们父母在外面打工，他们可以跟着去。

教师1：是啊，所以老师也怕教到他们这些从下面上来的学生，不仅是学习方面，好多行为习惯都得重新教起，真的很累。还是那些从石龙小学一直读上来的，教起来比较顺手。

教师2：学生的教育也不能光靠老师啊！绝大部分学生的家长我们从来都没有见到过，更不要说交流学生的情况了。

（2007 年 9 月 20 日访谈记录）

对于这些从甲壤村来的学生，中心校的罗校长也认为，"如果我们学校五年级没有这些从甲壤上来的学生，成绩要比凯口学校（临近的一个镇）好得多。但这些学生一加进来以后，就不行了，直接把考试的分数拖下去一大截"。

甲壤村的学生虽然大部分会讲布依话，但是很多学生却不肯承认这一点。他们并不以本民族的语言为豪，相反，他们认为会讲布依话是一件很土气和难堪的事情。刚和他们接触的时候，这些甲壤村的孩子对我有一种排斥感，不太愿意和我交流。当我逐渐和他们熟悉了之后，发现他们对自己的语言有一种矛盾的复杂心理。我去这些孩子家里的时候发现，这些在学校里不承认自己会讲布依语的孩子，在家里能非常流利地使用布依语和他们的长辈交流。有一次周五下午放学，我随罗志名来到了他家里，希望看看他的生活环境，顺便也和他的家人交流一下。罗志名的家里只剩下奶奶和他妹妹，爸爸妈妈都外出打工了。刚开始，罗志名在和他奶奶交谈的时候，奶奶用的是布依语，罗志名则用当地汉语方言应答。其间，不知道奶奶讲的哪一句话惹怒了罗志名，罗志名一下子就改成了布依语，与奶奶发生了激烈的争吵。这时候我才发现，他的布依语说得是如此的娴熟，只是当着我的面，他才故意用汉语方言和他奶奶交谈。情急之下，他又用回了他非常熟悉的布依语，因为只有在这种语言环境下，他才能在那个他早已熟悉的世界中找到自我，流利地表达自我。我问罗志名为什么会在学校如此避讳说自己的民族语言，他说："没好意思在学校里讲土话（布依语）。别人（别的同学）都讲石龙话（当地汉语方言），我也要讲石龙话。要不人家看我就像看怪物一样……班上有同学（一般为平坝布依族学生）有时候开玩笑让我教他们土话，其他人就会起哄。所以我就讲我没会土话，免得他们笑我。"

当我问班上其他同为布依族、却从小就不会说布依语的同学是否真的想学布依语时，他们告诉我："我们哪里想学（布依语）啊？我们就是觉得学一两句土话好玩。我爸爸也会讲土话，他没教我。有学土话的时间，我们还不如多学点英语呢！"在这些孩子及其家庭的潜意识里，会讲土话是一种落后的标志。而且，在他们眼里，土话现在的功能仅仅只是作为一种逗乐的工具，添加了几分滑稽的成分。他们内心真正认可的是汉语普通话和英语等强势学科，认为只有把这些科目学好了，才能走出大山、走进主流社会，获得自己的发展空间。

当我询问老师们对实施双语教学①的看法时，老师们普遍持否定态度。他们认为布依语的使用范围非常狭窄，即使在当地，说布依语的人也已经不多了，小孩子普遍会说石龙话，不需要再通过布依语进行转换，当地在语言上基本呈现出一种"汉化"的趋势；其次，实施双语教学会占据原本就紧张的教学时间，加重教师和学生的负担；另外，学习布依语完全没用，走不出去。在社会上普遍认可汉语普通话和英语等实用性极强的情况下，学会布依语走不远，只能在社区范围内使用。只有把普通话和英语学好了，才是以后走得远的正道。最后，教师们普遍认为实施双语教学根本就没有必备的师资。教师中真正会说布依语的为数极少，即便会说布依语的教师，也没有接受过正规的双语教学培训，对于双语教学可谓是完全摸不着门道。看得出来，当地精英们对融入城市汉族主流文化的心情是非常迫切的，他们渴望通过对城市主流文化的学习和趋同，加快当地各个方面"汉化"的进程，最终成为城市文化的一分子。但是，文化的发展是有阶段的，需要时间，"姑且不谈以牺牲民族语言、文字、文化为代价的现代化是否可取，从文化环境方面来说，语言现代化也不是一蹴而就的"②。

（二）打工氛围浓厚的村落

20 世纪 90 年代初，随着村里第一批外出打工的年轻人到沿海发达城市后，古老而封闭的村庄不断接受外界新鲜事物的刺激和利益驱动，也不断地改变着村民原有的观念和生活方式。越来越多的青年在春节后外出打

---

① 因为当地绝大多数为布依族，所以这里的双语教学指的是汉语文和布依语的教学。

② 张霜：《社区、家庭与少数民族学校教育的文化距离》，《广西师范大学学报》（哲学社会科学版）2010 年第 4 期。

工，村人逐渐接受和认可了这种挣钱的方式。尤其是近些年来，外出打工的人群除了青年，中年人和青少年也大量地加入打工队伍，在村子里多数家庭只有年迈的老人和年幼的儿童，有能力外出的基本都全在外地打工。甲壤村近三百户人家的1300多人，如今只剩下400多人。甲壤村到现在为止，仅仅出过罗元平老师家的两个大学生。对于这种现象，村里的人都用"他（罗元平）家祖坟冒青烟了"来解释。村里初中生倒是不少，高中生就不多见了。大部分学生小学或初中毕业后就外出打工，有些还回来结婚，有些干脆就在外面成家，不回来了。

　　访谈片段：（与甲壤小学罗家强老师的访谈）

　　研究者：我看好多家都只剩下老人和小孩了，其他人都出去打工了吗？

　　罗家强：是啊，都出去打工了，不光我们这个村，其他村也有很多人都出去打工了。

　　研究者：村里在外面读高中的学生多吗？

　　罗家强：很少。我们这个村从来没有出过大学生，[①]初中生要稍微多些，高中生就很少了。因为现在（小学和初中）读书不要钱了嘛，家长也都愿意送孩子读书。高中生就很少了，一方面是高中的费用太高，另一方面，读出来也不一定能考起（上）大学，所以村里的很多小孩子都是读完初中就出去打工了，有些是小学毕业就出去打工了。

　　研究者：那家长对孩子打工是什么态度呢？

　　罗家强：孩子读书读没上去，家长还能有什么办法？如果孩子读书读得上去，好多家长再怎么样都愿意供孩子读书。问题是没几个孩子读得出来，也没几个孩子愿意读的。我们这里好多人家都是父母在外打工，等孩子初中一毕业，就到他们打工的地方去了，所以家里面就只剩下老人和还在读小学的小孩子了。

　　研究者：那你觉得这些人外出打工给村里带来变化了吗？

　　罗家强：变化倒还是有的。你看见刚进村的那里多了一栋两层楼的房子吗？还有原来老供销社的那里也起（修建）了一栋两层楼的

---

① 访谈中，罗家强并未将罗元平家的两个孩子计算在内。

房子，这些都是家里的年轻人出去打工寄钱回来修的。

　　研究者：那这些打工的人每年都回来过年吗？

　　罗家强：有的回来，有的没回来。反正每年回来都又要带走几个（外出打工）。一个喊一个的，基本上在家的年轻人都走了。现在连一些小娃仔书都没读完，就想跟着出去打工了。

　　研究者：那对这种现象你怎么看呢？

　　罗家强：书还是要读的嘛。我的想法是至少要把初中读完，有条件的话，至少要把高中读完。现在就算出去打工，起码也要高中文凭，好多小娃仔小学毕业就出去了，这肯定要吃亏的。打工挣钱有的是时间和机会，读书的时间和机会一旦错过了，这辈子就再也不可能了。所以，我觉得那些支持小娃仔出去打工的家长是鼠目寸光，完全不为自己家小娃仔考虑。

　　　　　　　　　　　　　　　　　　（2007 年 9 月 22 日访谈记录）

　　打工作为村里人的一种生活方式，作为学生在读书时就已经若隐若现的未来生存之路，在甲壤各家各户的思想和行为中已经根深蒂固。这些外出务工的人给家里带来了很大的经济实惠（如修建房屋，购置家用电器等等）的同时，也提高了家庭在村落里的社会地位。很多还在读书的学生都非常羡慕这些从城市里打工回来的年轻人，他们看到了这些家庭由贫穷到富裕的生活方式的改变，更看到了由于经济上的转变而带来的在村里地位的提升。相比起学校整天枯燥乏味的生活来，这一切无疑促使了更多的在校就读的学生对打工的向往与渴望。他们不仅向往外出打工者那种自由自在的生活，更向往由于经济上的提升而带来的对于自己生活和命运的掌控能力，所有这一切都坚定了他们外出打工的决心和信念。

　　每年年后，由于这些外出务工者的"榜样示范"作用和他们对村里人的游说，外出务工的队伍会不断地扩大，当然其中有为数不少的在读学生不惜辍学，也要加入到这个队伍中来。对于这些辍学者来说，眼前能看到和得到的经济利益，远远比通过读书来得直接和便捷。他们的家长通常都是采取一种默许的态度，支持他们外出打工。长此以往，村里读书的孩子越来越少，外出打工的人员越来越多。准确地说，除了年龄偏大的老人和十岁以下的儿童外，村里的其他人都陆陆续续地走向了外出打工的道路。我曾经问过甲壤村在中心校五年级就读的学生罗良义，他的家人对于孩子外出打工的看法，他告诉我："家里老人说了，两条路随我选。要么好好读书，要么就早点出去挣钱。我现在学习还可以跟上，先读着。等到哪一天我（在学习上）跟不上了，等过年我叔叔从浙江回来我就跟他去（打工）。"

我们看到，由于甲壤村长期以来一直处于经济贫困和文化贫困状态，这种贫困强化了农村落后的观念并催生了与农村建设相错位观念的滋生。他们简单地把改善经济贫困和文化贫困的希望寄托于外出打工，并由一代代的打工前行者作为一种改变村落当前状态的形式固定下来，从而导致了相当一部分学生跟随这种固化模式而辍学。吉鲁（Giroux）指出："个体自身沉淀下来的历史（Individual's Sedimented History），即他所指的个体的经验，无论是有意识的，还是无意识的，都与文化和社会的全部历史密切联系在一起。"①甲壤村这种浓厚的打工氛围，使得外出打工成为这个村落的集体生活方式和集体意识，并潜移默化地影响着一批批的年轻人外出走向打工的道路。这也正如凯思琳·达德利（Kathryn Kudley）在威斯康星一所学校里对教师的反应所描述的那样："拉里对于学生们宁愿工作也不愿上学——因为上学得不到报酬——的说法一点也不感到惊奇……这些孩子狂热地冲入放纵情感消耗热情的时代潮流……（并且像）他们之前的一代蓝领工人一样，对学校漠不关心，追求的是能更快、更容易地得到快乐……"②

（三）村落中的甲壤小学

甲壤小学是甲壤村唯一的一所小学，距石龙乡政府所在地约 8 公里，始建于 1996 年，为一所村级初小。学校服务片区为甲壤、小地方、石头寨等 6 个自然村组，服务人口 1520 人。学校 2007 年共开设 4 个教学班级，在校生为 90 人，其中女生 30 人。学校共有教职工 5 人，其中专任教师 5 人，中级职称 1 人，初级职称 4 人。

我初次到甲壤小学是在 2007 年 9 月，到达石龙乡的第二周。一进校门，最醒目的就是散放在学校操场上的救灾篷，三四个救灾篷几乎完全占据了本就狭窄的操场。经过打听才知道，2007 年 6 月 10 日，石龙乡甲壤

①　马尔科姆·沃特斯：《现代社会学理论》，华夏出版社 2000 年版，第 283 页。

②　[美]丹尼尔·U. 莱文、瑞依娜·F. 莱文：《教育社会学》，郭锋、黄雯、郭菲译，中国人民大学出版社 2010 年版，第 84 页。

村上院组发生了岩石崩塌的地质灾害，造成多户房屋倒塌、牲畜死亡、生活用品被冲毁，因此不得不在学校搭建救灾篷，供那些受灾的群众临时居住。据村长介绍，甲壤村上、中、下院三个组到现在为止，至少还有62户农户居住在陡壁下，存在着较大的地质灾害隐患。灾害发生后，受灾的群众已争取到省民政厅按每户1万元、市民政局每户0.3万元的标准给予了建房补贴。这里的教师和学生对这些情况已经司空见惯了，因为在近三年来，大大小小类似这样的地质灾害已经发生过好几起了，学生已经能很自在地在这些救灾篷留下来的些许空地中玩石头，打乒乓球。在老师的办公室里，我看到了几台电脑、大屏幕和幻灯机。据老师们说，这些设备是江苏省一先进学校捐赠的，主要用于远程教育。但由于老师们都不会使用，也不愿意学习如何使用，这些设备也就这样闲置着。办公室里的大屏幕目前的用途主要是老师们在课余时间看电视。除了这些设备之外，社会各界还给甲壤小学捐赠了一些体育器材和文化用品，因为学校并不具备开展这些文化活动的场地，也不具备相应的师资，所以基本上也没派上用场，一直搁置在学校简陋的仓库里。

中午放学后，我发现很多孩子没有回家，学校也没有食堂，那这些孩子中午吃什么呢？"吃什么？有钱的在学校门口的小商店买点零食吃，没钱的就饿着，一直等到放学回家。家里老人都上山做活路去了，也没有什么吃的，他们一般都是回去吃点冷饭就行了。"学校的一位老师告诉我。中午不回家的学生大约有三四十人，最远的学生要走两个多小时才能到家，而学校又没有住宿的条件，他们只好每天往返于家和学校间。除了每天往返学校的四五个小时，他们在家里还要做一些力所能及的家务活，大概也需要一两个小时。也就是说，他们除了在学校上课的时间外，其他时间都耗费在路上和为家里干活上了。

甲壤小学的学生和教师在上课时使用汉语普通话交流。2007年10月的一个下午，我旁听了吴老师的一节语文课——《科利亚的木匣子》。

14：00：师生用普通话相互问候。

14：01：老师让学生翻到96页，让学生读课文标题。接着老师介绍了作者左琴科的相关情况，并让学生自己默读课文。在学生默读课文的时候，老师在黑板上写下了以下生字：挖、鞋、斧、锯、免、屋、抢、难、初、管、敌、阶、懂。

14：09：老师带读生字三遍，学生自读三遍，然后组词。在学生自读以后，老师又教读了三遍并抽问了五名学生对生字读法的掌握。（每一个同学读完生字后，老师都不厌其烦地反复纠正他们一些不规范的普通话发音，对于个别读得较好的学生，老师也充分地予以表扬。当然，这些生字的对错都是以老师自己的读法作为评判标准的。十三个生字中，老师就读错了三个。老师把"斧头"读成了"虎头"；"避免"读成了"辟免"；"抬"读成了"逮"。）

14：21：老师划分课文段落，对每段的段意进行提问。学生全是照着书念，老师显得不太满意，随后公布了正确答案。

14：30：让学生上台表演课文。老师抽了一名看上去比较活跃的男孩子拿着书上讲台表演（有四五个孩子举手），这个男孩在教室中间边念书边做动作，引发一阵哄笑。

14：36：老师让学生上黑板重新教其他学生认识生字。又是表演动作的那个男孩获得了这个机会（这次有十来个孩子举手）。

14：38：希望学生以后更加踊跃发言，并希望学生以后不要用书上的原话来回答问题。

14：40：宣布下课。

（2007 年 10 月 25 日听课记录）

出身于特定文化背景的教师与出身于特定文化背景的学生一样，都将受到其周围特定文化的裁定与改造，但同时又在其原有基础上从事着社会性的复制。教师的教学方式被认为与这种"复制"极为相关。西方有学者研究发现，在不同阶层儿童所入读的学校，老师所使用的教学及与学生的交往方式有很大不同，在劳工阶层子女入读的学校，教师通常采用控制与灌输的方法，在中产阶级儿童就读的学校，则更多地采用民主的管理方式与启发式教学，而在社会上层阶级儿童就读的学校，老师会教给学生更多的计谋与策略。这个研究结论对于甲壤小学里的教师教学状况也有颇多的启发。吴老师是甲壤小学的民办教师，他的文化程度是初中毕业，没有经过正规的教师培训，也没有在他教学的过程中外出进修过。用他自己的话来说，"我上课都是自己摸索出来的。没有哪个老师带过我，我也没有机会出去进修（当地的民办教师几乎没有进修的机会），都是靠自己慢慢一步步地摸索的。我在上课时就想我们原来的老师是怎么教我们的，他哪些地方做得好、哪些地方做得没（不）好，好的地方我就照着做，没（不）好的地方我就改进。我现在也已经教书七八年了，基本上有了自己的一套方法，学生们也还喜欢……我还经常给学生讲，读书是他们唯一的出路，只有在学校里好好读书，读出去了，将来才会有出息"。

吴老师现在的教学经历基本上是在复制他以前教师的教学方法，对于他而言，这是最为直观也最为有效的一种方式。他深深地内化了自己受教育时教师的行为模式，并将这种模式又潜移默化地传递给了自己的学生。这种行为模式不仅"复制"了他幼年时候的受教育生活，同时也"复制"了阶层的社会关系。学生们在他的课堂上，接受的不仅仅是他不标准的普通话，也隐性地接受了他所有的人生观和价值观。学生从他的课堂中领悟到的不仅仅是知识方面的教授，还从他的"读书才能出去、才会有出息"的话语中领略了教育设置外向型的思路，领会了国家教育中主流文化的强势力量。在这里，布迪厄所说的"文化资本"与"惯习"的差异，事实上不仅体现在学生身上，而且也反映在教师群体中，由此也形成着教师内部的等级分化。我们知道，由教师的知识结构、人文素养、教学能力等构成的文化并非完全同质的，其内部存在着巨大的差异，而这些由教师产生的差异在决定学生的分层方面同样起到了重要作用。这样，教师就会不自觉地在教学活动中参与到社会文化和地位的复制过程中来。吴老师自己受教育的经历和他现在的教育方式，就是一个典型的例子。

（四）五年级的适应期

由于石龙乡只有三所完小，因此，很多学生在当地村寨读完四年级后，必须到中心校、谷林完小或蛇昌小学完成他们的小学学业。对他们来说，五年级是一个转折点，也是小学阶段第二次需要适应的年级（第一次适应是在一年级）。很多甲壤村的学生在读完四年级后，都会选择就读中心校。

访谈片段：（课间）

研究者：你们为什么要选择读这里（中心校）呢？

学生1：石龙（中心校）的（教学）质量好，我们都愿意到这里来读。如果要到谷林完小的话，路很难走，很多山都是直上直下的，坡陡得很，而且中间还有一条河，河水涨时曾经淹死过人，所以家里老人都不放心我们去谷林完小读，让我们来石龙（中心校）读。

而且，从甲壤到这两个学校的路程差不多，我们甲壤小学上来的学生基本上都在石龙读。

　　研究者：你们觉得这里（中心校）的条件和甲壤小学比起来，怎么样？

　　学生2：当然是这里好了。我们原来的学校没（不）教英语，这里教。只是我们根本听没懂英语老师上课，她也从没喊我们起来回答问题。

　　学生3：我也觉得英语老师有点偏心，上课她都从来没看过我一眼。

　　学生1：上次我同桌在英语课上折纸飞机玩，结果纸飞机飞到我的脚边了。老师非要说是我折的，还罚我站了一节课。

　　研究者：那其他老师呢？其他老师对你们如何？

　　学生2：其他老师也都是爱喊成绩好的（学生）起来回答问题。

　　　　　　　　　　　　　　　　　　　　（2008年9月18日访谈记录）

　　除了他们在石龙中心校遭到的不公正待遇外，对于他们就读环境的改变，这些甲壤来的孩子们也感到非常不适应。

　　访谈片段：（柏艳红家里）

　　研究者：你觉得在石龙（中心校）读书好还是在这里（甲壤）读书好？

　　柏艳红：在这里好。我们在这里读书习惯了，没习惯在石龙住校。

　　研究者：是石龙食堂的饭不好吃吗？

　　柏艳红：没是（不是的）。这里离家近，没（不）用晚上在学校住。我刚开始在石龙住（校）的时候，见天晚上（每天晚上）都睡不着，想家。

　　研究者：是老师的原因么？

　　柏艳红：没是，是想家。不过我们这里的老师比石龙的老师好玩，石龙的老师凶，经常骂我们，有时候还打我们。我们这里的老师没吼我们，也没骂我们，还让我们去她家玩。

　　研究者：除了想家，在石龙还有什么不习惯的吗？

　　柏艳红：好多地方都没习惯。晚上睡觉不习惯，同学也不好玩，上课也听不进去……

（2008 年 9 月 19 日访谈记录）

　　我在与柏艳红的谈话中发现，她在陈述"不习惯"的原因里，从来没有提到过"路途遥远"的原因。在这些山里孩子眼里，路途遥远或许不是最重要的，他们从小就已经习惯了和家长到离家很远的地里干农活，也习惯了在我们眼里难以忍受的诸多生活上的困难，心灵上的"文化震撼"才是他们不习惯在石龙中心校就读的真正原因。在与甲壤小学的老师的访谈中，我得知在甲壤小学就读的孩子到石龙中心校就读后，一部分在开学没多久就会跑回家来，经过老师的再三劝说后才重返校园。对于这些孩子来说，他们长期生活在村寨里，到石龙中心校就读五年级，是他们人生中第一次离开自己的家人，到一个完全陌生的环境中去生活。他们面临着新的学习环境，无论是学习和生活都发生着巨大的改变，原有的生活方式和已有的价值观念受到了极大的冲击，导致他们幼小的心灵感受着强烈的"文化震撼"。[①]

　　甲壤村地处偏远，属于典型的山地农耕型文化，孩子们一直生活在封闭的山区，与村人和家人的联系非常紧密，五年级到石龙中心校就读，使他们第一次离开了一直依赖的家庭和社区，离开了他们眷念的土地和玩伴，他们感到非常不适应，难以迅速从心里接受场坝中心地方那种相对开放繁华、具有一定现代气息的城镇文化，难以在这些繁华之中找到自己的心理归属感，由此厌倦上学、排斥读书。一位石龙中心校的老师告诉我，"这些甲壤来的小娃仔好多到这里（石龙中心校）来之前，连汽车都没见过，更不要说电脑和游戏机了"。这是众多五年级返回家庭的甲壤孩子的首要症结所在。当然，中心校对时间的严格控制以及对课堂纪律和食宿等方面的严格管理，也是这些乡土孩子难以适应的原因所在。甲壤小学虽然也有一定的纪律及管理约束，但是比起中心校来，实在是松散很多。除了生活和心理上的不适应之外，这些到中心校就读五年级的山地布依族孩子在学习的过程中有很强的挫败感。他们进入中心校后，学校会根据他们四年级的成绩对他们进行分班，成绩优秀的会加入到中心校原有的班级中，

---

　　①　黄金结：《文化震惊：瑶族学生从村小到中心完小——基于对瑶山小学生的调查》，《民族教育研究》2007 年第 6 期。

而成绩较差的学生则会被编入一个新的班级。①由于这个班的基础较差，教师们对这个班明显地没有对直接从中心校升上来的学生所组成的那个班上心。即便是同一个老师教五年级的两个班，不管是课堂教学还是课外交往，教师都明显地对这两个班显示出完全不同的待遇，尤其是英语学科。由于甲壤小学三年级没有开设英语课，他们五年级进入中心校以后，学习英语就会觉得特别吃力。面对这些几乎没有什么英语基础的孩子，教师也感到无能为力。很多孩子在"想学但学不会"的情况下，最终放弃了英语，这使他们在初中阶段的英语学习中处于极端的弱势。这种恶性循环，年复一年地在运作着，使一批批的山地布依族孩子从小学五年级就遭到了教育排斥，为他们以后在九年级的命运埋下了一个浓重的伏笔。

三　平坝布依族学生

（一）语言和家庭背景

国内外的研究表明，家庭背景与学生的学业成就密切相关。英国的弗拉德·哈尔西和马丁等人的研究表明，不仅家庭背景会影响中等学生的入学机会，而且，家庭的规模、父母的教育水平、教育态度以及事业心等因素更会影响儿童学业成就；美国的詹克斯也指出，家庭背景比遗传更能影响儿童的学习成绩。②布迪厄也认为，语言不仅仅是一种交流的工具，"它除或多或少的词汇外，还提供一个复杂程度不同的类别系统，以便辨别和掌握诸多逻辑学或美学复杂结构的能力在一定程度上取决于家庭传授语言的复杂性"③。

平坝布依族学生主要是指场坝及场坝周围的学生，这些学生大多数只会说石龙话（当地方言），对布依语和苗语既听不懂，也不会说，他们的家庭用语就是当地方言，父母从不用布依语与他们交流。在当地有些乡镇的干部或教师家庭，家长从小就用汉语普通话与孩子交流，使孩子过早地就接触到了学校的正规语言。有些孩子甚至在上学之前就已经掌握了普通话。因此，大多数的平坝布依族孩子在上学后，能够不太费劲地就掌握学

---

①　中心校一至四年级都只有一个班，到五年级时，由于各村小学生的加入，会将原来的一个班扩展为两个班。

②　吴德刚：《中国全民教育问题——兼论教育机会平等问题》，教育科学出版社1998年版，第318页。

③　陶东风主编：《文化研究》第5辑，广西师范大学出版社2005年版，第275页。

校所采用的"精密型语言编码"，不需要像来自山里的苗族孩子和布依族孩子一样，在学习的过程中时刻都在用两种以上的语言和思维进行。他们在入学前就已经拥有的语言这种文化资本，与学校教育中的汉语普通话基本上具有同质性，教师对他们也显得更加关注。研究显示，教师对于学生的第一印象往往来自学生的语言形式，而不是其他相关因素。[1]在这种情况下，他们要取得学业上的成功，自然要容易得多。从与中心校教师的访谈中，也证实了这一点。

平坝布依族学生的家长或经商、或在当地乡镇有一份稳定的职业，或外出打工成为当地的富裕户，因此他们有一定的经济能力在孩子的教育上进行投资。在很多山里孩子连五角钱的菜都买不起的同时，九（3）班的学生中却有五六人拥有1000多元的"好记星"，他们全都是平坝地区富裕家庭的孩子。在当地，还有一部分富裕家庭和教师家庭选择将自己的子女送到都匀市里就读，享受更好的教育服务。很多平坝地区的家长在孩子第一年没有考上自己如愿的高中时，都会毫不犹豫地让孩子复读初三或花费高价让孩子就读重点高中。他们对子女的投入除了学校内的花费外，学校之外的费用占家庭教育投入的很大比重。有些家长甚至出资请中心校的教师在周末为孩子单独辅导，以提高孩子的学习成绩。

为了配合中心校三年级开设的英语课和电脑课，一部分家庭购买了读书郎英语点读机和电脑等辅助孩子的学习。而且，在我到过的很多平坝布依族家庭，很多孩子都有自己独立的房间。家长偶尔也会在周末带孩子到都匀市里参观游玩，或者购买图书和学习用具，城市里的图书馆对于经常到都匀市的平坝孩子来说，并不陌生。被大山里的孩子看成是奢侈品的电视，在大多数平坝布依族家庭中已经十分普及。电视成为人们获取知识信息的重要渠道，对儿童的社会化产生了不可忽视的影响。由此可见，平坝布依族儿童所拥有的书籍、旅游、接触媒体等因素构成了有利于他们的学习环境，便于他们更快地适应学校教育。

另外，一种文化的价值体系和生活方式之所以能形成传统而延续下去，除了社会舆论和教育机构的影响外，在很大程度上要归功于家庭的文化传递功能。这其中就包括了父母对孩子的教育期望。教育期望影响成功

---

① 台湾教育社会学学会主编：《教育社会学》，台湾巨流图书有限公司2005年版，第78页。

机会，这是得到众多研究证实的一条原则。布迪厄进一步认为，教育期望来自于惯习，是人们对主观可能性的主观内化和领悟。也就是说，一个孩子关于教育与职业的抱负深受父母和其他同类人教育经历和文化生活机会的影响。"任何一种家庭抚养都带有社会阶层文化的烙印，父母的抚养行为都是内化了的价值系统指导下作用于儿童的。"[1]美国教育社会学家珍妮·巴兰坦也认为，儿童的成功很大程度上取决于家庭背景以及家长支持他们教育中所采取的行动，父母养育方式与其期望对儿童的成长起着至关重要的作用。[2]从总体上看，平坝布依族家庭的父母文化水平相对来说较高，他们大学毕业后或分配在中心校教学、或分配在乡镇机关，他们普遍重视儿童的早期教育，对子女教育的期望较高。由此，他们所具有的学术资格在儿童社会化过程中间接地起到了一定的作用。一般来说，这些家长在孩子的教育过程中参与程度很高，他们经常和孩子的教师联系，对于孩子放学后和周末的活动、观看电视等方面的教育日程安排也给予了一定的指导。而且，一部分家庭经常辅导孩子的学习，并经常与孩子交流。这一切无疑都为孩子提供了与学校教育同质的文化资本和惯习，为孩子的成功创造了极为有利的条件。

（二）一位退休教师眼中的家长文化状况及其对学生的影响

我是 1945 年出生的，老家是平塘肚场的。我父亲 1944 年在都匀读过两年小学，解放前一直在平塘的私塾里当老师。解放后，他担任过农学会的秘书，之后在平塘县肚场小学当公立老师。我小学就是在平塘县肚场小学读的，初中是在平塘中学读的，之后考入贵定师范学校，毕业后分在都匀县王司区担任教师。当时我教的全是苗族孩子，小孩子全会讲苗语。1969 年，我调到了凯口 276 小学，1972 年由于石龙开始办初中，师资不够，在我原来一位读师范同学的邀请下，我调到了石龙教初中，语文、数学、物理、化学都教过。我有两个仔，大仔就在石龙当司机，跑运输。小仔在北京读大学。

近些年来，小学升初中考试取消了，国家义务教育的力度也加大

---

① 周宗奎：《家庭抚养方式与儿童的社会化》，《教育评论》1998 年第 2 期。
② ［美］珍妮·巴兰坦：《教育社会学：一种系统分析法》第五版，朱志勇等译，教育出版社 2005 年版，第 186 页。

了，像我们这里，1—2 年级交 8 元钱，3—6 年级交 10 元钱，初中交 15 元钱，住宿费用是 40 元。学生上学的人数比以前多了。但是，学生辍学的人数也在增加，一个重要的原因在于家长对学生的引导。好多村里的家长外出打工成风，他们日常言行、对待教育的态度都影响甚至决定着学生的选择。辍学的学生多是那些父母在外打工的，留给爷爷奶奶照看的，他们只管他们有钱花，具体学习怎么样，他们不会管，也管不了。这种留守的娃娃是最容易出问题的，好多小娃仔在学校读了三年，老师和家长从来都没见过面。有时候好不容易和他们的家长联系上，大部分家长都说孩子留在家里上学是出于无奈，他们打工的城市不愿意接受孩子上学，另外，孩子跟他们上学也会加重他们经济上的负担，又加上大部分工作的地方不固定，打工的时间也不固定，没有太多的时间照顾他们，所以只好把孩子留在家里上学。等到初中毕业能打工了，就让他们出来打工，对孩子学习的期望并不高。这是多数家长的想法。有的家长甚至直接就说，'孩子也不要管那么严，实在读不进去就算了，让他也早点过来打工，也省得我们为他操心。'

对于大部分农村家长来说，最为关注的事情是为儿子盖房和娶妻，如果坚持让孩子读书则不仅不会很快得到收益，反而还会花掉一大笔钱。所以尽管村里一座座楼房盖起来了，农民好像增收了，但是学生的辍学率反而居高不下。场坝周围的家长素质要高些，他们会经常过问娃娃的学习情况，对娃娃的学习比较关心，也希望娃娃通过努力考高中，读大学。他们经常给娃娃讲的就是，'大学生都找不到工作，一个初中生又能干什么？多读点书，以后在社会上才好立足。'所以，场坝娃娃在初中辍学的比较少，绝大多数至少都能读到初中毕业，他们的家长一般都供他们到不能读、不想读为止。即便他们考不上重点高中，也会花钱让他们读职业高中，不像有些偏远村寨里的娃娃，好多小学没读完就等着去打工了。我退休前教的那个班的陆兴珍、谭忠兰、陆兴丽、陆世丽、陆廷湖那几个谷新（村）和甲壤（村）的，我去劝他们回来读书时，都说实在是不想读了，也读不进去了。没多久，他们就出去打工了。

我经常拿起房子的事情给学生举例。我告诉他们，同样是起房子，有设计图纸的、有负责施工的、有倒灰浆的，你们愿意做哪种活路？哪种活路得的钱多？多读一年是一年，就算以后出去打工，也要分个工种的贵贱嘛。好多家长就没听（不听），只要学生成绩不太好，家长就会鼓励学生不读了，出去打工。现在在很多家长的心目中，打工比读书好多了。就算在经济好的家庭，也觉得打工是一条很好的出路。他们都觉得，现在大学生都找没到工作了，读书的意义也就不是很大了。当然，现在读书便宜，村里人也都愿意送小孩子到学校里读书，但一般最多读到初中毕业就去打工了。

还有的家长把是否能够升学当做是是否送娃娃读书的标准，如果娃娃升学没有希望，他们就会认为读书没用，也没再送娃娃读书。有的家长重男轻女思想严重，在经济十分困难的情况下，一般都是先送男娃娃入学，他们认为男娃娃是家庭的主要劳动力和传宗接代的主力，而女娃娃迟早都要嫁出去的，送她们读书对自己的家庭意义不大。所以（很多家庭）对送女娃娃上学读书显得很不注重。一直到90 年代后期，石龙都还存在很多布依族和苗族村寨 7—15 岁的女娃娃入学率不足 40% 的现象，女娃娃读到初中的都非常少。现在这种情况虽然有所好转，但如果家庭经济实在困难的情况下，让女娃娃辍学也是一般家庭作出的选择。

还有周边的环境对学生的影响也很大，如网吧等。场坝周围的学生家长管得比较紧，所以进网吧的不多，但那些父母在外打工的留守学生由于缺少关爱，性格容易变得孤僻，也不容易管教。他们经常逃学上网，在学校里惹是生非。这样的学生你说他们在学校里能有什么前途？打工也许才是他们最好的出路。

（2008 年 9 月 21 日访谈记录）

第二节　身份等级的标定

来到学校场域中的每一个学生由于继承了不同的文化资本，身上都会带有其所出生家庭、地域、社会阶层地位等各方面因素的影响，个人为其既往所接触到的文化及其自身阅历所造就，每一个"行动者"身上都铭刻着其既往所能接触到的文化的力量，这已深深融入他的人格结构中。每个学生这种由个人所处的外在社会结构在个体身上的经过内在化所积淀形成的文化资本是不同的，学校教育应该重视学生之间的差异和区隔，避免更大程度的区隔再生产在学校的复制，为消除或者是缩减这种继承性的不平等作出努力。然而，在教育的过程中，大部分学校往往不能承担这样的重任，而是在无意识或者有意识地再造着区隔。①也就是说，在学生已有区隔的基础上，利用处于优势的学生持有的文化和理解方式与学校中的文化相一致的特点，以这些优势地位的学生的水平作为教育教学的起点和标准，而无视甚至是忽视处于不利地位的学生的境况。学校的做法，在某种意义上，实质上是加快了这些处于不利地位的学生被学校教育淘汰的速度。由此，学校对学生的分层在再造某种区隔，这对于学校教育的公平和公正性而言是非常不利的。

石龙中心校初中部的学生来源主要有三种类型：一是来自场坝和临近村寨的布依族学生，他们家住得离学校不远，每天不用住校，大多数不会讲布依话，也听不懂布依话，其父母多为当地教师、乡政府的工作人员或在场坝经商；二是来自"山上"（离学校在五公里以上）的布依族学生和苗族学生，由于家庭住所离学校远，近的五公里左右，远的有十五公里左右，不可能每天往返，这类学生通常都住校，这类学生占了一半多的比例，石龙中心校共有905人，住校的就有481人。这类学生通常都会讲布依话，即便有不会讲的，也能听得懂布依话，其父母绝大多数为当地的农民；三是来自临近的江洲镇或摆忙镇等其他镇的学生以及从临近的县份（如贵定县谭家院等）来的布依族或汉族学生，他们有的是跟随父母到此，有的是因为石龙中心校的教学质量较高而来。

这里的学生不仅存在着其所在的地理空间所决定的外在的等级差别，而且还存在着存在于人们内心的隐性的等级差别，它表现为时常显露出来的优越感，这是由各自的文化背景所赋予的。总体来说，来自场坝附近的学生优于"山上"的学生，布依族学生优于苗族学生，一直在石龙本校就读的学生优于从其他学校升上来的学生。

石龙中心校属于九年一贯制学校，整个石龙乡只有一所初中，三所完小。谷林完小和蛇昌小学的学生六年级毕业后，也必须到石龙初中部就读七年级。教师们都愿意教那些直接从石龙中心校小学部升上来的学生，他们认为，"从石龙小学直接升上来的学生要比从谷林完小和蛇昌学校上来

----

① 常亚慧：《沉默的力量——学校空间中教师与国家的互动》，博士学位论文，南京师范大学，2007年，第40—41页。

的学生好得多，那些下面村寨的教学质量还是差多了。"这是一种心理上的优势，一种文化上的优势。

学校对初中毕业班一向都很重视。每年开学时对九年级的分班，成为学校最关注的一件事。每年九月份开学，学校都会对原有八年级的班级进行一次大范围调整，重新组建成崭新的九年级。学校的分班持有一种预设的分类框架，八年级的考试成绩在其中具有重要的影响。也就是说，学校在对学生进行的分班中，能否升学是一个重要的指标。刚开学，我就拿到了一份新鲜出炉的分班名单，按照教导主任的说法，这次的毕业班分班是按照八年级升上来的成绩进行的。由于毕业班关涉学校的名声，因此学校对分班的名单格外慎重。我查看了学生花名册，发现被学校称为重点班的九（3）班的学生大部分都来自场坝及附近村寨，九（2）班的学生大多数是来自山地的布依族和苗族，而九（1）班的学生竟然全部来自石龙乡最偏僻的甲壤村。全班48个学生，没有一个例外。事实上，如果按照这样的分班名单，九（1）班很快就会被淘汰。果然，在接下来的两个月中，我的担心迅速得到了证实。九年级的所有任课老师只要一提到九（1）班就摇头，"这个班没法教了，连课也上不下去，这个班已经废掉了"。

一　"聪明"、"散漫"但"考得出去"的九（3）班

按照布迪厄的说法，教育的文化就是统治阶级的文化，因此，在统治阶级文化背景中长大的儿童显然在教育中处于有利的地位，被赋予与学校同质的文化资本。在社会化的过程中，家庭赋予子女以文化，给予其价值观念、规范、思维与感知方式，最为重要的是"掌握模式"和语言以及儿童在社会化过程中获得的与语言和文化之间的关系。以语言资本为例，不同阶级出身的孩子在语言风格、词汇的丰富与贫乏、语法规则的掌握程度等方面都存在着明显的差异，而教育的语言与统治阶级的语言更为接近，这就使得统治阶级子女更容易适应学校的生活。再如掌握模式，当获得了思维或讲话的掌握模式后，也就知道了竞赛的规则，这些规则如同蓝图一样帮助个人的行动。在掌握模式的基础上，人们"凭借一种与创作音乐相似的发明技巧，发展无限多样的、可直接应用于特定情景的个人模式"。而不同的文化有不同的掌握模式，教育制度的掌握模式与统治阶级的更为接近，因而统治阶级的子女也更易获得成功。

九（3）班的学生大多数来自场坝或场坝附近的村寨，他们在全年级的排名靠前。这些孩子从小学开始就在中心校小学部就读，不像山里孩子一样需要不停地变换学校。而且，由于家里离学校比较近，他们也省去了上学路上的奔波劳累。中心校是乡里各方面条件最好的学校，学校从小学三年级开始就开设了其他学校没有条件开设的英语和电脑课程，学生接触到的教师也都是乡里最优秀的教师，再加上家庭所提供的文化资本，所有这些都使得一直就读于中心校的平坝学生在学业上具有一种累积的优势，他们熟谙学校教育的运作方式，与学校的语言和"掌握模式"保持高度的一致，从而获得较高的地位，得到学校和教师的认可。

如此看来，九（3）班的学生被老师评价为"聪明"也就不足为怪了。这些"聪明"学生的目标就是考上都匀市的重点高中，从而实现自己的大学梦想。在与九（3）班学生交流的过程中，我发现，他们对自己未来的定位都比较高，有很多人希望能够考上诸如复旦大学、南开大学、武汉大学等重点高校。正如布迪厄所认为的那样，文化资本与经济资本都很弱的阶级的子弟一般对自己的期待较低，与之相反，占有较丰厚的文化资本与经济资本的阶级的子弟则将这种优势转化成了个人的远大抱负。

"不踏实"是教师们对九（3）班的另一个评价。任教于九（3）班的大多数教师认为，虽然这个班大部分学生都比较聪明，但他们由于过度骄傲而显得在学习上有些浮躁、不踏实。作为被学校重点培养的对象，他们心高气傲，经常流露出一种优越感，尤其在九年级的其他两个班学生面前，他们更显得傲气十足。他们思想活跃并敢于挑战教师的权威。政治课上，他们公然反对非政治专业的教师给他们上课，认为教师水平有限，会影响他们对政治学科的学习，这种行为在其他班实在是不敢想象的。在教师眼里，这些表现的确是有些美中不足。不过，他们是整个学校的希望。每年考上重点高中的学生基本上都诞生在这样的重点班里。因此，学校为他们配备了全校最优秀的教师，进行了最周到的跟踪服务，最终目的都是为了能让这个班更多的学生"考出去"。

在与一些教九（3）班课程的老师交谈时，他们对这个班的学生既喜爱又器重，但由于九（3）班学生某些不合常规的表现，他们在言语中流露的是一种喜爱有加但又无可奈何的情感。对于九（3）班这样的"尖子班"，他们所能做的就是尽力让"最有希望"的那部分学生考上市里的重点高中，这不仅是对学生的前途负责，也是对学校声誉的负责。学校每年就是靠尖子班学生的升学率和名次稳固它在同类学校中的地位。因此，九（3）班的学生凭着他们的"聪明"，即使有些"散漫"，有些"刁钻"，但只要"考得出去"，一切都不是问题。学校和老师对这个班的缺点很能容忍，因为"考得出去"才是学校和老师为他们定下的终极目标。下面是我与九（3）班的几位任课老师在周五下午教研活动结束后的访谈记录。

研究者：我想请问一下各位老师对九（3）班的看法。作为这个年级最好的一个班，你们对这个班有什么看法和希望呢？

英语老师：这个班啊，学生都很聪明，学习积极性很高，基本上都是冲着考都匀一二中（都匀市的重点高中）去的，总体来说这个班还不错。

数学老师：（3）班和（2）班的数学都是我教，（3）班明显比（2）班强得多。不管是从课上的反应还是从课下的作业反馈上，（3）班都比（2）班要好很多。

语文老师：我也是教这两个班的语文。作文上也能反映得出来，两个班的学生还是有差距的。（2）班的作文干巴巴找不到写的，（3）班的作文就鲜活得多，题材也丰富得多。

研究者：那你认为这是什么原因造成的呢？

语文老师：接触的环境不一样嘛。（3）班的学生大多数是场坝附近的。场坝附近的学生要么就很优秀，要么就很捣蛋，学没成。这个班场坝的学生大多数都属于优秀的那类。这些学生家里管得严，家长也能辅导一些作文，家里也订阅了好些作文类杂志期刊，学生也肯学，肯练，他们平时本身的表达能力就要好一些，作文相对来说也就要好一些。（2）班的好多学生家住得远，家长也没办法给学生提供更好的学习环境，再加上他们平时本身就要害羞一些，不爱表达，所以作文水平就要差些。

研究者：听说这个班的学生有点调皮？

数学老师：是的，不过这也是正常的。我们都晓得，一般聪明的学生都有点调皮，这也是他们思维灵活的一种表现。不调皮反而就不正常了。你看（2）班倒是不调皮，很乖，有什么用呢？成绩还不是一样的差。

物理老师：这个班的学生对上课不好的老师是不买账的。如果他们班觉得你上课不好，就会联名告到校长那里去，请求更换老师。这个班政治老师就着过的嘛（遭遇过）。不过政治老师是去年才来的，没什么经验。我们这几个基本上一直都是初三的把关老师，倒也没什么问题，学生对我们没什么大的意见。

研究者：你们觉得这个班可能考上高中的人数多吗？

语文老师：考高中的连职中一起应该在一半左右吧。每年毕业班好班的升学率都在一半左右。

研究者：那剩下的考不上高中和职中的学生怎么办呢？

英语老师：要么复读，要么跟家长出去打工。不过这个班最终选择复读的学生还是比较多的。

（2008 年 10 月 24 日访谈记录）

九（3）班的学生的"聪明"和"考得出去"成为他们"散漫、刁钻"的合理借口。老师们在对待这个班的学生时，以升学为最终目标，将他们的各种缺陷合法化、合理化。面对这些拥有着优厚的家庭资本的学生，教师也以某种同谋的角色，和学生达成妥协和共识。当然，这一切都是建立在"考得出去"的基础之上的，一旦这个基础动摇了，所有的信念和行为也就全部坍塌了。"考得出去"也因此成为衡量一个学生乃至一个班的价值标准，成为学校和教师对待不同班级和不同学生的行为准绳。教师对九（3）班学生表现出来的高期望、高要求使学生们充满了学习的动力，具有远大的目标和理想；教师在九（3）班授课时表现出来的精益求精，使学生和老师之间形成了良好的互动，取得了良好的教学效果；教师对九（3）班学生家庭文化的认同和信任，使学生感到非常自信，并拥有了良好的学习心态；教师对九（3）班的呵护与宽容，成为学生张扬个性、发现自我的成长平台。我们从中可以看出，教师对于促进学生的学业成绩具有极其重要的作用。但是，从上面的访谈中我们得知，教师在对待不同班级、来自于不同文化背景的学生时态度是不一致的。因此，教师在如何对待来自不同文化阶层、背景的学生（如其他班的学生）以及如何学会与他们交流、提高他们的学业成绩等方面尚需不断的努力。

二 "笨"、"呆"、"纯"的九（2）班

九（2）班大部分学生是来自山地的布依族和苗族孩子，由于他们的家庭教养方式（这种家庭教养方式与区域文化特征及家庭阶层出身密切相关）的原因，他们对学校生活所要求的观念及行为方式习惯还不太适应，也不太敢轻易地表达出自己的意愿和情感。当我用普通话与九（3）班的学生交流时，没有出现任何障碍，大部分的学生能够对我的问题应对自如。但对于九（2）班的学生来说，用普通话与我交流则要费劲得多。因为在他们的家庭中，普通话完全是陌生的外来语言，他们的父母一辈子从来没有用这种语言和他们交流过。

在与九（2）班的班主任及各科教师交谈时，他们常说："这个班的学生学得比较死"，或者说"这个班的学生有些呆"、"（这个班的学生）害羞得很，上课从不知道举手回答问题，非要点名（才回答问题）。"对他们"学得比较死"，我没有什么体会，不知道教师的评价从何而来。但我对这个班的"害羞"却有一些体会。我到九（3）班时，很多学生都会围上来，问各种各样的问题，显得非常活泼大方。但我到九（2）班时，很多学生都会紧张而带点防备地朝我张望。我不与他们说话，他们是绝对不会主动和我交流的。每当我在教室里打算单独与某一位学生交谈时，他（她）总会用各种动作示意与他（她）要好的同学过来和我一起聊天。所以，我刚在九（2）班访谈学生时，都是与一群学生在一起交谈，他们互相鼓励着和我交谈，不断补充同伴的话。有的学生则会一直躲在其他同学背后，怯怯的望着我，从不加入到交谈的队伍中来。这与九（3）班学生的热情开朗形成了鲜明的对比。

"纯"是教师们经常提到的另外一种对九（2）班学生的评价。这个班大部分学生都会说自己的本民族语言，即使不会说的，也能听得懂。他们每周回家，都会与家长用本民族语言进行交流。在教师眼里，这种孩子具有的民族气息比较浓厚，其文化状况及社会关系比较简单，学生受到的外在影响比较小，从而也就显得比较"纯"。当然，"纯"与"呆"、"笨"、"害羞"一般是相伴随的。

但是，当我与他们逐渐熟悉之后，当我在他们班听课的次数越来越多的时候，我发现，其实，"笨、呆、乖、纯"都是教师人为地给予他们的标定，在教师的标定之下，他们就真的朝着这个方向发展了。我在九

（3）班和九（2）班听过同一个老师——谭老师在两个班上的数学课，九（3）班的学生课堂上积极发言，勇于与老师争论，课堂气氛非常活跃，老师在课堂上也善引善导，整堂课师生感情融洽，教师教有所得，学生学有所成。但不知道为什么，同样的教学内容，谭老师在九（2）班的教学方式却完全不一样。他并没有像在九（3）班一样，通过对学生进行引导、提问、鼓励，最终让学生自己找到答案，获得成功的快乐，而是直接用一种下结论的方式来进行他的教学活动。即便偶尔有一些提问，也都是书本上现成的答案，不需要经过认真思考就能得出结论的。两个班的课堂气氛截然不同，在九（2）班，我完全感受不到在九（3）班课堂上那种讨论的热烈、思维的启迪、成功的喜悦；相反，整堂课死气沉沉、索然无味。我很诧异同一个老师为什么会用这样如此不同的教学方式在两个班教授同样的内容。下课后，我与谭老师进行了交流。虽然我已经了解两个班的确存在一些差距，但还是没想到在谭老师的眼里，这种差距根本就是无法弥补的。

　　研究者：我有点好奇，为什么同样的课程内容，你在（3）班和（2）班上的效果就如此不一样呢？

　　谭老师：这是正常的。当时分班的时候，这两个班的差距还是比较大的。（3）班（的学生）你也看到了，反应快，聪明，好多问题你根本不需要告诉他们答案，他们自己有能力把答案找出来；（2）班的学生反应就慢得多了，如果我用和（3）班一样的方式教他们的话，那么肯定完成不了我一节课的教学进度。

　　研究者：为什么就完成不了呢？你尝试过用同样的方法教这两个班吗？

　　谭老师：肯定完成不了。比如说我一节课提出4个问题，（3）班能全部解答完，问题解答完，教学任务就完成了，他们学得轻松，我也教得轻松。（2）班学生就不一样了，4个问题他们最多能完成两个问题，还是说最理想的状态。那这样下来，我就没办法完成教学进度了。刚开始接这两个班的时候，我是用同一种教学方式的，但后来发现在（2）班没行，就放弃了。其实你看我在（2）班上课挺累的，都是我在讲，学生在下面坐起木凳凳的（呆呆的），没有几个有反应的。

研究者：也许是刚开始不适应，慢慢地就好了呢？

谭老师：不可能。还是基础的问题。数学这个东西你也是清楚的，只要有一个环节脱节了，跟没上了，后期的学习就会很困难。

研究者：那你有没有问过学生，哪一种方式才是他们更喜欢的呢？

谭老师：没问过，不需要问。我上他们课，我最清楚他们的数学底子，有些东西反应不过来就是反应不过来，现在的方式对他们还是比较合适的，至少还是成系统性的，如果用和（3）班一样的（教学）方法，他们所得到的东西就不完整，因为他们根本无法在规定的时间内完成我提出的问题。那这样每节课的内容都不系统，这样有两个不好的结果，第一个是我完成不了教学进度，第二个是班上也没几个学生开口（回答问题）配合我的，效果同样很差。还不如就像现在这样上课，效率还要高一些，两个班的进度也才能持平。

研究者：那你觉得两个班之间的差距是有可能越来越大，还是有可能会缩小一些呢？

谭老师：肯定是越来越大。本身（3）班基础就好，又肯学肯问，（2）班基础差，又不积极，差距肯定会越来越大的。我教过好几届毕业班了，都是这种情况，一到初三来（学生升入初三后），各个班的差距是越来越大的。

研究者：那你觉得（2）班除了学习上较弱一些之外，有哪些优点呢？

谭老师：实话实说呢，（2）班除了学习不主动，成绩差一些之外，还是有很多优点的。比如安静、乖、纯。这个班的学生上课你也看到了，特别安静，不遵守纪律的学生很少，上课都还是比较认真的，可惜就是基础太差了。这个班的学生也还是比较纯的，比较乖的，基本上不惹事。我们老师都在说这个班真的可惜了，又乖又听话，就是学习搞不上去，我们也没办法。

研究者：你觉得（2）班考上高中的学生大概能有多少呢？

谭老师：这个不好说，反正（3）班各种高中加起来，起码要考起（考取）一半左右，（2）班也就最多头十个（学生）左右吧。

（2008 年 10 月 24 日访谈记录）

在与九（2）班其他教师的谈话中，他们经常谈到的是学生"害羞"的问题，尤其是学生语言表达方面的问题。"（2）班的学生太害羞了，上课基本上没有人举手回答问题，需要老师点名提问。发言基本都是照着书念，很难用自己的语言将意思表达出来。作文也经常写得干巴巴的，词汇相当贫乏，翻来覆去都是那几个词。"非常巧合的是，老师们对学生家长的评价也如出一辙。"这个班学生的家长和他们一样害羞，和老师在一起都找不到话说。你说是就是，你说没是就没是，家长也不反驳你，也不应你。这个班的学生和他们的家长一样，真的是太老实了……老实倒是好，就是没办法交流。学生家住得远，我们基本上也没开家长会，我有时候想趁家长赶场给学生送东西来的时候和他们交流一下，但他们除了听着应着，也没有什么其他的话。说过之后，学生的改观也不大。我以后也就不再和家长交流了。"

从谭老师和其他老师的话语中，我们可以看到教师对这个班学生和家长的评价都隐含着一种偏见与刻板印象。这种偏见与刻板印象直接影响着学生的自我评价、影响着学生的学习效能感、影响着学生对未来的决策。我曾问过班上一个女同学以后的打算，她的想法让我感到有一丝悲凉，"我的学习不可能好的。我学东西慢，现在都不太能跟上，上了高中，课程加深，我就更跟不上了。对于我们这种在学习上没有前途的人来讲，就不要在高中上花钱了。再说，我也考不起（考不上）高中的。老师说了，我们班也就那几个人有点希望（考上高中）……不读高中干什么现在我也没想好，先读完再说吧，不行就出去养猪……"看似戏谑的话，却让我心里觉得好沉重。

谭老师和其他任课老师对九（2）班学生的看法凸显了一个学校内部的某种"区隔"，也显示了将特定的人群"他者化"以建构自我的想象的欲望。偏见的形成并不来自"他者"，而是来自我们自己。并不是"他者"真正"是"什么，而是我们想他"像"什么。①对于九（2）班的学生来说，老师眼里的"笨、呆、乖、纯"仅仅是对于九（2）班这个"他者"的一种主观的想象，完全不能代表九（2）班就是这样一种形象。老师只关注到分班时的差异、关注到学生在课堂上不愿意积极主动地回答问题（除非老师点名）、关注到学生对课堂的参与度不够等表象的问题，对

---

① 张颐武：《跨越偏见》，《传媒》2002 年第 5 期。

这些问题的分析也仅仅停留在对事情表面的认识，没有深入地去分析学生为什么会不积极主动地配合老师的授课，缺乏一种反思和批判的能力。老师对这个班学生的历史文化、家庭和社区价值观以及学生的内心世界缺乏足够的了解和认识，对学生在课堂上"想学但学不会"的沮丧和疏离感无从体会。老师从自己的角度出发，用自己的标准和价值去判断学生的未来成就，无疑是有失偏颇的。

如果从布迪厄的观点来看，我们会发现九（2）班的学生被标定为"笨、呆、乖、纯"的深层次原因。儿童的文化资本不仅带有其家庭的痕迹，打着其所属阶级的烙印，而且，由于文化资本的积累遵循其自身的逻辑而导致了现行阶级关系的再制。学校教育本身代表着中上层文化，通过对学生所带有的文化资本的鉴别与发展，参与到这种再制过程当中，学习教育对于下层文化事实上采取否定与排斥的态度。九（2）班的学生由于大多数来自山地苗族或布依族的家庭，他们原有的文化资本基本上属于下层文化，与学校所需要的文化资本不一致，再加上学校人为分班所贴上的标签，导致了他们出现了学校和教师所预期的行为。因此，根据这些行为，他们在学校被标定为"笨"或"呆"。至于"乖"和"纯"也并非一种褒义的夸奖，它隐藏的含义是一种原始和落后，是对他们具有的文化资本的一种变相否定和轻视，从教师们对家长的评价上我们可以很清楚地看到这一点。教育可以培养偏见，也可以在一定程度上消除偏见。①教师应该在教育教学的过程中通过各种途径降低偏见，帮助学生和促使自己对具有不同文化资本的群体展现出正向的态度，从而以一种公正的心态对待不同群体的学生，使他们得到最大限度的发展。

三　"无可救药"的九（1）班

我们在前面已经分析过，学生的家庭社会背景会影响教师对其的认知和期望。教师普遍认为，中产阶级家庭出身的学生将会比劳工家庭出身的学生获得更好的成绩。教师在对学生的分类中，一个重要的依据就是学生的家庭背景。我访谈过的教师中几乎无一例外地谈到家长的教养方式以及家庭背景对学生个性、素质和能力的影响。事实上，各种研究也表明：学

---

① 王有升：《被"规限"的教育——学校生活的社会建构》，博士学位论文，南京师范大学，2002年，第61—62页。

生的家庭背景对学生在学校中学业成就、行为表现、理想追求等形成了尤为重要的影响。因此，社会处境不良家庭的儿童从一开始就遭到了社会剥夺，处于竞争机会不平等的起跑线上，其结果往往是"表现不好"、学业失败，或留级、或失学，他们更容易被人们标定为"问题儿童"，更少有机会升入高等学府深造。[①]马乔里班克斯（Marjoribanks，K.）的研究也得出了相同的结论。如果学生来自一个贫困的社会环境，而且教师还认为他们在学校里的行为不良，那么他们在学校里的成绩就会遭到递加的损失。然而，如果学生来自上层的社会环境，教师就会认为他们在学校里的行为良好，他们也就能够部分地克服智力测验结果所带来的限制。[②]

九（1）班的学生全部来自石龙乡最偏远的甲壤村。村里打工的浓厚氛围使学生将自己的未来定位在打工上。家庭对他们的教育期望也很低，认为只要能读到初中毕业，能出去打工就行。他们大多数都是家里只有爷爷奶奶或外公外婆的留守孩子，由于缺少关爱和一定的家庭教育，他们的行为出现了一些偏差，如逃课进网吧、不完成作业、与教师发生顶撞，甚至偷窃、打架斗殴等等。这些孩子被集中到一个班后，所有的不良行为不仅没有得到纠正，反而有越演越烈的趋势。教师们都认为九（1）班是"被放弃了的班级，所有不愿意学习的学生都到这个班来了"，甚至当九（2）班和九（3）班的学生感到学习无望或对学习失去信心时，都可以申请调到九（1）班来，作出"自动放弃的选择"。

没有教师愿意上九（1）班的课，我在调查期间经常都能看见九（1）班的学生有不少课都在教师的示意下"自己上自习"。我与校长聊到这个班时，他也显得很无奈，认为"这个班都是一些不想学习的学生，早就把出去打工作为自己的后路了。他们如果加入到其他班，会影响到其他学生的学习的"。

每个周六下午，绝大多数九（1）班的学生回家时根本就不带书包（九年级周六需要补课），他们在家既不读书也不写作业，通常用于上山玩耍或下河摸鱼，再帮助父母干点放牛放马以及打猪草等家务。他们几乎很少和家长交流他们在学校的学习和生活情况，只有在他们告诉父母不想读书时，父母才会引起一点点重视，把孩子送回到学校继续读书。他们的

① 关红、张人杰：《西方教育不平等社会学述评》，《外国教育动态》1990 年第 5 期。
② 吴康宁：《课堂教学社会学》，南京师范大学出版社 2004 年版，第 228 页。

父母性格非常腼腆害羞，即便送孩子到了学校，或者在平时赶场的时候给孩子送点生活用品或生活费，也不会主动到老师办公室询问孩子在学校的学习和生活情况。他们对孩子的了解仅限于孩子对他们告知的信息，除此之外，他们对孩子在学校的学业成绩和表现就一无所知了。甲壤村的石头寨的一位村民告诉我："从来没有看到老师到哪个小娃仔家里来过。以前读甲壤（甲壤小学）的时候，还有老师来过（家里），到石龙读书以后，就再也没有老师来过了。（我）也没见老师给家长打过电话，给家长讲小娃仔在学校读书的情况。所以，小娃仔在学校里学成什么样，我们真的不晓得。"

里斯特认为："当教师以学生社会地位的行为为基础来确立他们的期望时，常常会出现社会地位越高，学生的潜能就越大的设想，而如此一来，那些处于较低社会地位的学生就被剔除其较高期望之外，且饱受指责。"[1]学校这样的分班方式，已经提前宣布了九（1）班学生义务教育阶段的结束。他们在学校读书的日子，不过是等着拿初中毕业证，方便外出打工。这种将学生分成有希望考上高中和没希望考上高中的做法，实在是应试教育弊端的又一次彰显。

学校只相信分数，不相信眼泪[2]

学校的分班就和挑水果一样美其名曰因人施教，分快慢班，重点班，普通班，把那些有疤的果子拣出来，扔在地上，然后再也不加理会。有时不高兴了也许再踩上几脚。如果它们坏了，流出液汁、发出馊臭的话，那些面无表情、动作呆板僵硬的人们就会捂着鼻子、皱着眉头同情地说："看看呀！他们多么年轻、多么幼稚就没有了前途，可他们活该！他们是咎由自取，他们违背了一切应该遵守的规律，他们就应当生活在底层。"可笑的是，他们挑选任何果子的方法都是像挑西瓜一样，他们什么都感觉不到，只是拿起来拍拍，如果声音是清脆的就分一类，剩下的就是另类，多少家长为之一夜头白，多少少年泪流成河。他们却说："竞争就是这样残酷，残酷！"

---

① Riat, R.C. (1970). Student Social Class and Teacher Expectations: The Self – fulfilling Prophecy in Ghet to Education. Harvard Education Review, Vol. 40.

② 肖睿：《校园检讨书》，中国电影出版社 2002 年版，第 268—269 页。

由此可见，差异的学校教育，强化了不同阶级文化资本的差异。学校对不同阶级出身的人实行差异教育，从而使他们拥有了不同的前途。布迪厄曾专门论述过"考试和未经考试的排斥"，指出许多被各种水平教育制度所排除的人，在参加考试之前就被排除了。这充分表明不同阶级出身的孩子在学校享受的教育是不同的。中心校对九年级的分班就是明显的例子。九（1）班的学生在其他学生奋力冲刺中考的时候，就已经预见到了自己的失败，将自己的未来定位在社会的中下层。他们过早地被排除在国家的教育体制之外，成为学校教育中的"弃儿"。

四　班级内部的等级标定

除了对九年级的等级划分外，我还发现，中心校其他年级的班级内部也存在着等级标定的现象。教师对于其所接任班级的学生，通常会加以分类，然后贴上一定的标签。诸如，讨人喜欢的学生和不讨人喜欢的学生；男生与女生；知识分子家庭出身的学生与劳工阶层家庭出身的学生；聪明的学生与愚笨的学生，等等。在教师的心目中，哪些学生有能力掌握哪部分知识，哪些学生已经掌握了哪些知识，哪些学生能够顺利毕业并考取大学，哪些学生只能勉强毕业，常常是早就被标定好的。[①]一般来说，学生的成绩好坏、家庭出身都会成为教师评定学生的重要依据，教师通过学生的学习成绩和家庭出身进行各种分层，并贴上"好"与"坏"的标签，对学生的未来去向定下了基调。杨东平教授认为，教育公平是实现社会公平最重要的手段，通过教育可以改变那些处于不利地位的人群的生存状态。但是，我们现在的教育恰恰相反，从学生很小的时候起就被等级化了，不仅起不到促进社会公平的作用，反而造成社会差距的扩大，这是很危险的。[②]

我在与一位七年级的老师交谈对学生的分类时，他说：

> 还没见到班上的学生之前，我都已经了解这个班的基本情况了。学校分班时有学生的档案，我们可以根据学生从小学升上来的成绩、家长的职业、家庭所在地等了解他们。一般来说，从石龙小学直接升

[①]　吴康宁：《课堂教学社会学》，南京师范大学出版社 2004 年版，第 226 页。

[②]　杨东平：《中国教育公平的理想与现实》，北京大学出版社 2006 年版，"前言部分"。

上来的学生比那些从下面小学上来的学生基础要好得多。接班以后，我把学生分为住校生和走读生（即山上来的还是附近场坝的学生），男生和女生，基础差的和基础好的。接触了一段时间以后，我基本就能知道哪些学生性格活泼、哪些学生性格内向；哪些是调皮捣蛋、想混个初中毕业证的学生，哪些是踏实认真、想上高中的学生；哪些能够考上重点高中，哪些考不上重点高中。实际上在七年级就可以看出来了。

其次，教师在课堂教学过程中通过各种方式实现对学生的标定。不管从课堂提问分配方面、非言语行为方面、师生交往方面、在打断学生的行为方面①都体现出教师与学生之间不同的互动过程。人的各种情感构成了表达人的内心世界的信号系统。通过这种信息传递，教师可以让学生识别正在体验着的情绪状态，也可以向学生传递自己的某种愿望、观点和思想。而学生又常常把教师肯定性的情感作为自己行为报偿，并通过评价和定位来调整自己的行为以适应教师的要求。

> 八年级的数学课上，老师让罗仕新（班上的学习委员）把上周五布置的作业在黑板上演示一下，内容是根据题目要求画轴对称图形。随后，老师则在教室里四处巡视，检查同学们做作业的情况。老师走到柏顺军处，看了看他的作业，然后严厉地说"你怎么画的？上次课我是怎么教你们的？上课没带耳朵啊?! 重新画一次！"老师在教室里不断走动，也不断批评作业不认真完成的学生。罗仕新走下来后，老师发现他做的轴对称图形也有问题，就笑着问其他同学："同学们，你们看罗仕新的这个轴对称图形画得对没对啊？"学生们纷纷表示罗仕新的图画得不完整。老师一边在黑板上修改着罗仕新的轴对称图形，一边语气温和地说："罗仕新，是不是星期天回家帮家里割稻子去了，就没有仔细思考啊？"同学们发出一片善意的笑声。
>
> （2008 年 10 月 15 日观察记录）

柏顺军和罗仕新都没有正确地完成数学老师布置的作业，但得到的待

---

① 吴康宁：《课堂教学社会学》，南京师范大学出版社 2004 年版，第 226 页。

遇却是迥然不同的。教师在对柏顺军进行粗暴批评的同时，对罗仕新却是非常善意的理解。一边是"上课没带耳朵"造成的作业不良，是不可饶恕的错误；一边则是"回家帮家里割稻子"造成的大意粗心，是值得原谅的行为。教师对待不同学生的态度，实际上表明了教师对不同学生的期望。柏顺军是班上的后进生，在我听课的期间，几乎没有听到老师对他进行过肯定的评价。罗仕新则是班上的学习委员，成绩一直优异，数学老师对他抱有很大的期望，经常用"要勇争（勇于争取）年级第一名"来鼓励他。

学校和教师对学生标定的行为还体现在一些学校日常组织的活动中。2008 年 9 月 26 日是都匀市建市 50 周年庆祝大会，按照市里的要求，石龙乡组织了 100 人参加建市庆祝活动，中心校则派出 50 名学生参加演出。这 50 名学生是学校借鉴班主任的意见，在八年级各个班"挑选"出来的，这些学生并非是在舞蹈或其他艺术方面有什么特长，相反，他们都是在班上成绩处于末等的学生。参加市庆需要花费学生两周左右的时间进行排练，三天左右的时间在市里参加庆祝活动。学校让他们参加市庆的意图非常明显：既然这些学生的成绩已经很差了，学校和教师也不在乎让他们少上二十来天的课程。老师们对学校的决策非常支持，一方面他们认为，只要能保证好学生留在教室里上课，不影响好学生的进度就行；另一方面他们坚信，八年级的每个班都少了将近 20 名"差生"上课，课堂纪律会随即好转。在这些学生外出表演期间，有不少教师向我表示，"这些学生在外面的时间越长越好，反正他们在教室里也学不了什么，还扰乱课堂纪律。他们不在的这段时间，我上课都觉得很轻松"。当这些学生 20 多天之后返回学校、重回课堂的时候，他们对外出表演的经历仍然念念不忘，"还是在外面好玩点，可以看到各个地方的演出，还能吃好吃的东西，也不累。我们都喜欢参加这些活动，以后多举办些就更好了"。当我问他们是否担心功课赶不上时，他们的回答也在我的意料之中："不担心。反正都赶不上，坐在教室里也学不进去，还不如出去透透气。"学生完全认可了学校和教师对他们的标定，他们非常明白学校"挑选"他们参加市庆的原因，也乐得在学校的安排下暂时逃离学校，逃离这个让他感到压抑的地方，"出去透透气"。而且，这样还省去了由于逃课所带来的种种负面结果，对于他们来说，又何乐而不为呢？这种"双赢"的局面不仅来源于学校和教师对落后学生的认定和标注，也来源于学生对此标定的默许和认可。在学校诸多类似的行为决策的背后，大多都是以牺牲弱势学生群体的利益为代价的，然而，学生对"外面"世界的认可却从另一个角度说明了教师教学的失效以及学校教育的失败。

罗森塔尔（Rosenthal, R.）和雅各布森（Jacobson, L.）用实证材料表明，学生在校的学习成就不仅受其自身能力的影响，更重要的是受教师期望的影响。换句话说，学生在学校的学习成绩好坏，是教师贴标签的结果。[①]贝克（H. Becker）的标签理论（Labeling Theory）对此也做了有力的说明。[②]他认为被贴上标签之人，不论其为犯罪、毒瘾者或笨学生，马上以此标签作为他"最有力的身份"（Master Status），并且取代了他所有的其他角色（例如能歌善舞的女生、有体育特长的男生等）。这不仅会影响到别人对他的看法，更会因为被人孤立、冷落、嘲笑，影响到他本人的自我评价。因此，被贴上标签之人，只能生活在卷标的阴影里，终至产生"自我预言效应"（Self – fulfilling Prophecy），使其加入偏差行为者的行列当中。

> 八（1）班的英语课上，老师正在给同学们进行阶段测验。坐在最后一排的尚军红把英语书放在腿上，抄着上面的单词和句子。他抄得很投入，以至于老师走到他的身边，他也没有发现。老师警告他不准再作弊，否则就以零分计算。全班一阵哗然："老师，你就让他抄吧！就算把书翻开来让他抄，他也找不到地方。他现在连 26 个英语字母都认不全。就算你让他抄书，（他的成绩）比零分也多不了多少……哈哈哈。"尚军红把书往抽屉里一塞，走上前把卷子放在讲桌上，对老师说了一句"我交卷了"后，把门一砸，就走出了教室。
>
> （2008 年 10 月 17 日观察记录）

下课后英语老师告诉我，尚军红早就放弃学英语了，他连 26 个字母都写不全，学生说他"翻开书都找不到地方抄"，的确是事实。英语老师上课从来不提问他，他也从来不做英语作业。有时候英语课上老师提问比较难的题目时，大家还会调侃地说："老师，提问尚军红嘛，他会。"尚

---

① 吴康宁：《课堂教学社会学》，南京师范大学出版社 2004 年版，第 227 页。

② 雷·里斯特（Ray Rist）：《标签理论对理解学校教育过程的贡献》，载厉以贤主编《西方教育社会学文选》，台北五南图书出版公司 1992 年版，第 243 页。

军红对此也不予理会，他已经习惯了老师和同学对他的标定。生活在教师和其他同学给他贴的"标签"的阴影下，他的学业失败也就不可避免了。

最后，教师通过对班级内部的等级标定实现社会再生产的功能。"教师在课堂中复制社会所有的分层关系、班级中的分层结构与社会中的分层结构是同质的，教师时时都在干着选择、分层的事情，其影响体现在一个阶段学生结束时学生所得到的考试分数上，体现在学生的自我意识、学习质量、人生资源、个性特征乃至社会机会等的变化上。"①

在中心校，将班级分成几个大组，每个大组分别设立十至十五人不等的小组，已成为很多班级的管理方式。大组长享有其他同学都没有的特权，在某种程度上来说，他们甚至操纵着小组内其他学生在老师心目中的印象。这种类似科层制的管理方式使得学生在学校里就已经习惯了等级分层，习惯了处于较低的位置。

我在调查期间，正好遇到八年级（1）班的班主任老师打算分配更小范围内的学习小组，目的是让每组的同学之间互相帮助。这个消息让很多学生十分期待。但是，一周之后小组分配的结果出来后，大部分学生都非常失望，因为学习小组的分配完全是由学生的学习成绩和平时表现来确定的，组间的差距非常大。每个小组的成员和组长都由班主任确定，他充分实行了"强强联合，弱弱相依"的原则，把全班48名学生平均分成了6组，每组8人，每组选定一名组长。其中，第一组和第二组学生全是好生，排名在全班前16名，从第三组到第六组，基本上全是班上表现平平的中等生；第七组和第八组全是班上的学困生和"双差生"。满心希望自己能和好生分配在一组的中等生和学困生都非常失望，他们眼中闪动的希冀的火花顷刻间就熄灭了。老师分完组后，对第一、二组同学提出了较高的要求，他希望这两组同学自我加压，互相帮助，把学习成绩提高到一个新的台阶，而对其他组的同学则无一句勉励之言，只是要求不违反课堂纪律。小组分配方案出台后，按照老师的要求，上课时同组的学生必须坐在一起，方便讨论交流。我观察到，自从有了具体的小组分配方案后，这个班上课的纪律更混乱了。"差生们"上课时都坐在一起，有了"集体"的依靠，他们更加肆意妄为地破坏课堂纪律、扰乱课堂秩序。科任老师们都非常头疼，纷纷向班主任老师反映纪律问题。此外，调动座位后，有几个

① 张人杰主编：《外国教育社会学基本文选》，华东师范大学出版社1989年版，第542页。

遭到组员嫌弃的"嫌弃儿"找不到依靠，独自坐在教室的最后面角落处，无论从心理上还是行为上，他们已彻彻底底地被老师和同学抛弃了。小组分配的方案实施了两周后，由于受到各科老师和班上同学的强烈反对而被迫取消。各组同学恢复了原有的座位，课堂纪律也勉强得以维持。这场在班级内部对于学生的层级标定，虽然没有得以实施下去，但强化了学生对自己在班上和教师心目中的层级印象，加深了他们对等级分层的理解和领会。

从学校教学的实践看，教师在实际教学中传授的是支配阶层的文化价值精神，教师对学生的分层实质上表达的是经过主流意识形态过滤和筛选过的话语，是对学生可能未来的一种预期与固型。学生也因为教师的分层行为，将自己归属于不同的层级结构中，这与他们以后在社会上的地位具有惊人的相似性。由此可见，在一定程度上，国家对学校的控制方式因为有了教师的参与，变得更为隐蔽和容易，方式也更为灵活和多样。教师首先接受了制度的驯化，然后成为规则的"合谋者"，与制度和规则一起实施着意识形态的再生产过程。在这个再生产的过程中，教师所使用的主要策略就是统治阶层的意识形态表达的话语方式，在话语的不断勾连中，作为意识形态国家机器①的学校场域充当着意识形态再生产的主要角色，这也正是国家控制学校和维护自身正当化和合法性的策略。事实上，从教师取得教师资格证书的那一刻起，就已经与国家签订了一份契约，履行国家再生产的义务，从契约生效的那一刻起，教师已经坚定地与国家站在一起，以作为国家控制学校的"同盟者"的身份出现在学校里，共同实现着学校场域中的再生产。

五　身份标定的性别差异

在少数民族社区，少数民族女童作为一个特殊的群体，其素质状况不仅影响到个人的发展，还将给整个家庭、社会以及后代带来直接的影响。通过我在当地的调查以及与村民的攀谈发现，女童在当地民族社区仍然遭

---

①　意识形态国家机器主要是指以意识形态方式发挥作用的机器，比如教育的、法律的、政治的、文化的等等。"意识形态国家机器"是"政治无意识"所依附的真正的物质基础，是对个体进行体制化规训和合法化"生产"的领地，是一套看似温和却弥漫着神秘暴力的社会调控工具。参见马海良、孟登迎《文化研究关键词（之四）》，《读书》2006年第4期。

遇到很多不公正的待遇。无论是在上学的机会上、还是在家务劳动的指派上、甚至在对为数不多的家庭资源的分配上，都明显地显现出家庭和社区对女童教育的漠视和性别差异的观念。由于我的女性身份，能更容易地走进女童群体之中，与她们交流和沟通。从她们对我的倾吐中，我了解到大多数的布依族苗族女童的读书历程都充满了艰辛，也深切地体会到了她们在学校教育中的艰难处境。

（一）身份尴尬的"陪读生"和"背背族"

（放学后）

研究者：你今年多大了？什么时候读的一年级啊？

耿红：我今年 13 岁，9 岁读的一年级。

研究者：怎么读书那么晚呢？

耿红：本来我 8 岁就要读一年级的，因为等了弟弟一年……

研究者：什么意思啊？

耿红：因为弟比我小一岁，我妈让我等一年，陪弟弟一起读一年级，好照顾他。（我妈）说是两个人在路上走安全一些。

研究者：你们一直在这里（石龙中心校）读吗？

耿红：没（不）是。我和弟弟一二年级在龙洞读的，三年级转到这里来的。我妈说是路越来越远，要我陪着弟弟。

研究者：那你弟弟现在还在读书吗？

耿红：嗯，在五（2）班。

研究者：你弟弟的成绩好吗？

耿红：没好（不好）。我的也没（不）好……

研究者：你读完小学准备在石龙读初中吗？

耿红：我成绩没（不）好，到时候再说。

研究者：你妈妈希望你和弟弟考高中读大学吗？

耿红：我妈说随我们，考没起（考不上）就去我爸那里打工。

……

（2007 年 10 月 15 日访谈记录）

耿红进入学校的身份是"陪弟弟读书"，肩负着在崎岖的上学山路上照顾弟弟、中午用带来的火炉为弟弟做饭以及随时保护弟弟的责任。虽说这多少有些陪读的意味，但至少她还算是成功地进入了学校，并一直读到五年级。据耿红说，同村的耿情就没自己这么幸运了。耿情的母亲只让她的弟弟和妹妹读书，让耿情在家里帮着做家务。后来在学校老师的劝说下，她家里才勉强让已经 10 岁的耿情读了一年级，不过耿情因为自己比同年级的孩子大，自己觉得不好意思，读完一年级后，也就不去上学了。去年耿情的叔叔去浙江打工，把耿情也一起带过去了。当然，少数民族地区村寨没有学校使孩子不能就近入学是产生大量女童读书年龄滞后，产生"陪读"现象的重要原因之一，但最根本的原因，还是家长对女童教育的漠视。

在当地民族社区，很多家里的大女儿一般都会作为父母的好帮手而失去读书的机会。"因为家庭经济困难，女孩比男孩更容易成为家庭劳动力的补充者或外出打工者。"[1]像耿红这些陪着弟弟读书的女孩子，当她们放学回家后，放下书包的第一件事就是帮助父母打猪草、喂猪、放牛等，农忙的时候还要和父母一起到地里干农活。这些艰苦的田间劳动和繁杂的家务不仅严重占用了女童在家中的学习时间，也必然会影响到她们在学校的学习。而村里的男孩子放学后的活动多半都是与其他小伙伴一起，到河边地坎嬉戏，或结伴去放牲口，他们的家务劳动大多数是非强制性的，更多的有着娱乐的性质。而女童则不然，她们每天要做的事情都是家长事先就安排好了的，必须在家长从地里回来之前就完成的，否则就会遭到家里老人的斥责。与村里的男孩子相比，她们被规定了太多的家务琐事，被剥夺了太多的学习时间。

耿凤玲也是一个五年级的 13 岁女孩子，家里非常贫穷，完全靠她母亲卖粮食的收入维持生计，家里没有任何家电，床也只是由几块木板拼搭而成。她父亲外出打工去了，家里除了爷爷和母亲之外，还有一个患癫痫病的姐姐和一个四岁的弟弟。母亲对弟弟疼爱有加，即便是上山干农活，都要背着弟弟一起去。耿凤玲一旦和弟弟有了冲突，立刻便会遭到母亲的责骂。耿凤玲告诉我，她上学最主要的目的不是去学知识，也没指望考什么高中，她觉得上学和同学在一起很好玩，而待在家里太无聊，还要做大量的家务，和弟弟发生冲突时，被责怪的总是自己。她还提到母亲在和爷

①　王鉴：《少数民族贫困地区大龄女童辍学问题追踪研究》，《民族教育研究》2008 年第 1 期。

爷的交谈中曾说过，一旦弟弟到了上学的年纪，无论她成绩是否优秀，都不能继续读下去了，因为弟弟读书后会增加家庭支出，母亲希望她能和自己一起在附近打点零工挣钱供弟弟读书。耿凤玲知道母亲的想法后，对读书完全失去了兴趣，因为成绩是否优秀，能否考上高中、大学，对她而言，已经没有任何意义了。对于当地生活极为贫困的布依族苗族村民来说，女童往往是家庭劳动力中的重要一分子，女童一旦入学，势必会直接或间接地影响家庭的经济收入和劳动力的分配，女童上学的时间越长，对家庭的经济损失就越大。尤其女童一旦在较远的石龙中心校读书，其住宿又会进一步加重家庭的负担，他们不但会因此短少一个劳动力，还要带走家中本就拮据的粮食，再加上每月十五元至二十元左右的现金开销，这些在旁人看似微不足道却非常现实的问题，直接关系着家庭对女童上学的决策。

此外，我在十几个村寨调查的过程中，还发现了一个有趣的现象：凡是家里老人出去干活或在家里没有空闲的时候，背负幼小的弟弟妹妹的责任都无一例外地落在家里的女孩身上，男孩是断然不会做这样的事的。我经常可以看到，四五个年龄相仿的女孩子各自的背上都用背带背着自己的弟弟或妹妹，一起谈笑、玩跳板、晒谷子、捉虫子……她们背着孩子做各种动作都非常娴熟，很显然，这是经过长期锻炼才练就的本事。我曾经问过其中一个女孩子，"你家里有比你大的哥哥，为什么不让你哥哥背妹妹呢？"她惊奇地看了我一眼，"都是该我们（女孩子）背的啊！"她的哥哥也不屑地说："这（背妹妹）没（不）是我的事……"在当地，假如哪个男孩子背了弟弟或妹妹，是要被嘲笑的，男孩子被认为是以后在"外面"做大事的人，像带弟妹这样的家庭"内务"事情，是不劳男孩子操心的。从中我们可以看出，这些少数民族女孩子不仅在入学机会、学习时间等方面都处于劣势，而且在家庭中的地位也处于不利的境地，但她们自己从未觉察，反而认为这一切都是她们分内的责任和义务，是她们"本来就该做的"。

（二）读到哪儿算哪儿

（课间走廊上）

研究者：你读几年级啊？

谭远红：8 年级。

　　研究者：你是从哪所小学升上来的？

　　谭远红：蛇昌小学。

　　研究者：你喜欢读书吗？

　　谭远红：喜欢。

　　研究者：你在班上的学习成绩怎么样？

　　谭远红：没（不）好。（其他同学告诉我，她的成绩在班上属于比较好的，但这里的孩子们显得都很不自信。不管被问到的同学成绩状况如何，他们给我的回答都是"没好"）。

　　研究者：有没有考哪所高中的打算啊？

　　谭远红：没。读到哪儿算哪儿。

　　研究者：什么叫"读到哪儿算哪儿"啊？

　　谭远红：读一天算一天，我也没晓得能读到什么时候。

　　研究者：是你家里没有让你继续读的打算吗？

　　谭远红：也没。他们（指家人）也就说是能读到哪儿算哪儿。

　　研究者：那你从来没和家里人谈过以后读哪所高中的想法吗？

　　谭远红：没。我们村的好多人读完初中都出去打工了，家里人说读高中是浪费钱。

　　研究者：你自己的想法呢？是希望继续读高中，还是出去打工啊？

　　谭远红：没想。读到哪儿算哪儿……

（2007 年 10 月 11 日访谈记录）

　　无论是对女童的访谈，还是对她们父母的访谈，"读到哪儿算哪儿"都是她们最常说的一句话。家长对女童的学习基本上没有过高的期望，一般来说，女孩子能读完附近村寨所能提供的一至四年级的学习，就算是完成了学业，完成了基本的读、写、算的求生技能的训练。很多女童的读书生涯止步于小学四年级，就是因为很多家长认为女孩子读到四年级，就已经算"差不多"了。虽然近 20 年来，随着当地村民的生活视野越来越开阔，人们的教育观念也随之发生了较大的变化。通过对当地人的访谈，我发现绝大部分村民都已经意识到学校教育的重要性，一定要送孩子读书已经成为一个共识。但是，他们对能供养孩子读书也有一定的支持限度，并没有对孩子读书作出具体的规划，也并没有期望通过读书改变未来的命运。"你说没读书吧，就是个睁眼瞎，出不去；读多了呢，也读没上去；读得上去呢，也供没起；女娃仔读个三四年级，能认个字、算点账，出去没（不）被人骗，也就可以了。"有了这样的想法，家长对于女孩子读书没有多大的预期目标，一方面秉持着对女孩子读书不抱多大期望、也任随女童"读到哪儿算哪儿、想放弃就放弃"的放任态度；另一方面的态度是女童即便"读得上去"，也没钱继续供养下去。这也是从金钱方面考虑的"有多少钱，就读多少书"的一种无奈的打算。虽然从空间上来看，"读得上去"意味着通过学校向上流动的机会更大了，但"读到哪儿算哪儿"也意味着在向上流动的链条中，家庭所能给予的支撑力量实在有限，不足以扶持孩子达到她所能攀登的高度。女童读书的层次越高，所需要的花费也就越大，家庭经济的负增长也就越大，这是当地很多家庭都不愿面对的事实。而现实的状况是，在当地苗族聚居的谷林片区，女孩子读到初中的少之又少，更不要说读高中的了。在这样的社区教育氛围中，人们看到的是读多读少都一个样，都不可能通过读书的渠道往上流动。因此，"读到哪儿算哪儿"成为女童及父母的读书座右铭就一点都不奇怪了。

　　（三）女娃仔早晚都是要"出去"的

　　我在与当地村民交谈的时候，经常听到"女娃仔早晚都是要'出去'的"这句话，这里的"出去"是指女孩子早晚都要出嫁到夫家，不仅从空间上与家庭有了一定的距离，从心理上与家庭也有了一定的隔阂。当地有很多村民认为女孩子只要读到二年级就够了，能认几个字、能算简单的账目就已经是读过书了，也没亏欠孩子了。当很多女孩子读完附近村寨的二年级，准备到更远的地方读三年级时，往往会因为家长觉得没有必要再读下去而辍学。女孩子一旦到了十一二岁，便成为一个颇为微妙的年龄，这个年龄通常是决定女孩子是否继续往上读书的关键时期。一般来说，女孩子七八岁的时候还小，在家里也做不了太多的事情，农活也干不了，家长如果不送孩子读书，会遭到学校的反复动员和村里的罚款，还会在将来遭到孩子的抱怨。为避免发生这样的事情，家庭一般会保障女孩子读完一二年级（尽管读书的年龄已经比较大了），然后再以家庭经济贫困等各种实际情况顺由孩子自己作出不读书的选择。如果家里的女孩子读完二年级后，成绩比较优秀，还想继续往上读的话，家庭就会从各方面来考虑孩子是否有必要继续读书了。

　　"少数民族地区儿童辍学的根源在于民族文化中有重男轻女的思想。

正是这一思想的影响，在经济困难的境况下选择了儿童辍学。"①一般来说，当地的很多家庭在斟酌家里的女孩子是否继续读书的时候，会优先保障家里的男孩子读书的机会。因为无论男孩子将来到了什么地方，组成了什么样的家庭，都是这个家族血脉的延续。男孩以后的发展前途与家庭的命运联系得更为紧密，因此，竭尽全力供养男孩子读书以求未来有更大的发展事关家庭的未来命运，也事关父母的未来归宿，这样的经济投资和感情投资是值得的、有效的。也就是说，村民对男孩子的未来期待较大，他们被期望有能力提供村民养老的精神和物质需要。女孩子就不一样了，女孩子如果在读书的道路上比较顺畅的话，花费的是父母的钱，但是享受成果的却是夫家及未来的公婆，无论从经济上和感情上，都是一种负向投资，是一件"亏本"的事情。在当地很多村民眼里，女孩子是为"别人家"养的，是在家庭里短暂居住的一分子，一旦到了结婚年龄，就会从家庭里"出去"，为夫家效命和奉献。所以，为了女孩子在"别人家"的回报，是不值得投资过大的。这样的观念影响了很多村民在女孩子读书上的决策。除了极少数的女孩子对父母的决策不满外，很多未能继续读书的女孩子都能认同父母的做法，并将这种观念继续地传递了下去。

"文化信念和习俗影响孩子，至少是从孩子出生之时开始，也许还开始得更早，甚至是父母对尚未出世的孩子的期望以及他们发现孩子性别时的反应都会有影响。家庭、教师以及文化中的其他影响源源不断地让成长中的孩子明白什么是重要的，这些信息既有短期的影响，也有长期的影响。"②少数民族女童除了极大地受到自己的生活经历的影响外，社区和家庭对待女童读书的看法，也深深地影响到了她们的教育举措和行为方式。她们继续沿袭着父辈的观念和生活方式，不断循环着父辈的低下地位，游走在国家正规体制的边缘。

我在塘榜村进行调查时，就遇到了这样一位女孩子——莫香丽。女孩今年 21 岁，我去她家的目的是为了询问她读八年级的妹妹辍学的原因。

① 王鉴：《少数民族贫困地区大龄女童辍学问题追踪研究》，《民族教育研究》2008 年第 1 期。

② Howard Cardner *Cranking open the IQ Box. Steven Fraser The Bell Curve Ware*：*Race*，*Intelligence*，*and the Future of America.* New York：Basic. 1995，pp. 30 – 31.

莫香丽在浙江已打工五六年了，这次回来是来接妹妹和同村的两个早已辍学的女孩子同去浙江打工的。

> 研究者：妹妹还在读书，怎么你就要带她出去打工了呢？
>
> 姐姐：早晚都要出去的，早点出去还要好一些。
>
> 研究者：多读点书对以后找工作不是更方便些吗？
>
> 姐姐：都差没多。我们厂里也有好几个大学生。没用，读出书来还是要到厂里打工，还不如现在就出去。
>
> 研究者：你是什么时候去浙江打工的？
>
> 姐姐：去了好多年了。当时家里老人偏心，家里也穷，就只让我哥读书，没让我读。不过现在觉得读没读书结果都一样，都是要给别人打工的。
>
> 研究者：你每个月多少钱呢？
>
> 姐姐：两千多，包吃包住。你看，家里的这栋新房子还是我寄钱回来起的呢。
>
> 研究者：你妹妹现在比你原来的条件好多了，你家里完全有能力供她继续读书，为什么还要不读书了出去打工呢？
>
> 姐姐：她自己没想读了。说是成绩没好，读下去也没意思。
>
> 研究者：家里老人同意你妹妹出去打工吗？
>
> 姐姐：他们没管。他们说随她，实在读没（不）下去，出去打工也行。

（2007 年 10 月 26 日访谈记录）

从莫香丽的话语中我们可以看出，她虽然对父母当初没让她读书的决定有些气恼，但她目前的状况却让她模棱两可地认可了父母当时的做法。她现在每月两千多元，衣食无忧。对于和她一个厂的大学生，她认为"没用，读出书来还是要到厂里打工"，由此而得出结论"还不如现在就出去（打工）"。她的经历让她感到读书没什么用，在学校里所学的课程内容到外面也派不上多大的用场（正如她所说的大学生一样），因此，是否读书、读书读到怎样的层次，最终的结果在她的眼里相差并不大。我们可以想象，不久的将来，莫香丽在对待她的子女读书的问题上，她可能的态度和采取的措施也是"尽早出去打工挣钱"。当然，她的决策是有事实依据的。她的外出打工使这户曾经穷困潦倒的人家成了村里的富裕户，成了众人学习和效仿的对象。

莫香丽的父母用莫香丽从外面陆续寄回来的钱在村里修建了一座两层楼的新楼房，这在当地破败不堪的土屋里算得上是相当体面了，村里人对此都很羡慕。村里现在很多父母出于生存和孩子继续学业的压力而外出打工，家里仅剩下读书的孩子和年老的祖辈，这些家庭的房屋和平时的生活条件与莫香丽的家庭相比起来，就显得非常寒碜。而相比起来，莫香丽的父母因为莫香丽的资助，在生活上显得比其他家庭宽裕，他们没有外出打工，只需要把自己的几亩地种好就行了。莫香丽的父亲每天都喝点酒、时常还与邻村的人打打牌，莫香丽的母亲则有足够的时间走东家串西家闲聊。在当地人看来，他们家的日子过得很滋润。有些家里的父母甚至后悔没有让孩子早点出去打工，早点让孩子为家里创造经济效益。这次莫香丽回来带妹妹出去打工，就吸引了同村的两个女孩子共同前往。按照当地村民的说法，"女娃仔反正早晚都要出去的，早点出去还能给家里帮补些，万一读书成绩没好，还不是一样要出去打工，还耽误了好几年的时间和钱。所以，只要女娃仔自己没想读书了，她要出去就让她出去"。

女孩子一旦结婚出嫁，势必在经济上和精力上都减弱对娘家的付出。因此，在女孩子辍学出去打工到结婚成家的这几年，是女孩子为娘家人奉献的黄金时间。在看到莫香丽打工所获得的诸多好处之后，村里人对女孩子继续读书的支持力度就更小了。很多家庭认为，女孩子能考上高中的比例是微乎其微，何必等读完初三后再去打工呢？那样既浪费时间，又浪费金钱，还不如让孩子早点出去，在减轻家里经济负担的同时，还能向家里提供一定的经济资助。因此，出于女孩子早晚都要"出去"的想法，大多数村里人的做法是让家里的女孩子读完四年级后，在家里待上一段时间，帮着做做家务，带带弟妹，一旦"时机"成熟了，就可以让女孩子出去打工了。

（四）教师眼中的女学生

从社会学的角度来看，刻板印象是一个群体及群体成员对另一个群体及群体成员的简单化看法和固定印象。这种看法和固定印象往往并不是客观的，是建立在事实基础之上的，它存在于长期以来对某一群体或群体成员的偏差性看法中。在石龙乡，少数民族女童也遭遇到来自于教师的性别刻板印象。

在当地教师的眼里，少数民族女童一般读书年龄偏晚、辍学率也较高、成绩普遍较差、脑筋反应不灵活。尤其是到了初中阶段，女学生成熟早，对个人感情的追求也较早，经常会陷入谈情说爱的事情中，由于感情方面的问题而辍学的女学生不在少数。九年级的莫老师来自附近的独山县，在石龙中心校教物理已经有六年了。他结婚后家安在都匀，每个周末他都会骑摩托车回家，周一再回石龙中心校上课。罗校长告诉我，莫老师是一个"教学不错，也很有自己想法"的教师，建议我和他交流一下。我曾经听过他的三次物理课，课堂上的他激情澎湃，思维活跃，与学生的互动很好，是一个学生们都比较认可和喜欢的教师。但是，在与他交谈的过程中，他对女学生的性别刻板印象给我留下了很深的印象。

　　（放学后，在莫老师的宿舍里）
　　研究者：莫老师，您觉得您教的学生当中，哪些同学的物理学得比较好啊？（莫老师想了一下，在我手里拿着的学生花名册上勾了几个同学的名字，其中有四个男同学，只有一个女同学）
　　研究者：您觉得男同学的物理学得比较好吗？
　　莫老师：是的，情况的确是这样的。女同学大多数只会死记硬背，不能灵活深入地思考问题。（如果让她们）回答书上本来就有的东西，她们回答得比较好，但是，一旦涉及一些需要动脑筋思考，拐弯一点的问题，她们就没会了。你听过我的课，你也看到了，她们集体回答一些概念上的问题，还算比较积极，如果你再深入地问"为什么会这样"的话，她们就没（不）讲话了。倒是男同学在思考一些比较难的问题上肯动脑筋。
　　研究者：那您勾画的名单当中也有一个女同学，她的物理怎么会学得比其他女孩子好呢？
　　莫老师：罗志红（女同学的名字）的物理成绩好也很正常，她父母都在乡里上班，（她）父亲在政府（乡政府）搞电视网络这一块，母亲是（石龙乡）医院的医生。父母管得很严，罗志红本身也肯学，听其他老师讲，她各科成绩都还不错，（她）考一中（都匀一中）问题不大。

　　研究者：那您觉得女学生为什么在物理学习上不如男同学呢？

　　莫老师：我反正（上课）在班上都是一样地讲课，女同学吸收得慢，我觉得一方面是她们抽象思维能力比较差，另一方面也是她们预习不到位的缘故。你听到的嘛，每次我在快下课的时候，都会给班上的女同学讲，'下一节我们所学的内容比较难理解，尤其对于女同学来说，就更难理解了。所以，女同学一定要提前预习，要不我上课时可能就坐飞机了'。她们都还笑……（我在听课时也发现，每次莫老师讲这席话的时候，大多数女同学都很认同，不断地点头表示同意老师的观点。）

　　　　　　　　　　　　　　　　　　　（2007 年 10 月 12 日的访谈记录）

　　莫老师认为，女同学上课纪律很好，很乖，即便听不懂老师上课，也能很安静地坐着，不会扰乱课堂纪律。但是他觉得女同学在学习的积极性和自主性上非常不够。首先是预习上不到位，导致在课堂上不能很好地吸收和消化知识；另外，课堂上也缺乏一种积极思考的习惯，不主动回答老师的提问，总是期望老师公布正确答案；最重要的是他认为女同学在数学和物理等理科的学习中，思维不灵活，反应慢是女生与生俱来的弱点，是很难改变的。他把女同学的物理学习成绩较低归咎于女同学的性别特征，并用他六年的物理教学经历来验证这种想法，使他对女同学的学习期望较低，课堂上与女同学的互动相对较少，从而使女同学陷入了"越学越学不会，越学不会就越不想学"的恶性循环之中，导致了她们物理学习成绩的低下，也更加强化了莫老师对女同学物理成绩不好的性别刻板印象。在莫老师的课堂上，凡是需要有学生协助完成的实验，莫老师总是让他最喜欢的那几个男同学完成。用莫老师的话来说，"男生动手能力和逻辑思维能力都明显比女生强，反应也更加机敏"。

　　事实上，虽然莫老师所教的这个班大体上来看，物理优秀的的确是男生居多，但是，当我把这个班级的男女生平均成绩经过统计后，发现男女生的物理成绩实际上是没有显著差异的。性别刻板印象所带来的偏见不仅在莫老师的身上得到了充分的体现，很多老师对女同学也抱有同样的偏见，导致在课堂上采取性别不同的教学互动方式和教学期待，使得女同学在班上成绩突出的较少。我们不得不承认，学校教育活动在相当大的程度上存在着性别偏斜和性别歧视现象，以至于从某种意义上而言，"学校教育已经成为制约性别平等的瓶颈，成为实现两性平等的障碍"①。这也是当地少数民族女孩厌倦学习，对未来（考高中）没有信心，最终选择辍学的重要原因之一。

此外，五年级的王老师对女同学的看法在教师中具有一定的代表性。王老师认为，很多女同学成绩较差、过早辍学的原因就是"女生一长大，稳没住（稳不住），心就花了……女生的成绩两极分化非常严重，要么就很好，在班级里非常优秀，要么就很差，完全无心学习，只想早点从学校里出去"。王老师还告诉我，很多女孩子到了小学高年级和初中以后，会与所谓谈得来的男生谈恋爱，会给男同学写一些肉麻的情书，恶劣一些的，还会经常与外面的社会青年鬼混，甚至同居。她还给我讲述了当地所发生的一些事情，让我感觉到很多少数民族女童对待感情的态度的确不容乐观。

> 2007 年 11 月底的一天晚上，一群在当地无所事事、整天在街上游手好闲、惹是生非的社会青年在山洞里拜把子、结兄弟盟、打算成立黑帮派别，继续在当地的社会上横行。当地派出所接到群众报案后，迅速赶到山洞将他们抓获。在这群群众所憎恨的社会青年中，居然还有两个正在学校就读的女学生，她们一直与这群社会青年来往甚密，用她们的话来说，就是"我们和他们的关系好，其他人就没敢欺负我们了"。据这群社会青年的其他同伙说，她们分别是这群社会青年里的一二号头目的女朋友，他们平时都以嫂子来称呼这两个女生。

这两个女孩子的案例虽然属于比较极端的个案，但女孩子因为感情方面的问题影响学业甚至辍学的事件已经发生了好几起，这让很多老师为女孩子的安全问题和心理健康问题着实担心。很多老师在交谈中都给我提到过，当地女孩子不像城市里的女孩子一样被家长视为掌上明珠，她们从小就承担了与她们的年龄极不相称的繁重的体力劳动，父母或祖辈由于为每天的生计忙碌，无暇顾及她们的心理感受，也无暇顾及她们的心理健康，

---

① 查啸虎、陈玉梅：《走向两性平等——教育公平性别视角的分析》，《安徽教育学院学报》2003 年第 2 期。

给予她们的关爱很少，沟通交流也非常欠缺。在学校里，她们因为害羞或出于对老师的不信任，也很少和老师沟通她们在情感方面的困惑，一旦遇到感情问题她们都会自行处理。因此，她们在对待感情问题的处理上大都存在偏差，甚至偏激。学校曾出现过两个男孩子为了追求同一个女孩，女孩让两个男孩通过打架的方式解决问题的案例，结果是两个男孩都不同程度地受伤，而女孩却觉得有男孩为了她打架而感到骄傲。

此外，还有一个很重要的原因经常被老师忽略，那就是这些少数民族女孩读书的年龄较晚，她们在小学高年级就会遇到一些青春期的问题了，而这些青春期的问题在环境发生变化时表现得尤为明显。当这些女孩子从村小或教学点到了一个新的学校环境中时，由于对新环境的恐惧感和离开家、离开亲人的孤独感，她们对爱的渴望非常强烈。她们需要别人的认同感，也需要一定的安全感，尤其需要被爱的感觉。当她们感受到男孩子的关爱时，很容易就会失去正确的判断，陷入到情爱的纠葛中，将大部分的精力都放在谈情说爱上，从而荒废了学业，甚至中断了学校教育。女孩子在青春期的变化是学校里的老师极少关注到的，他们只看到了这些女孩子在情感上的不理智行为，但并没有做到在她们的青春期适时地正确地引导她们，教会她们正确处理感情问题的方法；再加上女孩子惯有的羞怯，她们在遇到感情问题时通常都保持沉默，缺乏与老师和家长的沟通与交流，老师和父母也并不清楚她们所面临的实际问题，因此她们在处理感情问题的时候发生偏差也就在所难免。

石龙中心校八年级的罗元萍从小生活在奶奶身边，父亲因为病痛早早离开了罗元萍和她的妹妹，母亲在父亲过世后，离家出走再也没有回来。与其他布依族女孩子一样，罗元萍平时看起来很害羞，课堂上从不扰乱课堂纪律，课下也不爱与老师和同学交流。但就是这样一个在老师和同学眼里很乖巧的一个女孩子，却曾在晚上关闭校门后翻墙出去与社会上的男朋友约会，彻夜不归。在班主任杨洪英老师和她进行谈心时，她告诉杨老师："我没懂（不懂）处理这样的事情……我之前也没遇到过，我只觉得他是真的对我好……"像罗元萍这种从小缺乏关爱的女孩子，一旦感受到了别人对她的"爱"，就会义无反顾地做出一些与学校的纪律和约束相背离的事情来，从而也加深了很多老师对女童在感情处理上易草率和冲动的性别刻板印象。

在石龙乡，少数民族女童入学率明显低于男童入学率，辍学率却远远高于男童；大部分教师对女童的评价普遍偏低，且女童的学业成绩普遍低下。女童学习的态度明显不如男学生积极，尤其在她们青春期的时候，由于受到外界诱惑比较大，学习态度就更为消极了。在学校这个竞争激烈的场域之中，女童的性别并没有成为她们在学校中占据有利地位的优势资本。相反，她们在家庭和传统社区中所积累的"惯习"使她们很难适应学校场域，在学校场域中缺乏竞争力。她们的胆小、自卑、低调以及她们对未来规划的不确定性都成为她们最终成为学校场域中的失败者，成为学校和教师眼中的弱者，处于一个场域竞争的边缘地带，随时都会出局，随时都面临着被学校场域淘汰的危险。

虽然场坝附近的女童由于其先天的地理优势和家庭优势，在学校教育中会处于一定的优势地位，但这种比例毕竟是非常小的。而且，即便是在场坝这样的相对先进的地方而言，家长在对家里的女童和男童的教育投资上也还是会有很大的差异。[1]女童在家庭中的传统地位、家长对女童教育投入的不同以及学校中教师对女童的性别刻板印象都造成了女童在学校教育中的弱势资本以及被边缘化的地位。如此看来，男女学生在学校教育中的不同遭遇和苗族家庭中的性别分工是与苗族社会性别角色模式相一致的。[2]

教育过程是一个双重选择的过程，在一个高度分化的社会中，教育所具有的选拔特点使很多女童一开始进入到学校场域就遭受到学业失败，很难实现身份地位的改变。女童在家庭和传统社区中所接受的社区文化以及所形成的惯习让她们永远处于一个附属的地位，她们根深蒂固的观念是女性"主内"，是家庭中主要的劳动力，归隐到家庭的私领域内，对自己的未来完全没有自信；而在学校和社会上打拼、与外部世界尤其是国家力量直接作用的政治层面发生联系的，显然更应该是男性的责任和义务，他们

---

[1]　在与场坝当地一经商的家长谈及对待家里男孩和女孩的态度时，家长明确表示："只要是家里的小娃仔，我都会尽最大力量供他们读书。女娃仔嘛，一般读书比较自觉，她们想读到哪儿就读到哪儿，男娃仔就不一样，贪玩，要好好压（强迫）他们读书，读得越高越好，这对他们以后的发展也好。"也就是说，看起来家长对于男童女童读书的态度是一致的，都支持孩子读书。但是从家长对女童"想读到哪儿就读到哪儿"的态度和对男童的"读得越高越好"的态度的不同恰恰反映了家长对不同性别孩子的读书支持力度还是不同的。

[2]　翁乃群：《村落视野下的农村教育——以西南四村为例》，社会科学文献出版社2009年版，第63页。

才能真正的"主外"，他们更多的应该在社会的公领域里获得社会有效的资源。

　　在石龙乡，家长在教育投资等物质资源的差异以及家长对男女童的教育观念等人文资源的分配差异的事实又进一步强化了这种社区文化。当这种社区文化根深蒂固地成为影响女童接受教育的性别文化时，必然会影响到女童的入学率和完学率以及女童的学业成绩。美国保罗·迪马哥早就明确地指出过："女生在家庭方面的关联上要比男生更密切。"在这样的背景下，少数民族女童就会自觉不自觉地把自己在学校的地位与家庭的地位画上等号，早早地就将自己在社会空间中的位置固定化、凝固化，最终从学校场域退出，去寻找属于她们自己的空间。虽然她们也知道学校教育是通往现代生活的阶梯，但她们在这个阶梯上行走的艰难让她们选择了知难而退。无论是选择回归传统社区还是选择外出打工，都显现了她们作为空间中的主体的选择行为，是一种对其惯习和所处场域中所占位置的无意识调和。

第三节　学校教育中的再生产

一　学校教育的合法性

　　合法性（Legitimacy）是政治学的一个重要概念，但它并不是某一专门学科的专有术语。其他学科如哲学、政治学、法学和社会学近年来都十分关注合法性问题，也对合法性有多种不同的解释和界定，但把合法性界定为社会公众对政治系统的认同和忠诚的观念，是目前对合法性最为一致和一般的解释。"如果某一公民都愿意遵守当权者制定和实施的法规，而且还不仅仅是因为若不遵守就会受到惩处，而是因为他们确信遵守是应该的，那么，这种政治权威就是合法的……正因为当公民和精英人物都相信权威的合法性时要使人们遵守法规就容易得多，所以事实上所有的政府，甚至最野蛮、最专制的政府，都试图让公民相信，他们应当服从政治法规，而且当权者可以合法地运用强制手段来实施这些法规。"①

　　可见，统治的权力只有具有了社会的"合法性"，才能具有存在和持续发展的基础。"当权力获得人民自愿的拥护时，其统治才更有效力，更

---

　　① 白钢：《论政治的合法性原理》，《天津社会科学》2002 年第 4 期。

能保持政局的稳定。相反，如果统治的合法性受到怀疑乃至否定，政府的动员和贯彻能力将会被削弱，最终导致政治动荡。合法性作为政治利益的表述，它标志着它所证明的政治体制是尽可能正义的。"①

当然，"合法性"不仅指权力的合法性，而且强调这种权力的合法性更多地表现为文化价值观或意识形态意义上的认同，也就是说，那些居于优势地位的社会集团，通过他们所掌握的文化和意识形态权力，将一种社会分层的秩序和统治秩序作为"天经地义"的事实，灌输到其他社会成员的头脑中，被人们接受为公正的或合法的。"这种统治权力符合社会中大多数人关于公正、公平和道德的观念，为大多数人所接受认可，对大多数社会成员来说成为'不容置疑'乃至'不假思索'的社会秩序时，各种再生产的方式才能稳定地发挥作用，才能最少受到各种各样的挑战或反抗。因此，统治权力的合法性机制相对于制度化权力来说，其维持再生产机制实践方式更加具有隐蔽性、内在性，因而也许更加有效。"②"统治权力的制度化和合法化对于社会分层秩序的再生产还具有另一方面的意义，即它们为以继承性为主导的社会流动模式提供了有限流动的空间。一方面它们使得社会分层制度的再生产更加稳定、更少受到挑战，另一方面它们也限定了统治权力的作用范围，使一些跨越边界的流动或短距离流动成为可能，社会分层秩序保持着某种程度的弹性。"③在这种情况下，"遵从"某种秩序不再是出于恐惧或限制，而是成为"义务"或"习惯"。

鲍尔斯和金蒂斯进一步认为，"合法化"就是在个人中培养一种普遍性的意识，这种意识将防止可能导致改变现存社会条件的社会结合力和批判意识的形成。合法化可以建立在不可避免的感情基础上，也可以建立在道德理想化的感情基础上。当这个问题成为社会公正的争论点时，这两种感情都会出现，既是一种"习惯"，也是一种"无可奈何"。④

学校社会化的过程在很大程度上就是使公民形成一致的态度、价值观念，并形成对国家和现有政治的认同感和拥护度。在此过程中，学校教育最有效地为政治权力合法性提供了证明和支持，学校成为政治权力合法化

---

① ［法］让-马克·思古德：《什么是政治的合法性》，《外国法译评》1997 年第 2 期。

② 李路路：《再生产与统治》，《社会学研究》2006 年第 2 期。

③ 同上。

④ ［美］鲍尔斯、金蒂斯：《美国：经济生活与教育改革》，王佩雄等译，上海教育出版社1990 年版，第 156—172 页。

的途径或工具，成为国家权力的微观表达。

　　学校教育不仅反映了支配集团的价值标准、政治经济文化利益和意识形态，它还通过"文化资本"和"惯习"将相同的文化群体成员凝聚在一起，并把他们与其他文化群体成员区分开来，从而为主流文化符号提供合理性。学校是建立这种合理性的初级机构，通过在从属文化成员中发展对主流文化难以接近的物品和符号敬而远之的态度，学校建立起这一合理性。①

　　在很大程度上，支配集团的子女有更多的机会通过教育而取得成功，而被支配集团因为缺乏受支配集团和学校制度所高度重视的"文化资本"而更容易走向失败。出身于不同阶级和阶级小团体的孩子在学术市场中所能获得的特殊利润，对应于阶级与阶级小团体之间文化资本的分布状况，学校教育也由此将更广泛的"文化遗产"确定为学业成功方面最具区分力和决定性的维度。在此意义上，我们可以认为，学校教育对于社会关系的再生产是靠着一种"符应原则"（Correspondence Thesis），学校教育通过正式的和潜在的课程再生产维系现代性所需的社会关系，其中包括了竞争和评价、劳力的阶级化分配、官僚权威体系、顺从及工作的分化与疏离的本质。②由此，学校教育成为一种主要的筛选手段。它内在地决定了哪些人应该成功，哪些人会失败。显然，这种筛选不是客观中立的，是明显偏向支配集团的。但这种不公开、不公平的筛选却经由另一种公开、公平、公正的选拔机制——考试而合法化了。"貌似公平并具有形式平等的教育体制不仅没有填平社会各阶层之间的鸿沟，不仅没有再分配各阶层的文化资本的不均匀分布，反而促进、稳固或者确切地说再生产了这种社会不平等，而正是那些外表上的公平形式掩饰了教育系统的这一隐秘功能。"③正是基于这种原因，学校教育参与到了现行社会等级秩序的再生产过程中来，并起到一种"合法化"的作用。④

---

　　①　［美］沃尔特·范伯格、乔纳斯·F. 索尔蒂斯：《学校与社会》，李奇等译，教育科学出版社 2006 年版，第 63—64 页。

　　②　［美］Eric Margolis 主编：《高等教育中的潜在课程》，薛晓华译，华东师范大学出版社2005 年版，第 7—8 页。

　　③　朱国华：《权力的文化逻辑》，上海三联书店 2004 年版，第 84 页。

　　④　［法］玛丽·杜里－柏拉：《学校社会学》，汪凌译，华东师范大学出版社2001 年版，第65—69 页。

二 学生的自我淘汰

（一）高中教育的刚性排斥

在 20 世纪八九十年代，石龙乡的孩子将初中毕业后能够考上中专（中等专业技术学校）或中师（中等专业师范学校）作为自己最大的愿望。因为读中专、中师不仅可以转为非农业户口，享受城市相应的社会保障，实现农民"跳出农门"的愿望，而且可以在初中结束后就享受国家工资待遇，不用付出高中的风险投资，这对当时民族地区的农村学生获得"铁饭碗"提供了一个很好的机会，从而引起了学生对它们的向往，并曾在很大程度上引导着当地农村少数民族学生求学的方向和目标。虽然当时中等专业学校和中等师范学校的录取分数线曾经远远高于或持平于市（县）重点高中分数线，但其生源态势良好。报考中专、中师的多是农村学生。石龙中心校 1997 年第一届初中毕业考上中师的韦海芬，就是其中的受益者。韦海芬中师毕业后分到蛇昌学校教书，后来因为教学成绩显著，又调至石龙中心校教小学。回忆起她的求学经历，她也是感触颇深，"当时初中毕业和家里人商量是要考高中还是中师，家里人都认为考中师挺好的，可以提早三年出来工作。而且对女生来说，当老师是一个比较好的职业。我运气还好，赶上了最后一班车，听说从我的下一届开始，中师就不包分配了"。石龙乡于 1994 年恢复初中后，1997 年第一届初中毕业生考上中师、中专的就有 10 人。随后的几届毕业生里，每年平均都有 25 人左右考入中专、中师。当时"选择上高中的人很少，更不用说考大学了"[1]。

1997 年后的几年里，由于高等教育完全实行新的市场体制，不仅所有学生都实行缴费上学制度，而且高等学校和中等专业学校、技工学校的毕业生，除委托、定向培养生和自费生外，均实行双向选择的制度。这就意味着过去那种国家统招统分的"铁饭碗"已经被打破，享受国家"公家粮"的待遇亦不复存在。随着 90 年代后期中师、中专学校关、转、并、升等方式的改革，当地学生改变农民身份的这条道路也随之消失，学子们只有挤高中的"独木桥"了。但是，高中教育的门槛越来越高，已成为很多学生可望而不可即的梦想。尤其是普通高中全面择校的盛行，使

---

[1] 原乡长韦光文语。

很多学生向上流动的途径在高中阶段变得更为狭窄，绝大多数学生在进入高中阶段的门槛前已被拒之门外。

　　就都匀市而言，高中教育阶段不管从布局还是结构上都远远不能满足学生求学的需要。目前都匀市有 19 所农村中学，除都匀一中、都匀二中高中办学规模和教学设施相对较好外，其他中学的高中办学规模较小，教学设施不足，远不能适应当地农村高中教育发展的要求。在都匀市农村地区，仅有大坪中学和王司中学两所乡镇农村中学设有高中部，但每个高中仅能容纳两百多名学生，远不能满足当地农村初中毕业生进入高中继续学习的需要，以至于造成适龄人口与普通高中阶段学生比例严重失调。都匀市 2004 年的农村高中适龄人口占全市高中适龄总人口的 75%，但 2004 年农村普通高中（民中、王司中学、大坪中学）在校学生为 1555 人，仅占全市普通高中在校生总人数的 27.5%。2000 年全市高中阶段毛入学率仅为 19.35%。到了 2005 年，在都匀市大力发展职业高中和民办高中的条件下，高中阶段的毛入学率也才达到 39.28%，进入普通高中就读的仅仅为 26.8%。都匀市民办普通高中由于办学水平不高，得不到社会和家长的认可，因而不能分担公立高中教育的压力。2005 年，都匀市共有 4 所民办普通高中，在校生总数仅为 226 人，仅占全市普通高中在校生总人数的 3.9%。

　　对于当地很多农村孩子来说，普通高中教育校点的布局不合理导致了他们的辍学。由于都匀市农村普通高中学校的数量太少，绝大多数想读高中的学生受条件限制只有到城里就读。到城里读书费用较大，由此导致相当部分学生因经济原因而不能进入普通高中就读。都匀市普通高中每年的学杂费、书费等至少在 2100 元以上，而一个学生一年的在校生活费及其他费用至少也要 1000 元以上，由此，每名学生就读高中一年要 3100 元左右，这对于少数民族农村家庭是一个难以承受的沉重负担。当地农户全年现金总收入远没有达到这一数字，如何支付得起这么高的学费？教育费用在学生家庭总收入中所占比例之高，使教育越来越成为一场为了换取美好未来的"赌博"。除此之外，在外出打工日益普遍的同时，学生因读书而损失的外出打工收入也是一笔相当可观的数目。因此，如果教育不能使他们从中获益，辍学自然是无法避免的后果。

　　另外，都匀市的高中教育结构不合理，优势普通高中教育资源所占比例较低。2005 年，进入重点高中就读的人数仅占全市适龄人口的

9.7%，这无疑使重点高中成为当地农村少数民族学生无论如何也迈不进的"门槛"。随着整体教育水平的提高，基础教育阶段教育竞争已经从教育层次转移到教育类别（重点和非重点），只有考上重点高中，才有希望进入重点大学。这种重点学校的高相关性和对应性是城乡家庭都明白的常识。但是，高中教育将少数重点优质资源集中在少数学校，使重点高中教育资源成为大多数学生永远都无法拥有的稀缺资源。从某种程度上来看，当地对于重点高中的竞争激烈程度甚至超过高考。考上重点高中的人数也由此而成为衡量和评价学校、教师教学质量的重要标准。

对于当地农村少数民族学生来说，是否考入重点高中是他们能否继续接受学校教育的关键，如果考不上重点高中，他们会选择尽早辍学，因为教育成本和机会成本对于他们的意义更为重要。然而，现行的重点高中制度所设置的选拔规则，却使他们中的绝大多数被排斥在学校教育之外，并从此结束了学校学习生活。大量在初中阶段辍学的农村少数民族学生因无法进入重点高中而辍学。在他们看来，"如果考不上大学，读书上学也就没有什么意义"。

从表面上看，学校并没有制定正式的制度规则禁止农村少数民族学生进入重点高中，但实际存在的各种制度力量却限制了他们接受高一级教育的机会，即"教育排斥"。首先，重点高中收取赞助费（择校费）的做法严重地损害了农村少数民族学生的利益，进一步强化了家庭经济条件对于教育机会的作用程度。其次，重点学校的确立造成了重点学校和非重点学校之间的两极分化，使大多数学生尤其是处于非重点学校的农村少数民族学生处于教育竞争中的显著不利地位，凝固和扩大了阶层之间业已存在的社会差距。另外，农村少数民族学校在重点教育制度的安排下，在教师、教育资源等方面被严重边缘化，重点学校制度引导下的农村学校教育的精英教育取向更加突出。为了少数几个尖子生的未来前途而牺牲绝大多数学生的受教育权利，已经是农村少数民族学校最为常见的现象。这就使绝大多数农村少数民族学生在初中阶段就已遭受到"教育排斥"或"自我淘汰"。[1]

---

① 曹晶：《教育社会分层功能的弱化——转型期农村教育的根本性危机》，博士学位论文，华东师范大学，2007年，第49页。

　　这些"不说话的教育制度"①在维护、复制乃至强化着社会不公,使很多农村少数民族学生在未进入高中阶段之前,就已经注定无法再接受高一级学校教育。但他们对此却全然没有察觉,甚至认为"自己的命运就该如此"。这正是教育制度致力达到的意图。"教育制度充当着分配、确定社会特权的工具,因此教学实践与价值无涉的神话被用来帮助教育制度完成这一分配和确定特权的过程,当社会成员想当然地接受教育的公正和民主神话时,教育制度的正直形象被成功地种植到人们的意识和无意识中。"②

　　由此可见,随着中专和职业学校使命的结束以及高等教育的急速膨胀,农村少数民族孩子通过升学而进入城市的机会大大减少,以前只要能拿到中专文凭就能在国家机关中当干部的日子已经一去不复返了。乡村的结构没有改变,受教育者的需要没有改变,但是所需的投资在加大,本已狭窄的门越收越窄,乡村受教育者必须蒙受的风险逐步加大。在这些农村地区,花费相当金钱和巨大精力投资而无法收获回报的风险,通通是由少数民族家庭自身来承担的。"如此想来,'辍学'在'我们'看来是'自毁前程',在'他们'看来,'退学'却正是为了'寻找前程'。"③

　　有一位中心校已退休的老教师告诉我,当时学生为了能考上中专,真是没命地学,就希望能通过考学这条途径走出大山。虽然希望比较渺茫,但至少在每个孩子心中,都还是有过这样的憧憬,这种憧憬让他们在学习的道路上一直坚持着,再苦再累也不怕。"那时上学难啊!家里有亲戚在乡里的还好,可以到亲戚家搭个伙,住一下。家里没有亲戚在乡里,又没有钱租房子的学生才可怜呢。像谷新摆炳一带的学生,早上四点过天黑麻麻地就要出门,晚上天都黑尽了才能到家。中午带点干粮或者饿着不吃,

---

　　① 就是指在根本上制约着并潜移默化地影响着教育过程的教育制度。他们隐藏在学校的建筑、仪式、人际关系、教育观念、课程与知识、教育方法和技术、学校管理机构、发展规划、教学组织形式、目标、传统与习俗乃至心理氛围中,发挥着对教育实践实际的,潜在的控制作用。在这种制度氛围中,一种看似使人理性增长的制度安排,其实使人丧失其理性,越来越成为某种社会支配力量手中的工具,因为它所培养的只是人的工具理性,一项似乎促进社会公平的教育措施,其实是在维护、复制乃至强化着社会不公,并且给人一种公平的幻觉,从而消除人们内心的警觉和抵触。参见康永久《教育制度的生成与变革——新教育制度学论纲》,教育科学出版社2003年版。

　　② 张意:《文化与区分》,《文化研究》第4辑,中央编译出版社2003年版,第47页。

　　③ 石中英:《知识转型与教育改革》,教育科学出版社2001年版,第259页。

要一直到晚上回家才有东西吃。下雪下雨的时候简直是一路摸爬到学校。那时候的小娃仔读书真的是苦出来的啊，也有志气，考上好几个。哪像现在，学校吃饭住宿条件都这么好，都不好好读书，整天想到的就是出去打工赚钱。书都不好好读，赚得了几个钱啊！"

当学生们考中专的梦想破灭后，学生和家长最梦寐以求的就是能考上重点高中，顺利迈入大学。但这样的梦想在石龙中心校每年只有五六个学生考上重点高中的情况下，显得是那么遥不可及。我在谷新村小摆柄调查的时候，遇到过一个回家治病的女孩子。她自从初中毕业后，一直在浙江打工。最近因为患上了肾结石，不得已回家乡养病。她对读过高中的人羡慕不已，对她曾经的高中梦想更是无法释怀。

高中的门槛实在是太高了，我觉得我已经尽了最大的努力，都还是没有进去。当时为了考上高中，我吃了好多的苦。那时读书好难啊！我家里没有亲戚在乡里，石龙（中心校）当时又没有住宿条件，只能在学校附近租房子。那时很小的一间房子，每月的房租都要二三十元，家里负担不起，我只好每天回家吃住。每天早上天还没有亮，我就要从家里出发去学校，中午带一个饭团当午饭，天黑尽了才能回家，学校离家大概要走两个多小时。路很烂，特别是下雨下雪，那些烂泥巴路简直无法下脚，还要爬好几座山。（我）每天都感到很累。就这样辛苦了三年，最后还是没有考起（考取）高中，家里又不让（我）读职中，我就只好复读了一年。复读的那一年更辛苦，每天睡觉的时间几乎都没有超过五个小时，高中倒是考上了，但没有上重点高中的（分数）线，家里老人认为不读重点高中，考大学也没有希望，就不让读了。现在我看到原来班上的同学有些都大学毕业出来工作了，拿国家工资，真的很羡慕。没办法，我没有那个命。现在只好在外面打工了。虽说每个月有 1500 块钱左右，包吃包住，但哪有那些拿国家工资的人好啊！现在我又得了这种病，在外面也没钱医，只有回来抓中药吃。……打工？等（我的病）有点好转再说吧。哎，一人一个命啊！

（2007 年 9 月 24 日访谈记录）

近些年来，尽管外出打工日益成为当地青少年的主要出路和选择，但无论学生自身还是家长仍然对学校教育抱有很高的期望，改变社会地位是他们在艰苦条件下进行教育投入（不仅仅是金钱、还包括精力和时间等）的主要动力。但是，一旦这种投入看不到结果或者远远超出个人所能承担的能力，他们就会失去继续进行投入的热情和动力。绝大部分学生在重点高中的激烈竞争及其令人望而却步的高额学费时，不得不选择外出打工的道路。这些中途辍学的学生绝大多数是在认为升学无望的背景下，才被迫放弃学业，成为自我淘汰者的。因此，重点学校入学机会尤其是重点高中的教育机会对于当地的少数民族学生是极为关键的一个环节，这个环节决定着他们未来的前途和命运。

（二）未经考试的淘汰

布迪厄提出存在四种形式的淘汰方式：（1）自我淘汰（Self‐elimi-nation）。个体根据他认为的成功机会而调节自己的抱负，工人阶级子女一开始就根据该阶级成功的客观可能性把自己划定在较低的教育层次上；（2）过度选拔（Overselection）。具有较少文化资本的个体与那些文化优势者面临同类的选拔，必须做得同样好而不管其文化上的障碍，这意味着他们必须做得更多；（3）降级（Relegation）。由于信息不充分、强迫选择、浪费时间等原因，具有较少文化资本的个体未达到他所希望达到位置；（4）直接选拔（Direct Selection）。不同于以上三种，其淘汰产生了"选拔的相似性"。①在中心校，我也发现了类似的"自我淘汰"。

访谈片段：（中午，九（1）班教室）

研究者：你想考高中吗？

学生1：想有什么用，想也考没上（考不上）。就我们班这个学习风气，还没中考都已经知道肯定全军覆没。老师对我们班也没有什么信心，我们班好多课都上不下去，老师也不管了。

研究者：你们班有想上高中的人吗？

学生2：可能有几个女生吧。我们班有几个女生倒也肯学，但是在我们这种班里，学也没用。靠自己自学是学没出来的，还是要靠老师。教我们班的老师都懒得管我们，布置的作业很少，也很少考试。

① Lamont、Michele、and Annette Lareau，"Cultural Capital：Allusion，Gaps and Glissandos in Recent Theoretical Development"，*Sociology Theory*，1988，vol. 6.

三班（九（3）班）每天都有作业，也经常考试。我们肯定是考没上高中了。

研究者：那不上高中，你们打算干什么呢？

男生1：我想读振华学校，学点技术，以后好出去打工。现在听说广东那边缺技术工人，我想在职业学校里学习一段时间，会点技术后再去那边找工作。没有技术只能干一些力气活，工资也低。

研究者：那你呢？（问男生2）

男生2：我啊，我家不有钱供我读职业学校，我初中毕业就去浙江打工，我们寨子里有些人在那边，他们让我过去。

研究者：那其他人呢？（有几个女生一直在听，没说话）

女生1：我也没想好，不知道……

女生2：高中是肯定考没上了。我想复读一年，家里老人可能不准。先考了再说吧。

男生1：我们学校每年考上高中的也就三四十个，考上一中的不会超过五个人，进一中小班（重点班）的就更少了。像我们这种在年级排名倒数的班，哪有什么希望啊。

男生3：咳，读什么书，打什么工啊，还是当农民最好。我喜欢当农民。

研究者：你真的喜欢当农民吗？

男生3：喜欢啊，当农民有什么不好，没有农民，好多人都吃不上饭。

研究者：我不是说农民不好，我是问你真的从内心想当农民吗？不想干其他职业？像律师、医生什么的？

男生3：太遥远了，太遥远了。我觉得还是当农民最现实。人现实点好，免得希望越大，失望就越大。我还可以给你举个例子。我们寨子里，今年有个都匀二中毕业的学生，考上贵州财经大学了，但他没去读，不是因为他家里没钱供他，是他自己不想再读书了。我妈说，他在读高中的那几年，经常头痛，也检查不出来什么原因。现在他考起大学了，但也不想再读书了，他自己说身体不好，想回来当个农民，从喂猪喂鸡开始发展。人家考起大学的都可以回来当农民，我有什么不可以当的？当农民也有发展前途嘛。

研究者：那班上现在学习气氛怎么样啊？

　　男生1：只有几个女生在学。其他人都放弃了，老师都放弃我们了，我们还能干什么呢？大家都是在学校里混着，混个初中毕业证就可以出去打工了。

　　男生2：其实打工也挺好的。我们寨子里的那些人出去打工，都在外面结婚，没回来了。打工打得好的话，也很有前途的。至少可以回来起个大房子给父母住。读书只会花钱。

　　研究者：你们知道其他班的情况吗？

　　男生2：也就是三班有点希望吧，二班也是拐（不行）的。每次考试，他们班比我们班也没好到哪去。

　　研究者：考上高中家里会供吗？

　　男生1：家里面老人都说，只要读得上去，天天吃酸菜都供我，但我知道自己肯定是没那个命的。顺其自然吧。（这个男生一说完，大家都一阵沉默。直到看到班里被大家称为"大傻"的陈先亮边哼歌边走进教室，大家才哈哈大笑起来，开始了对"大傻"的调侃）

（2008 年 11 月 2 日访谈记录）

　　布迪厄认为，"所有的教育行动客观上都是一种符号暴力"。因为教育行动具有双重专断性；它"是由一种专断权力所强加的一种文化专断"。尽管教育行动采取的形式总是间接的，但"无论从它的强加方式来看，还是从它强加的内容及其对象来看，都最全面地符合统治集团或阶级的客观利益"。学校教育从本质上来讲就是一种符号暴力，它对九（1）班孩子的淘汰，如同布迪厄所言，"既有自我淘汰，即农村孩子一开始就根据他认定的成功可能性把自己定位在较低的教育层次和职业层次上，也有过度选拔，农村孩子处在较差的环境，拥有较少的、特别是教育制度所要求的文化资本，却面临同样的选拔；还有强迫选择，过早分流甚至离校"①。在中心校，九（1）班的孩子觉得自己离高等教育的梦想非常遥远，仅仅是高中的门槛，他们永远都无法跨越。因此，他们早就放弃了通过学校教育向上流动的机会。"对社会地位最低的人来说，接受高等教育

---

　　① 余秀兰：《文化再生产：我国教育的城乡差距探析》，《华东师范大学学报》（教育科学版）2006 年第 2 期。

的主观愿望比客观机会还要小。"①

三　打工成为一种"惯习"

中国社会是一个以血缘和地缘关系为纽带而形成的"差序格局"②的乡土社会③。以土为生、靠天吃饭是占人口大多数的中国农民生活的真实写照。但是，自从 20 世纪 80 年代末期以来，由于制度变迁导致的城乡关系松动及城市对劳动力的需求的扩大，农民的人力资本由于组织资本在进入市场的过程中的缺位、经济资本的匮乏和社会资本的脆弱失效，以及农民精神层面的村庄共同体的解体和对自身价值的否定，④农民外出务工成为一个普遍的社会现象。随着农民外出务工的增多，他们个体对独立性的追求以及对于短期利益的关注，都对下一代的教育产生了重要的影响。

每一个理性⑤行动者的行为都指向一定的结果，具有明显的目的性。长期以来的城乡差别，使得农村人向往城市生活，而能实现这种梦想的最现实的手段就是让子女受教育。因此，农村少数民族学生接受学校教育的目的，从个人角度来说，就是希望通过知识改变命运，通过学校教育走向城市。对于家庭来说，对孩子教育的投资往往要受对未来职业的选择、报酬的多少以及社会地位的高低等因素的左右。这些对教育全面发展人的价值缺乏必要认识的家庭，他们希冀在短期内获得一定的经济效益。当子女升学无望时，他们往往会将教育的投资收回，转向对家庭生产和劳动的投

---

① ［法］P. 布迪厄、J. —C. 帕斯隆：《继承人——大学生与文化》，邢克超译，商务印书馆 2002 年版，第 6 页。

② 费孝通先生曾经用"差序格局"来反映中国社会结构的基本特性。即以"己"为中心，推己及人所产生的差序——圈圈推出去，社会关系愈远，也愈推愈薄。

③ 费孝通：《乡土中国》，生活·读书·新知三联书店 1984 年版，第 25 页。

④ 张仕平：《乡村场域变迁中的农民外出就业》，博士学位论文，吉林大学，2006 年，中文摘要。

⑤ 理性这个概念来源于经济学的"人是具有目的性的理性人"的假设。理性行动理论（又称为社会学的理性选择理论）是 20 世纪 80 年代兴起的西方社会学理论学派。理性行动理论借鉴和扩展了经济学的"理性选择理论"，它不仅用于解释人们的经济行为，而且还试图解释更广泛的社会行动。这一学派的主要代表人物是美国社会学家 J. 科尔曼。科尔曼所研究的"理性"（或有目的性）并不局限于狭窄的经济含义，其理论正是要研究人的理性行动是如何受到社会结构制约的，在结构的限制中人们又是如何选择行动方式的。见杨善华《当代西方社会学理论》，北京大学出版社 1999 年版，第 99 页。

人。而且，大学每年 4000—6000 元的学费也让很多农村少数民族家庭望而却步。此外，大学生"统招统分"的分配制度已经被双向选择所代替，这就意味着即使好不容易上了大学，毕业后又要为找工作发愁，这对农村少数民族家庭来说，无疑是雪上加霜。

在当地，农民对青少年外出打工的态度和看法经历了一个从禁止到默认甚至支持的过程。在家长看来，只要学习成绩不是非常优秀，没有把握考重点高中，打工将是他们必然的正确选择。家长经常说，"你不好好学习将来就去打工"。很多农村少数民族家庭及亲戚在外打工多年，在城市已经形成据点，他们的生活重心早已转移到了城市。他们认为，与其让孩子自己在家辛苦地读书，还不如早点来城里干活。以前认为辍学外出打工，是一种无可奈何的选择，而现在则成为一种中性的，甚至在有些家长看来是一件比上学更好的事情。这在当地的村民中已成为一种较为普遍的认识，从而使学生受家庭所属阶级环境的影响，也产生了类似的自我选择意识。我们可以看到，青少年外出打工的行动中既包含了农村少数民族学生对自己未来前途的认同，也有家长对孩子未来的规划设定，甚至作为参照群体的学校在打工的"惯习"形成过程中发挥了巨大的影响。"在经常相互影响的人们中间，会形成一定的行为准则以指导彼此的行动，这就是参照群体原理，其运作在学校尤为明显。这一原理可以引出这样的假设：一所大多数学生都将顺利毕业并且上大学的学校会影响学生都采取这样的行为模式，而一所学生很早就辍学的学校也会影响其他学生跟着辍学。"①

布迪厄进一步认为，学生自我选择教育的机会和成功的概率表面上是一种个人的选择与期待，实际上这种期待并非他个人所有，而是他那个社会阶层所共有的，是在长期的社会经验中形成的，并代代相传、习以为常，不易改变。对此，他利用了"惯习"来解释。"惯习"是由沉积于个人身体内的一系列历史关系所构成，是客观而共同的社会规则、团体价值的内化，它以潜意识而持久的方式体现在个体行动者身上，体现为具有文化特色的思维、知觉和行动。据此，个人若身处不同的社会位置，便会形塑不同的惯习，这是因为在不同的社会位置上所经验而习得的认知模式、

---

① ［美］丹尼尔·U. 莱文、瑞依娜·F. 莱文：《教育社会学》，郭锋、黄雯、郭菲译，中国人民大学出版社 2010 年版，第 135 页。

实践方式和评价结构有所不同而造成的。作为外在价值内化的结果，惯习具有某种大体一致的系统方式，并对外在场域作出回应。甲壤村村落集体的外出打工情境使学生更为关注那些外出打工人员的状况，并在学习态度、动机上发生了变化，由此导致的成绩下降使家长和邻里认为这种打工情境的正确性，通过在乡村集体和学生个体间的互动，最终使外出打工在学生身上得到了实现。①这样，打工就成为了学生的一种"惯习"，成为了其父母"惯习"的接替者。"社会空间中的位置调节着惯习，这种习惯的原初基础就是早期的童年经历，当时的父母的实践调控着他们与孩子的互动，但在教育系统中也进一步巩固这种调节。惯习被建构成父母设想中可以企盼的东西与现存物质条件之间的妥协。只要这些条件不改变，孩子的惯习就会复制父母的惯习。"②如果子女获得了上辈人的"惯习"，可以说基本上实现了文化资本再生产的目的。

学生的"惯习"除了受父辈"惯习"的影响外，还深受学校教育的影响。在学校的制度性结构中，学生是一个"被制约者"，被各种教育行动（Pedagogication）强加了一种文化任意性（Cultural Arbitrary）。这种文化任意性往往超越于受教育者的个人选择，继承了某种固定的文化区隔系统。对此，布迪厄在其《区隔》中进行了深入的分析。他认为，文化结构与社会结构之间存在着一致的对应关系，也即文化中存在的等级与获取文化的行动者的社会等级相对应。不同的文化趣味是家庭出身和后天教育的产物，而文化的等级是一个人为任意建构系统，所以文化的等级划分成为一种隐性的暴力，文化因而成为权力斗争的一个隐蔽的工具。③因此，一旦教育活动参与进来，便不知不觉地肯定并强化了由文化所决定的社会等级。对于处在这个等级底层的人们而言，通过教育活动来实现社会升迁便成为一个谎言。因此，处于社会底层的学生在学校教育中，通过学校一步步对其文化资本和身份文化的遴选，使学生外出打工成为一种"惯习"时，既是学生作为实践者的一种策略，同时也是被制约者的无奈之举。

---

①　[美] 罗伯特·K. 默顿：《社会研究与社会政策》，林聚任等译，三联书店 2001 年版，第 285—288 页。

②　[澳] M. 沃特斯：《现代社会学理论》，杨善华译，华夏出版社 2000 年版，第 213 页。

③　P. Bourdieu *Distinction*, *Polity Cambridge*, Harvard University Press. 1984.

当然，学生同辈群体的行为对个体具有的同化作用也不容忽视。学生往往通过模仿其同辈群体的方式来实现外显行为的相互认同和转化，最终实现自己的期望倾向。在当地，一些学生在看到自己的同伴外出打工后，受到一定的刺激和影响，从而也依照同伴的外出打工行为，使自己原有的期望变成现实。"我听寨子里出去打工的人回来说，现在在广东深圳那边，好多大学生都找没到（找不到）工作了。他们打工赚的钱和那些大学生赚的也差不多。我家里穷，就算我考起高中又考起了大学，家里也供没起（供不起）。家里面老人倒是讲过，只要我读得上去，怎么样都供我读书。要是我读完书找没到工作，那还不是白花家里的钱？我们寨子里和我差不多大的都出去打工了，我也不想让我们家一直穷下去，我也想靠自己的能力让家里过得好一点。"①

由此可见，打工作为一种"惯习"，是"每个个人由于其生存的客观条件和社会经历而通常以无意识的方式内化并纳入自身的。这些禀性深深扎根在个体身上，并倾向于抗拒变化，这样就在人的生命中显示某种连续性"②。而且，作为一种在实践过程中生成的性情倾向系统，只有完完全全从实践操作的意义上才能理解"惯习"的能动性。③由于场域与"惯习"之间存在着一种"本体论的对应关系"，因此，乡村场域和学校场域对学生的共同制约，形塑着学生的"惯习"，使这种"惯习"成为一种思维定势，一种性情倾向，一种历史沉淀。与反映和代表主流文化价值观的课程设置和学校规章制度的显性因素相比，学校教育对学生个体所进行的身份标定对学生的影响更加深远和更加持久。"从某些角度而言，名正言顺的课堂之内的教学或许还没有这些隐微、含蓄的元素在模塑学生的理念和行为的影响上大……人是一种很容易沉溺于习惯的动物，因此在习焉不察的情形下，它可能是最不容易被打破的。"④打工行动是当地少数民族学生对社会场域和学校场域的内化和回应，同时也把场域建构成一个充满意义的世界，一个被赋予了他们的自我感觉和价值的世界。正是由于场域的

---

① 笔者与九（1）班学生的访谈记录。

② ［法］菲利普·柯尔库夫：《新社会学》，钱瀚译，社会科学文献出版社 2000 年版，第36 页。

③ ［法］皮埃尔·布迪厄、［美］华康德：《实践与反思——反思社会学导引》，李猛、李康译，中央编译出版社 1998 年版，第 163 页。

④ 程福蒙：《我国课程中的性别不平等的社会学分析》，《江西教育科研》2006 年第 3 期。

结构塑造着惯习的结构，因此，在"外在性的内在化和内在性的外在化的双重过程"中，打工才因此成为学生的一种"惯习"，成为学生群体的一种集体无意识行为。作为一种生成性结构，"惯习"具有塑造和组织实践的功能，并把实践活动的结果记录在个体的身心中，因此，它能反作用于社会结构，形成与社会结构之间的"同源性"。

第七章　学生的抵制：主体的实践策略

权力虽然占据了空间，但空间却在它下面震动。

——列斐伏尔

哪里有权力，哪里就有抵制。

——米歇尔·福柯

第一节　学生主体的能动性

列斐伏尔指出，空间既是压迫的重灾区也是反抗的空隙处。"权力虽然占据了空间，但空间却在它下面震动。"①空间既是国家实施权力的工具，同时也是被统治阶级进行反抗的工具。在福柯看来，对权力的反抗并不是外在于权力的，而是与权力共生的，只要存在着权力就存在着反抗的可能性。所以，哪里有权力，哪里就有反抗。

学生之所以无法对学校教育中的国家意志全盘接受和内化，其中既有理解本身的原因，也有信息在传播过程中的异变，但还有一个非常重要却经常被忽略的影响因素，那就是学生对国家控制的有意抵制。学校所传授的以一种占据优势地位的"文化普世主义"为信念的知识内容，具有一种强权的诠释和规范的意味。"用诠释的方式说，它认为社会的所有人民都想接受这种价值观、体制和文化，那他们便会成为'错误意识'的牺牲品。用规范方式说，这种普世主义信念断定人民都应当信奉这种价值观、体制和文化，因为它们包含了高级、进步、理性、现代和

---

① 转引自胡春光《学校中的规训与抗拒》，博士学位论文，华中师范大学，2007 年，第 163 页。

文明的思想。"①然而，这种信念必定会在多元文化并存的社会里遭到不同形式的抵制。例如，威利斯（Willis）在《学做工》中刻画的以"抵制"为核心的工人阶级男性的"反学校文化"，即以民族志深度描写的方法记录了学生尤其是来自社会底层学生通过"抽烟喝酒、逃学旷课、挑战教师权威、觉得学习无聊乏味、却对打工挣零花钱兴趣盎然"甚至"自我放弃向上流动的资格（Self - disqualification），自愿从事工人阶级的体力劳动"等方式对国家试图灌输给他们的知识系统进行的反抗。

　　那么，何为抗拒呢？批判教育学者吉鲁认为："抗拒理论最重要的假定是劳动阶级的学生不仅仅是资本主义的产物，唯唯诺诺地屈服权威的教师与学校的命令，预备他们成为失去活力的劳工的生活。相反的，学校再现了一个挑战的领域，不仅是在结构与意识形态上的对立，也受到学生集体性的抵抗。"②因此，抗拒被定义为："抗拒行动的本质与意义必须被定义到发展马库斯（Marcuse）所谓在所有主体与客体的领域中，对感官、想象与理性解放承诺之可能性的层次。"③福柯强调权力与抗拒是同时存在的，因此，对权力的抗拒不应仅从压迫层面来了解，而应着重于抗拒主体对日常生活的抗争（everyday life struggle）层面来剖析，即从抗拒的主体——草根性的层面来研究权力。

　　莫诺斯与迈克凡登（Munns & Fadden）采用威利斯的文化创生概念，认为抗拒是一种对社会地位的觉察，导致处于文化劣势的一方寻求创造新型文化来作为对其处境的回应。他们指出抗拒的情况来自两种因素；一是学生在学校教育中感受到的无助感（Powerlessness），失败的学校经验让他们觉察到学校的教育活动使他们深陷挫折；二是学生逐渐意识到学校教育并非为他们着想，相反整个学校体系似乎都在预期他们的失败，在这种文化氛围下促成他们抗拒学校的态度。④

　　①　［美］Samuel P Huntington：《文明的冲突与世界秩序的重建》，周琪译，新华出版社1998年版，第358页。

　　②　Giroux, H. A. " Theories of Reproduction and Resistance in the New Sociology of Education: A Critical Analysis. " *Havard Educational Review*, 1983, 53（3）. pp. 257—293.

　　③　Giroux, H. A. *Theory and Resistance in Education: A Pedagogy for the Opposition*, *South Hadley*, MA: Bergin & Garvey. 1983, p. 108.

　　④　Munns, G. & McFadden, M. G. " First chance, second chance or last chance? Resistance and response to education. " *British Journal of Sociology of Education*, 2000, vol. 21（1）. 转引自胡春光《学校中的规训与抗拒》，博士学位论文，华中师范大学，2007年，第16页。

　　阿普尔则指出，学生并不仅仅是学校试图传播的思想的"载体"。相反，因为文化是一种"活"的过程，学生"以经常有悖于学校盛行的规范和态度的方式进行创造性活动"。他提供了以下"创造性"活动的例子。① "在城市学校和工人阶级学校，且不提其他地区的学校，许多学生创造性地适应周围的环境，这样，他们便可以吸烟、逃学、嬉笑打闹，悄悄地控制课堂生活的节奏，并且整体都想这么混下去。更有甚者，这些学校的许多学生干脆不上学校所开设的一切课程。他们尽可能冷落数学老师、历史老师、职业课和其他课程的老师。他们也尽量拒绝接受严守时间、穿戴整齐、服从指挥以及在经济生活中其他更加根深蒂固的价值观方面的隐性教育。这些学生的真正任务就是等着下课铃响。"如此，学生形成了学校系统内部的反抗力量，对学校权力（实际上是国家权力，此时的学校是国家意志的代表和象征）具有抵消作用。但阿普尔同时强调，我们绝对不可坚持"过分浪漫主义的观点"。我们应该记住，尽管有人进行抵制，权力的分配仍然是不平等的，"斗争和冲突也许确实存在，但这并不意味着斗争的成功"。

　　伍德提出，学生在刚刚入学的时候通常会对学校所提供的目标与方法抱积极的态度，但是到了后来，逐渐地区分为"考试"和"不考试"的两种团体，各自朝向遵从与不和谐的适应方式去发展。他也提出了三种抵制型的学生类型：退缩主义者、不妥协者和反叛者。② 从师生互动的微观层面来看，抗拒被视作对师生互动与学校情境不满的表现。沃克（Walker）等人指出学生学校经验的成败、对学校态度的差异，常是教师期望与标签的结果。③

　　麦克兰伦（Mclaren）（1985）还区分了两种抗拒的形态：积极性与消极性。积极性的抗拒通常会展现出明显的意识，学生企图干扰教师的教学或破坏学校建立的规范，公开挑战权威；消极性的抗拒则是学生以一种潜在或隐蔽的方式对抗学校主流秩序的规范，通常无明显的意图性。为了避免惩罚，通常抗拒会以非正式的秘密形式进行。消极性的抗拒仪

　　① ［英］戴维·布莱克莱吉、巴里·亨特：《当代教育社会学流派》，王波等译，春秋出版社 1989 年版，第 198—199 页。

　　② Woods, P. *Sociology and the school.* London：Routledge & Kegan Paul, 1983, p. 90.

　　③ McFadden, M. G. "Resistance to schooling and Educational Outcomes：questions of structure and agency." *British Journal of Sociology of Schooling of Education*, 1995, vol. 16 (3).

式也常以班级丑角（Class Clown）的面貌出现，表面上充满诙谐逗趣的表现，借由干扰教室惯常的规范或嘲讽式的言行，作为对无聊学校生活的抗议。麦克兰伦指出，学生会以违规犯错等偏差行为，作为一种抗拒的代表仪式。一些常见的行为包括：展现男子气概的肢体碰撞推挤、上课时和其他学生讲话、托腮面露不耐、对教师怒目相视、未经允许闯进学校禁区、故意拖延教师指派的作业或其他任务、打架斗殴、奇装异服等，他认为这些抗拒仪式与劳工阶级学生的"街头文化"有着高度联结的关系。[①]

学生的抗拒还类似"抵制论"的代表法国学者德·塞尔杜（de Certeau，1984）在《日常生活的实践》中分析法国农民运动一样，必须从隐蔽的档案（Hidden Transcripts）里探究，才能看出其隐匿的手法。他们表面上不与宰制结构起冲突，但是私底下却巧妙地达到抗拒的目的。德·塞尔杜将抗拒区分为两种层次：一种为公开宣称的抗拒形式，另一种为未公开宣称的抗拒形式。他提出了策略（Strategies）和战术（Tactics）这两对概念，它们分别代表着拥有权力的强者与弱者，强者运用策略，体现分类、划分、区隔等方式以规范空间；而弱者却以游逐不定的移动来对抗区域化，这种方式他称之为战术，是一种对以强权为后盾所进行空间支配的拒绝与批判。[②]在日常生活中，大众经常采取后一种方式避免与统治者直接面对面的激烈冲突，用间接、迂回、偷袭式的"权且利用"的战术，抗拒强大的压迫体制，包括那些施加到他们身上的礼仪、规则、权力和话语，甚至统治者的控制策略也被大众反其道而用做抵抗的资源。

德·塞尔杜将大众的这种抵制战术称之为"游击战"（Guerrilla Warfare），[③]是"一种'弱者'在'强者'建立的秩序中存活的巧妙诡计，是在抵守自家的地盘上，凌驾其上的艺术；是猎人的窍门；是机动变化、令人喜悦的、充满诗意的战争探索"[④]。在学校场域中，学生经常实践着上

---

① Mclaren, P. L.（1985）. The ritual dimensions of resistance: clowing and symbolic inversion. *Journal of Education*, 167（2），pp. 84 – 97. 转引自胡春光《学校中的规训与抗拒》，博士学位论文，华中师范大学，2007年，第16页。

② 何雪松：《社会理论的空间转向》，《社会》2006年第2期。

③ 陆杨、王毅：《大众文化与传播》，上海三联书店2000年版，第122—132页。

④ 转引自练玉春《论米歇尔·德塞都的抵制理论——避让但不逃离》，《河北学刊》2004年第2期。

述微观层面的斗争技术。学生对于附加在自己身上的种种规训，表面上象征性地服从，实际上却总会想出各种策略进行抵制，这些抵制技术以日常生活中的种种身体行动直接表现出来，这个过程正是德·塞尔杜所说的"日常生活的游击战"①。因此，抵制并不是一个被动的防卫性的战术，它同样具有进攻性。

从上述对抗拒和抵制的阐释中我们看到，抗拒的潜力一方面来自于主体对结构的抗力，另一方面来自主体认知解放的过程。它不仅表现在主体对立的行动上，还表现在主体抗拒的话语层面上；不仅是主体从身体上进行的肢体的抗拒，同时也是主体从心理上进行的精神的抗拒。学校是一个充满矛盾的场所，它既再生产更大范围的社会，同时也保留了抗拒学校和社会的统治逻辑的空间。

第二节　学生的抵制策略

少数民族学生通过学校教育的阶梯脱离乡土社会、成功地进入都市主流生活的毕竟是极少数，大多数少数民族学生在离开学校后，依然面临着回归民族社区或者外出打工的境遇。学校作为一种现代化的拉力，一方面加速着村落社会出离传统的进程，另一方面也带给部分个体极大的不适、约束与失落感。②这些个体必然会以各种方式表达他们对学校教育的愤懑。我在深入当地学校调查时发现，在学校中持有抵制态度的学生，大都是被学校编入后进班级，地位被剥夺的学生。这一点在有关学者的研究中也得到了证实。③埃克特还指出："那些被疏远的学生希望在学校里学什么？他们是怎样被边缘化的？……（他们认为）学校是接受不相干知识的中心。

---

① 胡春光：《学校中的规训与抗拒》，博士学位论文，华中师范大学，2007年，第16页。

② 冯跃：《教育的期待与实践——一个中国北方县城的人类学研究》，民族出版社2009年版，第187页。

③ 根据雷司（Lacey）与哈格瑞夫斯（Hargreaves）的学生次文化研究发现，编班制度影响学生的自我概念与次文化发展，形成支持与反对学校的两种极端风气。在学校里，优异的学业表现就是"成绩"，这足以显示学生的社会地位。他们认为反抗学习与规范的学生，主要是因为学业成绩不佳，被编入后进班级，这等于剥夺获得肯定与赞赏的可能，学业失败等于地位剥夺，于是学生们发展出反学校的犯罪次文化。参见黄鸿文《学生次文化：研究、理论与方法论之检讨》，《台湾师范大学社会教育学刊》2006年第23期。

他们拒绝学校的规章制度，认为这些规章制度没有为他们提供'富有意义的经历'。"[1]他们有足够的理由来支持自己的反抗。在调查中，被学校打入"冷宫"的九（1）班逐渐进入了我的视野。当然，其他班也存在抵制的现象，只是其抵制的强度和广度远不如九（1）班，所以我权且用九（1）班作为研究抵制行为的对象。经过对这个班长期的观察和访谈，结合已有的相关研究，我将他们的抵制策略大致分为六种。下面对这些策略分别予以阐述。

一　"集体失语"策略

声音是一种权力的隐喻。在课堂教学中，教室是一个充满权力的空间。在这个权力的空间里，不同的文化与不同的声音在这里碰撞、角逐、博弈与抗衡。教室里的声音充分展示了各种不同力量的较量。吉鲁（Giroux）指出，声音意味着倾听与注意，相互对话过程的主要原则是人们能在特殊的社会情境中去发音、去扮演，而声音的内涵指涉着人们参与论辩的想法，人们就借此了解自己、倾听自己，并在世界中找到自己的位置，而决定参与的行动。[2]

我在石龙中心校听课的过程中，发现九（1）班很多课堂是"静寂"的。[3]学生是沉默的，老师只是声音世界里的"独行者"，没有人在乎老师在说什么，也没有人参与到老师的声音中予以对话的支持。学生在自动放弃了自己参与论辩的权力，即使老师期待通过倾听他们的声音去了解他们，倾听他们，他们也完全以沉默的态度来应对，形成"集体失语"。这种"集体失语"看上去学生好像处于弱势，失去了话语权，整个课堂全由教师来掌控。但实质上，在教师再三要求甚至渴求学生参与到教学对话中时，学生的"集体失语"是对课堂和教师的一种反抗，是对教师授课内容的不屑，是置教师于一种尴尬境地的回应手段。这种抗拒虽然无声，却有着极大的杀伤力。"集体失语"给教师在课堂上造成的压力绝对不亚于与教师的直接交锋，它对教师造成的失落感和挫败

---

① ［美］丹尼尔·U. 莱文、瑞依娜·F. 莱文：《教育社会学》，郭锋、黄雯、郭菲译，中国人民大学出版社 2010 年版，第 134 页。

② 陈美如：《多元文化课程理念与实践》，台北师大书苑公司 2000 年版，第 92 页。

③ 欧群慧、滕星：《"静寂的课堂"——一项民族志研究》，《广西师范大学学报》（哲学社会科学版）2010 年第 4 期。

感远远胜过个别同学所犯的错误给老师造成的困扰，它让教师对自己授课的能力感到怀疑、沮丧甚至失望。这是一种集体的共谋，是班级成员不谋而合的抵制和抗拒，是抗拒者为了谋求自己的生存而采取的一种被动却极有效的策略。

根据我的课堂观察，我发现九（1）班学生的"集体失语"只有一小部分是无意而为之的，也就是当他们真正不能回答老师的问题时，虽然也很想积极配合老师，进入到老师的声音中予以应对，却因为某种焦虑感和无助感而引起的失语。在课堂上，相当一部分的失语来自于学生的有意行为，尤其是在学生对课堂已经完全失去兴趣的时候。我把这种学生有意而为之的"集体失语"分为几种情况：第一种是由于学生的文化认同发生偏差以及普通话运用的不熟练而导致的"集体失语"；第二种是由于学生对老师的不认同导致了他们不愿意回答老师在课堂上提出的问题；第三种是学生对学习的厌恶和抗拒导致了他们在课堂上抱着一种无所谓的态度，以一种戏谑和调侃的心态，把自己置身于课堂之外来观看教师独角戏的表演而悠然其中。

2008 年 10 月底，我听了九（1）班的一节语文课，讲授的内容是《故乡》。这篇文章希望学生认识《故乡》所反映的社会现实和作者所要表达的思想主题并体会作者对故乡的深情。我本来是抱着很大的期望去听这节课的，认为学生肯定会非常感兴趣，课堂气氛一定十分活跃。语文老师兼班主任罗老师在对文章进行了例行的分析后，让同学们来讲讲对自己故乡的情感、故乡的变化以及对自己儿时同伴的描写。没有一个同学回答这个问题。罗老师感到有些失望，又换了一个角度提问："我们石龙乡是个少数民族乡，要热爱我们的故乡，首先要了解我们的故乡。有哪位同学知道我们布依族的民俗民居吗？"我当时想，身为一个少数民族学生，对自己民族问题的知识应该是非常渴望了解的。但是，课堂上一片静寂，所有同学都保持沉默。民居和民俗都是学生最熟悉的场景，然而，课堂上却没有我所预想的熟悉与亲切。事实上，罗老师所提出的每一个问题都变成了设问句，罗老师几乎以自问自答的方式完成了整堂课的教学。难道学生真的是不会回答老师所提的问题吗？他们成天生活在这个熟悉的社区中，难道对布依族的民居民俗真的一点都不了解吗？带着这种疑问，我在课下与几个同学进行了交流。

（访谈片段一）

研究者：刚才上课的时候罗老师提问有关布依族的民居民俗的问题，你们真的不会回答吗？

学生1：会一点，不想举手。

研究者：为什么不想举手呢？

学生2：我们班一般都没有人举手回答问题。

研究者：说错了也没有关系啊，老师和同学又不会笑你的。

学生3：同学些（其他同学）会觉得你冲（神气）得很。

研究者：那至少参与老师的讨论，学这些知识就会更深刻啊！

学生4：学会了这些有什么用啊？考试又没考这些东西。书上有的才考。

研究者：作为布依族的一员，你们至少要了解自己的民居民俗文化啊，老师在讲民族问题的时候，联系你们自己的实际情况也是很好的案例嘛。

学生2：我们也没觉得我们的民居民俗有什么特别的。我们也没看到过其他族的民居民俗是什么样的。

研究者：那至少你们该知道"三月三"、"四月八"等你们的节日吧？

学生1：知道啊，但是其他族不也过这些节日吗？我们这里的苗族也过这两个节日。

学生3：就是，我们哪知道这些就是我们布依族的民俗啊。

研究者：你们以前没从书上或老师那里了解布依族和其他族的不同吗？

学生3：没。不过我们从小就知道学校里讲的话和家里的没同。

研究者：那你们清楚你们和汉族的不同吗？

学生4：没。我们只知道汉族人口最多。我们布依族是少数民族。

研究者：那你们觉得有必要更多地了解自己族别的文化吗？

学生3：了解了考试又没考，了解了也没用。

研究者：你们真的认为考试就那么重要吗？胜过对自己本民族文化的了解？

学生2：我们班成绩本来就没好，班上只有几个想学的，（他们）

当然想学考试的东西了，没考试的学来没用。我反正没想考高中，老师讲的这些东西，我觉得听起好玩。

学生1：长大了自然就了解本民族的东西了，没必要现在学得累。

学生3：考试当然重要了。没考试让你上高中？

学生4：老师上课讲一些实用的、考试用得着的东西最好。

研究者：不管老师上课的内容是什么，都是为了实现教学目标的需要。你们要尽可能配合老师，这样对你们的学习和生活，不管是现在还是以后，都是会有帮助的。

学生1：刚才罗老师提问的东西书上又没有。如果书上有的话，我还可以照着念一下，书上没有的话，就说没来了（说不好了）。

学生4：让我用石龙话回答还可以，让我讲普通话还是有点困难。

学生3：你没听课的时候，我们都喜欢用石龙话回答问题的。今天是你听课，我们都没习惯。

学生2：是的。平时我们上课除了读课文，经常回答问题都讲石龙话的……

（2008年10月28日访谈记录）

　　当地的少数民族儿童从进入学校开始，就一直接受着城市主流文化的教育，他们很容易地就能发现学校和家庭社区的迥异。无论从使用的语言、还是课程的内容以及制度性学校内的规约氛围浓厚的校园文化，都让他们感到一种极度的不适应。在这样的氛围中，他们对自己的民族文化逐渐丧失了信心，也缺少想去了解自己民族文化的愿望。他们平时羞于讲土话（布依语）、不屑于穿民族服装、不愿意返回社区与村民沟通等，都反映了他们对自己所属的民族文化产生鄙视和自卑的心态。他们在谈话中流露出自己是"少数民族"，产生了"没必要现在学（布依族文化）"的心态。在与自己的文化完全疏离的主流文化场域中，在远离了他们乡土气息的课本中和课堂上，他们感到了陌生、孤独和自卑。他们以"集体失语"来表现自己的无奈与抗拒。他们习惯于用无声来武装自己，在阻止对方攻击的同时，也寻求一份安全感。他们躲在自己构建的堡垒之中，隐蔽和淹没在教师的声音之中，作为对他们感到陌生的课堂的一种消极回应。

　　此外，课堂上需要用普通话回答问题也让他们感到束手无策。他们对普通话的掌握及运用仅限于朗读课本上的内容，一旦脱离课本需要他们自己组织语言时，他们就会感到非常紧张，不知道如何表达。这实际上涉及到了两种不同语言的转换问题。他们虽然有一定的汉语基础，也会说当地汉语方言，但普通话毕竟与当地方言是两种不同的语言体系，他们并没有达到在两种语言之间熟练转换的程度。因此，课堂上回答问题必须用普通话的要求使得他们对自己完全没有自信，失去了回答问题的兴趣和信心。有学者通过研究我国其他少数民族指出，少数民族学生虽然经过小学几年的汉语学习，但少数民族学生在具体学习的思维过程是这样的：先用本民族语言思维，然后在脑子里翻译成汉语，再想办法用汉语表达出来。①这两种语言系统之间的转换对学生来说是很不轻松的一个过程。由于这种转换并不总是成功的，造成了学生为了寻求安全的心理环境起见，尽量避免回答问题的局面。如果教师允许学生先用自己的语言来解释他们自己的文化，然后教师再加以引导，最终让学生获得关于自己文化的真实知识，那么学生的学习效果必然会好得多，学生也会乐于认可和接受学校文化，从而有利于学校充分发挥教育的本性。

　　除了学生对陌生文化环境的抗拒外，学生对老师的不认同也导致了他们不愿意回答老师在课堂上提出的问题。这种不认同包括很多方面，包括不认同老师处理师生关系的方式和对待不同学生的态度，如老师偏心好同学、处理同学之间的事情不公平等；不认同老师的教学方式，如照本宣科、死气沉沉；不认同老师的学科专业水平和教师职业素养，如知识点的错误传授以及知错不改等恶劣态度。学生一旦对老师产生了某方面的恶感，也会导致学生在课堂上不愿意回答老师提出的问题，造成"集体失语"现象。

　　（访谈片段二）
　　研究者：今天早上英语杨老师上课的时候怎么没有人起来回答问题啊？
　　学生：她上课一般都没人回答问题。

------

　　① 钱民辉：《多元文化与现代性教育之关系研究——教育人类学的视野与田野工作》，民族出版社 2009 年版，第 280 页。

研究者：为什么呢？

学生：我们班同学都特别不喜欢她，上课都不配合她。如果有其他老师来听课的时候，就像今天你来听我们班的课的时候，我们就更不发言了。如果她问到哪个同学，都讲"没会"。

研究者：她哪些方面做得不好让你们这么不喜欢她呢？

学生：她在课堂上骂我们班是"垃圾班"，"废物班"，还说没哪个老师瞧得起我们班，有时候还打我们。

研究者：她为什么要这样说你们呢？

学生：还不是我们班好多人没会背英语单词，她就气得很，就骂我们。

研究者：老师处理问题的方式的确有些问题，但那也是老师为你们着急才口不择言的啊。老师如果改过不就行了？

学生：她本身也教得差得很，学校才派（安排）她来教我们班的。上她的课无聊得很，大家上课都没听（不听课）。

研究者：你们应该和老师好好沟通一下，让她知道你们对她的看法和希望。我想，如果她知道了，应该会考虑改的。

学生：算了，她只会变本加厉。我们班也没几个人想考高中的……

（2008 年 9 月 27 日访谈记录）

　　九（1）班的学生基本上都是全年级成绩最差的学生，他们并不期望通过学校教育进入到主流文化社会，因为他们父兄的经历已经告诉他们，学校教育的这条道路上充满了荆棘和坎坷，耗尽了家里的钱财后，换来的也许仍然是外出打工的命运，终日游走在农村和城市的边缘，永远都无法进入到城市。因此，他们在学校就是混日子，逃课的学生很多，能准时准点地在教室里上课的学生都属于他们班的"好学生"。但是，即便是这些课堂中的"好学生"，也几乎从不参与课堂活动。他们在课堂上或睡觉、或看从街边租来的小说、或传纸条、或折纸、或发呆、或看热闹，几乎没有学生在回应老师，对老师的提问有所反应。"点名提问"本是老师惯用的杀手锏，但是，在这个班却一点作用也不起。学生站起来要不就一直低着头沉默，要么就说出些什么让其他人哄堂大笑的话来。所以，老师也尽量不用点名提问的方式。每当老师提问的时候，也是班上最沉寂的时候。

学生会暂时停下手里的活儿，装作认真思考的样子，一旦老师自己解决了问题后，学生又各干各的事了。有些着实入神于自己世界里的学生在这寂静的时候如果被老师抓住的话，又少不了老师在课堂上的一番训斥，训斥之后是更加沉寂的课堂，只听见老师一个人的声音在课堂里回荡着……每次这样的课堂总让我感到非常失望，因为我深深地为那些流逝不复返的时间而痛惜着，也为这些孩子的命运担忧着。这种课堂上的"集体失语"实际上只是学生对自己未来命运的一种无言的抗争，他们知道自己无法在学校教育的道路上继续走下去，就通过这种消极抵抗的方式来发泄自己的不满与愤懑。

一次下课后，物理老师无奈地告诉我："今天的课还算好的，起码还上得下去，讲小话和做小动作的人不多。可能今天是你来听课的缘故吧。要是在平时，这个班的课是很难上下去的，一节课的时间要花半节多课的时间来管纪律，一节课根本上不了多少内容。（3）班（九（3）班）的课程早就结束了，已经在进行总复习。这个班的课一直拖不走，到现在都还没上完……他们这个班大部分不想考高中我大概知道一些，但我作为老师，是肯定要把自己的责任尽到的，班上哪怕是只有一个人想学习，我都会认真把课上完的。"的确，物理老师性格温和，他用在这个班的有效时间几乎只有课堂时间的一半，学生要么就是沉默不语，要么就是一片混乱。学生沉默不语的时候通常都有校长或教导主任听课，这种听课与其说是与教师的教学探讨，还不如说是在纪律上的"压阵"，是校长与教导主任与任课教师的一种"共谋"。我曾听校长告诉教导主任："九（1）班的课你要经常去听一听，要不这个班纪律太差，连课都上没下去。"不过，一旦有校长或教导主任或别的老师听课，学生就会产生"集体失语"现象。

"集体失语"是九（1）班学生在面对自己遭到学校和教师不公正待遇时的一种回避退让，是一种与命运抗争的被动的抗拒。这种未公开宣称的抗拒形式以一种隐匿的方式进行着，通过对以学校和教师为强权所进行的空间支配的拒绝与批判，他们间接而迂回地对学校教育空间中的强势权力进行了有力的回击，成功地完成了他们抵制的目的。毋庸置疑，学生的抵抗是有效的。正如雅斯贝尔斯所言，"假如学校里游荡着权威的幽灵，对此学生也不反抗的话，那么，权威的思想将深深地印在他们稚嫩可塑的本质里，而几乎不可变更。将来这样的学生在下意识里只知道服从与固执，却不懂得怎样自由地去生活"①。当九（1）班的学生意识到权威对自己所带来的压力和伤害时，他们毫不犹豫地进行了抵制。虽然影响的范围和力量有限，但毕竟对于他们来说，这不仅是一种反抗权威的尝试，更是一种抵制意识的萌生。无论对于暂时改变他们的不利处境还是警示学校和教师正视他们的境遇，都是积极而有效的。在有压力就有抵制的世界里，"集体失语"正是对学校教育体系的不满与批判，是质疑、反抗权威的开始。

二　权宜策略

"权宜性"（Contingence）主要是突出行动者策略的选择。②一般来说，九（1）班的学生在面对与家庭和社区截然不同的学校管理制度时，并没有采取协调一致的反制度（结构）的集体行动，他们的反应无一不是"权宜之计"地采取某种关系行动以追求其自我利益。实际上，依照中国人的自我行动逻辑，人们对无效的正式制度的反应，首先并不是去组织某种反制度的集体行动，而是会采取某种权宜性的关系行动，以最小成本谋求改善自己的处境或增进自己的利益。"每个人在自己的生活中、工作环境中、家庭中，都面临着如何对权力作出反应的问题，反抗就由人民自己在日常社会实践中进行，而不再仅仅依赖某种完全集中化的、系统化的方式。"③因此，"以关系行动的方式绕过制度或重建一种适宜的非正式制度，成为中国人谋求生存与发展的独特样式"④。

采用这种策略的学生一般并不表现出与学校规范相冲突的行为，他们佯装认同学校和教师提供的规范，并能遵守有关规则，但是他们这样做的目的在于逃避惩罚。这类学生在表面上并没有反抗和抵制学校教育的行为，但他们对于规范的遵守仅仅是敷衍了事，在心理上根本没有认同教师和学校的要求。他们几乎不旷课、不迟到，但他们根本不在乎学校教育的好坏，对于考试成绩也不十分看重，因为是否取得好的分数对于他们没有意义。他们经常在学校和班级管理的边缘地带悄无声息地进行与学校相暌

---

① ［德］雅斯贝尔斯：《什么是教育》，邹进译，三联书店 1991 年版，第 56 页。

② 详见 ［英］安东尼·吉登斯《社会的构成》，李康、李猛译，三联书店 1998 年版，第 144 页。

③ 杨善华主编：《西方社会学理论》，北京大学出版社 1999 年版，第 415 页。

④ 汪建和：《自我行动的选择》，《社会》2006 年第 3 期。

违的反教育行为。即使他们的一些小错误被教师发现，他们也能以一种"知错就改"的积极态度，获得教师的谅解。这类学生在教师的心目中，并不以"抵制者"的身份而存在，相反，他们通常会被教师认为是比较服从学校管理的学生，即使偶尔出点差错，教师也认为情有可原，对他们采取宽容的态度。

柏忠情是一个很聪明的女孩子，长相也十分清秀。她在甲壤小学读完四年级后，转到中心校就读五年级。小学毕业后，她顺利地进入了中心校的初中部。进入初中后，柏忠情寄宿在场坝的姨妈家，经常有机会接触到在外打工的表哥，视野较以前开阔了不少。自从表哥告诉她"外面的世界很精彩"、"外面的钱很好赚"后，①柏忠情最大的愿望就是能出去看看外面的世界。对于当地的少数民族女孩子来说，能够走出大山就是她们最大的心愿。即使是通过外出打工的方式走出大山，她们也同样期盼。

访谈片段：（九（1）班教室）

研究者：你表哥经常给你说外面的世界很精彩，你想不想去外面看看呢？

柏忠情：当然想了。只是我现在还在读书，家里老人说等我读完初中再说。

研究者：等你考上高中后，再继续考大学，不也可以到外面的世界了吗？

柏忠情：我？考大学？想都没想过。我们班怕想过的人很少。大家都是打算先读到初中毕业再说，（想上高中的人）最多也就是读个职高了。

研究者：那你又怎么能够到外面去呢？

柏忠情：打工嘛，我们寨子里像我这么大的，好多都已经出去打工了。她们每年过年都要回来，一千多块钱一个月，还包吃住呢。

（2008 年 9 月 18 日访谈记录）

柏忠情对外面的世界无比向往，内心焦躁不安地期待着能够走出"山沟沟"，开开眼界。从她的课堂表现上，我也能看出她对学习并不那

---

①　在与柏忠情的访谈中，她提到了表哥曾给她说过的这些话。

么上心。但是，为了不惹父母和老师生气，她表面上还是很"严于律己"的——从不迟到、不旷课，作业也能按时交（有时抄别人的），对老师布置的任务也尽量完成或找同学代劳。实际上，她的心早已不在学校、不在课堂了。

　　　　研究者：刚才数学课上，我看到你在看小说，你不觉得在浪费时间吗？
　　　　柏忠情：（直白地表示）是有点浪费时间。不过，我上课也听没懂，也不能逃课，只能用这种方式来打发时间了。
　　　　研究者：你不怕数学老师发现后告诉班主任吗？
　　　　柏忠情：不会的。数学老师眼睛不太好，看不清我是在看小说，还以为我是在看数学书呢。

　　　　　　　　　　　　　　　　　　　　　　（2008 年 9 月 19 日访谈记录）

　　柏忠情的这一招充分体现了她的"聪明"。一般来说，她除了班主任罗老师的语文课和号称"母老虎"的化学老师的课堂上佯装听课外，其他的课她都是"似看听课状，实则看小说"。尤其是在性格温和的物理老师的课堂上，她更是一边看小说，一边听表哥送给她的 MP3。柏忠情属于班上那种并不起眼的中等学生，因此老师对她也不太关注。我在九（1）班听课期间，从不曾看到柏忠情在课堂上和老师有过任何互动。她那种默默无语，低眉顺眼的样子，实则是一种无声的反抗和消极的求学状态。甚至是她的眼里，学校只是一个虚无缥缈的世界，根本不及小说里的那般浪漫迷人。柏忠情真真正正地成了学校管理生活中的"游离"物质。这些"角色游离"的学生刻意和假装扮演着他们作为学生的角色而没有内心投入，进入了"游离"的境界，忘记了他们"理所当然"的世界。他们虽然是学生，但完全把自己当成了局外人，忘记了学生所应该负有的职业和义务，整日生活在一个没有目标的模糊世界中，这种"游离"具有明显的内隐性。[①]根据我的观察，在九（1）班，像柏忠情这类的学生，为数并不少。

　　当然，学校生活并不总是一帆风顺，"游离"态的柏忠情也会遭遇到

---

①　徐金海：《透析制度化教育下学生抗拒的合理性》，《教育导刊》2010 年第 3 期。

一些意外，她也总是能从容地解决这些突发事件。某一天早上的第三节语文课上，已经连续看了两节课小说的柏忠情想换一种方式"休息"一下大脑，便拿出前一天晚上没有绣完的十字绣开始摆弄起来。可是，她的举动正好被来班上交代事情的班主任罗老师看见了。于是，柏忠情被带到了罗老师的办公室。还没等班主任开口，她就已经泪眼汪汪，泣不成声了。

> 柏忠情：（做出懊悔的样子）老师，我错了。我真的错了。我不应该在语文课上做这种事情。我愿意接受惩罚，老师，你不要再生气了。
>
> 罗老师：（很生气）你既然知道不该做，为什么还要这样做呢？
>
> 柏忠情：明天就是教师节了。我本来打算送一幅十字绣给你的，可昨天晚上作业太多，还差一点没绣，我就想在第三节课把它绣好，在第四节课送给你，没想到……
>
> 罗老师：（语气缓和下来）可也不能在上课的时候绣啊！
>
> 柏忠情：（真诚地）是的，老师，我知道错了。我愿意打扫教室一星期。
>
> 罗老师：（平静地）好了，好了，地就不用扫了，以后不要再犯同样的错误了。你先回教室吧。

（2008 年 9 月 9 日观察记录）

一场风波在班主任的从轻发落中悄然落幕。柏忠情机敏地利用了教师节这个契机，尽量转移老师的话题，把大事化小，小事化没了。她不但成功地避免了惩罚，还有机地拍了班主任罗老师的"马屁"，攻破了班主任严惩违纪学生的防线，从而把班主任对她的惩罚降低到最低限度。但是，并非所有的"游离态"学生都如柏忠情一样幸运。他们只得老老实实地像犯人一样在白纸黑字上留下"犯罪"的笔录——检讨书，从而留下了一个可供老师和家长翻旧账的依据。但是，检讨书大多不能实现既定的目标，起到规范教育学生的目的，反而会成为学生抗拒教育的有效策略。正如学生中流传着的一首顺口溜：

> 检讨书，检讨书，
> 检讨以后不读书。

不读书，不读书，

争取出门去打工。

打完工，回家中，

砌间大屋喝两盅。

检讨书一：对上语文课任意换位置的检讨书

敬爱的罗老师：

我是你的学生谭年风。现以（已）深夜，我怀着无比奥丧（懊丧）的心情给你写下这份检讨。首先，请接受我真诚的道歉。同时，也请老师体亮（体谅）我沉重的心情和原谅我的年少轻狂。语文课的我确实换了位置，与第三排的莫能应换的。可我换位置是有原因的：

第一，我习惯性地在语文课上做些其他作业，但由于坐在第一排，十分不便，经常会被老师发现，为了怕老师生气，我就换了座位。

第二，我今天的心情非常不好，可能是生里（生理）问题，也可能是心理问题，总之，思维像脱缰的野马。

第三，坐在第三排，我可以和金天平交流一下不懂的知识，他可以帮助我。

诚然，我知道换位置是错误的，给班级管理带来了很大的麻烦，但我并没有影响到其他的同学，所以希望老师重（从）轻发落。我保证今后不再乱调位置，多为别人着想，决（绝）不再自私自利，以全班同学的利益为重。

学生：谭年风

2008 年 11 月 18 日

检讨书二：关于在数学课上传字条的认识书

尊敬的班主任大人：

希望你展信颜开。今天我在数学课上写纸条，传纸条，这完全是我的不对，这种事情是小儿科的游戏，作为一个 16 岁的初中生，我真是胡涂（糊涂）到了极点。我真心悔过，干原（甘愿）自罚跑操场十圈（据其他同学说写检讨者是校运会上的长跑冠军）。唯一的期望是班主任大人不要生气，不要动怒。你知道的，气大伤身，火大伤肝。

亲爱的班主任，我知道你很生气。上课我不认真听讲，还传纸条，影响了其他同学，我真的错了。我的父母都是老实本分的农民，他们一直希望我好好听话，好好学习，前几天我妈妈还生病了。所以，肯（恳）请老师原谅我这一次。我保证不会在（再）有下一次了，忠（衷）心乞求得到你的宽恕。

爱你的学生：罗容仪

2008 年 9 月 16 日

斯考特指出，不论公开舞台显得多么和谐，强势统治并不能彻底控制弱势群体。反抗依然存在，问题是如何发现反抗。这种反抗并不限于游行、抗议、示威等公开斗争的前台戏码，而是表现在日常生活中那些哪怕是明显接受统治意识形态的行为之中。弱势群体公开接受统治者为他们描述的合理现实，并不等于他们成为丧失了能动主体意识的傻瓜。布希亚也认为，大众被动式的抵制策略是一种更重要的抵制策略，表现在课堂上的行为是：学生表面上对教师的"权威毕恭毕敬，作出认真听课的样子，实际上两耳空空什么也没有听进去"[①]。"这就是意义上的拒斥和抵制，是把系统传递过来的意义像镜子般折射回去，不作吸收。这一看似被动的不抵抗策略较之课堂中的一些同学的瞎嚷嚷，委实是种更为重要的抵制策略。"[②]

在学校的日常生活中，学生的这种权宜抵制策略无处不在，面对制度结构的繁琐和强压，学生在日常生活中时刻都会产生抵制行为，寻找属于自我行动的空间。学生在学校生活中所展现出来的顺从仅仅是被强制性权力与惩罚所禁止的产物。对于他们而言，顺从行为的产生基于权力的压制，而并非他们内心的信念与价值观。"当他们感受到权力在压迫他们时，这些学生将会服从权力与惩罚，换句话说，如果他们感受到他们做一件事而不会被逮到时，他们将会做，而不是理会过去因为相同违反被惩罚的经验。"[③]他们通过犯一些小错误来发泄他们长期苦闷学习的压抑，抗拒

---

① 陆杨、王毅：《文化研究导论》，复旦大学出版社 2006 年版，第 295 页。

② 同上。

③ Corrigan, P. (1979) Schooling the Smash Street Kids. London：Macmillan. pp. 65，57. 转引自胡春光《他们为什么是"捣蛋"学生？——对三名"捣蛋"学生的教育社会学解读》，《教育学术月刊》2010 年第 9 期。

被支配的地位，从而在心理上获得一种颠覆权威的满足感。

三　假发策略

德·塞尔杜（de Certeau）认为，学生在课堂上经常采用"假发"策略，来对付教师的控制。他们用各种涂鸦、小动作等伤害自己物品或者其他同学的方式，挑战着某种课堂的压抑和反抗。然而，正是这种反抗避免了马尔库塞所说的"内心向度被削弱"的命运，[①]是一种具有生产意义的抵制策略。比起采取权宜性策略的学生来说，他们抵制的方式更加主动，也更加激烈。教师能明显感觉到他们的抵制，并将他们列入"另类"的名单。

罗万强是班上一个长得很不起眼的男生，个子十分瘦小。每天上课因纪律问题被点名批评的学生中，经常都有他；每天下课后在教室里疯跑打闹的学生中，也必定会有他。他上课时从不参与老师的课堂互动，即使被老师点名起来回答问题，也是一言不发。我曾问过他为什么上课总是不回答问题，他只说了三个字"我没会"。上学期，他的考试成绩在班上排名倒数第三，6 门主要科目中，就有 5 门不及格（只及格了语文）。其中数学 26 分，英语 14 分。

罗万强的父母都在浙江打工，与他们一起去的还有他的妹妹。家里只剩下罗万强的爷爷奶奶。每个月罗万强的父母都会按时寄钱给罗万强，有时还会寄些学习用品回来，希望他好好读书。但是，由于父母不在身边，爷爷奶奶又疏于管教，罗万强便经常用父母寄来的钱进游戏厅打游戏。被班主任老师发现后，受到了严厉的批评。随后不久，乡政府对乡里的游戏机室进行了整顿，查封了好几家游戏厅，罗万强才没有再去打游戏。但他对学习没有任何兴趣，留在学校的目的仅仅是为了混日子。[②]罗万强对学校生活不感兴趣，对老师和学校的目标也不认同，[③]但他一般不直接与教师发生正面的对立。因为对于他来说，要采取激烈的对抗总要付出一定的代价，他根本没有足够的力量与老师抗衡，如果要反抗的话，情势对他反

---

① ［美］赫伯特·马尔库塞：《单向度的人》，刘继译，译文出版社 2006 年版，第 7 页。

② 笔者与班主任罗老师的访谈记录。

③ 自从罗万强被分到九（1）班以来，就一直很不满意学校的分班方式，笔者经常听到他对此事的牢骚。

而不利。所以，罗万强常常以各种各样的方式来表示对教师和学校的不满。下面就是罗万强的一些学校生活片段。

片段一：抄袭作业

7：00：来到学校，放下书包，拿出语文作业，匆忙地写完后，又向同桌借了其他科的作业来抄。

7：30：语文早自习开始了，教室里读书的人寥寥无几，很多学生都在赶作业，包括罗万强。他在赶作业的同时，还请同桌代他做化学作业。班主任罗老师走进教室，他急忙把其他同学的作业放进抽屉里，发出了一些声响。罗老师看了看他，没理会。

8：00：学习委员开始收作业。罗万强也能在学习委员收作业时及时地把抄袭的作业交上去。

研究者：你为什么昨天晚上不写作业，要今天一大早来赶作业呢？

罗万强：我没会做。

研究者：那你怎么不问其他同学或者老师呢？

罗万强：……（沉默）。

（2008 年 9 月 16 日观察和访谈记录）

片段二：上课睡觉

上午第三节物理课。罗万强把课本立在桌子上遮住双眼，佯装看书，实则在睡觉。物理老师发现后走到他桌前提醒他，他懒洋洋地把身子立起来。物理老师走后五分钟，他又趴在桌上，不一会儿还发出轻微的鼾声。听到同学们的窃笑声后，物理老师再一次走到罗万强的座位边，把他从睡梦中叫醒，并让他站着听课，站起来的罗万强仍然耷拉着脑袋，没精打采。

研究者：晚上早点睡，第二天不就有精神了？

罗万强：我昨天晚上睡得不算晚，只是对物理课不感兴趣。不睡觉觉得挺无聊的。

（2008 年 9 月 17 日观察和访谈记录）

片段三：无聊的课堂

数学课上，声若洪钟的数学老师正陶醉在自己的讲解中。由于声音太大，罗万强睡不着。他嘴里含着一颗泡泡糖，嚼了一下，吹出一个大泡泡。又嚼了一会儿，又吹出一个大泡泡……如此反复数次，最终把泡泡糖从嘴里拿出来，粘在前面女生的发梢上，幸灾乐祸地笑着。

（2008 年 9 月 22 日观察记录）

片段四：课堂成为了战场

又是一节数学课。罗万强和最后一排的罗登明换了位置（目的是为了不太醒目）。和现任同桌玩起了"划拳"的游戏，谁输了抽谁的手背，这一游戏都在教师反过身在黑板上写字时进行。15 分钟后，罗万强觉得无聊，便和同桌在一张纸上开始了没有棋子的"五子旗"战斗，武器就是手中的笔。不明就里的老师还以为他们在演算题目呢！

（2008 年 9 月 23 日观察记录）

片段五：给老师起绰号

上课铃声已经响过了，教化学的莫老师还没到教室。教室里一片哄闹声。罗万强尖声尖气地喊到："海豚怎么还没来呀？哈，不来才好呢！"此语一出，顿时引来全班同学的哈哈大笑，很多同学还边笑边朝坐在后排的我诡异地眨眼睛。本来就喧闹的教室更是像炸开了的锅一样，乱得不可开交。莫老师来后，足足花了五分钟，才把课堂纪律整顿好，开始上课。

研究者：你们刚才为什么笑啊？海豚是莫老师吗？是你们给莫老师起的绰号吗？

学生 1：（笑）海豚的绰号是罗万强给莫老师起的，一提海豚，大家都知道是指莫老师。

研究者：为什么起这样一个绰号呢？

学生 2："豚"就是"臀"嘛，"海"就是"大"嘛，"海臀"就是"大屁股"嘛！

（学生的解释又带来周围的一片哄笑声）

（2008 年 10 月 14 日观察和访谈记录）

罗万强认为，学校是一个混毕业证的地方，他只希望等到个子长大些，再领个初中毕业证，就可以步他父母的后尘了。虽然他父母希望他好好学习，但是在他心里，考高中读大学是很缥缈的事情，远没有打工来得现实和实惠。在他看来，学校就是一个玩乐的场所，他在这个玩乐的场所中等待着外出打工。

　　研究者：你用这样的方式听课，不觉得浪费时间吗？

　　罗万强：反正我也听没懂，就算认真听也没用。基础太差了，都是八年级的老杨头害的……

　　研究者：那你这样下去，不准备考高中吗？

　　罗万强：哼，老师说了，就我这样的都能考上高中，那全班都能考上高中了。我来学校是来玩的，学校有很多同学，很多朋友，在家一个人，没有意思。

　　研究者：你父母辛辛苦苦在外面打工赚钱供你读书，你不好好学习，觉得对得起他们吗？

　　罗万强：我也觉得他们辛苦啊。如果我读了高中，考不起大学，他们才更辛苦呢。所以，我就选择放弃考高中了。我父母让我考个振华学校的职高也可以。

　　研究者：你上课这样，怎么老师也不管你呢？

　　罗万强：老师早就放弃我了，他们都说，只要我到教室来坐着不影响其他人，睡觉都行。

（2008 年 10 月 14 日访谈记录）

　　通过罗万强学校生活中的几个片段，我们可以看出，罗万强完全采用一种心理和行为都消极的态度来应付学校生活，通过各种方式体现他对学校和老师的不满和抵制。一般情况下，老师对他的这些行为往往采取视而不见的态度，双方在某些方面已经达成了一致的默契，倒也相安无事。从某种程度上来看，像罗万强这类学业不良的学生，早已被排斥在了老师关注的对象之外，成为老师心目中的"嫌弃儿"。当然，如果罗万强的行动实在触怒了老师，所有老师几乎都会用惯用的手段将罗万强驱逐于教室之外。对于老师对罗万强的惩罚，罗万强也不以为然。用罗万强的话来说"老师已经放弃我了，我也已经麻木了。""麻木"表面上看是罗万强被动接受的受控状态，实质上也是他抗拒策略的一种。"我们知道，无论是精神的，还是肉体的麻木，均可对人本身构成一种保护……弱者在受到惩罚而遭受痛苦的时候，麻木就是一种必要的保护措施，而这也意味着教师的惩罚效果失效。"①虽然罗万强最终被老师赶出了教室，在课堂中失去了话语权，但是，教师在实施了这个惩戒后，心里也不会感到畅快，毕竟被赶出教室的罗万强的下一步举措（或出走、或出事）让教师感到有些坐卧不安。虽然教师仍然在教室里上课，心里却时不时地要惦记那个被他赶出教室的学生。至此，教师的强势权力"在与弱者的对抗中独占上风，使后者屈尊于它的意志，但是这些被征服者虽然暂时屈从了强力统治，却没有认同统治，因此，这种状态肯定不会带来一种安宁祥和的气氛"②。

　　我们看到，作为他者和弱者，其实并不完全屈服于压制权力、规训机制的统辖，他们的反抗和抵制在一种小规模的违抗中得到了保持和延续。他们在接受宏大机制规训的同时，偷偷地、无声无息地突破了规训机制的防范。在利用这种策略为自己创造空间的同时，他们成功地对学校规训实行了"避让但不逃离"的战术。"弱势者所赢得的空间，都是来之不易而且难以守成的，但他毕竟被赢得，也毕竟被守护着。"③

　　我在九（1）班听课的过程中发现，数学老师总是让某两三个特定的同学上黑板做题，提问的范围也仅限于两三个男生和一两个女生。我在课下与数学老师交流时，曾问过他为什么很少甚至不提问其他同学，他说，"就算提问其他同学，也是在浪费时间，他们根本就没会。本来一节课的时间就比较紧，如果再让一些学生来浪费时间的话，课就讲没完了"。因此，在他的课上，总是只有那几个特定的学生听讲和回答问题，而其他学生，都在干着自己的事情，似乎他们并不是课堂教学的参与者，而是一个旁观者。当老师要求学生自己做练习时，没有几个学生是按照他的要求做的。他们中有的在传纸条、有的在打哈欠、有的在看小说、还有的在四处张望。整个课堂显得比较混乱。虽然老师会很快地在众多违规的学生中抓出一两个"害群之马"，并加以惩治，但是根本没有效果，惩治后不久，同学们又开始各干各的事了。不只是数学课，其他课的课堂纪律同样混

　　① 胡春光：《他们为什么是"捣蛋"学生？——对三名"捣蛋"学生的教育社会学解读》，《教育学术月刊》2010年第9期。

　　② 涂尔干：《社会分工论》，三联书店2000年版，第15页。

　　③ ［美］费斯克：《理解大众文化》，中央编译出版社2001年版，第47页。

乱。班上一个成绩比较好的女同学向我抱怨，"我们班除了班主任语文老师的课上纪律好一些之外，其他课简直就是一锅粥。班上同学上课讲话是家常便饭，想听课的同学根本就听不见。我真的很不想在这个班，想调班学校又没同意，只有让老师把我安排坐在第一排，这样上课听得清楚点……"

九（1）班学生普遍认为数学老师偏心，只关注几个好生，弃大多数学生于不顾。而且，他们还认为数学老师上课时完全以自我为中心，根本不允许学生充分表达自己的意愿，丝毫不考虑学生的感受，所以绝大多数同学把上数学课当成自习课来上。出于对数学老师的不满，班上同学曾在某一节数学课上，集体逃学。全班 48 名学生中，就有 37 人在网吧里上网，还有两人在宿舍睡觉，只剩下 9 个同学在教室里上课。事后，这些逃课的学生虽然受到了严厉的惩罚，但他们与我谈起这件事的时候，隐隐流露出一种"自豪"的感觉。由此可见，当学生的行为扩展为一种集体行为时，"假发"就成为了学生之间的默契，将个别学生的"假发"，扩展成为整个学生群体的共谋行为，从而形成学生之间更为紧密的团结。在"假发"策略的掩饰下，学生——这些处于循规蹈矩地位的被压制者，他们的力量得以积聚和增殖，并集体对教师进行抵制。当这种反抗的力量足够强大时，学校的所有控制和权威都显得无济于事、完全失去效用。如果教师和学校不对这种集体性的"假发"行为予以重视和关注，将会形成学生和学校以及教师之间更多的难以调和的矛盾，最终导致学校和学生的彻底对立。

四　戏谑策略

"好学生是用功的、服从的与柔顺的，捣蛋学生绝大部分是有问题的，因为他们相对缺乏秩序与服从的训练，在智力成就上缺乏兴趣，在家中他们缺乏增强以顺从学校的要求。"[①]这类"捣蛋"学生常常用玩笑、恶作剧等方式来对抗教师和学校的权威。制造笑料，寻找刺激和乐趣，甚至寻求暴力、打架滋事成为他们反抗教师的重心。他们的主要目的在于追求

---

① A. K. Cohen (1977) Delinquent Boys. London：Macmillan. p. 115. 转引自胡春光《他们为什么是"捣蛋"学生？——对三名"捣蛋"学生的教育社会学解读》，《教育学术月刊》2010 年第 9 期。

乐趣，不重视学校的控制规范和学业目标。他们很享受嘲弄老师的感觉，期待着通过在学校和课堂中制造麻烦来获得乐趣。"这种挑战甚至颠覆教师权威的行为能使捣蛋学生自认达到否定被他们支配的心理，同时嘲弄与挑战教师权威的抗拒行为产生相当程度的乐趣，此种乐趣心理与上述的心理满足使这些学生持续进行这些抗拒行为。"①

一天早上的第二节英语课刚上了5分钟，班长莫家雪就急匆匆地告诉班主任罗老师，教英语的杨老师被罗显治、罗登伟气走了。提到罗显治和罗登伟，罗老师显得也很无奈。

　　　　罗显治、罗登伟都来自甲壤村上院组，是一对"铁哥们"。他们不但在九（1）班有名，而且在全年级，乃至全校都是很有名的。他们共同的爱好就是常常用玩笑、恶作剧等方式，来对抗教师和学校的权威。他们常常以在课堂上制造笑料、寻找刺激和乐趣为荣。对待年轻的没有教学经验的英语女教师，他们更是采用肆无忌惮的方式来逃避学英语。昨天的英语单词听写，罗显治、罗登伟没有过关。昨天下午放学后，杨老师就把他们留下来重新听写。但是他们还是不过关，杨老师就让他们回去每个单词抄30遍，否则就不让他们上英语课。罗显治、罗登伟本来就对英语老师没有丝毫畏惧，自然就没有抄。今天的英语课之前，他们俩为了避免与英语老师直接发生冲突，就想了一个气走老师的办法：在黑板上画了一只小狗正在捉老鼠的图画，其用意十分明显，"狗拿耗子，多管闲事"。上课之前，我看见他们俩在黑板上乱画一气，以为他们又是在信手涂鸦，没想到他们是在借画画来嘲讽英语老师。出于研究者的中立立场，我也不方便予以制止。英语老师走进来，看到黑板上的图画后，顿了一会儿，就气呼呼地走出了教室。

　　　　　　　　　　　　　　　　　（2008 年 9 月 24 日观察记录）

这对大家公认的"活宝"弄出的恶作剧相当多。因为他们对学习不感兴趣，他们会用一些令人难以接受的行为来达到扰乱课堂纪律的目的。

---

① 胡春光：《他们为什么是"捣蛋"学生？——对三名"捣蛋"学生的教育社会学解读》，《教育学术月刊》2010 年第 9 期。

比如在老师的公文包里放进一条"四脚蛇"，把嚼过的口香糖粘在女同学的头发上，抑或把万能胶涂在黑板擦上，让老师与黑板擦"亲密接触"。

从罗显治、罗登伟的这些恶作剧行为中，我们不只看到了他们对老师的不敬，也看到了老师在对待他们方式上的偏差。英语老师对单词听写不能过关的罗显治、罗登伟经常恶语相向，骂他们"太笨"，"根本就不是学习的料"；数学老师和物理老师上课时从来都是当罗显治、罗登伟是"隐形人"，对他们不闻不问。如果班级纪律出现了问题，老师的眼神立刻就会犀利地指向他们所在的位置。虽然每次的纪律风波并不总是他们惹出的麻烦，但是，他们几乎每次都能与这些麻烦沾上边，从而受到老师或明或暗的批评。罗显治、罗登伟对此很不满意，他们干脆采取主动出击的策略，吸引老师和其他同学的注意。在他们看来，反正在老师眼里，他们已经是"问题学生"，还不如来点真格的，以免使他们的"活宝"身份变得徒有虚名。

数学课上，罗显治请假上厕所（听周围的同学说是去"磨刀"（抽烟）① 去了）。过了一会儿，罗显治回来了，罗登伟举手，说自己也要上厕所，看到数学老师一脸不悦的神色，罗登伟嘟哝着说："人都有三急嘛。"数学老师只好让他去了。罗登伟回来后，罗显治再一次举手，说刚才讲的题没太听懂（其实他根本没听），希望老师再讲一遍。罗登伟插嘴道："老师，我知道，我来回答。"结果他的回答是东拉西扯，"驴头不对马嘴"。这时的课堂气氛异常地"活跃"，整个教室都在一片哄闹之中，而"胜利者"小罗显治、罗登伟却在一边偷偷地乐着。在我听课的日子里，罗显治、罗登伟时常用这种"哗众取宠"的方式引起老师和其他同学的关注。

研究者：你们上课怎么不认真听课呢？其实认真听，或许还是能听得懂的。

罗登伟：我也坐着老老实实地听过课，可是真的听没懂。以前的基础没打好，没懂的地方实在是太多了。而且我就算是老老实实听课的时候，老师还是说我没认真听，我也管不住自己，所以我就懒得

① 八年级的语文课上，曾经学过一篇课文《台阶》，课文里把父亲吸烟称为"磨刀"。从那以后，班上的男同学就把吸烟称为"磨刀"了。

听了。

　　研究者：那也不应该扰乱课堂纪律啊？

　　罗显治：老是呆呆地坐着，岂不像个木头人了?!（笑）

　　罗登伟：（玩世不恭地）生活也需要一点"多姿多彩"嘛。

　　　　　　　　　　　　　　　（2008 年 10 月 28 日观察和访谈记录）

　　学校是一种规范——强制性组织，[①]为了促使学生能在最短的时间内达到学校的要求，出于效率的考虑，学校和老师经常采用一些常规的策略来管理和教育学生。尤其是当学生违反有关规定时，学校和教师会采取强制性的惩罚措施，甚至使用权威的形态来威胁、命令学生，对学生行为进行强制性控制，以此来维持学校的秩序和运作。学生在学校感受到这种强制性压力之后，通常会采取各种策略来抵制学校的管理，以摆脱学校的控制。于是学校、教师和学生之间的关系成为一种疏离的关系。罗登伟也曾经想认真听课，并且也实践过，但由于教师对他的刻板印象以及他的学习基础太差，终就没能成功地向教师心目中的"好学生"的标准迈进。按照罗登伟的说法："我也坐着老老实实地听过课，可是真的听没懂……而且我就算是老老实实听课的时候，老师还是说我没认真听，我也管不住自己，所以我就懒得听了。"罗登伟其实也或多或少地进行了一些教师期望目标的表面的尝试，但因为各方面的原因，最终无法取得进展。随着教师对罗登伟等学生的期望值水平的不断降低和师生关系的疏离，为了进一步保护自我免受攻击，罗登伟等学生就会变得更加抵制来自教师的要求。由于教师扮演的是一种权威的角色，对于学生进行监督和控制。因此，当学生在学校里感到压抑时，便会把矛盾的焦点集中在教师身上，他们会把戏谑的主要矛头对准教师，从而达到他们抵制的目的。尤其是当他们觉得老师处理问题不公平时，更会激烈地进行反抗，进行自我保护。

　　一天下午的物理课上，老师正在讲解练习册的课后习题。由于班上的吵闹声太大，老师订正答案的声音被淹没在学生此起彼伏的讲话声中。（我刚开始听九（1）班课的时候，他们还比较安静，时间一长，他们在我面前也就不"装"了，完全恢复了他们本来的样子。）罗登伟和罗显治也在热烈地交谈着什么。物理老师为了整顿课堂纪律，"杀鸡骇猴"，就

----

　　① 吴康宁：《教育社会学》，人民教育出版社 1998 年版，第 258 页。

走到罗登伟和罗显治的旁边，严厉地命令他们俩站起来。（全班这个时候忽然就安静下来了）

　　　物理老师：你们俩老讲话，都给我站起来！

　　　罗登伟：全班都在讲话，又没是我们两个人讲，为什么就管我们两个？

　　　罗显治：就是嘛！（小声地）吃柿子捡软的捏。

　　　物理老师：其他同学我先不管，我就看见你们俩在讲话了，请你们站起来！

　　　罗登伟：这不公平！你要喊站的话，全班都要站起来，全班都在讲话。

　　　罗显治：我们是看到其他人讲话，你都没管，我们才讲话的。凭什么我们就要当炮灰啊？

　　　物理老师：你们如果今天不站起来的话，我就把你们班主任请来，班主任请来也没管用的话，我就请校长来。

　　　罗显治：动不动就请班主任和校长来干吗？反正没是只有我们两个讲话，我们也没怕。

　　　罗登伟：随你喊哪个来！全班都是乱的，要着（批评）全班都应该着。

　　　物理老师：那这样吧，你们俩不站起来的话，这课就不上了。

　　　罗登伟：（小声地）不上就不上，上课和不上也差不多。

　　僵持了几分钟之后，物理老师气冲冲地离开了教室。我也静静地坐在座位上，等待着这件事的解决。其他同学看到物理老师走后，并没有像我想象中的那样集体谴责罗登伟和罗显治，而是各自干着自己的事情，就好像这件事并没有发生一样，教室里又恢复了以前的喧闹。过了大概十分钟，班主任罗老师来了，毕竟是班主任老师，掌握着他们毕业证颁发的大权，在学生心目中比较有威慑力。罗老师一进教室，教室里立刻安静下来。罗老师把罗登伟和罗显治喊出了教室，在教室外面对他们进行批评教育。我看到他们俩先开始还和罗老师辩解一下，到后来两个人都耷拉着脑袋，不说话了。随后，罗老师把他们带进教室，对全班同学说："今天这件事情，通过你们的物理老师和他们两个同学，我有了一个基本的了解。

上课讲话本来就不对，老师喊站起来还强词夺理，这种行为就更不对了。别人怎么样你不用管，你只要把你自己管好就行了。所以以后老师批评你的时候，你只要想想自己有没有犯这个错误，该不该受到惩罚就行了，不要去叮（管）其他同学。这件事情完全是罗登伟和罗显治的不对，我希望他们能主动找物理老师承认错误，否则他们俩所有的课都不要上了，想清楚以后再说。"

事后罗登伟和罗显治虽然被迫向物理老师认了错，但心里总是不服气，认为物理老师总是针对他们，故意和他们过不去。因此，他们在以后的物理课堂上经常采用联合的方式，故意你一言我一语地挑衅老师，用戏谑的口吻和方式让老师生气，从中获取乐趣和表达自己的不满。他们非常明白在对抗的过程中，两个人的力量远比一个人的大，所以他们总是集体出动来与教师抗衡。"对于处于弱势的大众来讲，联合起来统一行动也是对抗强权统治最有效的手段。"①同伴的统一行动实现的是一种弱者联盟，他们体验到的是一种共谋的快乐。"蜂群与蚁群总是表现出同质性的行为倾向，但这是它们以弱者的身份抵御外来侵袭的最好办法。在学校中，同伴的行为表现往往比父母、老师的行为更能被学生接受。"②当然，同伴的影响有好有坏，但是对反抗型的诸如罗登伟之类的学生而言，同伴的影响更多的是促使他们进行反抗，并成为他们相互支持的"社会基础"。"他们企图通过同伴群体的基础，自主控制学校情境（发布自己的时间表、控制自己的例行公事、追求自己的生活空间等），借助于恶作剧或游戏嬉闹来制造一些欢乐，不断滋事以寻求刺激，逼迫老师生气，获取更多乐趣。这些捣蛋学生在教师和别人眼中属于'疯癫'另类……"③被视为疯癫另类的学生很容易因为别人对他们的认知而认同自己的角色形象，最终自暴自弃，成为真正的破坏分子，采用更为"疯癫"的语言和行为来抗拒学校和教师的权威，这一点在罗登伟和罗显治的身上很清晰地体现出

---

① 周宗伟：《"高尚"与"卑贱"的距离》，博士学位论文，南京师范大学，2003 年，第90 页。

② 根据研究，同辈群体的产生具有两个功能：保护功能和发展功能，它能够满足学生在学校和家庭中无法完全满足的平等的需要。参见吴康宁《教育社会学》，人民教育出版社 2001 年版，第 228—233 页。

③ 胡春光：《他们为什么是"捣蛋"学生？——对三名"捣蛋"学生的教育社会学解读》，《教育学术月刊》2010 年第 9 期。

来了。

五　对抗策略

罗显治、罗登伟在九（1）班虽然属于那种比较调皮捣蛋的学生，但他们从来都是用一些迂回的手段来达到他们的目的，很少与教师发生正面冲突（除了他们认为迫不得已的情况下）。然而在九（1）班，还有一部分敢直接与教师顶撞甚至动武的学生。他们平时给人一种不哼不哈的表面视觉，可是骨子里，他们总是抱着一种愤世嫉俗的态度来对待周围的一切，欺负同学，反抗老师，处处表现出顽强、不满、不服从管理的"彻底叛逆"，他们常常以一种偏激的方式，企图打破学校的秩序和规范，极端时甚至使用暴力的手段。他们认为学校和教师对他们进行的管束不亚于监狱，学校和教师对他们处处设限的管理，让他们感觉到学校如同监狱监管犯人一样。在他们眼里，"除了监狱（劳改农场）之类的管制组织与部队之类的军事组织之外，没有哪一种社会组织中的强迫命令与训斥行为更甚于学校中的教师对学生的同类行为"[①]。

谭明耀是九（1）班的体育委员（这是为了约束他，班主任特意安排的）。他父母长期在外打工，与他住在一起的外婆又管不了他，他经常和乡里一些社会上未读书的人混在一起。久而久之，同学们都觉得他有些匪气，班上没有人敢招惹他。就连喜欢戏弄别人的罗显治、罗登伟，对他也是退避三舍，恭敬有加。谭明耀在课堂上从不认真听课，要么睡觉，要么看租来的武侠小说，老师批评他的时候，他总是昂着头，整个一副桀骜不驯、玩世不恭的样子。

英语课上，碍于我的在场，以前从来不管谭明耀的杨老师看到谭明耀在看小说（课下我看了一下书名《偷梦的妖精》），就走到他的座位旁。

杨老师：（语气有些严厉）谭明耀，你的英语书怎么没拿出来呢？赶快把英语书拿出来，课都上了十多分钟了，你怎么回事啊？

谭明耀：（挑战地）拿出来也看没懂。

杨老师：（有些生气）正是因为不懂才学啊！上课时请不要做与

---

① 吴康宁：《教育社会学》，人民教育出版社 1998 年版，第 225—256 页。

课堂无关的事情，否则我就只好暂时请你出去了。

谭明耀：（眉毛往上一挑）我为什么要出去？这是义务教育。国家给的钱，你有什么资格让我出去？

杨老师（无可奈何地）那行，那行，随你的便吧。你爱学不学，与我有什么关系！我还懒得管你呢！

谭明耀：（声音提高了）我本来就不要你管！

杨老师：（息事宁人地）好好好，我不管你，我们下课后再说。

（2008 年 11 月 5 日观察和访谈记录）

下课后杨老师告诉我，其他老师从来就不敢管他，他顶撞过班上所有的老师，包括班主任罗老师。他还曾经在物理课上与物理老师对骂过，仅仅是因为物理老师为了赶进度，占用了他喜欢的体育课上物理，他十分不满，于是在课堂上故意捣乱，挑衅物理老师，最终与物理老师大声对骂起来。虽然事后他受到了学校严厉的批评，也请他的外婆来过学校协助教育，但从那以后，再没有老师愿意管他了。

谭明耀这类学生最为明显的特点就是对教师的极度反感。他们往往使用一些带有贬义的词汇来描述老师，对于老师没有什么好印象，至于尊重老师就更无从说起。有时老师对他们的关心，被他们视为一种施舍、虚伪、讨好。他们在课堂上处处表现出顽强、不满、对抗教师的权威。他们会以偏激的方式，企图打破教师的秩序和规范，甚至使用暴力的手段。这类学生对于教师的反抗可以说是最为激烈、最为严重的。而且，他们认为，他们反抗教师具有合理的理由。他们总是不认为自己的行为哪方面有错，总是认为"老师先不对，所以我才会顶撞老师"等。

一次更大的反抗同样发生在谭明耀身上。冲突发生在谭明耀与当天的宿舍值班老师莫老师之间。那天熄灯之后，莫老师按照惯例在每间宿舍巡视，检查是否有学生点蜡烛（之前发生过一起因为学生点蜡烛引燃被子的严重事件）、讲话、打牌、喝酒以及其他一些违反学校宿舍管理明文规定的事情发生。谭明耀因为熄灯后还在宿舍里唱歌被当班的莫老师批评后，与莫老师发生了严重的冲突，从言语顶撞一直到拳头相向。事后，谭明耀认为是莫老师说话难听激怒了他，他才与莫老师动手的。他认为当时莫老师命令他停止唱歌的语气非常严厉，让他感到很难堪，在同学中很没有面子，于是就顶撞了莫老师几句，莫老师随即指着他的鼻子就骂："像你这种学生，道德品质恶劣，早晚要成为社会上的渣滓、废物的，一点用都没有……"谭明耀对这样的话非常反感，当即就回敬了莫老师几句恶劣的语言。莫老师非常愤怒，当即就挥起拳头朝谭明耀的鼻子打去，谭明耀也立即反抗，踢了莫老师一脚，两人随即扭打在一起。

虽然事后谭明耀在校长和班主任的压力下给莫老师认了错，但是，以后在学校再遇到莫老师时，他总是会故意地让莫老师难堪。比如当莫老师和另外一个老师在一起时，他故意对另一个老师很有礼貌，而对莫老师却视若不见；当莫老师又去巡查男生宿舍时，他会大吼一声："哎，打人的老师来了，大家小心啊！"莫老师对他是又气又恼却也无可奈何。以后当莫老师当班查宿舍的时候，总是会有意无意地忽略谭明耀所在的宿舍，这倒让谭明耀乐在其中，也更加肆无忌惮地在熄灯后制造出一系列违规的事情来。校长和班主任对他也非常头疼，但由于谭明耀尚处于义务教育阶段，校长和班主任也只能尽量对他批评教育，无法对他施以更加严重的惩罚。班主任就曾经告诉过我："对这种学生，不能来硬的。只有哄着点，勉强让他把初三混毕业，要不他会制造更多的麻烦，让你成天跟在他的后面跑。班上这么多学生，我不可能只管他一个人。"其实在这个班，让班主任难以管教的远不只谭明耀一个人，像谭明耀一样敢于公开反抗老师权威的学生还有好几个。

访谈片段：(课下对九（1）班学生莫承蓉的访谈)

研究者：你们班像谭明耀这种经常和老师发生冲突的学生多吗？

莫承蓉：还是有五六个吧。他们一点都没怕老师，老师讲他们他们也没听。

研究者：你觉得除了谭明耀外，还有哪些学生是和老师对着干的？

莫承蓉：罗万端和谭文均都没怕老师。有一次数学课上，他们两个趁谭老师背过身去在黑板上画图的时候抽烟，搞得班上到处都是烟味。谭老师转过头来正好看到他们在抽烟，他们居然把烟一掐，说不是他们抽的，还和谭老师吵，声音很大，把数学老师气死了。

研究者：那后来这件事怎么处理的呢？

莫承蓉：他们俩一直没承认，态度又还很恶劣，谭老师就把他们喊到校长室去了。他们俩后面两节课都没上。

研究者：最后他们向数学老师道歉了吗？

莫承蓉：他们倒是当着全班面读了检讨，但一下课，谭老师人都还没走出教室，他们又把烟摸出来抽，故意气谭老师。谭老师也懒得管他们了。

研究者：你们班男同学抽烟的多吗？

莫承蓉：多得很，基本上都会抽。他们从我旁边过的时候，我经常闻到他们身上有烟味。好多男生都是在罗万端的教唆下学会抽烟的，还说什么"男人没会抽烟枉活一世"之类的话。

研究者：生活都这么紧张，他们还有钱买烟抽吗？

莫承蓉：问家里要钱的时候，说是买资料，家里都会给的。他们就拿这些钱来买烟、玩游戏。他们反正也没想考高中。那天罗万端还说：'我就不信学校敢开除我？把我开除了就好了，我也不用在这受罪了。问题是义务教育阶段，学校是没敢开除我的。'他平时讲话经常都是这么嚣张的，老师基本上都不敢管他。他没上课的那天，老师都觉得轻松得多。

（2008 年 11 月 5 日访谈记录）

对于像罗万端和谭文均这样的学生，用老师和学校的话来说，"他们一点怕惧都没有，对于这样的学生真的是一点办法都没有"。对还处在义务教育阶段的罗万端和谭文均来说，他们不断通过抽烟、违反课堂纪律、顶撞老师和带动其他学生违反班规校纪公开反抗学校和教师的约束。所有的规则对他们都没有多大的约束力，因为他们毫不畏惧惩罚。他们通过一系列的违纪行为得到心理上的满足感和成就感，这种感觉是他们通过学习的渠道无法得到的。他们从不甘心默默无闻，他们总喜欢逾越规则，挑战权威。他们为能成为班上同学和老师都敬而远之的人物而感到骄傲，以一种异类的角色获得了同学和教师更多的关注。这种对"关注"的需求，也表明了他们内心的孤独感和焦虑感。

柏顺彬是九（1）班另一个极具反抗性的男生，他最大的特点就是爱迟到。对他已经没有办法的班主任只好用打扫卫生来惩罚他。随着他迟到次数的增加，打扫卫生的天数也在逐渐增加。刚开始的两天，柏顺彬还"照章行事"，放学后我去班上看他的时候，他还边扫地边和我开玩笑。到后来，他不只是对打扫卫生敷衍了事，还把卫生工具作为发泄的对象，乱扔乱砸。几天下来，班里的卫生工具全被他折腾得散了架，他也借口说没有卫生工具，再也不打扫卫生了。班主任找到他，他还脸红脖子粗地和老师大吵大闹。为了这事，班主任罗老师生气了好几天，班上同学对此也是议论纷纷。

访谈片段一：

研究者：你们是怎么看待柏顺彬这件事的？

学生1：我觉得老师也有责任，不能老让柏顺彬打扫卫生。我觉得这是变相体罚。

研究者：那你们对变相体罚又是怎么看的呢？

学生2：不管是什么体罚，我们都不喜欢。但是，像有些太跳（调皮）的学生，不用体罚的方法也是不行的。

学生1：以前我上小学四年级的时候，我们的语文老师就从来没有体罚过我们。她对我们很温柔，班上同学都很喜欢她。即使有同学犯了错误，她都是耐心地给他们讲（说服他们），我觉得这种老师还要好点。学生被体罚多了，也就皮了，体罚也就没管用了。柏顺彬经常被罚打扫卫生，换成我，我也受不了。

学生2：那你说像柏顺彬这样的（学生），不体罚能怎么样呢？他还不更变本加厉啊？

学生3：这些都是老师的事，我们也没资格说话。反正我自己不犯错误就行了。

（2008年11月12日观察和访谈记录）

除了和老师发生冲突外，九（1）的学生还时不时地和九（3）班的学生发生冲突和矛盾，这也让学校和老师非常头疼。

访谈片段二：

研究者：蒙廷辉这几天没有来，是不是因为他和九（3）班的人打架被学校记过，就不来了？他不读书了吗？

学生1：可能是吧。其实蒙廷辉平时表现还可以。那天是因为他和九（3）班的罗新宇发生了一点冲突，罗新宇就骂他是白痴，还说我们九（1）班是垃圾班级，他气不过才打罗新宇的。

研究者：结果呢？

学生2：罗新宇被打住院了，蒙廷辉也被学校记过处分。

研究者：那他为什么就没来上学了呢？

学生1：他可能是觉得学校不公平吧。虽然蒙廷辉不应该打罗新宇，但是罗新宇错在先，是他先骂蒙廷辉的。学校也应该处分罗新宇嘛。本来学校像这样分班就不对，蒙廷辉也真倒霉……

学生2：是啊，其实我们都挺为他鸣不平的。

（2008 年 11 月 12 日访谈记录）

柏顺彬和蒙廷辉对学校的抵制行为的确应当让我们反思学校对学生的处理是否妥当。学校本来在分班时就预设了一个优良与劣质的等级，九（1）班的学生在这种筛选的过程中处于极端的弱势。但是，一旦他们对这种境遇予以反抗时，又会遭到无情的压制。我们对他们的处境可以设想为这样一种情境："一个遭受了极端的不公正、走投无路的弱者最终孤注一掷、铤而走险、但却完全没有能力直接向欺压他的强者报复，只能将怨恨发泄到同类或处境稍好的他人身上，而此时强者会以保护多数人利益和继续维护社会公正的名义将其严加惩处。在这一过程中，强者的权力毫发未损，反而因此增加了合法性和正当性。"①学校在对不同学生的处理中，完全顾及优势学生的利益，使劣势学生和学校之间产生了更大的疏离感和陌生感，从而使这些学生对学校采取更加激烈的抵制行为。此外，教师经常把学生的纪律问题上升到道德的高度进行批判，②也是学生绝对不予认同的。教师经常把违反纪律的学生当成是缺乏道德的学生，给学生贴上"道德品质恶劣"的标签，作为品德上有缺陷的"顽劣分子"排斥出正常的学生群体，导致学生不仅不能认同教师的价值观，而且也产生了一种道德失落感，加速了他们反叛的过程，从而导致他们的激烈抗争。

六　自我淘汰策略

九（1）班还有这样一类学生：他们在学校抱着过一天算一天的想

① 郭于华：《"弱者的武器"与"隐藏的文本"——研究农民反抗的底层视角》，《读书》2002 年第 7 期。

② 吴洪伟：《当代中小学纪律实践的价值取向研究》，博士学位论文，华东师范大学，2006年，第 56 页。

法，穿梭于校内校外。他们完全不重视文凭，不在乎学业成绩。这种类型的学生反抗教师和学校的方式比较温和，他们一般不愿意采取与老师正面的对抗方式。然而，他们既没有兴趣遵守学校的规定，也不希望去追求理想，所以整天无所事事。在他们的视野中，学校生活是空虚的、无聊的，令人感到厌烦，他们到学校几乎是一种浪费时间的行为，所以他们经常逃课。为了反抗他们认为无聊、没有意义的学校和老师的控制，他们总是千方百计地逃避。例如请假、逃学等，以此来避免教师的束缚。当然，有时候他们在心中经常产生逃避的想法，但不一定能够付诸现实，一旦有同伴招呼或鼓动，他们就会大胆地采取逃避的反抗行为。[①]

　　紧挨着石龙中心校的西侧是一大片稻田，从教室的窗户望出去，就能看到成片成片的田地包围着学校，用"田野中的学校"来描述石龙中心校再贴切不过了。每到十月，就会有众多的村民在田里收割稻谷、脱稻谷。村民割稻谷和稻谷机脱米的声音经常成为课堂上的另一个异类的音符，在教师和学生的耳膜里跳动。上课时，学生一般都还努力克制自己，尽量不往发出声音的地方看。只要教师刚一宣布下课，成群的学生就会伏在窗沿上，嬉笑着观赏楼下村民们的劳作。老师在这时也会不失时机地对学生加以教育："你们看天气这么热，他们（却）还要在地里干活。你们如果现在好好读书，以后就不需要过这样的日子了……"嬉闹中的学生一般都不理睬老师对集体所说的这番话，还是自顾自地说笑着，打闹着。但是，老师如果在课堂上针对某一个学生就此事发表言论的话，会受到学生的抵制。

　　有一天早上的第三节语文课上，坐在窗户边的谭明发一直把头伸出窗外，观看田野中的村民收割稻谷，心思完全不在课堂上。语文老师在提醒他多次无效之后，生气地对谭明发说："我看你就是喜欢过那样的生活，你也就这个命了。明明可以过好日子的你不过，非要过这种成天脸朝黄土背朝天的日子。都不知道你这种人还来读什么书，你干脆回家帮家里老人收谷子得了，也不要来上课了……"情绪激动的罗老师越说越生气，而谭明发却始终一言不发。当第四节上数学课的时候，我发现谭明发和莫应军（他们俩是同桌）都没在教室里，不知道他们什么时候离开了教室。后来一连两天，谭明发和莫应军都没有在课堂上出现。据班里同学说，他

---

① 张行涛：《必要的乌托邦——考选世界的社会学研究》，北京师范大学出版社2003年版，第256页。

们俩真的回家帮家人收稻谷去了。谭明发的成绩非常差，各科总分加起来还不到一百分，他早就对学习失去了兴趣。莫应军的成绩比他稍好一些，但也是班级后十名。对于他们来说，与其坐在教室里听着永远都听不懂的课，还不如看看外面的风景，或者回家帮家里干点农活，所以两人在互相撺掇和鼓励下集体回家了。第三天，谭明发和莫应军在班主任老师和家人的劝导下重新回到了教室，但这次回来，谭明发连上课时往外看的心思都没有了，所有的课都在蒙头大睡。对于像谭明发这样的学生，老师根本已经当他是隐形人了，"他都放弃自己了，我还管他干什么？"谭明发在九(1) 班并非个案，班上自我淘汰的学生为数不少。

陈先亮来自甲壤村小地方组，家里很穷，母亲不堪家庭重负，在他升入七年级的时候外出打工，从此杳无音信。他每天都穿着同一件衣服，在我调查的日子里，他总是穿着同一件 T 恤，天冷时就在外面加一件校服。由于成绩很差，又不讲究卫生，还经常说些让人觉得摸不着头脑的话，因此，老师对他从来都是不冷不热，同学们也戏称他为"大傻"。他经常逃学，即便是坐在教室里的时候，他也常常以睡觉来打发时间。

　　　访谈片段一：（对英语教师的访谈）
　　　研究者：这节课陈先亮又没有来，他又逃学了？
　　　杨老师：咳，他就算来了，效果也是一样的。他上课除了睡大觉之外，什么也不干，连小说都懒得看。只有在班上有好戏看的时候，他才会来点精神，跟着一起起哄。
　　　研究者：他一直都是这样的吗？
　　　杨老师：一直都是这样的。上什么课他都睡觉。
　　　研究者：没有和他谈过吗？
　　　杨老师：其他老师找他谈过没有我不知道。我找他谈过几次，每次他都低个脑袋，从不表态，一句话也不答你，你说这种学生该怎么办？我根本就不知道他到底在想什么。
　　　研究者：那他有没有说过他以后的打算呢？
　　　杨老师：我问过，他总说不知道。我看他也就是在学校混日子。
　　　研究者：你没有问过他没上课的时间都在哪吗？班主任也没过问？
　　　杨老师：还能去哪？游戏厅嘛。他也只有在游戏厅能呆那么长时间。还神秘得很，上一节课还在教室，下一节课又不见人影了。

研究者：我听其他同学说，他家里很穷，他哪有钱去玩游戏啊？（当地的游戏厅是两元一小时）

杨老师：这我就不知道了。我们这里的老师都说，教学生难，教初中生更难，教不愿意学习的初中生是难上加难。教育这些学生，我们除了"哄"，还是"哄"（劝着学的意思），勉强熬到初三毕业，把他们送走，那就算解放了。

（2008 年 9 月 18 日访谈记录）

访谈片段二：（对学生的访谈）

研究者：你们知道陈先亮没有上课都去哪儿了吗？

学生 1：我听他们宿舍的说，他有时候是躲在宿舍里睡觉，一睡就是一上午，他们宿舍的放学回去了他才起床。

学生 2：隔壁班（九（2）班）的学生看到他在后面的山上玩过，他逃学的时候可能是去后面的山上了。

学生 3：是的，他最爱去后面的山上了。上次数学老师批评他，他也去了后山。

学生 4：有人也看见过他逃学时在街上闲逛过……

（2008 年 9 月 18 日访谈记录）

访谈片段三：（对于学生的说法，我希望通过陈先亮得到证实。）

研究者：你能告诉我，上两节课你去哪儿了吗？

陈先亮：哦，我在宿舍里睡过头了。他们忘记喊我起床了。

研究者：那你没上课的其他时间都在哪儿呢？

陈先亮：恩，……我一般就在街上转转。

研究者：没去游戏厅玩游戏吗？

陈先亮：哪有啊?!想玩我也没那么多钱啊。

研究者：你为什么经常不到教室上课呢？

陈先亮：没有经常啊，也就几次吧。都不是有意的……

研究者：你以后打算干什么呢？

陈先亮：再说吧，现在还没打算。到时候回家放牛吧。

（2008 年 9 月 19 日访谈记录）

　　据班主任罗老师介绍，"像陈先亮这种学习的态度和行为，早晚都要步我们班已经辍学的莫成学后尘的。莫成学是去年辍学的，辍学前的迹象也是时不时地逃学，终于有一天彻底从班级里消失了。听说是去广东找他打工的表哥去了。说不定要不了多久，陈先亮也会消失的。……他要真的辍学了，谁都没有办法，我们只有尽力劝，劝不了的情况下也只有由他去。像他们这样的学生，其实待在学校里也挺痛苦的，上课又听没懂，作业也没会做，逃学对他们来说，是一种暂时的解脱，出去打工，就彻底解脱了。哎，我们这里的情况就是这样啊，厌学的人实在是不少，只不过像陈先亮一样（经常逃学）的学生不太多而已。不过一个接着一个地，学生都有辍学的苗头了。"①

　　在甲壤村塘榜组调查的时候，我遇到过一些打工回来的辍学学生，据在深圳已经打工了两三年的罗应和说："我当时也不是不想上学，就是初中的课怎么也听不懂，像什么英语、物理，我就像听天书一样，课堂纪律又差，有时候想听都没法听。听不懂再在教室里坐着就很厌烦。一看到老师，一看到考卷，就觉得很痛苦。当时看我家族中的一个堂哥出来打工自由自在的，还能挣钱，我就想着早点从学校里解脱出来。我们班当时好多出去打工的都是因为觉得学不懂，学不进去，然后就讨厌学习了。"

　　在石龙乡控辍保学的登记表上，学生辍学原因一栏中，90％以上的辍学原因都是"厌学"。对此，中心校的罗校长解释道：

　　　　这些学生辍学不是一般地对学习不感兴趣，用'厌学'来形容更准确一些。他们对学习的厌恶使他们在学校里丝毫感受不到任何乐趣。学习对这些学生来说永远是一个沉重的负担，是一种煎熬。我们的老师给他们讲过很多道理，也举过很多例子给他们听，他们对学习的厌恶态度还是无法改变。

　　让我们来看一下近两年中心校初中部各班班主任对班里部分辍学孩子的相关记录。②

---

① 笔者与陈先亮班主任的访谈记录。

② 石龙中心校提供的资料。

金天平：初三上学期辍学。2006 年 9 月 15 日夜，金天平与另几名同学偷了场坝胡家的两只鸭子，当晚宰杀并聚众喝酒，第二天和罗达友去了蛇昌，他们拿了罗达友家 80 来斤大米，准备去都匀游荡。9 月 17 日他们去了外地打工。

罗重和：初三上学期辍学。2007 年 10 月国庆后没来上课。老师到他家劝学，他说每天从家到学校很疲倦，还要上晚自习，心里很烦，认为晚自习又学不到什么知识，不想再读下去了，不如去外面打工挣钱，潇潇洒洒的多自在。

陆世丽：初二上学期辍学。2007 年 9 月开学未返校上课。家访才知她假期在家待了一个月就不想读书了，想去打工挣钱。不想读书的原因是自己年龄比其他同学大，成绩又不好，认为读初一与读初三的效果是一样的，不如早点出去，于是就出去打工了。

谭忠韦：初二下学期辍学。该生已去打工了。家长说孩子认为打工可以看世界，比读书更有趣，又能挣钱，尽管家长再三劝告，他还是执意要去打工。家长说很希望孩子继续读书，但没有办法说服孩子。

汤廷洋：初三上学期辍学。某个星期天晚 8 点，外出务工回乡青年刘某组织了十多名人聚集在山洞里，有的拿酒，有的拿电筒，有的正点蜡烛。他们在举行"超王帮"成立大会，选举帮主和打手并磋商会费的交纳和保护费的收取，其中就有汤廷洋。汤廷洋受到学校批评后，就再也不愿意来学校读书了。

陆兴丽：初一上学期辍学。路途遥远，经常摸黑路，很害怕，寨上的很多女生读完六年级就来家帮老人做事，没有人相陪伴，所以不想去上学。家长表示支持孩子读书，但读不读由孩子自己决定。

陆兴珍：初一下学期辍学。据家长反映，女儿从六年级升学以后，老师不再是以前的老师，学校也更远了，从家到石龙要走 4 个多小时，担心经常走夜路，另一个原因是年龄大了，觉得与比自己小的同学读一个班害羞。（1989 年 3 月出生，已 17 岁多了，不好意思再读）

莫文菊：该生已有外出打工的想法，说读书没有意思，又累又辛苦。

　　罗道传：初一下学期辍学。该生在校外常有不良行为，吸烟喝酒，自私懒惰等。厌恶学习。现已外出打工。

　　柏顺福：初一上学期辍学。该生家庭异常贫困，没有父母，与两个弟妹相依为命，住所极其差，可谓食不果腹，衣不蔽体。在学校里学不进去，想出去挣钱养弟妹。现已外出打工。

　　赵荣江：初二上学期辍学。晚上贪玩，白天上课无精打采，老想睡觉。常常被老师批评，心里很不是滋味，想放弃学业。

　　陆廷湖：初一下学期辍学。上学期就经常缺课，早退，迟到。已去打工，不想读书，感到学习任务重，太辛苦。

　　……

　　对于这些学生来说，在学校是一件极为痛苦的事情。"就是这些孩子，戴着帽子，穿着外衣，耷拉着脑袋，没精打采地坐在教室座位上；就是这些孩子，逃课、不交家庭作业；就是这些孩子，当分数不及格的警告通知单送到他们家里时，他们的家长没有任何相关答复——简直是全无反应。"[1] 他们把待在学校的日子看成是一种折磨，一种身体上和心灵上的双重折磨。"这些孩子几乎把学校完全看作是我们给他们强加的一天天的、一小时一小时的任务……他们呆在学校是因为他们不得不呆在那儿……在他们看来，学校是'那些人'让你做事的地方，是如果你不做或不做好，'那些人'就会让你不愉快的地方。"[2] 在这样的学校情境中，学生的抵制显得不可避免。

　　学校作为一个正式的教育组织，具有某些具体的规定，希望通过正式和非正式、显性和隐性的方式促进学生的学习。从负面的观点来看这些规则，学校则是一种机器型的机构，通过教育的权威，给学生灌输文化资本和价值倾向，目的在于使得当前社会的等级制度合法化，并再生产社会的等级。所以，学生在面对学校具体的规定时，通常会对这些强制和约束进行抵制和反抗。自然，在反抗之前学生明确了解自己的行为会付出一些代

---

① ［美］丹尼尔·U. 莱文、瑞依娜·F. 莱文：《教育社会学》，郭锋、黄雯、郭菲译，中国人民大学出版社2010年版，第84页。

② ［加］麦克尔·布雷克：《越轨青年文化比较》，岳西宽等译，北京理工大学出版社1989年版，第82—83页。

价，比如惩罚、警告、检讨、记过等等，但他们还是会冒险违规，实现自己反抗的目的。

教师作为学校的代表者，已经成为被规训的或者被驯化的规则使用者，成为一种制度的"合谋者"。他们几乎无法摒弃制度或规则的约束，以权威者自居已成为教师的一种"集体无意识"。在与学生的日常交往中，教师已经适应并且在运用着这种无意识。正是教师的这种无意识，使教师成为学生反抗和抵制学校纪律化生活和规训化权力的主要对象。

控制与抵制是一对共生的存在。只要有控制的存在，就会有抵制的产生。在师生互动过程中，教师力图控制学生，达成教育目标，学生在不服从时，就体现为抵制。在面对这些学生的反抗行为时，许多人都把它看做学生的一种偏差行为，贴上标签，然后力图从心理学着手，对于学生的行为进行矫正。①但事实上，在制度化教育下，学生抗拒具有其合理性。②它不仅是学生主体意识觉醒的一种表达方式，也是对教师滥用权威的一种警示。"学生不仅仅是权力的受施者，也是权力的施予者，有权力参与学校管理，监督教师言行，质疑学校规则。"③

---

① 张行涛：《必要的乌托邦——考选世界的社会学研究》，北京师范大学出版社 2003 年版，第 254 页。

② 徐金海：《透析制度化教育下学生抗拒的合理性》，《教育导刊》2010 年第 3 期。

③ 田国秀：《师生冲突：基于福柯的微观权力视角的分析》，《比较教育研究》2007 年第 8 期。

第八章 结论与思考

第一节 论文的基本结论

一 通过权力的规训，少数民族学校教育有效地实现了对少数民族学生价值观念和意识形态的渗透

学校作为一种社会空间的存在，无时无处不充斥着权力，充斥着权力的运作过程。它通过一种严格的例行化方式来维持社会空间的存在。在这一过程中，权力的运作呈现为一种隐匿的状态，以规训的特征显现出来，学校也因此成为一个有效的强制性规训机构。学校在规训的过程中，不仅会对被规训者行为进行的规范和训导，而且会对其进行深层次思想和意识上的规劝和规约，使被规训者规避违犯规章和违反规则，从而规复为一个被社会主流价值文化或国家制度所认可的"合法化"的文化人。一般来说，这种规训主要是通过两方面的途径来实现的。

一方面，学校通过对学生日常生活的严格控制，使学生脱离了原有的时间脉络和空间位置，从而占据着学生大量的生活空间，有效地对学生实施规训。学校通过制定好的法定课程、精心筛选的教师、不可逾越的惩罚机制、按部就班的作息时间表、钢铁般的纪律以及放大的意识形态符号等，对学生进行思想和意识上的规训，隐性而深层地左右着学生的精神世界，将规训渗透到学生身体和心灵的每一个细胞，在规训的氛围中将国家主流文化的价值观念和意识形态灌输到学生的心灵当中，并转变成学生个体的自觉行为，从而使学生成为一个社会价值或国家制度所认可的现代公民。通过内部的规训，学校确立了自身训诫规则的空间构建。少数民族学生进入到学校空间中，就意味着从乡间散漫的环境进入到一个处处都渗透着权力的制度化场所，接受成为一个社会承认的文化人的严格规训。少数民族学生在这种二重空间的调适中，既是可能的，也是存在局限的。

另一方面，学校通过与当地地方情境相脱离，与更大的社会空间相联结并相互促进，从而将学生纳入到一种体现公民身份的体制当中。学校处于一个大的社会场域中，不可避免地受到政治、经济、文化的影响，学校教育是在一个广阔的社会背景下展开的，学校所采取的一切运作方式无形中都渗透着这些影响的投影。为了和这种更大的社会空间相联结，学校教育与周围非教育空间采取了脱域的方式，将受教育者和其他社会成员区分开来，①从而使学校成为当地社区的一块飞地，从当地社区场景中抽离出来，成为主流文化的传播场所。

石龙乡的布依族和苗族儿童自从进入到学校空间中，就无时无刻地接受着学校的规训，在这种脱离民族文化和地方性知识的学校空间中，学习着主流文化和城市文化的抽象符号，这种抽象符号促使社会化中的少数民族儿童与当地民族社区的地方情境色彩相分离，民族社区发生的实践与他们在学校学习的文字符号并没有产生多少共鸣。在这样的空间中，当地的布依族和苗族儿童感受到的是一种脱离传统和接近现代生活的力量，这种力量使他们充满了对主流文化和城市生活的向往，从而使他们与自己的民族文化和地方性知识发生了断裂与冲突，加剧了他们与乡土生活的疏离感。

二 我国的民族学校教育以"关注社会"为其价值取向

关于价值，马克思主义认为，"'价值'这个普遍概念是从人们对待满足他们需要的外界物的各种关系中产生的"。这句话包含了三层意思，价值的形成是源于主体的需要、其形成的条件是客体具有满足主体需要的某种属性、价值形成的实质是主客体之间需要与满足关系的不断生成。在这样的基本含义下，有学者更进一步强调，"价值取向是人对客观事物及自己需求和利益的认识水平的反映，也是人的主观意志的体现"②。由于教育活动是人为的社会实践活动，是充满价值色彩并为实现一定的价值追求而存在的，在一定意义上，"教育是一种以价值选择在先、具有价值导向性的人为事业"③。因此，学校教育价值取向，是指在实践中的学校教育整体的语境下，一定角色的人在对学校教育价值认识、判断基础上的自觉

---

① 石艳：《区隔与脱域——学校空间的社会学分析》，《教育科学》2006 年第 8 期。

② 叶澜：《试论当代中国教育价值取向之偏差》，《教育研究》1989 年第 8 期。

③ 叶澜、郑金洲等：《教育理论与学校实践》，北京高等教育出版社 2001 年版，第 137 页。

选择。

早在 20 世纪 80 年代，叶澜教授就曾指出，"当代中国教育价值取向存在着偏差。它主要表现为：在政府的教育决策中历来只强调教育的社会工具价值，忽视教育的培养个性、使个人的潜能尽可能得到发展方面的价值；总是要求教育出即时的、显性的功效，忽视或者轻视教育的长期效益"①。到了 21 世纪的今天，民族学校教育仍然一直在强烈地体现着其"社会取向"，使越来越多的少数民族学生在学校强调教育的社会工具价值的同时，与城市的学生展开着一场毫无悬念的竞赛，其结果必然是以少数民族学生的学业失败而告终，以学生为自己的学业失败付出巨大的代价而告终。着眼于学生的长远和全程发展，着眼于教育的长期价值和整体价值，有必要对民族学校价值取向进行深入的思考。从石龙乡布依族苗族学校教育来看，民族学校教育以"关注社会"为其价值取向的具体表现为追求社会的均质化、地方性知识的失语和学校教育与社区教育的割裂。

（一）追求社会的均质化

中国的文化格局自古就和政治格局密切相连，并一直存在主流与非主流之分。尤其是漫长的封建时代，在官方对主流文化和学校教育的控制不断强化的过程中，乡村文化也就越来越处于边缘化的状态，最终形成了较稳固的文化差序格局和"劳心者治人，劳力者治于人"的人事格局。②从废除科举开办新学以来，新式教育的主要目的就是通过培养新式人才而达致国家富强。

自民国初年，在我国借鉴欧美与日本的学制中，一切都是以城市为蓝本而设计的。这种设计并没有考虑城乡分别的现实，乡村教育和城市教育是一体化、同质化的。"这种沿袭至今的教育设计架构暗含着一种意义，那就是乡村的城市化与现代化将通过对已有的城市与工业的移植和摹写而实现。乡村学校教育设置的内涵思路也是对城市学校模式的移植和摹写。"③

在这种城市移植模式的思路下，少数民族地区的乡村教育同样采用单

---

① 叶澜：《试论当代中国教育价值取向之偏差》，《教育研究》1989 年第 8 期。
② 蒋纯焦：《密切农村教育与农村社会的关系——试析陶行知乡村教育思想的现代价值》，《河北师范大学学报》（教育科学版）2003 年第 7 期。
③ 李小敏：《村落知识资源与文化权利空间——永宁拖支村的田野研究》，《中国教育：研究与评论》（2），教育科学出版社 2003 年版，第 19—20 页。

一的城市化模式，乡村学校教育的声音被弱化，在追求社会同质化的价值目标的前提下，乡村学校教育被设计为与城市学校一样的格局，承担着与城市同样的为社会培养人才的任务，被塑造成为一种国家主人翁和现代人才的培养场所。所有的受教育者都被赋予未来社会栋梁的角色，学校成为国家建构和工商业发展的人才选拔基地之一。学校教育所重视的社会价值远远超出了学生的个体价值，培养社会所需要的人才成为评价学校的唯一标准。石龙乡当地的少数民族学生从形式上接受着和城市学生同质的教育，不管从课程的设置、教材的使用、教学的语言以及高考的模式，都与城市模式是一体的、同质的。这种教育设置的模式与乡村城市化、工业化的思路相互联系在一起，以培养离开农村、农业和农民的优秀农村学生为旨归。"乡村既是国家建构和工商业发展的人才选拔基地之一，又是移植城市模式的潜在母体。这种现代化的思路背后隐含的逻辑是，在国家与城市工商业发展发达之后，再用城市的资金、按城市的模式将乡村复制成新的城市。"①

在这种先天渗透了主流文化和城市取向的同质性价值观的国家教育的模式中，在这种教育设置的外向型取向下，石龙乡的少数民族儿童被学校课程中主流文化和城市文化展示的城市生活所吸引，被宣扬城市优越的价值取向所同化，更多地感受到的是来自"他者的世界"的强势价值预设，内心深处充满了对城市生活的羡慕与憧憬。城市就像一个"磁场"，产生着巨大的"磁场效应"，②对他们产生着重大的影响，他们梦想着通过教育的途径使自己成为城市人。

但是，这种同质性的设置没有出于公平的角度来考虑，因为对同质化的追求必然隐含着对于效率的追求，而追求效率就需要以牺牲个体差异作为代价。石龙乡的山地布依族和苗族儿童由于历史、政治、经济、语言文化等多方面的差异，使他们与学校文化存在着严重的异质性和不连续性。他们很难通过学校教育进入城市，成为真正的城市人。这些山地布依族苗

---

①　李小敏：《村落知识资源与文化权利空间——永宁拖支村的田野研究》，《中国教育：研究与评论》（2），教育科学出版社2003年版，第20页。

②　"磁场效应"曾将一座城市比喻一个巨大的"磁场"，它在向外放射出强烈的磁力，在吸引着周围的人、财、物的同时，通过"磁化物"（物质产品和精神产品），对周围的乡村产生着重大影响。参见景普秋《中国工业化与城镇化互动发展研究》，经济科学出版社2003年版，第56—57页。

族学生在学校教育中遭到学业失败后，根本无立足当地农村生活之感情和行为之本，并由此而成为乡土社会的"陌生人"。这无疑是学校教育的设置以牺牲差异性，完成社会的均质化所付出的代价。由此看来，乡村学校教育的主体性没有得到充分的体现，学生个体的主体性亦没有得到充分的体现。因此，"在城乡二分化的格局之下，乡村的'城市模式移植'有着先天性的时间差，这种弊端可能要以牺牲一代或数代人为代价"[①]。这种牺牲带来的最明显的后果就是山地布依族苗族儿童在升学竞争中的不利地位，并由此带来的社会地位的低下。

　　早在 20 世纪 20 年代，陶行知就已经在《中国乡村教育之根本改造》一文中指出："中国乡村教育走错了路！他教人离开乡下向城里跑，他教人吃饭不种稻，穿衣不种棉，做房子不造林；他教人羡慕奢华，看不起务农；他教农夫子弟变成书呆子；他教富的变穷，穷的变得格外穷；他教强的变弱，弱的变得格外弱。前面是万丈悬崖，同志们务须把马勒住，另找生路！生路是什么？就是建设适合乡村实际生活的活教育！"[②]在陶行知看来，真正的教育是"以生活为中心"，是"供给人生需要的教育"，它是"生活所原有，生活所自营，生活所必需的教育"。[③]他试图从乡土社会特有的异质性出发，立足于农业和农村基础上实现教育改造乡村社会，催生农村的现代化。

　　国外学者也有类似对现代学校教育的批判，诚如甘地所说，"现代教育不能使年轻人学会任何在生活中发挥作用的东西。那些将自己的孩子送到现代学校里去的人绝大多数都是'农业专家'。……然而，毫无疑问的是，当年轻人从学校回到生养自己的地方以后，对农业也一无所知。不仅如此，他们还从心底藐视自己父亲的职业。……现代学校的一切事情，从教科书到毕业典礼，从来不会使一个学生对自己的生活环境感到自豪。他受到的教育程度越高，就越远离自己的故乡。教育的整个目的就是使他和他的生活环境格格不入，就是使他不断地疏远这种环境。对于故乡的生活，他一点儿也不感到有诗意。村庄的一切对他来说都是那样的陌生"[④]。

---

①　李小敏：《村落知识资源与文化权利空间——永宁拖支村的田野研究》，载《中国教育：研究与评论》（2），教育科学出版 2003 年版，第 19—20 页。

②　陶行知：《中国教育改造》，东方出版社 1996 年版，第 84 页。

③　《陶行知教育文选》，教育科学出版社 1981 年版，第 164 页。

④　转引自石中英《本土知识与教育改革》，《教育研究》2000 年第 12 期。

在这样的情况下，外出打工对于甲壤村和其他村落的少数民族学生来说，或许是最好的出路，因为"对于那些已经被城市生活动员起来的人，让他们重回乡土，无异于是一种精神酷刑"①。

（二）地方性知识的失语

地方性知识是在一定的情境（历史的、地域的、民族的及种族的）中生成并在该情境中得到确认、理解和保护的知识体系。它是一种自然精神的价值存在，它凝结着一定地域人们的生活方式和集体人格，与这个地域的人们的生活息息相关。"地方性知识必须在地方人们的文化框架中才能得到理解。将其与它的文化背景相分离就忽视它在社区生存和团结中所发挥的作用。所以，地方性知识不能通过将其包括在图书馆或记录在纸上或以电子产品的形式而得到充分的保存。就像保存生活的多样性一样，地方性知识只有在不断地使用过程中才能得到保存，充满生气。"②

教育作为文化传递的主要手段，其实质也是一个对社会文化进行选择、整理的过程。知识能否进入课程在很多程度上决定了它能否广泛传播。任何知识一旦进入课程，其实就赋予了该知识特定的意义和价值，知识本身获得了合法性。它暗示着这些知识是"最有价值"的，最值得学习的，它们无疑构成了文化的主流。反过来说，那些没有进入课程的知识则将被边缘化。显然，主流文化和城市文化的课程知识一旦成为官方知识的载体，则不可避免地预示着少数民族文化和地方性知识资源价值的边缘化地位。

城乡同构的国民教育制度是欧美工业文明的产物，是建立在乡村城市化、工业化的基础上的，其传授的课程内容和培养目标是适应主流文化和城市工业文化的需要，必然与传统的民族文化和地方性知识产生摩擦与冲突。从 20 世纪 20 年代以来，少数民族地区农村教育与当地民族社区现实的断裂依然如旧，深层次的原因恐怕就在于此。从一定意义上来看，城乡同构的教育体制是国家力量向乡村社会渗入的表征，它关注的不是乡村的实际状况和需要，而是乡村将以何种面貌参与外部世界。因此，发展中国家的现代化模式常常是以牺牲农村为代价的。③

---

① 李书磊：《村落中的"国家"——文化变迁中的乡村学校》，浙江教育出版社1999年版，第 152 页。

② 石中英：《知识转型与教育改革》，教育科学出版社 2001 年版，第 321 页。

③ 张济洲：《文化视野中的村落、学校与国家——一个县教育变迁的历史人类学考察（1904—2006）》，博士学位论文，华东师范大学 2007 年，第 248 页。

在乡村教育的设置中，学校教育和民族文化以及地方性知识正好处于文化场域中对立的两极，教育是为了令受教育者脱离出乡土社会和地方性知识所在和发挥作用的空间而施行的手段，其成败取决于个人能否通过考试和升学的窄门，在学校教育的等级制度中逐级而上，完成"由乡野到庙堂"的空间转换，摆脱农民身份和生活方式，并随着其教育等级的升高而愈加远离乡土社会。这种"由乡野到庙堂"的转换在实践的过程中不断地促成着对民族文化和地方性知识的价值消解，使之在比较中沦为低层次的价值特性，从而使生活于其中的少数民族儿童自觉或不自觉地对此预设作出相应的价值认同和反应。"这种以乡村同质化的方式来满足城市化、工业化的需要，实际上隐藏着对乡村改造的设置思路，其结果是地方性知识价值的贬低和合法性的丧失。"①

事实上，石龙乡当地的少数民族儿童在进入学校教育之前，就已经习得了本民族的文化和相应的"文化资本"，如语言方式、实际知识、专业技能、思维模式、行为举止、对成功机会的把握等。山地布依族苗族儿童由于各种社区和家庭原因，在进入学校之后，他们原有的文化资本与学校所传授的主流文化和城市文化之间存在着文化相斥关系，有着很大的异质性。学校学习的知识与他们所生活的民族社区的生产生活知识缺少直接的联系，他们接受的是既和他们自身生命发展无关，也和乡村生活、乡村建设与发展无关的教育。学校教育把这些少数民族儿童的发展视为一段段的碎片连接，儿童在学校接受教育的过程中，学校更多关注的是社会对儿童的需要，儿童的全程和整体发展并没有进入学校教育的视野，地方性知识和学校短期的教育价值无关，自然更不在学校的关注范围之内。在学校关注社会，忽略个体的价值取向中，所有与学校短期教育价值无关的知识都隐然退到了私领域，成为登不了学校大雅之堂的失语的知识，由此而造成了地方性知识的消隐。

"知识就是力量"的确是再真实不过的社会现实的反应。知识不仅是力量，而且是改变自己命运的唯一方法。但是，当地少数民族学校教育所传授的"知识"不是躬耕山林的知识，而是走入工业化社会的知识，对于与乡土社会的日常生活最密切联系的知识与技能，被完全排除了合法

---

① 李小敏：《村落知识资源与文化权利空间——永宁拖支村的田野研究》，《中国教育：研究与评论》(2)，教育科学出版 2003 年版，第 19 页。

性。这些对学校所传授的文化感到陌生、无法良好地适应学校教育的山地布依族苗族儿童成为学习困难者，被贴上"差生"的标签。而且随着教育等级的升高，这些少数民族儿童遭到的淘汰率就越高。

最具讽刺的是，一旦他们在考试中失利的话，在学校里所学到的知识对他们未来的发展毫无用处，并很快就会被遗忘。对于众多不能把学校教育作为向现代化工业社会流动，从而获取相应社会地位和经济回报的途径的"文化边缘人"来说，他们在学校中失去的不仅仅是宝贵的时间和超出家庭承受能力的金钱，最重要的，他们在学校中失去了作为维系民族社区成员纽带的很多关系到传统文化传承的地方性知识。这些地方性知识作为国家所设置的外向型的精英式教育思路的牺牲品，是少数民族学校追求与主流社会的融合所付出的代价，也是少数民族学校和少数民族儿童的巨大损失。

在这种教育模式下，少数民族孩子不得不放弃他们自己生活的世界中潜在和固有的价值特质。"我们的世界"中的优势成为他们的摹本和目标，正如预设中的乡村改造和现代化是以城市作为摹本和目标的；而民族的、地方性的优势和劣势则被置于价值讨论之外，成为一片被遗忘的灰色地带。

"确实，现行国民教育的课程设计就不是为现在的农村生活准备的。渗透在各种课程中大规模的思想政治教育指的是国家体制内的生活，而广泛的自然科学教育与精确的语文知识教育指向的是城市与工业体系内的生活。现行学校课程对乡村生活的某种满足只是一种附带产生的结果：学生在学习以国家、城市和工业为目标的课程时自然学会识字、算账，而能识几个字、会算几笔账则是乡村生活所需要的。当然，学校教育也能够提高农民子弟的某种文化消费能力，如上过学再看电视就能够看得更懂些，但这种能力对乡村社会的生活的改进却没有实质性帮助。"[①]

由此可见，如果我们把从学校获得的知识看做可以量化（不同教育程度、年限和学历），能够流通（按照学科分类和属性享有共同的价值参照系）和交换（获得和产生经济价值）的资源，那么民族文化和本土的

---

① 李书磊：《村落中的"国家"——文化变迁中的乡村学校》，浙江教育出版社1999年版，第120页。

地方性知识则是被这个价值场驱逐在外的、没有获取合法地位的"劣币"，①消逝在学校教育设置的视野之外。

（三）学校教育和社区文化的疏离

如何协调好学校与社区的关系，促进学校与社区的互动，是当代世界教育改革与发展面临的一个十分紧要的问题。学校从属于社区的一个组织，在社区生活中起着重要作用，学校应该直接参与社区教育。自20世纪中期以来，学校与社区的关系逐步步入了学校向社区开放、社区参与学校的合作阶段。然而，我国很多民族地区的基础教育与社区教育处于完全脱节状态，民族学校和老师只担负着教育孩子的单一职责，对社区的其他成员的教育没有任何责任，对民族社区的文化传承、社区的文化建设、社区里成人教育和老人教育没有产生应有的促进作用。②

在漫长的历史发展进程中，我国各民族在特定的生存空间内形成了自己独有的语言、宗教、习俗、服饰、建筑、社会制度、组织形式和民族心理，构成了少数民族鲜明独特的文化特点。并且，每个少数民族社区都有其丰富的乡土历史文化，有很多重大的历史事件、文物古迹及民俗传说。社区独特的发展及其变迁过程往往都会在学校教育与社区教育的沟通与合作中以独特的形式展现出来，凸显民族社区传统文化的独特性，对民族学生起到良好的教育作用，对学生以后回归社区或者进入主流社会，都起着很重要的作用。但是在石龙乡，由于当地的学校教育同样也受着高考指挥棒的指挥，同样也受着劳动力市场规则的制约，因此，很多少数民族学生和家长都希望通过这种学校教育获得普遍的文化资本，实现向现代社会流动的目的。在这种情况下，学校教育并没有对当地的文化作出任何反应，也从未把社区教育纳入到学校整体规划中，因为这会影响到学校对学校课程的学习和安排，影响到学校的升学率。在现代化的学校教育语境中，当地布依族苗族传统文化在少数民族学生的思想意识中越来越淡薄，造成的直接后果是其民族服饰、民族语言、生活习俗、房屋建筑等逐渐淡化或消失，随之而来的后果是绝大多数少数民族学生不认同自己的少数民族传统文化，从心理上与自己的民族社区和民族文化疏离，成为缺失民族文化归

---

① 李小敏：《村落知识资源与文化权利空间——永宁拖支村的田野研究》，《中国教育：研究与评论》（2），教育科学出版 2003 年版，第 50—51 页。

② 侯丽萍：《少数民族社区教育研究》，《学术探索》2005 年第 1 期。

属感的群体。我们可以看到，当地的学校教育和社区的疏离，是绝大部分少数民族学业失败后，对民族社区的传统文化很难重新认同，成为"文化边缘人"的原因之一。

少数民族社区是少数民族文化传统的根基，是其发壤和发展之地。少数民族在社区中习得了本民族的文化习惯，也使这种文化习惯在每天的日常生活中得以延续。这些少数民族文化在社区中必须坚持，因为它是生活的必需，也是少数民族得以存在之本源。一旦少数民族文化和传统在个体和群体中减弱或丧失，少数民族对社区的认同就会产生一定的变化和混乱。少数民族儿童从社区走入学校，走入了为他们设置的主流文化的语境之中，学习人类共同的文化财产，这无可厚非。但是，每一种教育形式都不应该游离于儿童所处的社区和传统文化，不应该使儿童断然地处于一种全新的文化之中，这一方面会使儿童的文化认同出现混淆的状态，另一方面也会使儿童对全新文化由于不了解而出现生吞活剥、盲目崇拜的局面，严重时甚至出现对自己的文化轻视。"一个文化因素，在它本土的社会体内本来是无害的或是有利的，但是在它所闯入的另一个社会体中，却很容易产生意外的、极大的破坏作用。"①现代学校教育如果不注重少数民族儿童的社区文化经历，排斥少数民族地区自成一体的既定的教育模式，那么在少数民族地区所施行的现代学校教育将会更加举步维艰。

郑金洲教授也曾经指出："在以往有关文化与教育的研究中，论者多关注于教育的传承作用，并对教育在文化创新中的功能大加褒奖，岂不知，造成文化丧失，也是教育的一大'功绩'。文化丧失，就其教育根源来讲，是由于教育依循社会价值观念的更迭，在一定社会价值规范和社会目的的导引下，将这种文化剔除于传承的范围，使文化在代与代之间形成'断层'，失去继续传承下去的根基。"②在石龙乡布依族苗族聚居区，由于学校课程的"大一统"设置以及少数民族教师缺少对本民族文化的传承，少数民族学生极少有机会从学校里学习到关于布依族苗族语言、文化、历史、宗教以及相关的地方性知识，仅仅只在一些盛大的活动仪式上才能对具有自己民族特色的表演略知一二。

因此，少数民族学校教育和民族社区文化应该进行一种双向交流的模

---

① 汤因比：《历史研究》（下），曹未风译，上海人民出版社1960年版，第269页。

② 郑金洲：《教育文化学》，人民教育出版社2000年版，第176—177页。

式，不仅要让学生在学校教育中充分了解社区文化，热爱社区文化，也应该采取措施尽可能地让社区了解学校，从而使社区文化与学校教育相适宜，构建一种学校教育和社区文化和谐共处的局面，最优化地共同培养学生，促进学校教育和社区文化的共同发展。

三　少数民族学校教育对不同背景的学生实行不同的等级标定

社会总是由处于不同阶层的阶级所组成，出生于不同阶层的孩子具备了不同的文化资本。由于文化资本对一定类型和一定数量文化资源的排他性占有，产生了社会成员之间不平等的社会关系，造成了社会资源的不平等分配。出生于上层阶级家庭的孩子拥有下层儿童所没有的文化资本，他们拥有社会上认可的知识体系、艺术感受、与众不同的气质和高雅得体的风度，这些从家庭里习得的特性是儿童无法控制的。人们甚至意识不到这一事实。布迪厄认为，自由主义意识形态描绘的人类社会图景犹如一场轮盘赌，在这台不可控制的机器面前，人人拥有同等的输赢机会，输家只能怪自己运气不好，而不能抱怨竞争规则的不公平。这幅画面中被精心隐瞒的事实就是资本的存在。

在石龙乡的少数民族学校教育中，不同的儿童因其家庭所属阶级或阶层的文化背景不同，继承并形成了不同的语言和社会交往能力倾向，构成了不同阶层儿童的"文化资本"。在我调查的少数民族学校中，大多数平坝布依族儿童从出生到入学前接受的都是主流文化，生活在一个充满主流文化氛围的生活环境中，因而也就拥有了初步的文化资本，使他们更有可能在学校和社会场域中占据有利位置。而大多数山地苗族和布依族儿童生活在一个被社会主流文化所排斥的环境中，他们接触到的文化是被社会贬低或排斥的，这样一来，他们便天然地缺少了平坝布依族孩子所具备的文化资本，也就不太可能在学校和社会场域中占据有利位置。

学校不仅没有尽力弥补不同儿童之间文化资本的差异，反而人为地凝固和扩大了这种差距。学校根据学生文化资本的不同来确定谁能继续接受更高一级的教育，谁应该被淘汰。能够进入高一级学校的学生大都是从小在学校就没有"文化距离"的学生，而大多数有"文化距离"的学生只能勉强完成小学或初中的学业。这两群学生将来的社会地位和流向在学校的分化中就已经规定好了，而这些级别的教育明显地是划分社会阶层的基础。这样，原本在社会场域中处于不利地位的下层阶级的山地布依族苗族孩子就继续了自己原有的社会阶层地位。表面上看来平等客观的学校教育行动，实际上在无形中将学生进行了分类，这种分类的目的在于维持现有的社会结构。

由此可知，少数民族学校教育通过对不同文化背景的少数民族儿童的文化资本进行分类，与儿童的前途、命运、社会地位、个人成功与自我实现联系起来，从而成为再生产的帮凶。它往往以一种较为隐蔽的方式实施其根本意图，其巧妙之处在于，"这种再生产是在人们没有意识到的情况下进行的，它的存在继续强化了等级制度的合理性。这种影响经常达到这样的程度，身居其间者根本就不觉得这有什么不幸"①。

四　拓植：少数民族学生在学校空间中的一种生存策略

哪里有权力，哪里就有反抗。抵制理论认为，人在本质上是一种积极主动的存在，学校拥有自己的相对独立性，整个教育与社会之间也存在着积极的相互作用，这一切都造成了对统治秩序、优势文化和意识形态的实际抵制。列斐伏尔指出，空间既是压迫的重灾区，也是反抗的空隙处。"权力虽然占据了空间，但空间却在它下面震动。"②

学校生活实际上是一个小型的社会，学校不仅是过程再生产意识形态的关键场域，也是个体进行社会化的主要场所，学校生活往往是与个人生活、家庭生活和社会生活相互纠结、彼此嵌入的复杂权力网络运作的过程。学校生活是社会制度化生活的延伸，处处充斥着权力，是一个权力交错缠绕的空间，充满着围绕资源和权力的冲突与斗争，充满着对行动者个体的制约，其间有既定的价值观、规范和学习的目标。但是，学校中的学生并非完全简单地接受和认同这些规范、价值观、意识形态和倾向，在行为上也并非完全遵从它们。对于这些规范，有的学生可能是部分地接受，有的学生则是公开拒绝。他们通常采用各种抵制策略对学校空间的制约作出能动性的回应，时常以有悖于学校盛行的规范和态度的方式进行创造性活动。他们表面上不与体制结构发生冲突，但是私底下却巧妙地达到抗拒

---

① 何怀宏：《世袭社会及其解体——中国历史上的春秋时代》，三联书店 1996 年版，第 110—111 页。

② 转引自胡春光《学校中的规训与抗拒》，博士学位论文，华中师范大学，2007 年，第 163 页。

的目的，从而局部地改变了空间的制约。

　　"拓植"正是行动者在实践中生成的反制约机制。南京大学贺晓星教授认为，"拓植指在那些被控制的时空的缝隙之中构建一个可以容忍的世界"①。亦即：拓植是不公开宣称的抗拒形式，"是一种对以强权为后盾所进行空间支配的拒绝与批判"②，这种弱者在空间中的生存方式是一种有效的战术，它通过避免与强权者直接面对面的激烈冲突，用间接、迂回、偷袭的方式，对那些施加到他们身上的规则、权力和话语进行抗拒。这种抵制战术是"一种'弱者'在'强者'建立的秩序中存活的巧妙诡计，是在抵守自家的地盘上，凌驾其上的艺术；是猎人的窍门；是机动变化、令人喜悦的、充满诗意的战争探索"③。由此可见，拓植为弱者获得在被控制的时空缝隙中的一些边缘空间起到了至关重要的作用，它为弱者在那个避让而不逃离的空间中获得了一席之地，也为弱者在权力纵横的空间中赢得了自己的生存空间。在学校空间中，那些不被学校文化认可，处于边缘地带的学生经常实践着拓植这种微观层面的斗争技术，这种战术具有隐蔽性和权宜性的特点。

　　当然，无论是什么形式的抵制行为，都体现为学生对学校中主流文化和价值的一种抵制。他们发挥其主观能动性，从规训的网络中寻找逃逸的空间，在日常生活中对学校情境的控制作出创造性的解释、回应甚至转变。④因而，在学校空间与学生之间存在着一种动态的平衡，学生一方面处于学校空间的限制之中，但是另一方面又必然以其自身的能动性对结构进行着抵制。学校空间实际上是在这两者之间的张力和斗争中不断前行的，忽视任何一方都是片面的，学校空间与学生之间存在着某种隐匿的、谈判式的互动。

　　本研究发现，当地的布依族和苗族学生在对于学校所施加的强权时，往往试图在被控制的时间和空间缝隙中建立自己的时间和空间秩序，在课堂上以一种有形无形的方式扰乱教师的教学秩序，并以一种共同体的联盟

---

　　① 常亚慧：《沉默的力量——学校空间中国家与教师的互动》，博士学位论文，南京师范大学，2007 年。

　　② 何雪松：《社会理论的空间转向》，《社会》2006 年第 2 期。

　　③ 转引自胡春光《学校中的规训与抗拒》，博士学位论文，华中师范大学 2007 年，第 16页。

　　④ Apple, M. W. *Ideology and Curriculum*, Routledge: New York and London, 1990.

共同参与到违背教师意愿的行动中去。在这一系列的反学校文化的行动中，他们通常采用集体失语策略、权宜策略、假发策略、戏谑策略、对抗策略和自我淘汰策略对学校教育中的各种权力进行抵制。虽然这些抵制体现了学生的主观能动性，但也正如威利斯（Wills）对英国工人阶级小青年文化的研究一样，他们对所谓自由的追求、对学校教育的鄙视、对外出打工的追求，仅仅有助于证实其较低的社会阶层地位。实际上，无论他们采取怎样的方式来反对学校教育和教师的控制，最终的结果就是将自己不断地与学校和教师疏离，把自己排斥在学校大门之外，不断地让自己复制自己父辈低下的社会地位。

第二节　关于发展少数民族学校教育的思考

一　在多元文化背景中重新构建关于少数民族学校教育的理念

当代社会的一个重要特征是多元化，不仅强调理论和文化的多元化，同时也强调流动、变化和差异，反对静止、固定和单一。在这种多元文化理论和文化的语境中，少数民族学校教育也应该是一种多元化和差异化的教育，而不应该采取二元对立或非此即彼的模式。

关于发展少数民族学校教育，根据相关的研究，有学者将其概括为两种模式：一种是"本土化模式"，另一种则是"主流化模式"。"本土化模式"的内涵是："根据乡村的实际生活与实际需要对乡村子弟进行有针对性的教育，使他们能成为合格的劳动者与循序渐进的改造者，反对以城市为目标对他们进行教育。"[①]针对这种模式，一部分学者提出过对少数民族学校教育实行"乡土本位的教育改革"。相反，"主流化模式"则是指少数民族学校通过对主流普适性文化的传授，使农村少数民族学校教育遵循着和城市大体相同的发展路径和发展模式。目前，我国少数民族学校教育的模式主要是依靠单一的"主流化模式"来实现的。事实上，这两种模式都存在着一定的问题。

"本土化模式"的困境是，如果少数民族学校教育只追求为当地农村服务，那么这些农村少数民族孩子永远进不了城市主流文化，这实际上剥

---

① 李书磊：《村落中的"国家"——文化变迁中的乡村学校》，浙江教育出版社1999年版，第161页。

夺了他们参与城市生活的权利，不利于社会阶层的公平流动。布迪厄认为，教育是文化再生产和社会再生产的工具，具有维护不平等社会关系的功能。如果"农村教育只面向农村劣势文化圈，那么只能导致农村孩子低社会的社会再生产，农民永远摆脱不了悲惨的命运"①。而且，"一个国家包括农村在内的发展水平的整体提高依赖于其全体国民文化素养的提高，而这种文化素养是不能以具体的实用标准来衡量的，过分追求实用会伤害文化的积累与涵养，从而在根本上危及民族的实力与生存，破坏最高程度的'用'。一味追求教育及其教育所育人才的实用性从一定意义上说是一种鼠目寸光的自杀行为"②。

但是，如果采取"主流化模式"，也会遇到很多问题。在城乡存在巨大经济和文化差异的情况下，少数民族学校教育采用城市化模式，会使少数民族孩子在升学竞争中处于不利的地位。而且，由于他们所学知识脱离当地民族社区，无助于其融入到当地生活，从而遭到很多人的反对，并有文化霸权之嫌，很可能使受过这种教育的少数民族孩子越来越不熟悉、甚至越来越厌恶、鄙视自己的民族文化和地方性知识。与此同时，随着当地农村知识精英不断涌入城市，造成了农村人才资源的匮乏，从根本上延缓了当地农村社会的发展，进而进一步巩固和扩大城乡二元结构。城市化毕竟是个缓慢的过程，它可能经历几代人才会实现，在不能突然间让大部分农村人口变成城市人口的时候，学校就不应脱离它所处的乡村环境。过于疏离乡村环境，只会降低学校的价值。③

这两种发展少数民族学校教育的模式都显现出了其弊端。从现实和长远发展来看，我们既不能完全不顾少数民族地区的实际情况，也不能把少数民族孩子固定在当地民族社区，阻止其向上流动的途径。

基于此，我们倡导在多元文化背景中重新构建关于少数民族学校教育的理念。多元文化教育是"以教育中存在的文化多样性为出发点，依据

① 余秀兰：《中国教育的城乡差异——一种文化再生产的现象》，教育科学出版社2000年版，第346页。
② 李书磊：《村落中的"国家"——文化变迁中的乡村学校》，浙江教育出版社1999年版，第169页。
③ 马红光：《村落视野中的小学变迁》，载郑也夫等编《北大清华人大社会学硕士论文选编》，山东人民出版社2005年版，第220页。

受教育者不同的文化背景、文化特征所实施的教育"①。多元文化教育的宗旨在于通过民族文化的有效传承，保护和发展人类文化的多样性，培养学生在多元文化社会中生活和发展的能力。我们必须从学校的教育目标、课程设置等方面进行文化思考。②

首先，少数民族地区的基础教育课程设置目标应该是多元的。不仅要为主流社会的工业化建设发展培养人才，同时还要培养立足于当地的建设人才。这种多元课程目标的设置最核心的内容就是学生对文化内容的选择性。在学校设置的国家统一的课程外，适当添加地方性校本课程（分为必修和选修课程），内容包括本民族传统文化、当地的生产经济以及在当地的生存技能等。有学者指出，"政府提供的学校教育应该是一道'自助餐'，使每个人都有文化选择权"③。在完成国家规定的统一课程和适当的校本课程后，学生有权力通过选修课对地方性校本课程进行更加深入的学习，解决他们中学毕业后回到社区的生存问题。这些校本课程的内容由于贴近学生的生活，能充分调动学生学习的积极性和主动性，增强学生的学习动机和学习自信心，在学习的过程中不断调整自己的短期目标和长期目标。只有通过加强学校培养目标的多元文化选择、充分重视多元文化教育，才能保证课程内容及教育方式等具有多元文化品质、校本特点及其本土适应性，保障一个民族赖以生存和发展的根基，也才能使少数民族学生具有跨文化交流的意识与能力，能在主流社会和民族社区中良好地适应。

另外，少数民族地区的高中阶段的教育也应该是多元的。目前，在我国少数民族地区，不管是农村还是县镇中为就业而服务的职业高中，还是为升学服务的普通高中，在数量上都显得严重不足。而且，由于少数民族农村与城市之间在高中教育阶段教育质量差距的拉大，使很多农村少数民族孩子被制度化地阻止在高中教育的门槛之外。这样既堵塞了少数民族农村孩子上大学之路，也使他们无法更好地掌握就业、谋生的技能。所以，在少数民族地区大力发展多样化的高中阶段教育是当务之急，应实现对高中教育阶段的多元化教育，充分满足广大少数民族学生多样化的需求。

---

① 郑金洲：《教育文化学》，人民教育出版社 2000 年版，第 176—177 页。

② 白红梅等：《民族文化的学校传承和发展》，《民族教育研究》2011 年第 5 期。

③ 关凯、滕星：《拉祜族的现实与未来：一个"直过民族"的启示》，《中国民族报》2010年 3 月 5 日第 8 版。

最后，还要适当发展少数民族地区的农村、县镇或地级市、区的高中后教育，即在民族社区设立社区性职业学院，通过提供面向当地的高等职业技术教育资源，即按照现代农业和农村发展趋势设置农村需要的新技术课程，为当地民族社区培养较高层次的新型科技和管理人才。[①]社区职业学院在国外的发展态势良好，培养了一大批高等技术型人才，为当地社区作出了巨大的贡献。因此，在我国少数民族地区，也可以逐渐设置一些社区职业学院，为当地的民族社区培养建设人才。钱民辉也在其文章中大力支持在少数民族地区建立社区职业学院，因为这种贴近当地民族社区的高等教育，既"可以部分地满足农村孩子上大学的愿望，又能真正为农村培养一批适用人才，可以在一定程度上缓解农村经济贫困与人才缺乏的恶性循环"[②]。

二　实现国家教育与地方性知识的有效整合

我国民族教育的主要目的有两个，一是容纳少数民族融入主流社会，享受现代化的成果，从而达到民族平等，民族融合的目标。二是保留本民族优秀的传统文化，让他们有自我，能够保留中华民族文化的多样性。[③]这既是我国民族教育的主要目标，同时也反映了少数民族学生的教育需求。作为在现代学校教育中受教育主体的少数民族学生而言，他们的教育需求是既不丢弃他们自身的少数民族传统文化教育，也能在当今多元文化教育的社会大环境中学习先进的现代科学技术和技能，以满足他们融入主流社会的需要。

国家和地方在过去几十年来，在少数民族教育上投入了大量的人力、物力和财力，完善了贫困山区的很多文化设施和教师资源储备，使少数民族教育取得了长足的发展和进步。但这些教育成就与内地或发达地区的教育相比起来，不能不说还是有明显的差距。而且，这种差距还以日益扩大的态势进一步发展着。我们认为，这除了与少数民族地区长期以来积累的历史因素有关之外，更重要的是，长期以来，国家教育一直以主流社会的

---

①　余秀兰：《乡土化·城市化——我国农村教育发展的困境与出路》，《江苏教育研究》（理论版）2008 年第 4 期。

②　同上。

③　滕星、关凯：《教育领域内的国家整合与地方性知识》，《中南民族大学学报》（人文社会科学版）2007 年第 9 期。

知识为主，少数民族地区课程设置和汉族地区课程设置具有高度的一致性，对地方性知识的价值认识不够，导致地方性知识在少数民族课程中比例不高，尤其是与少数民族息息相关的本土知识严重缺乏，从而造成传统文化和地方性知识的消隐。

因此，在现代学校教育中，在国家教育和地方性教育共存的事实下，来自不同文化背景的少数民族儿童并没有能够在学校中学会尊重和认同两者的价值观念，造成一种在两种教育的选择中非此即彼的极端局面，甚至产生蔑视和完全摈弃另一种教育文化的现象，使得他们无法在少数民族学校教育和民族社区中积极和谐地生活。巴登尼玛教授曾指出："在我们的学校教育中处理好汉文化与少数民族文化的关系是非常重要的。在学校的课程建设中既要包括汉文化的基本内容，又要包括其他各少数民族的文化内容；既要让学生了解汉民族的文明发展史，也要让学生熟知本民族的文明发展史和其他少数民族的文明发展史。学校课程的这项任务……在整个中华人民共和国都需要。"①

鉴于此，少数民族学生不仅应该学习主流文化的知识，还应该学习自己的民族文化知识和地方性知识，增进文化归属与民族认同，增强民族自豪感、历史责任感和使命感。在目前教育部推行的三级教材体系改革中，少数民族学校教育应在立足民族文化的基础上，以校本课程为切入点建立少数民族学校的教育模式，在国家课程标准与各学科教材中按一定的比例反映我国少数民族地区的多元文化内容，并开设符合本地区学生发展的各种地方课程，着重让学生学习个人文化、本民族文化的基本知识与技能，掌握少数民族的本土知识。而且，少数民族学校教育应精心选择大量与儿童生活紧密相关，文化底蕴深厚，能吸引儿童、感染儿童，使他们获得有益经验的基本内容加入到教材内容之中，使课程容量增大。同时，可将少数民族儿童生活状态中的民族文化传统仪式、民间游戏、社会活动等的参与纳入到学校的课程设置和课程内容中，使少数民族学校与民族文化传统之间保持亲密的内在联系。"发展本土化的民族基础教育可以通过选择、保存、传递和发展本土知识，使本土学生认识到自己完整、历史悠久的本土知识体系，展现本土知识在本土发展过程中的巨大贡献，唤起他们对本土知识的价值意识，通过本土知识的传播，加强他们对本土社会的文化认

---

① 巴登尼玛：《文明的困惑——藏族教育之路》，四川民族出版社 2000 年版，第 271 页。

同，使他们从小就认识到本民族文化的价值、对其确立信心，这样才能保证民族文化的可持续发展，保证发展多样化的民族文化。"①

　　近年来，在各级教育部门的大力支持下，很多少数民族学校"民族文化进校园"的活动开展得如火如荼，这不仅是新课程理念的体现，同时也是实现国家教育和地方性知识有效整合的一项重要举措。研究者通过对少数民族儿童生活空间的研究，②根据民族学生的实际生活情景和文化背景，对优秀的少数民族儿童所接受的文化进行遴选后，作为地方性课程或校本课程进入学校教育，找到少数民族儿童生活空间的入口，这一方面是对当地乡土社会人文性质的极好回应，另一方面也是保护和传承少数民族文化的重要途径。只有在这种多元文化的教育中，少数民族学生才能充分感受到民族文化和地方性知识的本土价值，唤起他们对本土知识体系的价值意识，增强对本民族的自豪感和自信心，从而培养起对本土文化的热爱，加强对本土文化的认同。相信这种民主和开放的多元文化教育不仅会使更多的少数民族学生"走出去"，充分享受现代教育的成果，也会使更多的少数民族学生"留下来"，自觉主动地建设家乡，促进当地民族社区的发展。

　　至于在具体的地方课程开发上，有学者提出跨省区联合开发民族地区地方课程。根据我国境内各少数民族"大杂居、小聚居"的居住特点和同一民族文化认同的民族心理特点，民族地区的地方课程开发模式可以概括为"国家专门机构统一协作、多省区联合开发、不同层次民族自治区共同使用"③。如在石龙乡布依族苗族聚居区，地方课程的开发就应该包括与学生生活环境密切相关的实用知识，比如关于当地农作物、植物、气候、土壤等自然环境条件以及家禽、家畜等的养殖知识等。这种实用的地方性课程有助于学生更好地了解他们的生活环境并遵循这种生活环境的规律，找到学习与实践的最佳契合点，有助于他们帮助家庭和当地社区提高生产效率。在一定程度上，有助于激发他们的学习好奇心，促进他们学习更多内容，同时也让学生家长切实看到接受教育的益处。

---

① 石中英：《知识转型与教育改革》，教育科学出版社 2001 年版，第 161 页。
② 陈婷：《民族中小学课程中本土知识的导入》，《民族教育研究》2009 年第 3 期。
③ 王鉴：《我国民族地区地方课程开发研究》，《教育研究》2006 年第 5 期。

总之，在我国少数民族学校教育中，既要考虑到国家教育的整合功能，进行普适性知识的传播，又要考虑到当地特殊的社会和人文生态环境，注重地方性知识的传递，使学校教育能够满足不同地区、不同文化背景、不同阶层、不同族群人们的需要，实现教育领域内国家"大传统"和地方"小传统"的良性互动，这才是中国教育今后发展的一条正确之道。①也才是民族教育合理性的具体表现。②

三　构建语言与文化适宜的少数民族学校基础教育

基础教育的主要任务是通过学校教育的形式向儿童植入或传输国家和民族的共同价值观、共同享有的文化知识以及经过数辈人的积累而拥有的科学技术知识。不同民族在历史、地域、文化、经济等诸多因素交织出来的差异性和多样性，对传递共同知识和共同价值的基础教育来说，无疑具有极大的挑战性，少数民族地区的基础教育也不同程度地反映出了诸多存在的问题。在石龙乡布依族苗族聚居区，少数民族儿童的学业成绩普遍偏低，学困生比例大。其中，山地布依族苗族儿童与平坝布依族儿童的学业成绩有着巨大的差异，村小儿童的学业成绩普遍低于中心校儿童的学业成绩，与当地文化契合得越紧密的少数民族儿童在汉语文的学习中所遇到的障碍越大，有关当地民族文化的教育教学资源匮乏。针对这一系列的问题，北京师范大学的郑新蓉教授提出，只有构建语言与文化适宜的少数民族学校基础教育，才能提高基础教育的有效性及其质量。③郑新蓉教授分别从民族地区基础教育的性质、功能、内容和教育的语言与文字上阐释了语言与文化适宜的基础教育的深刻内涵，"语言与文化的适宜性是指：根据少数民族学生、教师、家庭的基本语言和文化环境所形成的需要，有针对性地提供必需的、多样的、方便的教育教学条件和资源；在教育教学

---

① 滕星、关凯：《教育领域内的国家整合与地方性知识》，《中南民族大学学报》（人文社会科学版）2007 年第 9 期。

② 钱民辉认为，在现阶段，民族教育的合理性应该表现在传承和弘扬民族文化，提高当地的生产活动、提升人们的生活方式和质量上。具体在教育领域中，应当在课程内容上多考虑民族文化的特点和促进当地生产劳动所需要的知识技能。民族教育只有在培养人才方面能够为当地社会经济发展有贡献时，才会与当地的社会、经济、文化等方面产生和谐，进而有利于民族地区的社会、经济和文化的发展。参见钱民辉《建设和谐社会离不开和谐的民族教育》，《西北民族研究》2005 年第 4 期。

③ 郑新蓉：《试论语言与文化适宜的基础教育》，《民族教育研究》2010 年第 3 期。

中，采用最适宜的语言和文化形式授课施教，保证每一个少数民族儿童获得有质量的教育，保证少数民族地区基础教育功能的实现"①。国外也有很多学者对此作出了很多的研究，"基于基本技能培养课程定位的教育哲学产生涵盖多种认知和有效产出手段的有意义的结果……基于……语言（孩子在家里使用的）和文化的应用与开发的模式产生涵盖产出手段的有意义的结果。有着明确的认知和概念教学目标定位的模式产生预期的结果"②。为此，我们可以从教育模式的选择和设计上对构建语言与文化适宜的少数民族学校基础教育予以考量。

教育人类学认为，教育模式的选择应内嵌在受教育主体的文化语境之中，成为他们的信念中赖以生存和发展的一个归属地。从这个角度而言，少数民族学校教育要取得持续的发展，就必须要提高少数民族对学校的认同度，从语言与文化的角度将学校的发展内嵌于少数民族的发展进程中，使学校成为促进少数民族地区进步和发展的强大内源动力。对于少数民族的学校教育而言，真正成功的教育是既能让少数民族儿童通过学校教育，在未来的生命发展中成功地融入主流社会，在思想和行为上接纳这个生命过程中的外来文化；另一方面，又能在受教育的过程中，无论从语言还是文化上，都不疏离自己生身的民族根基。因此，虽然构建语言与文化适宜的基础教育任重而道远，但这毕竟是一条有效促进少数民族地区学校教育发展的重要途径。

首先，在少数民族学校教育设计上，在国家教育向乡土社会渗透的过程中，既要强调城乡教育一体化，又要突出当地少数民族地区的不同特色，促进城乡教育和谐发展。无论是怎样的教育目标，都必须与少数民族学生的语言与文化紧密相连，将这些目标从外在的要求转为民族地区发展的内在自主的需求。在少数民族学校教育中，基础教育的目标应该是多元的，既有为学生就业服务的，也有为学生进一步升学服务的。在为学生就业服务的教育事业规划中，在教育和教学的层次上，既培养直接为当地农村建设服务的，也培养为向第二、三产业转移和向城市人口转移服务的，还有为未来的现代化农业生产服务的。要特别突出职业教育在民族社区中

---

① 郑新蓉：《试论语言与文化适宜的基础教育》，《民族教育研究》2010 年第 3 期。

② ［美］丹尼尔·U. 莱文、瑞依娜·F. 莱文：《教育社会学》，郭锋、黄雯、郭菲译，中国人民大学出版社 2010 年版，第 230 页。

发挥的重要作用，为乡村少数民族儿童提供不同层次的教育需求。① "毕竟在今天的大学录取比例上，能上大学的还是少数，大多数是要成为普通劳动者的，怎样培养适合当地民族建设的知识人才，应是民族教育向合理化改革的方向。"②

其次，少数民族基础教育的层次和类型，学制以及课程的设置等，也应该是与少数民族学生的语言和文化相适宜的，学生可以根据自己的程度和需要来进行选择，充分体现学生个体的自主性。事实上，语言与文化适宜的少数民族基础教育的实质，就是从广大少数民族学生的利益和视角出发，从他们自己的文化诉求出发，为他们的多元需要服务，力求为当地少数民族学生提供足够多的选择机会，使他们对自己的未来有充分的选择权。

此外，构建语言与文化适宜的少数民族基础教育，还必须要对教师进行多元文化理念的培养。教师在民族学校教育的发展中起着至关重要的作用，教师对于少数民族学生文化背景差异的敏感性和包容性以及教师所具有的多元文化教育教学的能力，都会成为影响民族学校基础教育是否成功的最为重要的因素之一，因此，一定要重视对教师进行多元文化理念的培养。在民族地区的基础教育中，教师往往具有少数民族身份，但是在他们长期的受教育过程中，主流文化的意识已经完全占据了他们的身心，他们所接受的基础教育、高中教育和高等教育都使他们从内心深处完全内化了主流文化的价值观念，他们的民族意识在学校教育的不断浸染中仅仅成为了一个民族身份的保存。而且，民族地区基础教育的教师基本上没有接受过关于多元文化教育理念的任何培训，完全没有意识到在多元文化背景中学生与文化的多元性如何与学校教育契合的问题。

在当地布依族苗族聚居区，当教师回到民族社区时，对少数民族儿童的文化背景的差异性所具有的敏感性和包容性显得非常不足，他们会完全按照他们以前在学校接受教育的模式对学生进行教育，有意识或无意识地忽略儿童文化背景的多元性，采取整齐划一的方式进行教育教学。教师在教育教学的过程中，鲜有涉及到当地布依族和苗族的民族文化，忽视儿童

---

① 余秀兰：《乡土化·城市化——我国农村教育发展的困境与出路》，《江苏教育研究》（理论版）2008 年第 4 期。

② 钱民辉：《建设和谐社会离不开和谐的民族教育》，《西北民族研究》2005 年第 4 期。

对自己本民族文化的诉求。即使有涉及到当地民族文化的教学内容时，也以讲解当地占据优势地位的布依族文化为主，基本从未涉及当地的苗族文化，这样就使很多苗族学生有被边缘化的感觉，参与课堂教学的积极性降低。因此，在儿童具有多元文化背景的学校里，教师应该关注到每个儿童由于民族背景不同所造成的差异，并对这种差异持包容和肯定的态度，在教育教学的过程中尽力缩小这些差距，尽量处理好由于学生的文化差异而引起的各种问题。

最后，我们认为，只有从基础教育的目标规划、对教师进行多元文化理念的培养以及基础教育的层次与类型等方面着手，构建语言与文化适宜的少数民族学校基础教育，才能更有助于充分发挥少数民族地区基础教育的功能，真正实现国家、民族和儿童的根本利益及长远的发展。

四　在教育制度上坚持正义原则

美国学者约翰·罗尔斯（John Rawles）在其所作的《正义论》中认为，社会是人们自给自足的联合体，不仅有利益一致的一面，也有利益冲突的一面。要使这样一个社会和谐、良序发展，必须有社会正义的原则来约束。为此，他提出两个具体的正义原则：

（1）平等的基本自由原则：每一个人对于一个所有人同样的自由之安排相容的、完全足够的平等的基本自由之安排都拥有相同的不可剥夺的权利；（2）社会和经济的不平等应该满足两个条件：第一，他们所从属的公职和职位应该在公平的机会、平等的条件下对所有人开放（公平的机会平等原则）；第二，它们应该有利于社会之最不利成员的最大利益（差别原则）。罗尔斯把正义看做是社会制度的首要德性，看做是衡量社会制度的重要标尺。[①]他进一步指出："正义是社会制度的首要价值，正像真理是思想体系的首要价值一样……某些法律与制度，不管它们如何有效和有条理，只要它们是不正义的，就必须加以改变或者废除。"[②]合理的、公正的教育能达到促进社会公正的目标，不合理的、不公正的教育则会加剧社会的不平等。

在当今多元文化背景中，必须正视少数民族学校教育对正义与公平的

---

① 转引自冯建军《制度化教育中的公正：难为与能为》，《教育科学研究》2007年第2期。
② 约翰·罗尔斯：《正义论》，何怀宏译，中国社会科学出版社1988年版，第3页。

追求。少数民族地区的社会是由具有不同信念、行为方式以及语言多样化的民族所组成的，各种文化都有其独特的价值和意义，其彼此间的关系应是相互支持且平等存在的。每种文化都具有平等的生存权和发展权，应尊重不同民族的文化价值，实现文化的多元共生。具体来说，在社会正义理念框架下，少数民族文化应拒斥主流文化的同化，要求其文化得到承认和尊重，消除因文化差异所产生的不平等状况，在教育领域为每个个体或民族提供平等的教育机会，诸如受教育、获得知识、技能与文化的机会，以确保人类尊严及权利。在社会正义的理念框架下，应使所有少数民族学生的语言、文化和宗教都受到正视及尊重，从而改善他们的生存发展条件。总而言之，少数民族文化对社会公平正义的追求是通过承认文化之间的公平平等，传播公平正义地对待他人、对待其他文化、种族和国家的价值与理念，培养具有多元文化理念与精神的学生个体而不断实现的。[1]

在教育制度上坚持正义原则，目前最为主要的是，政府应把主要的精力放在实现基础教育过程的平等上，如学校基础设施、教育投入和学校师资力量等方面的公平配置上，[2]发挥教育制度对农村教育的补偿作用机制，消除市场和国家行政力量对农村教育的边缘化，对少数民族学生实行"差别对待"，使他们享受到更多更高一级的优质教育资源，从而满足他们通过学校教育向上提升社会地位的愿望。"在教育机会与资源的分配上，教育体制必须以处于教育竞争中不利地位的人的利益为基点，确保人们平等享有教育公共资源的权利，保证人人机会平等。"[3]

有学者认为，在一个转型的社会和国家中，教育发展在相当长的一个阶段内往往不会提高教育公平的程度，甚至会引起更大的教育不公平。但是，随着教育的进一步发展，特别是教育扩张与教育机会分配改革的结合，教育公平的状况将逐步得到改善和提高。因此，在教育公平的发展中，也同样会出现一个类似于库兹涅茨倒 U 曲线的变化过程，这也是教育公平发展的一个基本规律。[4]我们坚信，随着我国教育的发展和公正观

---

① 靳玉乐主编：《多元文化课程理论与实践》，重庆出版社 2006 年版，第 29 页。

② 张晓霞：《农村基础教育质疑》，《云南师范大学学报》2007 年第 3 期。

③ 金生鈜：《什么是正义而又正派的教育——我国教育改革的症结》，《教育研究与实验》2006 年第 3 期。

④ 谢维和等：《中国的教育公平与教育发展（1990—2005）》，教育科学出版社 2008 年版，第 4 页。

念的深入人心，一个公正、民主、和谐的社会一定会到来。因为只有这样的社会，才是最有前途和最有活力的社会，也才是人类一直追求的具有最高价值的社会。

五　以关怀生命为目的重构民族学校教育价值取向

不同的学校教育价值理念，将带来不同的学校教育。在民族地区的少数民族学校中，学校教育价值理念具有多种可能，而合理的学校教育价值理念的选择，应该与时代转型相契合、与人的生命需要相契合、与学校教育自身的可能性相契合，以最大限度地实现学校教育价值为依据。由于学校教育实践所关注的始终是"人"的问题：人的生命需要、人的生命成长，因此，学校教育实践的价值取向，就是要关注人的生命需要，以学校自身的可能性发展出发，关注当地学校的民族特征，通过学校教育而促进人的生命成长。以关怀生命为价值取向的学校教育最终应体现在其具体的学校教育实践上

（一）以关注生命发展为目标重构学校课程体系

在城市乡村二元对立的结构下，民族学校和受教育者在同质化的国家教育框架下，与城市、与中心和主流文化展开了不对称的竞争，而这场竞争的风险，完全是由学生和家长来承担的。为了改变这种状况，提高学生的竞争力，可通过以关注生命为目标重构学校课程体系来实现。首先，课程目标应体现对儿童的生命关怀，重视儿童通过知识获得生命成长的机制，着眼于儿童生命的长远发展。要让儿童懂得珍惜自己和他人的生命价值，相信生命的潜在力量，并从始至终保持健康的心态，对自己的生命负责。其次，课程设置要体现出民族文化的多样性和当地文化的特殊性。在教学中对学生进行多元文化教育，增强学生的跨文化理解能力，为学生以后进入社会打下良好的基础。同时，在地方课程或校本课程中应适当地加入地方性知识，加强对学生生存能力的教育，使学生的学校知识与当地社区知识密切联系，回到社区后能够学以致用，升学就业两不误，实现学校对学生生命的深层关怀。另外，学校课程中还应适当加入社区教育课程，并使学生通过参与一定的社区教育，形成学生对社区的认同感和归属感，成为文化传递的接班人。

（二）以成全生命自由为宗旨重组学校课堂教学

面对学校教育对学生有限的生命时空的确定性占有，对学生生命体验

的重要影响，最根本的是对学生生存方式的确定性影响，学校教育必须清醒地意识到自身的责任：应对学生生命负责，应让学生学会尊重自己和他人的生命价值。在一个生命意识觉醒的时代，学校教育再无视对生命的影响，再无视自身的责任，将会越来越受到个体的谴责，越来越被个体所厌弃。[①]

课堂是教师和学生知识和心灵进行碰撞的地方，也是师生生命价值得以实现的地方。教师要充分意识到每次课堂教学都会对学生生命产生长远和整体的影响，意识到课堂是一个尊重生命、尊重个性的空间。因此，教师的教学要充分促进学生的精神自由，创造民主和谐的课堂氛围，使学生在没有压抑的环境下轻松表达，自由言语，在愉悦的精神状态下达到对某个问题的深层次理解和感悟。教师在课堂上所教授的知识不必只局限在考试所指定的范围之内，尽可以把书本知识和学生的实际情况以及当地社区的独特的情况结合起来，使学生来有所学，学有所获，获有所用。尽管大多数的民族学校物质条件不尽如人意，但只要师生在课堂上能有真正的生命意义上的对话和交流，学生能体会到教师对自己生命的尊重和知识的价值的话，那么，这样的学校必然是让学生乐学的地方。

（三）以尊重生命差异为基础重设学校评价体系

生命的发展是有着无限可能性的，因此，学校对学生的评价也应是连续的、完整的。很多民族学校的学生辍学的原因除了经济之外，还有一个最大的原因就是在学校里成绩不好，老留级，因此"害羞"，不愿意再继续读书。少数民族学生的学业成绩普遍比较低，是各种原因造成的，民族学校应本着为学生生命全程负责的理念，对学生的学业成绩重设评价体系。对学生的学业评价应以在原基础上的进步为参照，以鼓励的方式认可学生在其他方面表现出的能力，比如学生在某些地方性知识上表现出来的能力，都应体现在学业评价中，这些评价对学生的整体发展有很大作用的。另外，每个个体的生命发展都是独特的，因此，学校的评价应针对学生的特点采取不同的评价内容和评价手段。评价的目的不是为了淘汰，而是为了学生的进步。尤其在民族学校，只有极少数的学生能够升学，因此，考试成绩并不能成为评价学生的唯一内容。为了使每一个学生都能在

[①] 李家成：《关怀生命：当代中国学校教育价值取向探》，教育科学出版社2006年版，第187页。

学校中得到最大限度的生命关怀，学生的各个方面都有可能成为评价的内容，手段也尽可以多样化。通过评价，增强学生的自信心，增加学生的自我效能感，使学生感到受重视、受尊重，提升自我成功的意识，是民族学校的评价尽力要达到的目标。

在强调关怀学生生命的同时，也必须要关怀教师的生命。教师的生命是与学生的生命共生与互动的。关怀教师的生命，是追求"人的真实生命的复归"，教育不仅仅是"付出"、"给予"，同时也要有"收获"与"回报"。学校教育是以教师和学生生命的共同发展为旨归的。教育工作不仅仅是一种职业，更是一种生命存在的方式。因此，要关注每一个教师生命的意义，尊重教师、信任教师、激发教师自身的生命激情和创造力，完整从容地实现教师的生命价值。民族学校教师的生存环境比较恶劣，工作条件较差，生活清苦，教育教学上困难重重。但是，只要学校教育关怀教师的生命，理解和体会他们的价值需求，让教师感受生命的尊严、享受创造的快乐，那么，即使在最艰苦的条件下，都能给教师带来实现自我生命意义与价值的满足感。这种关怀，即便不能给民族学校的教师带来丰厚的物质收入，但却始终以成全每一个教师的生命价值为目的，使其生命的潜能得到最大限度的发挥。关怀生命，作为民族学校教育价值的取向，是成长中的生命个体的需要，也是民族学校教育实现自身整体深层次转型的需要。

参考文献

一　中文论著

哈经雄、滕星：《民族教育学通论》，教育科学出版社2001年版。

石中英：《知识转型与教育改革》，教育科学出版社2001年版。

［美］威廉·F.派纳、威廉·M.雷诺兹等：《理解课程》，教育科学出版社2003年版。

郑金州：《教育文化学》，人民教育出版社2002年版。

李书磊：《村落中的"国家"——文化变迁中的乡村学校》，浙江教育出版社1999年版。

［美］哈瑞斯：《教师与阶级》，唐宗清译，桂冠图书股份有限公司1994年版。

［美］Eric Margolis主编：《高等教育中的潜在课程》，薛晓华译，华东师范大学出版社2005年版。

陈伯璋：《隐性课程研究》，五南图书出版公司1985年版。

［法］布尔迪约、帕斯隆：《再生产——一种教育系统理论的要点》，邢克超译，商务印书馆2002年版。

丁钢：《中国教育：研究与评论》，教育科学出版社2003年版。

麦克·F.D.扬主编：《知识与控制》，华东师范大学出版社2002年版。

袁同凯：《走进竹篱教室》，天津人民出版社2004年版。

［英］戴维·布莱克莱吉、巴里·亨特：《当代教育社会学流派》，王波等译，春秋出版社1989年版。

吴永军：《课程社会学》，南京师范大学出版社1999年版。

鲁洁：《教育社会学》，人民教育出版社1990年版。

［美］阿普尔：《意识形态与课程》，黄忠敬译，华东师范大学出版社2001年版。

冯增俊：《教育人类学教程》，人民教育出版社 2005 年版。

王鉴：《实践教学论》，甘肃教育出版社 2002 年版。

［美］威廉·维尔斯曼：《教育研究方法导论》，袁振国主译，北京教育科学出版社 1997 年版。

瞿堡奎主编：《教育学文集·教育研究方法》，人民教育出版社 1988 年版。

冯增俊：《教育人类学》，江苏教育出版社 2001 年版。

［美］塞缪尔·亨廷顿：《文明的冲突与世界秩序的重建》，周琪等译，新华出版社 2002 年版。

［美］弗郎兹·博厄斯：《人类学与现代生活》，刘莎等译，华夏出版社 1999 年版。

苏联科学院社会学研究所主编：《现代资产阶级理论社会学批判》，郑杭生等译，中国人民大学出版社 1981 年版。

傅建明：《教科书价值取向研究》，中国社会出版社 2004 年版。

《文化资本与社会炼金术——布尔迪厄访谈录》，包亚明译，上海人民美术出版社 1997 年版。

［法］皮埃尔·布迪厄、［美］华康德：《实践与反思——反思社会学导引》，李猛、李康译，中央编译出版社 1998 年版。

［美］沃尔特·范伯格、乔纳斯·F. 索尔蒂斯：《学校与社会》，李奇等译，教育科学出版社 2006 年版。

靳玉乐：《潜在课程论》，江西教育出版社 1996 年版。

张楚廷：《中国教育的沉思》，华中科技大学出版社 2001 年版。

陈伯璋：《潜在课程的概念分析》，台湾师大书苑有限公司 1987 年版。

林清江：《潜在课程与生活教育》，台北台湾书店 1986 年版。

李秉德：《教学论》，人民教育出版社 1991 年版。

余秀兰：《中国教育的城乡差异——一种文化再生产现象的分析》，教育科学出版社 2004 年版。

刘云杉：《学校生活社会学》，南京师范大学出版社 2001 年版。

侯斌英：《空间问题与文化批评》，博士学位论文，四川大学 2007 年。

［美］爱德华·W. 苏贾：《后现代地理学——重申批判社会理论中的

空间》，商务印书馆 2004 年版。

　　[法] 涂尔干：《宗教生活的基本形式》，上海人民出版社 1999 年版。

　　[美] Edward W. Soja：《第三空间——去往洛杉矶和其他真实和想象地方的旅行》，包亚明主编，陆扬等译，上海教育出版社 2005 年版。

　　[法] 米歇尔·福柯：《规训与惩罚》，刘北成等译，三联书店 1999 年版。

　　薛晓源、曹荣祥：《全球化与文化资本》，社会科学文献出版社 2005 年版。

　　杨善华：《当代西方社会学理论》，北京大学出版社 1999 年版。

　　[英] 安东尼·吉登斯：《社会的构成》，李康译，三联书店 1998 年版。

　　[英] R. J. 约翰斯顿：《哲学与人文地理学》，商务印书馆 2000 年版。

　　[美] 戴维·哈维：《后现代的状况——对文化变迁缘起的探究》，商务印书馆 1985 年版。

　　[德] O. F. 博尔诺夫：《教育人类学》，李其龙等译，华东师范大学出版社 1999 年版。

　　中国社会科学院语言研究所词典编辑室编：《现代汉语词典》，商务印书馆 2002 年版。

　　张小军：《社会场论》，团结出版社 1991 年版。

　　胡春光：《学校生活中的规训与抗拒》，博士学位论文，华中师范大学 2007 年。

　　王同亿：《现代汉语词典》，海南出版社 1992 年版。

　　汉语大词典编辑委员会、汉语大词典编纂处：《汉语大词典》第 2 卷，汉语大词典出版社 1988 年版。

　　张家军：《学校教育的隐性力量》，博士学位论文，华东师范大学，2005 年。

　　费孝通：《江村经济——中国农民的生活》，商务印书馆 2003 年版。

　　王鸣明：《布依族社会文化变迁》，博士学位论文，南京中央民族大学，2005 年。

　　王有升：《被"规限"的教育——学校生活的社会建构》，博士学位论文，南京师范大学，2002 年。

　　卢德生：《民族文化传承中的社会教育运行机制研究》，博士学位论文，西南大学，2008 年。

康永久：《知识输入还是制度重建：公立学校制度变革的中国道路》，华东师范大学 2005 年版。

张人杰主编：《国外教育社会学基本文选》，华东师范大学出版社 1989 年版。

李培林：《村落的终结：羊城村的故事》，商务印书馆 2004 年版。

苏国勋、刘小枫主编：《社会理论的政治分化》，上海三联书店 2005 年版。

［德］海德格尔：《存在与时间》，陈嘉映等译，三联书店 1987 年版。

吴康宁：《课堂教学社会学》，南京师范大学出版社 2004 年版。

包亚明主编：《现代性与空间的生产》，上海教育出版社 2003 年版。

齐学红：《走在回家的路上》，北京师范大学出版社 2005 年版。

王治河：《福柯》，湖南教育出版社 1999 年版。

［美］华勒斯坦等：《学科·知识·权力》，刘健芝等编译，三联书店 1999 年版。

金生铉：《规训与教化》，教育科学出版社 2004 年版。

包亚明主编：《文化资本与社会炼金术》，上海人民出版社 1997 年版。

吉登斯：《现代性的后果》，译林出版社 2000 年版。

李建东：《政府、地方社区与乡村教师：靖远县及 23 个县比较研究》，博士学位论文，北京大学 2005 年。

吴康宁：《教育社会学》，人民教育出版社 1998 年版。

鲁洁主编：《教育社会学》，人民教育出版社 1990 年版。

涂尔干：《论教育》，瞿菊农译，湖北教育出版社 1994 年版。

［美］伊里奇：《非学校化社会》，吴康宁译，桂冠图书股份有限公司 1992 年版。

中国陶行知研究会编：《陶行知教育思想、理论与实践》，安徽教育出版社 1986 年版。

陶东风主编：《文化研究》第 5 辑，广西师范大学出版社 2005 年版。

周润智：《力量就是知识——教师职业文化的生产与再生产》，北京师范大学出版社 2004 年版。

吴义勤主编：《韩少功研究资料》，山东文艺出版社 2006 年版。

滕星：《族群、文化与教育》，民族出版社 2002 年版。

康永久：《教育制度的生成与变革——新教育制度学论纲》，教育科学出版社 2003 年版。

连英青：《教材的族群文化分层与选择——对北京版汉语言教材的文本分析和实地调查》，硕士学位论文，北京师范大学 2004 年。

阿普尔：《官方知识——保守时代的民主教育（第二版）》，曲囡囡译，华东师范大学出版社 2004 年版。

李祖祥：《控制与教化——小学思品教科书研究》，博士学位论文，湖南师范大学，2007 年。

杨东平：《中国教育公平的理想与现实》，北京大学出版社 2006 年版。

张行涛：《必要的乌托邦——考选世界的社会学研究》，北京师范大学出版社 2003 年版。

［美］鲍尔斯、金蒂斯：《美国：经济生活与教育改革》，王佩雄等译，上海教育出版社 1990 年版。

陈伯璋：《意识形态与教育》，师大书苑有限公司 1988 年版。

许美德主编：《东西方文化交流与高等教育》，南京师范大学出版社 2003 年版。

司洪昌：《嵌入村庄的学校——仁村教育的历史人类学研究》，博士学位论文，华东师范大学，2006 年。

费孝通：《乡土中国 生育制度》，北京大学出版社 1995 年版。

张济洲：《文化视野中的村落、学校与国家——一个县教育变迁的历史人类学考察（1904—2006）》，博士学位论文，华东师范大学，2007 年。

［德］卡尔·曼海姆：《意识形态与乌托邦》，艾彦译，华夏出版社 2000 年版。

［德］齐美尔：《社会是如何可能的》，林荣远编译，广西师范大学出版社 2002 年版。

潘年英：《在田野中自觉》，民族出版社 2006 年版。

［美］乔纳森·特纳：《社会学理论的结构》，华夏出版社 2001 年版。

［澳］马尔利姆·沃特斯：《现代社会学理论》，杨善华译，华夏出版社 2000 年版。

石朝江：《中国苗学》，贵州人民出版社 1999 年版。

吴康宁：《课堂教学社会学》，南京师范大学出版社 2004 年版。

吴德刚：《中国全民教育问题——兼论教育机会平等问题》，教育科学出版社 1998 年版。

台湾教育社会学学会主编：《教育社会学》，巨流图书有限公司 2005 年版。

厉以贤：《西方教育社会学文献》，五南图书出版社 1992 年版。

［美］珍妮·巴兰坦：《教育社会学：一种系统分析法（第五版）》，朱志勇等译，江苏教育出版社 2005 年版。

肖睿：《校园检讨书》，中国电影出版社 2002 年版。

张人杰主编：《外国教育社会学基本文选》，华东师范大学出版社 1989 年版。

布迪厄：《实践感》，蒋梓骅译，译林出版社 2003 年版。

［美］赫伯特·马尔库塞：《单向度的人》，刘继译，译文出版社 2006 年版。

朱国华：《权力的文化逻辑》，上海三联书店 2004 年版。

玛丽·杜里－柏拉：《学校社会学》，汪凌译，华东师范大学出版社 2001 年版。

曹晶：《教育社会分层功能的弱化——转型期农村教育的根本性危机》，博士学位论文，华东师范大学 2007 年。

张意：《文化与区分》，中央编译出版社 2003 年版。

费孝通：《乡土中国》，三联书店 1984 年版。

张仕平：《乡村场域变迁中的农民外出就业》，博士学位论文，吉林大学，2006 年。

万明春：《失学问题诊断与对策》，四川教育出版社 1996 年版。

［美］罗伯特·K. 默顿：《社会研究与社会政策》，林聚任等译，三联书店 2001 年版。

［法］菲利普·柯尔库夫：《新社会学》，钱翰译，社会科学文献出版社 2000 年版。

陆扬、王毅：《大众文化与传播》，上海三联书店 2000 年版。

陆扬、王毅：《文化研究导论》，复旦大学出版社 2006 年版。

［美］约翰·费斯克：《理解大众文化》，王晓珏等译，中央编译出版社 2001 年版。

周宗伟：《"高尚"与"卑贱"的距离》，博士学位论文，南京师范大学，2003年。

[加]麦克尔·布雷克：《越轨青年文化比较》，岳西宽等译，北京理工大学出版社1989年版。

蔡拓等：《当代全球问题》，天津人民出版社1994年版。

[美]约翰·罗尔斯：《正义论》，何怀宏等译，中国社会科学出版社1988年版。

刘茜：《多元文化课程的建构与发展——雷山苗族多元文化的课程开发的个案研究》，博士学位论文，西南大学2007年。

靳玉乐主编：《多元文化课程理论与实践》，重庆出版社2006年版。

石中英：《教育哲学导论》，教育科学出版社2001年版。

Bonnie M. Davis：《如何教和你不同的学生——与文化背景相关的教学策略》，丁红燕、王维权译，中国轻工业出版社2008年版。

郑也夫等编：《北大清华人大社会学硕士论文选编》，山东人民出版社2005年版。

何怀宏：《世袭社会及其解体——中国历史上的春秋时代》，三联书店1996年版。

陶行知：《中国教育改造》，东方出版社1996年版；《陶行知教育文选》，北京教育科学出版社1981年版。

金星光主编：《民族文化理论与实践》，民族出版社2005年版。

常亚慧：《沉默的力量——学校空间中教师与国家的互动》，博士学位论文，南京师范大学，2007年。

陈薇：《空间权力社区研究的空间转向》，博士学位论文，华中师范大学，2008年。

保罗·弗莱雷：《被压迫者教育学》，顾建新等译，华东师范大学出版社2001年版。

谢维和等：《中国的教育公平与教育发展（1990—2005）》，教育科学出版社2008年版。

翁乃群：《村落视野下的农村教育——以西南四村为例》，社会科学文献出版社2009年版。

钱民辉：《多元文化与现代性教育之关系研究——教育人类学的视野与田野工作》，民族出版社2009年版。

丹尼尔·U. 莱文、瑞依娜·F. 莱文：《教育社会学》，郭锋、黄雯、郭菲译，中国人民大学出版社 2010 年版。

二　中文期刊

钱民辉：《当代欧美教育人类学研究的核心主题与趋势》，《北京大学学报 》（哲学社会科学版）2005 年第 9 期。

钱民辉：《断裂与重构：少数民族地区学校教育中的潜在课程研究》，《西北民族研究》2007 年第 1 期。

高蜂：《空间的社会意义：一种社会学的理论探索》，《江海学刊》2007 年第 2 期。

何雪松：《社会理论的空间转向》，《社会》2006 年第 5 期。

李复新：《西方教育人类学研究的历史透视》，《华东师范大学学报》（教育科学版）1990 年第 4 期。

李复新：《20 世纪隐蔽课程研究的历史回顾与评析（下）》，《课程·教材·教法》1998 年第 12 期。

吴康宁：《简论课程社会学研究的功用》，《课程·教材·教法》2000 年第 11 期。

张晓霞：《农村基础教育质疑》，《云南师范大学学报》2007 年第 3 期。

金生铉：《什么是正义而又正派的教育——我国教育改革的症结》，《教育研究与实验》2006 年第 3 期。

张楚廷：《论教学环境与课程》，《湖南师范大学社会科学学报》1999 年第 1 期。

马志颖：《课程是一种特殊的文化》，《中南民族大学学报》（人文社会科学版）2003 年第 8 期。

刘云杉：《课堂教学的"麦当劳化"——一个社会学视角的检讨》，《教育研究与实验》2001 年第 2 期。

季正泉：《试论学校隐性课程管理》，《教学与管理》1997 年第 2 期。

沈云林、彭劲松：《关于在隐性课程建设中发挥学生主体性的思考》，《长沙大学学报》1999 年第 3 期。

仇晓春、甄丽娜:《关注学校隐性课程，创设对话教育生态》，《基础教育参考》2004 年第 12 期。

贾克水、张如山：《隐性教育概念界定及本质特征》，《教育研究》2000 年第 8 期。

贾克水、张如山、朱建平：《论隐性教育功能和作用机制》，《山西财经大学学报》（高等教育版）2002 年第 3 期。

曲成：《浅谈隐性教育》，《教育探索》2000 年第 9 期。

沈嘉祺：《论隐性教育》，《教育探索》2002 年第 1 期。

黄政杰：《隐性课程概念分析》，《师大教研所集刊》1986 年第 6 期。

吴以显：《隐性课程初探》，《教育研究》1987 年第 11 期。

唐晓杰：《西方"隐蔽课程"研究探析》，《华东师范大学学报》（教育科学版）1988 年第 2 期。

班华：《隐性课程与个性品德形成》，《教育研究》1989 年第 12 期。

傅建明：《隐性课程辨析》，《课程·教材·教法》2000 年第 8 期。

郑金州：《隐蔽课程：一些理论上的思考》，《外国教育动态》1989 年第 1 期。

赵正铭：《隐性课程论析》，《西南民族学院学报》（哲学社会科学版）2000 年第 8 期。

阿普尔：《国家权力与法定知识的政治学》，《华东师范大学学报》（教育科学版）1992 年第 2 期。

司敏：《"社会空间视角"：当代城市社会学研究的新视角》，《社会》2004 年第 5 期。

张子凯：《列斐伏尔〈空间的生产〉述评》，《江苏大学学报》（社会科学版）2007 年第 9 期。

何雪松：《社会理论的空间转向》，《社会》2006 年第 2 期。

金小红：《权力分析的特点与文化分析的缺失——对吉登斯结构化理论的一点思考》，《南京社会科学》2007 年第 7 期。

石艳：《区隔与脱域——学校空间的社会学分析》，《教育科学》2006 年第 8 期。

马维娜：《学校场域——一个关注弱势群体的新视角》，《南京师范大学学报》2003 年第 3 期。

金元浦：《文化研究学科大联合的事业》，《社会科学战线》2005 年第 1 期。

靳玉乐：《多元文化背景中基础教育课程改革的基本思路》，《教育研究》2003 年第 12 期。

陆有铨：《实施素质教育必须转变教育观念》，《探索与争鸣》2002
年第 5 期。

［美］L. 华康德：《论符号权力的轨迹：对布丢〈国家精英〉的讨
论》，李猛、李康译，《国外社会学》1995 年第 4 期。

叶涯剑：《空间社会学的缘起与发展》，《河南社会科学》2005 年第 5
期。

胡大平：《为什么以及如何通过空间来探寻希望？——〈哈维希望的
空间〉感言》，《学术评论》2007 年第 10 期。

巴战龙：《试述民族学校的概念、类型及功能》，《河池学院学报》
2007 年第 6 期。

黄金结：《文化震惊：瑶族学生从村小到中心完小——基于对瑶山小
学生的调查》，《民族教育研究》2007 年第 6 期。

李小敏：《国外空间社会理论的互动与论争——社区空间理论的流
变》，《城市问题》2006 年第 9 期。

程世波：《批评理论的空间转向》，载《重庆师范大学学报》（哲学社
会科学版）2005 年第 6 期。

李谨瑜：《试谈民族中小学双语教育的八个问题》，《民族教育研究》
1992 年第 4 期。

吴刚：《文化霸权与课程（上）》，《外国教育资料》1997 年第 3 期。

陈时见、朱利霞：《一元与多元，论课程的两难文化选择》，《广西师
范大学学报》（哲学社科版）2000 年第 2 期。

余秀兰：《农村孩子在学校教育中的文化弱势》，《上海教育科研》
2005 年第 3 期。

罗伯特：《教育、社会公正与知识》，《华东师范大学学报》（教育科
学版）1997 年第 2 期。

余秀兰：《中小学教学内容的城市偏向分析》，《南京师范大学学报》
2005 年第 9 期。

钱民辉：《多元文化背景下的教育公平问题》，《西北民族学院学报》
（哲学社会科学版）2002 年第 6 期。

关红、张人杰：《西方教育不平等社会学述评》，《外国教育动态》
1990 年第 5 期。

李路路：《再生产与统治》，《社会学研究》2006 年第 2 期。

练玉春：《论米歇尔·德塞都的抵制理论——避让但不逃离》，《河北学刊》2004 年第 2 期。

郭于华：《"弱者的武器"与"隐藏的文本"——研究农民反抗的底层视角》，《读书》2002 年第 7 期。

蒋纯焦：《密切农村教育与农村社会的关系——试析陶行知乡村教育思想的现代价值》，《河北师范大学学报》（教育科学版）2003 年第 7 期。

冯建军：《制度化教育中的公正：难为与能为》，《教育科学研究》2007 年第 2 期。

黄鸿文：《学生次文化：研究、理论与方法论之检讨》，《台湾师范大学社会教育学刊》2000 年第 23 期。

滕星、关凯：《教育领域内的国家整合与地方性知识》，《中南民族大学学报》（人文社会科学版）2007 年第 9 期。

余秀兰：《乡土化·城市化——我国农村教育发展的困境与出路》，《江苏教育研究》（理论版）2008 年第 4 期。

［法］让—马克·思古德：《什么是政治的合法性》，《外国法译评》1997 年第 2 期。

汪建和：《自我行动的选择》，《社会》2006 年第 3 期。

王鉴：《我国民族地区地方课程开发研究》，《教育研究》2006 年第 5 期。

周宗奎：《家庭抚养方式与儿童的社会化》，《教育评论》1998 年第 2 期。

白钢：《论政治的合法性原理》，《天津社会科学》2002 年第 4 期。

王鉴：《少数民族贫困地区大龄女童辍学问题追踪研究》，《民族教育研究》2008 年第 1 期。

欧群慧、滕星：《"静寂的课堂"——一项民族志研究》，《广西师范大学学报》（哲学社会科学版）2010 年第 4 期。

徐金海：《透析制度化教育下学生抗拒的合理性》，《教育导刊》2010 年第 3 期。

郑新蓉：《试论语言与文化适宜的基础教育》，《民族教育研究》2010 年第 3 期。

张霜：《社区、家庭与少数民族学校教育的文化距离》，《广西师范大学学报》（哲学社会科学版）2010 年第 4 期。

　　陈沛照：《从一个苗族村落的教育民族志反思中国边远民族地区教育》，《西南民族大学学报》（人文社科版）2010 年第 10 期。

　　白红梅等：《民族文化的学校传承和发展》，《民族教育研究》2011 年第 5 期。

　　胡春光：《他们为什么是"捣蛋"学生？——对三名"捣蛋"学生的教育社会学解读》，《教育学术月刊》2010 年第 9 期。

三　英文文献

Willam A. Callahan "Nationalising International Theory: Race, Class andthe English School, Global Society", Vol. 18, No. 4, 2004.

Jeanne H. Ballnatine "The Sociology of Education: A Systematic Analysis, Prentice Hall Upper Saddle River", New Jersey, 1997.

Bernstein, B. *Social class, Language and Socialization.* NY: Oxford University Press, 1977.

Peter Woods *Inside Schools Ethnography in Education Research,*
Reprinted by Routledge, 1991.

M. W. Apple *Teachers and Texts: a Political Economy of Class and Gender relations in Education, New York:* Routledge & Kegan Paul, 1986.

Hanley, Lynne Maria "Cultural Reproduction via the Hidden Curriculum. " *ProQuest Digital Dissertation,* http: //wwwlib. umi. com, 1984.

Carvallo, Oscar Raul "Values in the Hidden Curriculum: An Axiological Reproduction. " *ProQuest Digital Dissertation,* http: //wwwlib. umi. com, 1995.

Wills, P. *Learning to Labor: How working class kids get working class job,* NY: Cohumbian University Press, 1997.

Giroux, H. A. "Theories of reproduction and resistance in the new sociology of education: A critical analysis", *Harvard Educational Review,* 53 (3), 1983.

Jeanne H. Ballnatine *The Sociology of Education: A Systematic Analysis,* Prentice Hall Upper Saddle River, New Jersey, 1977.

Ogbu. J. U. *Racial stratification and education: The case of Siockton,* California ICRD Bulletin, 12 (3), 1997.

Bond, G. C "Social Economic Status and Educational Achievement: A Review Article". *Anthropology and Education Quarterly* 12 (4), 1981.

Postiglione, Gerard A. *The Ethnographic Eye: Interpretive Studies of Education in China*, New York: Falmer Press, 2000.

Hansen, M. H. *Lessons in Being Chinese: Minority Education and Ethnic Identity in Southwest China*, Hong Kong University Press, 1999.

Harrel, S. *Perspectives on the Yi of Southwest China*, University of California Press, 2001.

Mackerras, C. *China's National Minority Education Culture, Schooling, and Development*, New York: Falmer Press, 1999.

Assor, A. & Gordon, D. "The implicit Learning Theory of Hidden Curriculum Research," *Journal Of Curriculum Studies*, Vol 19, No. 4, 2002.

Spindler, George *Education and Cultural Process: Anthropological Approaches*, IL.: Waveland Press, 1974.

George And Spindler "*Intepret Ethnogral of Education At Home And Abroad*" Lawrence Eribaum Associates, New Jersey London, 1987.

J. U. Ogbu *The Next Generation: An ethnography of Education in an Urban Neighborhood*, New York: Academic Press, 1974.

M. Saville – Troike *The Ethnography of Communication: An Introduction*, Basil Blackwell Publisher Limited, 1982.

T. Husen, T. N. Postlethwaite *The International Encyclopedia of Education*, Oxford: Pergamon Press, 1994.

M. D. Lecompte, W. L. Millroy, J. Preissle *The Handbook of Qualitative Research in Education*, New York: Academic Press, 1992.

Harvey, D, *The condition of Postmodernity*. Oxford: Basil Blackwell, 1989.

Borudieu P ierre and Jeanne – Claude Passeron *Reproduction in Education, Society and Culture*, PLondon and Beverly Hills: Sage Publication, 1981.

A. H. Halsey and Hugh Lauder *Education on Culture Economy Society*, New York: Oxford University Press, 1997.

Lamont and Michele and Annette Lareau Cultural Capital: Allusion, Gaps and Glissandos in Recent Theoretical Development, *Sociology Theory*. Vol. 10 (4), 1988.

后　记

　　凌晨四时，伴随着拂晓的来临，在喜悦掺和着惶恐的复杂心情中，我在键盘上敲下了本书的最后一个字，为自己尚还稚嫩的研究画上了一个或许不算圆满的句号。这本书是在我博士论文的基础上修改而成的，它凝聚了导师孟立军教授和众多关心我、支持我的人的心血，也是我博士毕业三年之后的学习和生活的结晶。

　　由于长期在少数民族地区工作，我对少数民族学校教育有着一种深深的情愫。六年前，怀着对知识的渴求和对少数民族学校教育的关注，我报考了中央民族大学的中国少数民族教育专业。承蒙导师孟立军教授不嫌弃我的资质愚钝，将我收入门下。我也从此开始了充满期冀和奋斗的博士学习生涯。因为我知道，一旦选择了读博这条奋斗之路，我就必须像一个朝圣者一样，向着自己心中的麦加之地无所畏惧地前进。哪怕奋斗的途中充满了曲折和艰辛，也必须坚持不懈。正是靠着奋斗的信念，我才能坦然地面对一次次的失落和消沉，走出情绪的低谷，最终感受到了奋斗者的充实与快乐。博士毕业之后，我扎根于少数民族地区，每年都坚持深入到少数民族学校进行田野调查，不断充实和加深我对少数民族地区学校教育的理解，提升我对民族教育的理论和实践认识。

　　回顾自己在民族教育的学术殿堂上跟跟跄跄一路走来的过程中，导师孟立军教授给予我的扶持和关爱远远不是言语所能表达的。无论是他每次在课堂上的儒雅讲授，还是课下对每个学生的贴心关怀，都深深地感染着我，激励着我。他给予我的不仅仅是知识的点拨，更多的是做学问的态度和待人处事的风格。在本书的写作和出版过程中，孟老师更是给予了太多的帮助和支持。我深知师恩难报，唯有铭记老师的教诲，不断地在专业领域中耕耘，奋发进取，才能不负恩师的教导之恩和培育之情。

　　我还要感谢中央民族大学的滕星教授、苏德教授，中南民族大学的段超教授、李吉和教授、柏贵喜教授、田敏教授、雷振扬教授、许宪隆教授、谭必友教授、杨卫东教授以及北京师范大学的魏曼华教授给予我的诸多鼓励和支持，在本书的写作和修改过程中，他们对我学术上的思想启迪是深远而无穷的。正是因为有了诸位老师悉心的帮助和教导，我的论著才得以顺利地完成。

感谢中国社会科学出版社的关桐老师及其他各位老师，正是在他们的热情关怀下，本书才能顺利地出版。感谢石龙乡政府、辅导站和所有调查学校的老师和同学对我的大力支持！感谢我调查时为我提供食宿的房东及其家人！在本书写作的过程中，需要感谢的人太多，我只有在这里，对所有曾经关心和帮助过的我的老师、同学和朋友表示深深的感谢！此外，本书的写作参阅了大量的既有研究，从中获得了坚实的写作基础，在此对这些研究者一并表示感谢！

最后，我要感谢我宽厚的爱人和可爱的儿子！在我从攻读北京师范大学的硕士学位到攻读中央民族大学的博士学位的六年求学生涯中，爱人义无反顾地承担了父亲兼母亲的角色，一边工作，一边照顾年幼的儿子，其艰辛可想而知。但他从无怨言，一直用微笑鼓励着我求学的历程。六年来，儿子也从一个幼儿园的孩童成为了一个五年级的小学生，他不仅学习成绩优异，而且学会了为过于忙碌的爸爸分担一部分的家务。每当我看到儿子因做家务而显得比同龄孩子粗糙得多的小手，心中的愧疚之情，总是难以言表！感谢他们对我的理解和付出！在本书的写作过程中，他们也一如既往地予以支持和关注。作为本书的第一位读者，他们给予了很多中肯的建议，我也尽可能地将论文修改完善，作为对他们最好的回报！

行文至此，一首曾经读过的小诗从脑海中滑过。它正好可以诠释我一直以来为了梦想而不懈地追求之动力所在吧！

> 我一直以为
> 生命是一种坚持
> 它需要一种信念
> 或许我们曾经皓首穷经仍无皇皇大作
> 或许我们曾历尽失败仍远离成功
> 然而，请对自己说
> 生命需要坚持
> 在坚持的一路风尘中

你充实了生命

生命因你的坚持获得最好的诠释

你倾斜的信念之塔重新端正

你身心俱轻地拥有了那份恬静

坚持会使生命美丽

也会使生命充满负累

但是，请相信

坚持会转化成神奇的力量

创造生命的奇迹

坚持是一种生命的力量

生命的力量是一种坚持

2011 年 8 月 28 日于贵阳学院格致楼